Nanda van der Zee

»Um Schlimmeres zu verhindern ...«

Die Ermordung
der niederländischen Juden:
Kollaboration und
Widerstand

Aus dem Niederländischen
von Bram Opstelten

Carl Hanser Verlag

Titel der Originalausgabe:
Om erger te voorkomen.
*De voorbereiding en uitvoering van de vernietiging van het
Nederlandse jodendom tijdens de Tweede Wereldoorlog.*
Amsterdam, Meulenhoff 1997

Wir danken der *Foundation for the Production and Translation of Dutch
Literature,* Amsterdam, die durch ihre finanzielle Unterstützung die
vorliegende Übersetzung ermöglicht hat.

1 2 3 4 5   03 02 01 00 99

ISBN 3-446-19764-8
© 1997 by Nanda van der Zee
Alle Rechte der deutschen Ausgabe:
© 1999 Carl Hanser Verlag München Wien
Satz: Filmsatz Schröter, München
Druck und Bindung: Kösel, Kempten
Printed in Germany

Inhalt

Vorwort 7
I Die Situation der Juden in Deutschland vor 1933 9
II Die Flüchtlingspolitik der Niederlande 1933-1940 19
III Die Reaktionen in der Presse auf die Situation der Juden in Nazideutschland 45
IV Aktionen der Bevölkerung und konkrete Unterstützung durch jüdische Hilfsorganisationen 87
V Der »Joodse Raad« und David Cohen 111
VI Die Flucht von Krone und Kabinett; die Staatssekretäre und der Oberste Gerichtshof 165
VII Königin Wilhelmina und Radio Oranje 215
VIII Die niederländische Exilregierung und Radio Oranje .. 245
IX Polizei, Eisenbahn und das Lager Westerbork 279
Epilog 307

Anmerkungen 317
Literatur 337

Vorwort

Während des Zweiten Weltkrieges wurden 75 Prozent der niederländischen Juden ermordet. Dieser Anteil ist höher als in irgendeinem anderen westeuropäischen Land. Jeder, der sich eingehender mit dem Zweiten Weltkrieg befaßt, sieht sich daher vor die Frage gestellt, weshalb gerade in den Niederlanden die Zahl der ermordeten Juden so hoch war. Diese Frage läßt sich nicht durch den Hinweis auf einen etwaigen Antisemitismus der breiten Masse beantworten. Den gibt es in den Niederlanden nicht, und den hat es auch in der Vergangenheit nicht gegeben.

Eine Erklärung, die man immer wieder hört, lautet, daß es in den Niederlanden schwierig gewesen sei, unterzutauchen. Weil die Niederlande so flach sind, wenig Wälder und keine Berge aufweisen, sei es nicht leicht gewesen, sich den Blicken der Besatzer zu entziehen.

Die Niederlande seien gut verwaltet gewesen, lautet eine andere, regelmäßig vorgebrachte Erklärung, so gut sogar, daß die Juden den Nazis gleichsam auf dem Präsentierteller serviert worden wären.

Wieder eine andere Erklärung bezieht sich auf die Tatsache, daß Hitler außer in Norwegen und in Polen nur in den Niederlanden eine Zivilregierung eingesetzt hat. Dadurch habe die SS, die mit der »Endlösung der Judenfrage« betraut war, gerade in den Niederlanden mehr Einfluß erhalten als in anderen westeuropäischen Ländern. Diese Erklärung wirft jedoch ihrerseits Fragen auf wie etwa die folgende: »Weshalb hat Hitler gerade in den Niederlanden eine Zivilregierung eingesetzt und nicht etwa in Belgien oder in Frankreich?«

Ende der achtziger Jahre entschloß ich mich, der Frage nachzugehen, wie es möglich war, daß in einem Land, dessen Bevölkerung kaum für die nationalsozialistische Ideologie zu gewinnen war und wo von virulentem Antisemitismus lediglich bei einer verschwindend kleinen Gruppe die Rede sein konnte, dennoch nahezu die gesamte jüdische Bevölkerung umgekommen ist. Maßgebende Untersuchungen einschließlich des Standardwerkes von Jacques Presser boten auf diese Frage meines Erachtens keine befriedigende Antwort. Allmählich wurde mir klar, daß es eigener Forschungsbemühungen bedurfte, im Rahmen derer es eher hinderlich als förderlich sein würde, sich auf bisherige Erklärungen und Untersuchungen zu stützen.

Nanda van der Zee
Amsterdam, Dezember 1996

I
Die Situation der Juden in Deutschland vor 1933

Journalisten und Zeithistoriker neigen gemeinhin dazu, die Geschichte der Judenverfolgung in den Niederlanden im September 1940 anfangen zu lassen, als die ersten allgemeinen antijüdischen Maßnahmen von den deutschen Besatzern verhängt wurden. Tatsächlich jedoch hatte diese Geschichte bereits sieben Jahre zuvor ihren Anfang genommen, in dem Augenblick nämlich, als die Auswirkungen der Judenverfolgung in Deutschland nach Hitlers Machtergreifung 1933 in den Niederlanden unmittelbar spürbar wurden.

Bereits 1933 kam die niederländische Bevölkerung mit den unmittelbaren Opfern des neuen Regimes in Deutschland in Berührung, das heißt mit den viertausend der insgesamt einundfünfzigtausend jüdischen Flüchtlinge und politisch Verfolgten, die in jenem Jahr Deutschland verließen. Hitler hatte zu diesem Zeitpunkt bereits seit vierzehn Jahren für die NSDAP agitiert und dabei unentwegt gegen den vierhundertvierzig Artikel umfassenden, als »Diktat« titulierten Vertrag von Versailles sowie gegen den jüdischen Teil der Bevölkerung gewettert, den er für alle Mißstände in Deutschland verantwortlich machte. In großer Gefahr, zum Teil buchstäblich für Leib und Leben, versuchten die Flüchtlinge seit 1933 verzweifelt, Zuflucht in den der Heimat benachbarten, »toleranten« Niederlanden zu finden.

Von 1869, als Bismarck die formelle Gleichberechtigung der Juden verkündete, bis 1933 waren die Juden in Deutschland gegenüber anderen deutschen Staatsbürgern gleichberechtigt.

Nach dem Krieg gegen Frankreich 1870/71 gibt es jedoch bereits erste Anzeichen einer Diskriminierung der Juden, insbesondere in den Reihen des konservativen preußischen Landadels, der darin eine

Möglichkeit erkannte, der aufkommenden Demokratie entgegenzuarbeiten. Begünstigt durch die Wirtschaftskrise im Jahr 1873, die in den Kreisen des kleinen Mittelstandes eine hohe Arbeitslosigkeit zur Folge hatte, fiel dieser Antisemitismus bei den Unzufriedenen auf fruchtbaren Boden. In den achtziger Jahren des 19. Jahrhunderts nahm die antisemitische Strömung unter der Führung von Figuren wie dem ehemaligen Hofprediger Adolf Stoecker, der, von den preußischen Junkern finanziert, in ganz Deutschland Versammlungen abhielt und Demonstrationen anführte, allmählich die Form einer Massenbewegung an. Bismarcks Sozialistengesetz arbeitete erneut den antisemitischen Agitatoren in die Hände, und die Bewegung griff auf die Universitäten über. In den neunziger Jahren wurde erstmals von den Rechten der »Arier« gesprochen. In dieser Zeit fanden auch die Großgrundbesitzer des Ostens und die Großindustriellen des Westens zueinander, um ihre gemeinsamen Interessen gegen das Proletariat und die demokratischen Forderungen des linken bürgerlichen Lagers zu verteidigen.

Bereits vor dem Ersten Weltkrieg wurden sogenannte Germanenlogen gegründet, die das Hakenkreuz als Symbol führten. Abgesehen von ihrer Verehrung der Swastika verband deren Mitglieder, daß sie antisemitisch waren und gezielt auf einen Krieg hinarbeiteten. Ebenfalls bereits vor dem Ersten Weltkrieg mußten die Juden als Sündenbock für jeden Fehlschlag im Kaiserreich herhalten; und sogar die Demokratie wurde als eine Erfindung des internationalen Judentums bezeichnet.

Der Antisemitismus Hitlers kam also keineswegs aus dem Nichts. Nahezu alles, was er behauptete, woran er glaubte und wofür er eintrat, war bereits vorher behauptet, war bereits vorher geglaubt worden. Schon seit Jahrzehnten kursierte in Deutschland offener Antisemitismus und der Wunsch nach einem Krieg.

In seinem Buch *Voorspel* (Vorspiel) schreibt der »Geschichtsschreiber des Königreiches« Louis de Jong: »Was Hitler bei gelegentlichen Anlässen und dann vor einer ständig wechselnden, vertrauten Zuhörerschaft im kleinen Kreis ausführte, blieb auch im kleinen Kreis. In Deutschland selbst, vor allem aber auch außerhalb erkannten nur wenige, worin der Kern von Hitlers Politik bestand. Was nachher sonnenklar wurde, war, wenn nicht für alle, so doch für weitaus die meisten Zeitgenossen in Nebel gehüllt.«[1] Wenn de Jong damit die Suche nach »Lebensraum« für das deutsche Volk und die Eliminierung der Juden sowie das aus diesem Grund gezielte Zusteuern auf Krieg meint – den Kern der Politik Hitlers –, so trifft das Obenstehende nicht zu. »Man« konnte sehr wohl im Bilde sein, und diejenigen, die Opfer dieser Politik werden sollten, waren auch im Bilde, brüllte Hitler seine Ideen doch seit Jahren öffentlich in die breite Masse, für jeden klar und verständlich.

Doch nicht nur die Opfer nahmen ihn ernst, sondern gerade auch die ausländischen Zeitgenossen, die sich in Berlin aufhielten, wie etwa der Leiter der Europakorrespondenten der *New York Times*. Dieser war nach Berlin gekommen, um dort die ausländischen Reaktionen auf das aktuelle Geschehen, namentlich auf den unerhörten Aufstieg der NSDAP zu studieren. Sein Fazit steht dem, was de Jong behauptet, diametral entgegen: »In diesem Zwielicht geschahen Dinge, die keinerlei Zensur verschleiern konnte. Die Vorbereitungen für einen Krieg, der dem Nazismus die Weltherrschaft bringen sollte, wurden immer offener eingestanden«, und: »Jude in Deutschland zu sein bedeutete, daß man Zielscheibe der Plünderungen und des Verfolgungsdrangs der Nazis war.«[2]

Jeder wußte Bescheid über die ab 1934 im großen Stil betriebene Wiederbewaffnung Deutschlands, über Deutschlands Austritt aus dem Völkerbund und der Abrüstungskonferenz, über die Wiedereinführung der Wehrpflicht in Deutschland sowie schließlich über die Nürnberger Gesetze, die am 15. September 1935 verabschiedet wurden.

Bei diesen Gesetzen handelte es sich im einzelnen um das »Blutschutzgesetz«, das Juden aufgrund ihres nichtarischen Blutes unter anderem die Vermischung mit Ariern verbot, womit der »arische Übermensch« den »nichtarischen Juden« als »Untermenschen« diskriminierte, und um das »Reichsbürgergesetz«, das den Juden die deutsche Reichs- und Staatsangehörigkeit aberkannte.

Ungeachtet des Einmarsches deutscher Soldaten in das entmilitarisierte Rheinland im Jahr 1936 zog man es – auch in den Niederlanden – insbesondere in konfessionellen und kapitalistischen Kreisen vor, Deutschland weiterhin unter anderem als Puffer gegen die ständig drohende kommunistische Gefahr zu betrachten.

Und doch griff nunmehr das Schreckgespenst eines zukünftigen Krieges, mit dem Hitler eine Revision des unerfüllbaren Versailler Vertrages erzwingen würde, rasch um sich. Dieses Schreckgespenst erhielt um so konkretere Züge, je mehr Flüchtlinge in Gestalt jüdischer Geschäftsleute sowie namhafter Intellektueller und Künstler infolge der nationalsozialistischen Politik Deutschland verließen. Vom Zeitpunkt der Hitlerschen Machtübernahme an berichteten die niederländischen Zeitungen über antisemitische Untaten im östlichen Nachbarland, und das sollte, wie im weiteren noch darzulegen sein wird, bis zum Ausbruch des Krieges auch so bleiben.[3]

Einer, der sehr wohl Bescheid wußte und Bescheid wissen wollte, war Edgar Ansel Mowrer, der Berliner Korrespondent der *Chicago Daily News*. Er erhielt 1933 den Pulitzerpreis für seine Artikelsammlung *Germany puts the clock back* (Deutschland stellt die Uhr zurück), die im gleichen Jahr auch in niederländischer Übersetzung erschien. Der Band zeichnet die systematische Untergrabung der Weimarer Republik nach, die von einflußreichen Gruppierungen innerhalb der zahlreichen politischen Parteien betrieben wurde, die Rückkehr zum Preußentum, zu Nationalismus und Militarismus, die Hitler den Boden bereitete. Wie Hitler den antisemitischen Schwerpunkt seines Programms dazu benutzte, um die Massen hinter sich zu scharen, hat Mowrer in einem eigenen Kapitel dargelegt.

Als Beleg dafür, wie man im Ausland durchaus im Bilde war und auch in den Niederlanden im Bilde sein konnte, folgen einige Stellen aus Mowrers Bericht:

»Kurz gesagt: Nach der Revolution fanden sich die Juden in Deutschland in der Politik und in der Regierung allmählich in den gleichen wichtigen Positionen, in die sie vorher auf dem freien Markt, im freien Wettbewerb mit allen anderen, im Geschäftsleben, in Handel, Finanzwesen, Presse, in den Künsten, den Wissenschaften und im intellektuellen und kulturellen Leben des Landes avanciert waren.«[4]

Weiter schreibt er: »Dadurch wurde der Eindruck verstärkt, daß Deutschland, ein Land, das seinen eigenen Auftrag zu erfüllen hatte, ›Fremden einer minderwertigen Rasse‹ in die Hände gefallen sei. Die ›reichen Juden‹?«, so fragt Mowrer rhetorisch. »Allein schon in Berlin zählten 31 000 Juden zum Heer der (115 000) Arbeitslosen. Die Juden ›eine dominierende Macht in der Weimarer Republik‹? Von den 382 Ministern, die zwischen 1918 und 1933 einer Regierung angehörten, waren für kurze Zeit lediglich fünf jüdischer Herkunft. Dennoch lautete das zentrale Thema der nationalsozialistischen Propaganda: ›Die Weimarer Republik ist ein Judenstaat.‹«

»Diese ›Fremden einer minderwertigen Rasse‹, die Juden, wurden zur symbolischen Zielscheibe der deutschen Reaktion, die nur aus wahnhafter Verblendung oder eigennütziger Berechnung als ›nationales Erwachen‹ begrüßt werden konnte. Diese Reaktion war gegen die deutsche Niederlage und den Versailler Vertrag gerichtet, deshalb wendete sie sich in Xenophobie. Sie war gegen die Novemberrevolution gerichtet und bekämpfte die liberale Demokratie. Und sie versuchte den Arbeitern ihre Rechte und ihren Einfluß zu nehmen. In den Juden sah sie die Eigenschaften vereint, die sie am meisten verabscheute, denn der Jude war nicht nur Angehöriger einer ›fremden Rasse‹, sondern dazu auch noch demokratisch, vielfach sozialistisch, internationalistisch und pazifistisch!

So hallte das ganze nationalistische Deutschland wider von dem lauten Schrei: ›Deutschland erwache‹ und ›Juda verrecke!‹ Von ihrem dreifachen, um das Jahr 1920 herum anzusetzenden Ursprung an war die nationalsozialistische Bewegung antisemitisch.«[5]

»In seiner Autobiographie *Mein Kampf* machte Adolf Hitler die Juden neben ihren vielen anderen Sünden für die Verbreitung des Sozialismus und von Geschlechtskranken verantwortlich, und er bastelte sich eine historische Darstellung ihres Wirkens in Deutschland zusammen, die Historiker befremden muß. Doch wozu das Ergründen semitischer Schurkerei, wenn dieses nicht den scharfsichtigen, schneidigen Arier an die Macht bringt? Um einen solchen überlegenen Verstand nutzen zu können, war es erforderlich, die Deutschen rassebewußt zu machen. Zwölf Jahre lang predigte die nationalsozialistische Bewegung den Antisemitismus.«[6]

»Vierundsechzig Millionen (zumindest in ihren Ambitionen) strammer ›Arier‹ fühlten sich bedroht durch nicht einmal sechshunderttausend Hebräer! Durch die nationalsozialistische Propaganda wurden die Deutschen von einer solchen Judaphobie besessen, daß ihnen der gesunde Menschenverstand abhanden kam. Doch was machte das schon, wenn Hitler nur an die Macht kam!
Worin bestand diese Propaganda? In Reden, dem gedruckten Wort, Bildern, Anspielungen, Legenden, Lügen und einer eigens entwickelten Rassen-›Wissenschaft‹ auf dem Niveau der bei mutmaßlichen Hexen angewandten ›Wasserprobe‹. Alles, was dem Ziel dienlich war, war willkommen.«[7]

»Die Entfernung der Juden aus dem deutschen öffentlichen Leben (wenn nicht gar ganz aus Deutschland) war eines der Hauptversprechen der nationalsozialistischen Propagandisten, das offensichtlich so gut wie immer Zustimmung fand. Gregor Strasser versprach (am 31. Oktober 1931), daß die Nationalsozialisten mit dem Judentum in Deutschland Schluß machen würden. Pastor Peperkorn verkündete im Preußischen Landtag, daß sich die Juden fortscheren sollten. Der Abgeordnete Kube drohte (am 2. Juni 1932) in der gleichen illustren Institution: ›Wenn wir den Hausputz machen, wird der Auszug der Kinder Israels aus Ägypten im Vergleich dazu wie ein Kinderspiel anmuten.‹

In den sogenannten ›Boxheimer Dokumenten‹, die von der Polizei bei Nationalsozialisten beschlagnahmt wurden, wurde von der Vorbereitung einer Wehrpflicht für alle mit Ausnahme der Juden gesprochen und von Nahrung nur für jene, die dienten. Sollten die Juden allesamt verhungern?

Der führende Nationalsozialist, Hauptmann Hermann Göring, erklärte im Gespräch mit einer italienischen Zeitung, daß, während nur solche Juden, die auf die eine oder andere Weise dem deutschen Reich geschadet hatten, ›bestraft werden würden‹, diejenigen, die nach August 1914 nach Deutschland gekommen waren, des Landes verwiesen und sämtliche übrigen Juden ohne Ausnahme aus verantwortlichen Positionen in Presse, Theatern, Kinos, Schulen und Universitäten entfernt werden würden, desgleichen aus jeder offiziellen Stellung oder jedem Ehrenposten, von dem aus sie ›ihren zerset-

zenden, antinationalen, internationalen oder bestenfalls nichtnationalen Einfluß zum Schaden des deutschen Volkes ausüben würden‹.
Während wiederum nach den Worten des preußischen Landtagsabgeordneten Bauer ›das Dritte Reich die Juden wie Blattläuse behandeln wird‹. Solcherart aufgestachelt, machten über längere Zeit hinweg junge Fanatiker und Rohlinge es sich zur Gewohnheit, jüdische Friedhöfe zu beschmieren und zu schänden – insgesamt 109 Fälle bis zum Sommer 1932 –, und kündigten gleichzeitig an, daß bald mehrere Synagogen angezündet würden. Die Fensterscheiben jüdischer Wohnhäuser und Geschäfte werden wiederholt eingeschlagen. Und die Gerichte? Selbstverständlich protestierten alle anständigen Deutschen gegen solcherlei Niederträchtigkeiten, doch werden die Täter streng bestraft? Mitnichten!«[8] »Was konnten die Juden schon tun? Die Hälfte von ihnen war kraft Geschichte und Tradition ›deutscher‹ als die Mehrheit der Bevölkerung östlich der Elbe und, was noch schwerer wiegt, ihr Beitrag zur deutschen Kultur war wesentlich größer. Genaugenommen waren die Juden in Deutschland im Verschwinden begriffen. Ihre Geburtenziffer war niedriger als die der übrigen Bevölkerung. Sie wurden mehr und mehr assimiliert«[9] … »Doch solche Fakten wurden von den Dummen, den Fanatikern und den Unaufrichtigen kaum zur Kenntnis genommen. Das Ziel ihrer barbarischen Kampagne war die Vernichtung, dauerhafte Versklavung oder der freiwillige Weggang der Juden aus Deutschland. Schon hatte Professor Siegfried Passarge angekündigt (in ›Der Jud ist schuld...?‹), daß die ›Zeit nicht mehr fern ist, da Ahasverus, der ewig wandernde Jude, seine ruhelose Wanderung gedemütigt und verarmt aufs neue antreten wird‹«[10] »Wie konnten anständige Deutsche auf diese Weise getäuscht werden? Weil ihnen gelehrt wurde, Gewalt anzubeten, weil sie groß wurden durch Krieg, sich zum Krieg zusammenschlossen und den größten aller Kriege verloren. Kurz gesagt: der leidende Deutsche haßte lieber den Juden, als sich selbst richtig anzuschauen.«[11]

Das preisgekrönte Buch Mowrers, der im übrigen vom Hitler-Regime aus Deutschland ausgewiesen wurde, war in den Niederlanden bekannt. Die zitierten Berichte stammen aus der dritten Auflage, die das Buch in der niederländischen Übersetzung bereits 1933 erreichte. Zu gleicher Zeit flohen Juden ins Ausland oder setzten ihrem Leben ein Ende, um der Folterung und Ermordung in den bereits bestehenden Konzentrationslagern Dachau und Ravensbrück oder in den »braunen« Folterkammern der SA zu entgehen.[12]

Ein weiteres Beispiel für eine Person, die die Augen nicht verschließen wollte und die zugleich das spätere Geschehen vorhersah, war die deutsche Jüdin Bella Fromm. Als Gesellschaftsreporterin hatte sie Zugang zu den höchsten Kreisen. Sie verkehrte ständig mit ausländischen Diplomaten und Regierungschefs. In dieser Stellung sah sie dem Drama der Nazifizierung Deutschlands gleichsam aus der ersten Reihe zu, und durch ihre Verbindungen verhalf sie vielen zur Flucht.

Seit dem 30. Januar, als Hitler Reichskanzler wurde, führte sie beinahe täglich Tagebuch, bis auch sie 1938 emigrierte. Noch während des Krieges, im Jahr 1942, erschienen in den Vereinigten Staaten Auszüge aus ihrem Tagebuch und Aufzeichnungen aus ihrer Berliner Zeit unter dem Titel *Blood and Banquets: A Berlin Social Diary* (1993 auf deutsch erschienen unter dem Titel *Als Hitler mir die Hand küßte*).

Am 20. Juli 1933 hält sie fest: »Der Carl-Schurz-Verein gab einen Empfang anläßlich des Besuchs des Amerikanischen Seminars unter Führung von Sherwood Eddy. Der Bürgermeister von Boston, James Curley, war auch anwesend. Die Deutschen benutzten diese Gelegenheit, um Hitlers jüngste Ausführungen über Außenpolitik, die er in seiner letzten Reichstagsrede gemacht hat, ins rechte Licht zu rükken. ›Jede Besorgtheit im Ausland ob etwaiger feindseliger Absichten Deutschlands ist zu zerstreuen. Das Prinzip ein Volk, ein Führer hat schließlich unter Roosevelt auch in Amerika Einzug gehalten.‹›

Sherwood Eddy hörte höflich zu, dann antwortete er in einer Rede, bei der die Nazis vor Bestürzung nach Luft schnappten. Zunächst fand er herzliche Worte für seine Liebe zu diesem Land. Er sei glücklich, Deutschland zum zwölften Mal mit seinen Studenten besuchen zu dürfen. Die nationalsozialistische Frage schnitt er äußerst diplomatisch an: ›Ich habe die Begeisterung und den Eifer für das, was Sie das ›neue Deutschland‹ nennen, beobachtet. Ich bin immer ein Freund von Begeisterung und Eifer gewesen. Aber außer meiner Liebe zu Deutschland hege ich noch eine andere, stärkere Liebe in meinem Herzen, nämlich die Liebe zur Humanität. Diese Liebe bindet mich bedingungslos an drei Grundsätze: unparteiische Gerechtigkeit; Rede-, Presse- und Versammlungsfreiheit; unumstößliche sittliche und wirtschaftliche Grundsätze. Diese Freiheiten müssen von allen Völkern, die Anspruch auf Kultur erheben, voll anerkannt werden. ... Als ein Freund Deutschlands stelle ich fest, daß Sie gegen die Grundsätze der Gerechtigkeit verstoßen. Es gibt nicht zweierlei Justiz, eine für ›Arier‹ und ›Nordische‹ und eine andere für Sozialdemokraten, Kommunisten, Liberale, Juden und Pazifisten. Sagen Sie nicht: ›Das geht Sie nichts an!‹ Es geht auch die ganze Welt an, wenn wir in den Vereinigten Staaten jemand lynchen. ... Genauso geht es die ganze Welt an, wenn Sie ähnliche Ungerechtigkeiten begehen. ... In Ihrem Lande werden jeden Tag, jede Stunde Ungerechtigkeiten begangen. Was machen Sie mit Katholiken, Kommunisten, Sozialdemokraten, Juden? Welche Greuel werden hinter den Mauern Ihrer schrecklichen Konzentrationslager begangen? Ich lese Ihre Zeitungen.‹ Bei diesen Worten hob er den ›Völkischen Beobachter‹ von diesem Tage hoch. In Riesenbuchstaben war da zu lesen, innerhalb der letzten fünfzehn Jahre seien 70 000 Juden nach Deutschland eingewandert. ›Dies ist nicht nur eine unwahre Behauptung, das ist Aufhetzung der Jugend, damit wird der Rassenhaß geschürt, das ist ein Signal zu grausamer und zügelloser Zerstörung. Das muß zu Massenmord führen. Mit meinen eigenen Ohren habe ich gehört, wie in Ihren Versammlungen zu Judenverfolgungen aufgehetzt worden ist. Ich habe große Angst um dieses Land, welches ich liebe ...‹ Die ausländischen Gäste applaudierten stürmisch, die Nazis saßen, blaß vor Wut, in dumpfem Schweigen, unbeweglich«, so der Tagebucheintrag Bella Fromms.[13]

Gut zwölf Jahre lang war Hitler Reichskanzler, zudem ab 1934, nach dem Tod Hindenburgs, Reichspräsident. Während dieses Zeitraums sind rund dreihunderttausend Menschen aus Deutschland geflohen, sei es, weil sie sich aus politischen Gründen seinem Regime widersetzten, wie die Flüchtlinge aus dem linken Lager, oder weil sie moralische Bedenken gegen das nationalsozialistische Gedankengut hegten, wie die getauften Juden, oder weil sie Juden waren und ausschließlich aufgrund dieses Umstandes von Verfolgung bedroht wurden.

Brachte das Jahr 1933 aufgrund der zahlreichen Flüchtlinge für die Niederländer die erste unmittelbare Berührung mit dem Hitler-Regime, so bedeutete es für die deutschen Flüchtlinge den Endpunkt einer jahrelangen Entwicklung, in der ihnen das Leben politisch, wirtschaftlich, gesellschaftlich und schließlich psychisch und physisch unmöglich gemacht wurde.[14]

1933 standen viertausend deutsche Flüchtlinge in regelrechter Todesangst an der niederländischen Grenze, darunter der Geschäftsmann Otto Frank, der Vater Anne Franks, Kurt Baschwitz, ein kritischer Journalist und späterer Gründer des Instituut voor Perswetenschappen (Institut für Zeitungswissenschaft) in Amsterdam, Erich Kuttner, Autor des in den Niederlanden vollendeten Buches *Hongerjaar 1566* (Das Hungerjahr 1566), oder Klaus Mann, Schriftsteller und Sohn Thomas Manns.[15]

Die Mehrzahl dieser Flüchtlinge war wohlhabend und finanziell unabhängig. Es handelte sich überwiegend um intellektuell oder künstlerisch engagierte Personen. Ihnen wurde bis Mitte März 1934 die Einreise nicht verwehrt, danach jedoch versuchte man den anhaltenden Strom der Flüchtlinge einzudämmen, indem man ihnen nur noch einen kurzen Aufenthalt gestattete. Auf Arbeit brauchten die Flüchtlinge nicht zu hoffen. Lediglich denjenigen, die bei Ausweisung nach Deutschland mit dem Tod zu rechnen hatten, wurde bei der Einreise ein befristeter Aufenthalt in den Niederlanden gestattet.

II
Die Flüchtlingspolitik der Niederlande 1933-1940

Ausgrenzung, Konzentration, Deportation, Ausrottung: Fünfundsiebzig Prozent der niederländischen Juden sind daran zugrunde gegangen. Bis auf die Ausrottung haben sich diese verschiedenen Phasen nicht in Deutschland, sondern in den Niederlanden abgespielt, und zwar in der Zeit zwischen September 1940 und September 1944. Jeder, der wissen wollte, wußte das, und viele halfen mit. Die Flüchtlingsproblematik, in der niederländischen Politik von 1933 bis 1940 ein heißes Eisen, ist getrennt zu sehen von dem, was nach 1940 im Auftrag der deutschen Besatzungsmacht mit den Juden in den Niederlanden geschah, und ebenso getrennt vom systematischen Massenmord fern der niederländischen Grenzen. Denn die Entwicklung und Umsetzung der Politik gegenüber den deutschen Flüchtlingen in den dreißiger Jahren war eine rein niederländische Angelegenheit. Sie bildet ein dunkles Kapitel im sprichwörtlichen Mythos von den stets toleranten, humanen Niederlanden.

Um die Rolle der Niederlande als Asyl für die jüdischen Flüchtlinge aus Deutschland besser verstehen zu können, sollte man sich zunächst klarmachen, daß das »Asylrecht« ursprünglich religiösen Charakter hatte. Das Wort »Asyl« kommt von griechisch *asylon*, was Zufluchtsort bedeutet. In der Antike bildete der von den Göttern geschützte Tempel das *asylon*. Mit der Zeit wuchs dem Wort zudem die Bedeutung von Schutz und Unverletzlichkeit zu, wie sie die Bewohner der griechischen Stadtstaaten genossen. Auch die Welt der Antike hatte ihre politischen Flüchtlinge, meist politische Führer, die um auswärtiges Asyl nachsuchten. Auf innerstaatliches Asyl hatte damals jeder ein Anrecht, zumal *asylon* noch die religiöse Konnotation einer »Freistatt« hatte. Auf Schutz außerhalb des eigenen Territoriums konnte man jedoch keinerlei Anspruch geltend machen. Dort war der politische Flüchtling ganz der Gunst der ausländischen Herrscher ausgeliefert, die Asyl gewährten, wie es ihnen paßte.

Im Mittelalter wuchs den Kirchen und Klöstern die Rolle der Freistätte zu. Vom 5. bis zum 15. Jahrhundert bot, von den weltlichen Kaisern sanktioniert, das kirchliche Asylrecht Schutz. Diese Form der innerstaatlichen Asylgewährung verschwand jedoch mit Beginn der Neuzeit und dem Aufstieg der Nationalstaaten. Die Religion wurde zum Bindemittel der nationalstaatlichen Einigung, ein Prozeß, der seinerseits zum Auslöser für gut zwei Jahrhunderte währende Flüchtlingsströme wurde. In der Zeit vor dem 19. Jahrhundert waren es denn auch hauptsächlich religiöse Flüchtlinge, die in den Niederlanden Zuflucht suchten, wie etwa jene aus den Südlichen Niederlanden nach dem Fall Antwerpens im Jahr 1585, die englischen protestantischen Flüchtlinge im »goldenen« 17. Jahrhundert und die französischen Hugenotten Ende des 17., Anfang des 18. Jahrhunderts.

Die Niederlande waren nicht das einzige Land, das Flüchtlinge dieser Art aufnahm. Überall in Westeuropa öffnete man die Pforten für verfolgte Glaubensgenossen. Die Gewährung von Asyl war politisch, religiös oder wirtschaftlich motiviert. In den Niederlanden war die Aufnahme keine nationale, sondern eine regionale und städtische Angelegenheit. Weil man insbesondere von der ersten und dritten Flüchtlingsgruppe wirtschaftliche und kulturelle Impulse erwarten konnte, wurden diese Glaubensgenossen in den protestantischen Städten mit offenen Armen empfangen. Dies galt zumindest für den ersten, begrenzten Zustrom, der sich nur positiv auswirkte und keine Belastung für die Finanz- und Sozialpolitik der Herrschenden darstellte.

Anders verhielt es sich mit der Gastfreiheit gegenüber dem anschließenden, umfangreicheren Zustrom weniger bemittelter Flüchtlinge. Die Toleranz konnte sich sogar in ihr Gegenteil verkehren, wo es sich um Flüchtlinge handelte, die obendrein einem anderen Glauben anhingen. Beispiele dafür sind die mittellosen Aschkenasim aus Polen und Deutschland, die, seit 1635 auf der Flucht vor Antisemitismus und Pogromen, möglichst ins Ausland weitergeschickt wurden. Das Jahrhundert davor zeigt in dieser Hinsicht das gleiche Bild.

Der ab 1536 einsetzende Zustrom gebildeter und wohlhabender sephardischer Juden überwiegend aus Portugal, wo sie religiöser Verfolgung ausgesetzt waren, wurde nur allzu gerne aufgenommen. Die auf der Iberischen Halbinsel zurückgebliebenen Marranen, Juden, die aus Selbsterhaltungstrieb zum Katholizismus übergetreten waren, die sogenannten »Kryptojuden« oder »Neuchristen«, zogen später in großen Scharen in die Südlichen Niederlande. Auch in den Niederlanden ging die Inquisition gegen Protestanten, Juden und »Neuchristen« vor – insbesondere während der Herrschaft des »eisernen Herzogs« Alba, der unter anderem in dem Ruf stand, ein fanatischer Judenhasser zu sein.

Dennoch hat es in der niederländischen Geschichte niemals Verfolgungen gegeben, die sich ausschließlich gegen Juden gerichtet hätten. Ebensowenig kannte man den gelben Davidsstern, die von oben auferlegte Zwangsansiedlung in Gettos oder das Zahlen von Schutzgeldern – Dinge, die durch die gesamte deutsche Geschichte hindurch eben durchaus eine Rolle gespielt haben. Der Unterschied zu Deutschland lag darin, daß die Niederlande nicht schon seit römischer Zeit, sondern erst seit dem Ende des 16. Jahrhunderts, als sich die sieben nördlichen Provinzen gerade in der Union von Utrecht (1579) zusammenschlossen, einen großen Zustrom von Juden erlebte. Hinzu kam, daß die Ansiedlung der Juden zeitlich mit dem von Wilhelm von Oranien angeführten Aufstand gegen die spanische Herrschaft zusammenfiel, der den Auftakt zum Achtzigjährigen Krieg von 1568 bis 1648 bildete. Im niederländischen Unabhängigkeitskrieg spielten sowohl partikularistische, handelspolitische wie auch religiöse Motive eine Rolle. Der religiöse Aspekt war selbstverständlich auch für die Juden von großer Bedeutung. Deshalb waren sie Wilhelm von Oranien, der sich zu einem großer Gegner des Konzils von Trient und energischen Befürworter der Glaubensfreiheit aufgeworfen hatte, sehr zugetan. Zahlreiche wohlhabende und prominente Juden haben Wilhelm von Oranien denn auch finanziell unterstützt. Nach dem Fall Antwerpens 1585 zog eine Vielzahl von ihnen von den Südlichen in die Nördlichen Niederlande und vor allem nach Amsterdam.

Auch in der Zeit des Königreiches der Niederlande im 19. Jahrhundert, als infolge der Revolten gegen die Reaktion in Frankreich, Spanien und Italien in den zwanziger Jahren neben religiösen nun auch politische Flüchtlinge auftauchten, wurde insbesondere dem Flüchtlingszustrom französischer und italienischer Liberaler in den Jahren 1813 bis 1830 von König Wilhelm I. zunächst kein Einhalt geboten. Diese Flüchtlinge suchten nicht nur in den weitaus meisten Fällen lediglich vorübergehend Aufnahme, sie waren auch überwiegend finanziell unabhängig. Daß Wilhelm I. ihrem Zuzug allmählich immer negativer gegenüberstand, hatte mit den politischen Gründen für ihre Flucht zu tun: Er befürchtete, es könnte sich im eigenen Land ein revolutionäres Potential aufbauen, das sich früher oder später gegen ihn wenden könnte.

Nach der Verabschiedung des Sozialistengesetzes durch Bismarck 1878 flüchteten zudem deutsche Sozialisten ins westliche Nachbarland, darunter zahlreiche Juden. Um die 1400 jüdische Flüchtlinge aus dem Süden Rußlands dagegen, die in den Jahren nach 1881 über die Grenze kamen, haben sich die niederländischen Behörden kaum gekümmert. Es blieb den privaten Hilfsorganisationen überlassen, dafür Sorge zu tragen, daß die von Verfolgung bedrohten, mittellosen Auswanderer, die in den Niederlanden alles andere als willkommen waren, ins Ausland weiterreisen konnten.

Der erste große Flüchtlingszustrom in die Niederlande im 20. Jahrhundert setzte 1914 ein, als die Deutschen in Belgien einfielen. Auch jetzt waren es die privaten Organisationen, die die Not nahezu einer Million Nachbarn zu lindern versuchten, und nicht die staatlichen Behörden. Erst nach einiger Zeit sahen diese sich genötigt, die Allerärmsten mit kostenloser Nahrung zu versorgen und schließlich einem jeden Hilfe zu gewähren, der sich in einem Auffanglager unterbringen ließ. Diese Lager wurden übrigens größtenteils mit Mitteln aus dem Ausland, insbesondere aus Dänemark und aus Belgien selbst, finanziert. Auch in dieser Gewissensentscheidung ließ sich die Obrigkeit, ganz im Unterschied zu der gewissenhaften Haltung der Privatorganisationen und der wohlwollenden Haltung der niederländischen Bevölkerung, durch Eigennutz leiten: Man hütete ängstlich die Neutralität, die um keinen Preis aufgegeben werden durfte, eine Neutralität im übrigen, an der die niederländische Wirtschaft kräftig verdient hat.

Aus völkerrechtlicher Sicht hatte man sich nichts vorzuwerfen. Unter Asylrecht verstand man zur Zeit der Republik das Recht eines jeden souveränen Staates, Ausländer nach eigenem Gutdünken in seinen Hoheitsbereich aufzunehmen. Der souveräne Staat war mit anderen Worten nicht dazu verpflichtet, Ausländer aufzunehmen, von denen nach seiner Einschätzung politische Unruhe ausgehen oder aus denen ihm ein wirtschaftlicher Nachteil erwachsen könnte. Das Asylrecht war ein Recht des Staates und kein Recht des Flüchtlings.

Maßgebend für die Rechte der Flüchtlinge war im Königreich der Niederlande das dort geltende Ausländerrecht und nicht ein allgemeiner Konsens über ein Recht auf Aufnahme. Vor der Zeit der französischen Fremdherrschaft konnte das Ausländerrecht in der Republik der Niederlande von Provinz zu Provinz unterschiedlich ausgestaltet sein, da die Provinzen jeweils unabhängige Gebilde darstellten, innerhalb deren Hoheitsgebiet die Provinzialstaaten souverän waren. Nicht nur Emigranten und Arbeitskräfte aus anderen Ländern, die zahlreich waren, sondern auch die Einwohner anderer Provinzen wurden als Ausländer betrachtet und unterlagen der in der jeweiligen Provinz geltenden Gesetzgebung und Rechtspflege. Das Ausländerrecht war in einer großen Anzahl von Vorschriften und einschränkenden Bestimmungen festgelegt, die, ebenso wie bei der Gewährung von Asyl, der Willkür der auf ihren Eigennutz bedachten Verwaltungsbeamten Tür und Tor öffneten.

Unterzieht man dieses Ausländerrecht in der Zeit der Republik einer näheren Betrachtung, so verblaßt der Mythos der »traditionellen niederländischen Gastfreundlichkeit« zusehends. Die Vorschriften waren rücksichtslos, ja bisweilen rundheraus grausam. Dennoch erfreute man sich als Ausländer in den Niederlanden einer größeren Freiheit als anderswo, nicht etwa weil die Republik grundsätzlich liberaler war als das Ausland, sondern aufgrund der Verteilung der

Macht zwischen den Provinz- und den Stadtverwaltungen. Die jeweiligen Landesherren boten den Flüchtlingen, von denen sie sich finanzielle oder andere Vorteile erhofften, Schutz und warben sie gelegentlich sogar an, wie etwa die Hugenotten. Darin waren die niederländischen Landesherren nicht alleine. Auch der Kurfürst von Brandenburg, Friedrich Wilhelm I., und das protestantische England taten im 17. Jahrhundert ihr möglichstes, um das hugenottische Kapital, die hugenottische Intelligenzija und, nicht zu vergessen, das hugenottische Militär zu sich zu holen. Das hatte weniger mit Toleranz als vielmehr mit Vorteilsdenken zu tun.

Im dreizehnten Artikel der Union von Utrecht war festgelegt worden, daß jede Provinz das Recht hatte, ihre religiösen Angelegenheiten selbst zu regeln. »Es war in mancher Hinsicht«, so Johan Huizinga in seiner Studie *Holländische Kultur im siebzehnten Jahrhundert*, »das Fehlen einer starken zentralen Macht, die der Republik die Erhaltung eines kirchlichen Zustandes ermöglichte, der den Schwachen zu Gute kam. ... Es war eine Praxis, die – indem sie ein Auge zudrückte und ab und zu ein bißchen Bestechung annahm – das Los der Glaubensgemeinschaften, die außerhalb der offiziellen Kirche standen, sehr erträglich machte.«[16]

Der ausländische, insbesondere protestantische, wohlhabende, hochgebildete oder kunstsinnige Flüchtling wurde aufgenommen wie ein Bruder, Persönlichkeiten etwa wie Vondel, Hals, Vossius, Plancius, Spinoza, Comenius, Locke und Voltaire. »Unerwünschte Fremde« jedoch fanden keine Aufnahme, sondern wurden als »Landstreicher« verfolgt. Der Mythos, wonach die niederländische Mentalität tolerant und ein Garant für Gewissensfreiheit sei, kam auf mit Wilhelm von Oranien, dem seinerseits der Apostel der Toleranz, Erasmus (1469-1536), vorangegangen war. Durch die Dankbarkeit derjenigen Flüchtlinge, die in den Niederlanden willkommen waren und die den »freiheitsliebenden, toleranten Landesherren« in jeder möglichen Form Lob spendeten, wurde der Mythos zementiert. Grundsätzliche Barmherzigkeit, wie sie eine »Tradition der Gastfreundschaft« nahelegt, haben die Niederlande jedoch nie gekannt, und auch das Recht des Ausländers oder Flüchtlings auf Asyl war dort vor 1945 nicht anerkannt. »Toleranz« gegenüber demjenigen, mit dem man Freud, nicht aber Leid teilen wollte – das war durch die Jahrhunderte hindurch die nüchterne Haltung der meisten europäischen Länder, und die Niederlande bildeten da keine Ausnahme. Die niederländische Haltung wurde bestimmt durch wirtschaftlichen Egoismus und politische Taktik.

Eine einheitliche, eindeutige Politik der Zentralgewalt hat es im Grunde auch in der Zwischenkriegszeit nicht gegeben. Das letzte Mal, daß die niederländische Regierung buchstäblich auf ihre »Toleranz« pochte, war am 10. Dezember 1918. Der Innenminister Ch. J. M. Ruys de Beerenbrouck, der gleichzeitig Ministerpräsident war, verteidigte damals vor der Zweiten Kammer des niederländischen Parlamentes die Entscheidung, dem deutschen Exkaiser Wilhelm II. Asyl zu gewähren. Er reagierte damit auf Fragen, die anläßlich zweier Artikel in der Tageszeitung *De Telegraaf* aufgekommen waren.[17] Die Zweite Kammer hatte in schriftlichen Anfragen eine klare Stellungnahme zu Berichten des *Telegraaf* verlangt, nach denen der General a. D. Van Heutsz, seinerzeit Adjutantgeneral Königin Wilhelminas, im Auftrag des »militärischen Hauses« der Königin dem Hauptquartier des deutschen Heeres in Spa einen Besuch abgestattet hatte, um Kaiser Wilhelm II. Gastfreundschaft in den Niederlanden anzubieten. Die Zweite Kammer wollte den negativen Spekulationen in der internationalen Presse ein Ende bereiten, »welche die Empfindungen nahezu der gesamten Welt uns gegenüber unaufhörlich verletzen und unserem Land unsagbaren Schaden, in erster Linie moralischer Art, zufügen.«[18] Die schriftliche Antwort des Außenministers Van Karnebeek ist doppeldeutig und weist Widersprüche auf. Einerseits gab er zu, daß Van Heutsz bereits seit Ende September 1918 davon in Kenntnis gesetzt worden war, daß »auf seiten Ihrer Majestät gegen die Annahme einer etwaigen Einladung durch Herrn Van Heutsz keine Bedenken bestehen würden«, andererseits stellt Van Karnebeek es so dar, daß sich Van Heutsz, der am 9. November 1918 vormittags aus Spa abgereist war, bei seiner Rückkehr am Abend über die Nachricht vom Thronverzicht des Kaisers an ebenjenem 9. November überrascht gezeigt habe.[19] Der Kaiser war am 9. November zum Thronverzicht gezwungen worden und war am nächsten Tag schnurstracks in Richtung Niederlande abgereist, wo ihm umgehend Asyl gewährt wurde. Premierminister Ruys de Beerenbrouck verteidigte die Gewährung von Asyl mit folgenden Worten:»Die Anwesenheit des Exkaisers stand – um es einmal so zu formulieren – im Zeichen des Gastrechtes, an das er appelliert hatte und das vor ihm Tausende ohne Unterschied von Rang oder Stand genossen haben. Die Regierung hat nie einen Hehl daraus gemacht, daß die Niederlande durch diese Gastfreundschaft ins Gerede kommen würde; sie war jedoch der Ansicht, diese Gastfreundschaft nicht verweigern zu dürfen, auch weil sie bei Verweigerung gegen eine seit Jahrhunderten geltende Tradition verstoßen hätte.« Dem Vorwurf, die Niederlande haben ihre Neutralität aufgegeben, weil sie demjenigen Asyl gewährt haben, der gemeinhin als Anstifter des verhängnisvollen Ersten Weltkrieges angesehen wurde, begegnete Ruys de Beerenbrouck mit folgenden Worten:»Jedem anderen ehemaligen Staatsoberhaupt wäre von seiten der Niederlande die gleiche Behandlung zuteil geworden.«[20]

Weshalb wurde der Exkaiser, der in Doorn mehr als gastlich aufgenommen wurde, von Königin Wilhelmina und ihrem Gatten in die Niederlande eingeladen? Weil Königin Wilhelmina bei ihm in der Kreide stand. Während eines Besuchs, den er ihr 1907 abstattete, hatte Wilhelm II. in einer Rede den Frieden zwischen den Niederlanden und Deutschland garantiert. Dieses Versprechen hat er gehalten, sogar gegen den dringenden Rat seines Generalstabes, als er 1914 das deutsche Heer anwies, die Niederlande unbehelligt zu lassen. Ob auch Familienbande – der Kaiser war seit 1905 durch die Ehe seines Thronerben mit Cecilie von Mecklenburg-Schwerin mit Wilhelmina verwandt – eine Rolle gespielt haben, läßt sich nicht mit Gewißheit sagen.

Trotz wiederholter Auslieferungsanträge blieb der Kaiser in den Niederlanden geschützt. Die Protektion ging sogar so weit, daß man Anfang November 1939 beim englischen Botschafter in den Niederlanden, Neville Bland, vorfühlte, ob England im Falle eines deutschen Einfalls in die Niederlande nicht nur Königin Wilhelmina, ihrer Familie und der niederländischen Regierung Aufnahme gewähren würde, sondern in diese Demarche auch den Exkaiser miteinbezöge.[21]

Die Haltung des niederländischen Staates gegenüber der ersten großen Welle jüdischer Flüchtlinge, die 1933 aus Deutschland über die Landesgrenzen drängte, dürfte in Anbetracht der Vergangenheit nicht verwundern. Man knüpfte einfach an eine Tradition an und ging von dem Prinzip aus, daß die Niederlande als souveräner Staat aufgrund des geltenden Ausländerrechtes gesetzlich ermächtigt waren, selbst die Eckpunkte ihrer Haltung gegenüber den Flüchtlingen festzulegen. Seit der Ausrufung des Königreiches der Niederlande im Jahr 1815 lautete Artikel 4 des Grundgesetzes: »Jeder, der sich auf dem Hoheitsgebiet des Königreiches aufhält, hat den gleichen Anspruch auf Schutz von Leib und Gut.« Das besagt nichts über Rechte und Pflichten in Zusammenhang mit der Aufnahme und Ausweisung von Ausländern oder Flüchtlingen. Die Regierung behielt sich das Recht vor, in ihrer Praxis freie Hand zu haben. Dieser Grundsatz blieb gewahrt im Ausländergesetz von 1849, in dem allerdings die Aufnahme und Ausweisung von Ausländern geregelt wurde. Nach diesem liberalen Gesetz war jeder Ausländer im Königreich willkommen, vorausgesetzt, er wurde für politisch redlich befunden, war finanziell unabhängig, stellte keine Gefahr für die Allgemeinheit dar und war im Besitz gültiger Ausweispapiere. Es war dies mit anderen Worten ein Gesetz für Ausländer, nicht für Flüchtlinge. Zudem wurde festgelegt, daß Ausländern, die ein gültiges Visum vorweisen konnten, ein Reise- und Aufenthaltsausweis auszustellen war. Da aber die geflohenen deutschen Juden nicht über ein solches Visum verfügten und die Flüchtlinge vor ihrer Ausreise in Deutschland zudem finanziell ausgenommen wurden, blieb das Gesetz in diesen Fällen wirkungslos. Mehr noch, ohne Aufnahmenachweis konnte jeder Ausländer in den Niederlanden dem Gesetz nach als illegal betrachtet werden. Das eingeschränkte Recht auf Aufnahme wurde wieder eine Gunst, so, wie schon unter den Landesherren, und zwar eine Gunst seitens jener, die selbst die politische Praxis kontrollierten.

Die Kontrolle über Aufsicht, Aufnahme und Aufenthalt der Ausländer oblag den örtlichen Polizeibehörden. Sie waren wiederum den Oberstaatsanwälten und der »Koninklijke Marechaussee« (der niederländischen Militärpolizei) Rechenschaft schuldig. Letztere war für den Grenzschutz zuständig. Für die Ausländeraufsicht kam auf Regierungsbeschluß vom 16. August 1918 hin die Ausländerordnung zustande. Die Anforderungen für Aufnahme und Aufenthalt waren, der Tradition entsprechend, streng und unerbittlich. Nur in Fällen, in denen von unmittelbarer Lebensgefahr die Rede war, war man bereit, die Bestimmungen zu lockern.

In der jüdischen Flüchtlingspolitik der Niederlande in den dreißiger Jahren lassen sich zwei deutliche Zäsuren aufzeigen, die sich mit den Jahreszahlen 1933 beziehungsweise 1938 verbinden. Die Ereignisse in Deutschland in jenen Jahren – 1933 die Machtergreifung Hitlers Ende Januar, der Reichstagsbrand im Februar, der erste offizielle Judenboykott im April, die Bücherverbrennungen im Mai und 1938 der Anschluß Österreichs an das Deutsche Reich sowie im November jenes Jahres die sogenannte »Reichskristallnacht« – haben sich auf den Zustrom von Flüchtlingen in die Niederlande entscheidend ausgewirkt. Von geringerem Einfluß waren die Verabschiedung der Nürnberger Gesetze und der Zuwachs Staatenloser im Jahr 1935.

Wer waren die zermürbten Menschen, die nach der Machtübernahme Hitlers wegen seiner antisemitischen Politik ab 1933 massenhaft Deutschland verließen? Neunzig Prozent von ihnen waren Juden. Die übrigen zehn Prozent setzten sich zusammen aus getauften Juden, den sogenannten »nichtarischen Christen«, und politischen Flüchtlingen: Sozialdemokraten, Sozialisten, Kommunisten und Anarchisten. Ab 1938 kamen die österreichischen Juden hinzu.

Die Niederlande waren als Asylland besonders gefragt. Gründe, die für die Niederlande als Zufluchtsort sprachen, waren erstens die ungefähr dreihundert Kilometer lange Grenze zwischen den Niederlanden und Deutschland. Zweitens standen die Niederlande in dem Ruf, eine Tradition in der Aufnahme von Unterdrückten und Verfolgten zu haben und Minderheiten gegenüber tolerant zu sein. Für die deutschen Flüchtlinge war zudem wichtig, daß die Niederlande im Gegensatz zu Belgien und Frankreich, wo seit dem Ersten Weltkrieg gegenüber Deutschen Ressentiments herrschten, neutral geblieben waren. Wegen der geringen geographischen Entfernung fühlte man sich durch sprachliche Nähe sowie durch wirtschaftliche und in manchen Fällen verwandtschaftliche Beziehungen zu den Niederlanden hingezogen.[22] Dem ließe sich noch hinzufügen, daß man es vorzog, in der Nähe Deutschlands zu bleiben, wo man nahezu alles zurückließ, was in einem Leben aufgebaut worden war, in der Illusion, daß dem Hitler-Regime kein langes Leben beschieden sein könne.[23]

Die politische Reaktion auf diese Flüchtlingsströme zerfällt in drei verschiedene Stadien. Vom Frühjahr 1933 bis zum darauffolgenden Frühjahr konnte von irgendeiner politischen Programmatik kaum die Rede sein: Es war dies eine Phase, in der man von dem großen Zustrom förmlich überrollt wurde. Zunächst versuchte man, auf internationaler Ebene zu einer Lösung zu finden. Als dies mißlang, verhärtete sich ab Mai 1934 bis zum Frühjahr 1938 die Politik. Eine führende Rolle spielte J.R.H. van Schaik, der römisch-katholische Justizminister, von 1933 bis 1937 in der zweiten und dritten Regierung Colijn. Ab dem 7. Mai 1938 galt die niederländische Grenze aufgrund eines Rundschreibens des ebenfalls römisch-katholischen Justizministers C. Goseling als geschlossen. Minister Goseling, der nach dem Anschluß Österreichs an das Deutsche Reich mit einer neuen Flüchtlingswelle rechnete, behauptete in seinem Rundschreiben, daß es für das Land aus mehreren Gründen wichtig sei, keine Flüchtlinge mehr aufzunehmen. »Ein Flüchtling wird künftighin als ein unerwünschtes Element für die niederländische Gesellschaft und daher als unerwünschter Ausländer betrachtet, der deshalb an der Grenze abzuweisen und, im Lande angetroffen, über die Grenze abzuschieben ist.«[24]

Lediglich in Fällen, in denen das Leben des Flüchtlings in Gefahr wäre, falls ihm keine Aufnahme gewährt würde, sowie in Zweifelsfällen sei es dem Justizminister anheimgestellt, diesbezüglich anders zu verfügen. »Unter Flüchtling«, so fügte Goseling in seinem Rundschreiben hinzu, »wird jeder Ausländer verstanden, der unter dem Druck der Umstände in dem Land, in dem er sich aufhält oder wohnhaft ist, ebendieses Land verläßt.« Gemeint sind neben deutschen Juden auch österreichische und sogenannte »Ostjuden«, das heißt polnische und staatenlose Juden. »Der Begriff sollte deshalb nicht im engeren Sinn ausgelegt werden; insbesondere ist noch darauf hinzuweisen, daß aus dem Umstand, daß der Flüchtling über hinreichende finanzielle Mittel verfügt, kein Grund abgeleitet werden darf, ihm Aufnahme zu gewähren oder ihn weiter im Lande sich aufhalten zu lassen.«[25]

Vor dem 30. Mai 1934 reichten ein gültiger Paß und finanzielle Unabhängigkeit aus, um in die Niederlande zu gelangen, was denn auch etwa viertausend Flüchtlinge schafften. Ein Visum war nicht erforderlich. Im Frühjahr 1934 ging man jedoch dazu über, an die Aufnahme deutscher Flüchtlinge besondere Bedingungen zu knüpfen. Diese waren wesentlich strenger als für Ausländer im allgemeinen. Der nunmehr rechtlose Flüchtling war ganz dem Wohlwollen der Polizei ausgeliefert, die den Auftrag hatte, jeden abzuweisen, der sich nicht in unmittelbarer Lebensgefahr befand.

Bereits in der Vorkriegszeit fand die Flüchtlingspolitik ihre schriftliche Ausformulierung in Rundschreiben, in denen die Richtlinien für die praktische Umsetzung der Politik festgelegt wurden. Van Schaik, der als Justizminister für die Flüchtlingspolitik zuständig war, führte diese Form des Regierens per Rundschreiben 1934 ein, um zunächst eine einheitlichere praktische Umsetzung seiner Richtlinien durch die ihm unterstehenden Beamten herbeizuführen. Es waren dies die Oberstaatsanwälte an den Landgerichten und der Inspekteur der »Koninklijke Marechaussee«, die ihrerseits für die Umsetzung der Richtlinien durch die örtlichen Polizeibehörden verantwortlich waren. Die Verkündung von Bestimmungen per Rundschreiben zielte mit anderen Worten darauf ab, der Handlungsfreiheit und Willkür bei der Aufnahme und Überwachung von Flüchtlingen durch die örtlichen Polizeibehörden ein Ende zu setzen. Andererseits versuchte die Regierung durch ihre Politik der meist geheimen Rundschreiben, das Parlament zu umgehen – weil man sich, wie im weiteren noch darzulegen sein wird, vor der öffentlichen Meinung fürchten mußte, die sich im Parlament kundtun würde.[26] Gegen diese sogenannte Gesetzgebung der Regierung wurde zwar protestiert, namentlich seitens der Parteien des linken Lagers und insbesondere gegen die restriktiven Maßnahmen des Jahres 1938, im allgemeinen aber fanden sich die Parlamentarier mit dem Lauf der Dinge ab.[27]

Konnte man eigentlich überhaupt von einer eindeutigen Politik sprechen, verteilt wie sie war über die verschiedenen Ministerien, die jeweils in erster Linie ihre eigenen Interessen vertraten? In erster Instanz galt, wie gesagt, das Justizministerium als zuständig. Dann war da das Innenministerium, das bei den Aufgaben der Polizei, bei Fragen der nationalen Sicherheit und bei der Internierung von Flüchtlingen in Lagern ab 1938 ins Spiel kam. Bei letzterem wurde das Innenministerium unterstützt vom Verteidigungsministerium, das außerdem für den Grenzschutz zuständig war. Auch das Ministerium für Arbeit und Soziales und das Wirtschaftsministerium hatten ihre Finger im Spiel: Ihre Aufgabe war es, den Arbeitsmarkt in Krisenzeiten zu überwachen und dafür Sorge zu tragen, daß die Handelsbeziehungen mit dem östlichen Nachbarn um jeden Preis intakt blieben. Und schließlich versorgte das Außenministerium über seine Diplomaten die Regierung mit einem unablässigen Informationsfluß über die Entwicklungen in Deutschland.

Diese Mühle der Verwaltung verhinderte den humanen Blick auf das, was sich an Leid an der niederländischen Grenze abspielte. Man hat die Probleme, die die Flüchtlinge mit sich brachten, vom Schreibtisch aus gewiß nicht leugnen wollen, ebensowenig aber war man bereit, sich die Ursache, die im Nachbarland lag, genauer anzusehen, geschweige denn aus einer solchen Besinnung moralische Schlüsse zu sehen.

Ironischerweise blieb das einzig Beständige in der Flüchtlingspolitik die Tatsache, daß man an der Klausel festhielt, wonach Aufnahme geduldet wurde, sofern der Flüchtling nachweisen konnte, daß ihm bei Rückführung nach Deutschland unmittelbare Gefahr für Leib und Leben drohte. An Beständigkeit gleich kam dem nur die Hypokrisie, mit der man diese Klausel in der Praxis anwandte. Die flüchtlingspolitische Praxis wurde in dem Maße abweisender, wie die Lebensgefahr wuchs und eindeutiger nachweisbar wurde, wie etwa nach der sogenannten »Reichskristallnacht«, als nunmehr jedem sonnenklar war, daß sich alle noch in Deutschland lebenden Juden in Lebensgefahr befanden. Nach den Pogromen der »Kristallnacht« am 9. November 1938, als der Flüchtlingsstrom in die Niederlande um fünfzigtausend Asylanträge anschwoll, wurde siebentausend Flüchtlingen Aufnahme gewährt, tatsächlich passierten vermutlich rund zehntausend die Grenze.[28]

Am 15. Dezember 1938 wurden die niederländischen Grenzen endgültig geschlossen. Weil sich diese Maßnahme als unzureichend erwies, faßte die Regierung den Beschluß, die Flüchtlinge in Lagern unterzubringen, die in den Zuständigkeitsbereich des Innen- beziehungsweise des Justizministeriums fielen. Dem Justizministerium unterstellt waren die Lager für illegale Flüchtlinge, die ohne Erlaubnis des Justizministeriums die niederländische Grenze überschritten hatten. In die Verantwortlichkeit des Innenministeriums wiederum fielen die Lager, in denen legale Flüchtlinge zusammengezogen wurden, die mit Zustimmung des Justizministeriums in die Niederlande eingereist waren und die nach Auffassung der Regierung nicht für Aufnahme in eine Gastfamilie in Betracht kamen.

Mit der Zwangsunterbringung in Lagern verfolgte man verschiedene Ziele: Man wollte die Flüchtlinge dazu bringen, in ein anderes Land auszuwandern, man wollte verhindern, daß sie zu Konkurrenten auf dem Arbeitsmarkt wurden, man wollte sie allgemein besser in den Griff bekommen, und man wollte einer Assimilation mit der niederländischen Bevölkerung zuvorkommen. So wurden fünfundzwanzig Auffanglager eingerichtet, die größten von ihnen in Amsterdam – das Hotel Lloyd an der Oostelijke Handelskade und die Quarantänestation Zeeburgerdijk – und in Rotterdam auf dem Koninginnehoofd sowie in der Quarantänestation Beneden-Heyplaat. Die Lager fielen in ihrer organisatorischen Struktur in die Verantwortlichkeit der Abteilung Fürsorge des Innenministeriums, die ab dem 1. Januar 1939 über das von ihr eingerichtete Amt A/VI ihrem Auftrag nachkam. Am 10. August 1939 wurde dieses Amt sowohl mit der Ausarbeitung der Politik gegenüber den Flüchtlingen wie auch mit ihrer praktischen Umsetzung betraut.[29]

In einer Sitzung der Centrale Commissie voor het Vluchtelingenvraagstuk (Zentrale Kommission für die Flüchtlingsproblematik), die im Januar 1939 von Minister Van Boeyen ins Leben gerufen worden war, um die Verwaltung und Organisation der Lager zu zentralisieren, unterbreitete der Innenminister, darin unterstützt vom Justizminister, am 8. Februar 1939 den Vorschlag, von Regierungsseite Mittel für ein zentrales Flüchtlingslager zur Verfügung zu stellen. Dieser Vorschlag wurde am 13. Februar 1939 ohne Abstriche und ohne Kommentar vom Ministerrat angenommen.

Woher dieser Wunsch nach einem einzigen Lager? Minister H. van Boeyen drückte es in einem Schreiben an Königin Wilhelmina wie folgt aus: »So sind zur Zeit, über das ganze Land verteilt, 25 Heime in Betrieb. Verwaltungstechnisch stehen diese Heime in einem unterschiedlichen Verhältnis zur Regierung, weshalb sich keine Einheitlichkeit der Richtlinien erzielen läßt. Wirtschaftlich gesehen bringt diese Dezentralisierung große Nachteile mit sich: Die Polizeiaufsicht ist nicht ausreichend gewährleistet, dadurch, daß die Heime vielfach nicht auf längerfristige Unterbringung einer größeren Anzahl von Personen eingerichtet sind, ergeben sich ernstliche sittliche und moralische Gefahren, und zugleich ist es unmöglich, dem Flüchtling eine zweckmäßige Schulung zukommen zu lassen, die ihn möglichst zur Auswanderung befähigt, worauf schließlich sämtliche Maßnahmen in erster Linie abzielen sollten. Die Mehrzahl dieser Heime muß zudem binnen kürzester Zeit wieder geräumt werden, so daß die Unterbringungsproblematik nunmehr äußerst dringend ist. Die Regierung ist zu der Auffassung gelangt, daß diesen Nachteilen nur durch Zusammenlegung der in unterschiedlichen Heimen untergebrachten Flüchtlinge in einem einzigen Lager beigekommen werden kann.«[30]

Obgleich die Unterbringung bei Familien die bei weitem billigste Methode war, wog dies offensichtlich die Gefahren, die diese Lösung mit sich brachte, nicht auf. Allzu genaue Kenntnis dessen, was sich in Deutschland abspielte, würde nur Unruhe bringen, und auch später, in den Lagern, versuchte man alles zu vermeiden, was nach »einer Cliquenbildung von Deutschen [roch], im Rahmen derer subversive Pläne gegen das deutsche System geschmiedet werden«, wie der Ministerialdirektor der Zweiten Abteilung des Justizministeriums, J. C. Tenkink – dem wir später als Staatssekretär wiederbegegnen werden –, am 24. Januar 1939 an den Staatssekretär für Justiz, J. R. M. van Angeren, schrieb.

Man entledigte sich weiterhin möglichst zufriedenstellend, und vorzugsweise heimlich, seiner Hausaufgaben gegenüber dem »befreundeten« Staatsoberhaupt Adolf Hitler. Der Hauptbeweggrund war natürlich der, daß man durch Internierung in einem einzigen Lager die Flüchtlinge von der Bevölkerung trennen wollte, um so die Flüchtlingsproblematik besser in den Griff zu bekommen. Bereits einen Monat später war ein geeigneter Standort gefunden: das Elspeterveld in der Gemeinde Ermelo. Alle Anforderungen, die man an ein zentrales Lager stellte, schien dieses Elspeterveld zu erfüllen. Die Gegend war gesund und abgelegen, zugleich aber waren zwecks medizinischer und anderer Versorgung die Kleinstädte Elspeet und Ermelo in der Nähe gelegen. Der Grundstückspreis war niedrig, und das Gelände wurde vom Verteidigungsministerium für eine zukünftige Übernahme für geeignet befunden. Ein letzter, aber keineswegs unwichtiger Grund, das Elspeterveld für tauglich zu befinden, war die stark christliche, auf die eigene Gemeinschaft konzentrierte Bevölkerung der Gegend, die einer »intensiven Berührung« mit den jüdischen Flüchtlingen abgeneigt sein würde[31] – eine Anforderung, die die zuvor in Betracht gezogenen Gebiete um Apeldoorn und Arnheim ihrer aufgeschlossenen Bevölkerung wegen nicht erfüllt hatten.

Dennoch erhob sich Protest. Zunächst seitens des ANWB (das niederländische Pendant zum ADAC), der die gesamte Veluwe, die ausgedehnte Wald- und Heidelandschaft im Westen der Provinz Gelderland, in der Ermelo liegt, für Urlauber zu seiner Verfügung haben wollte. Auch Königin Wilhelmina meldete Bedenken an. Zwar wollte sie nicht so weit gehen, die gesamte Veluwe von jüdischen Flüchtlingen freizuhalten, aber die zwölf Kilometer, die ihren Landsitz, Schloß Het Loo, von dem zu errichtenden Lager trennen würden, waren ihr doch zu wenig. Am 14. März 1939 äußerte sie sich in einem Schreiben an den Innenminister Van Boeyen wie folgt: »... daß Höchstdieselbe durchaus bedauert, daß als Standort für das Flüchtlingslager ein Gelände ausgewählt wurde, welches dem Sommersitz Ihrer Majestät so nahe gelegen ist, und daß es Höchstderselben angenehmer gewesen wäre, wenn das Gelände, nachdem die Wahl nun einmal auf die Veluwe gefallen war, wesentlich weiter von Het Loo entfernt gelegen hätte. Ihre Majestät würde es denn auch schätzen, wenn ein solches Gelände, das im übrigen allen Anforderungen zu genügen hätte, nachträglich gefunden werden könnte, zumal da Seine

Exzellenz die Erwartung ausspricht, daß das zu errichtende Lager keine Sache von kurzer Dauer sein wird.«[32] Dies bedeutete einen gehörigen Strich durch die Rechnung! Van Boeyen ließ zunächst einmal nichts von sich hören. Und selbstverständlich blieb all dies streng geheim. Es hätte die »Mutter des Vaterlandes« nur in ein merkwürdiges Licht gerückt, insbesondere bei den Juden, die sie anläßlich ihres fünfunddreißigjährigen Thronjubiläums im Jahr 1933 auf beispiellos rührende Weise in der Presse gefeiert und bei der Gelegenheit große Anhänglichkeit an die Königin an den Tag gelegt hatten.

Eifrig wurde nach einem neuen Standort gesucht, eine Aufgabe, derer sich die Spitzenbeamten des Justizministeriums unter Anführung von J. C. Tenkink und jene des Innenministeriums unter Anführung von A. J. Rosman annahmen. Das Amerveld in der Gemeinde Westerbork schien ihnen der geeignete Ort zu sein. Doch nahezu alles sprach dagegen. Die örtliche Bevölkerung konnte man schwerlich als politisch unengagiert bezeichnen. Westerbork ist nahe der deutschen Grenze gelegen. Das Gebiet bildete seinerzeit einen Knotenpunkt für Truppenbewegungen im Falle einer Mobilmachung. Im nahegelegenen Rolde befand sich militärisches Übungsgelände. Nach Ansicht des Comité voor Joodse Vluchtelingen (Komitee für jüdische Flüchtlinge), auf das in Kapitel IV noch ausführlich einzugehen sein wird, war das Lager viel zu dezentral gelegen, was der emigrationsvorbereitenden Arbeit abträglich war. Schließlich handelte es sich beim Amerveld anders als beim Elspeterveld um eine kahle, öde Ebene in einem dünnbesiedelten, entlegenen Winkel der Niederlande.

Dennoch entschieden einige Spitzenbeamten nahezu im Alleingang – ähnlich wie schon die Einrichtung eines einzigen Zentrallagers nur von einer Handvoll Minister konkret vorangetrieben worden war – über den Standort des Lagers Westerbork, in dem am 9. Oktober 1939 die ersten Flüchtlinge untergebracht wurden.[33]

Auf diese Weise entstand jenes Lager, das ab dem 1. Juli 1942 unter der Verwaltung des Befehlshabers der Sicherheitspolizei des SD »Polizeiliches Durchgangslager Westerbork« heißen sollte. Von diesem Lager aus wurden rund fünfundsiebzig Prozent der in den

Niederlanden lebenden Juden in den darauffolgenden Jahren nach Deutschland und Polen deportiert.

Die Regierung stellte es so hin, als scheue sie weder Kosten noch Mühen, um den Flüchtlingen Gastfreundschaft zu gewähren, wo dies nur möglich war, während man tatsächlich in der Abgeschlossenheit seines Ministeriums, weit weg von den Tragödien, die sich an der Grenze abspielten, das Leid Tausender Einzelpersonen in ein – möglichst sparsam berechnetes – Zahlenspiel umsetzte.

Das vielleicht schlagendste Beispiel hierfür war die Haltung der niederländischen Regierung gegenüber den Bootsflüchtlingen der St. Louis. Dieses Passagierschiff machte sich am 13. Mai 1939 mit 907 überwiegend jüdischen Flüchtlingen an Bord, von denen sich nahezu die Hälfte aus Konzentrationslagern hatte freikaufen können, von Hamburg in Richtung Kuba auf. Kuba verweigerte jedoch die Einreiseerlaubnis, genauso die Vereinigten Staaten und einige lateinamerikanische Länder. Die Hapag, die Hamburg-Amerika-Linie, erteilte dem mutigen Kapitän des Schiffes den Auftrag, auf direktem Wege nach Deutschland zurückzukehren. Diese Hausiererei mit Flüchtlingen, die keiner haben wollte, war nicht die Art von Propaganda, die den Nazis vorschwebte. Nach sechswöchiger Irrfahrt legte das Schiff, das zahlreiche Kinder an Bord hatte, schließlich am 17. Juni 1939 in Antwerpen an.[34]

Unter dem Druck der Meldung, wonach zweihundert Passagiere einen »Selbstmordvertrag« geschlossen hätten für den Fall, daß sie nach Deutschland zurückgeschickt werden würden, erklärten vier Länder sich schließlich bereit, den Schiffspassagieren Aufnahme zu gewähren: England nahm 288, Frankreich 224, Belgien 214 und die Niederlande 181 auf. Beamte der niederländischen Fremdenpolizei und Vertreter der verschiedenen Flüchtlingskomitees waren vor Ort. Unter ihnen befand sich auch Gertrude Wijsmuller-Meijer, die während der dreißiger Jahre Hunderten von jüdischen Kindern zur Flucht aus Deutschland verholfen hat und die dem Vorstand des Burgerweeshuis (Staatliches Waisenhaus) angehörte, in dem sie die Abteilung für Flüchtlingskinder vertrat.

In einer Presseerklärung genau eine Woche nach der sogenannten »Reichskristallnacht« mißbilligte die Regierung mit aller Entschiedenheit ihr erbarmungs- und aufopferungsvolles Verhalten. Diese Erklärung vom 16. November 1938 endet mit den Worten: »Zu verurteilen ist das Verhalten jener niederländischen Bürger, die mit dem Auto oder mit der Bahn jüdische Kinder in die Niederlande zu bringen versuchen. Eine solche ungeordnete Zuführung von Flüchtlingen kann nicht geduldet werden. Lediglich eine geordnete – und obendrein beschränkte – Zuführung ist zulässig.«[35] Dabei war der Erfolg von Gertrude Wijsmullers Aktionen gerade ihrem großen organisatorischen Talent zuzuschreiben. Zu ihrer Beschämung mußte sie in Antwerpen erleben, wie die Niederlande als einziges Land nur diejenigen aufnahmen, die auf eine Einreiseerlaubnis in die Vereinigten Staaten nicht allzu lange würden warten müssen. Für Behinderte, Geistesgestörte und Kranke blieb das Tor zu den Niederlanden unerbittlich geschlossen. Zum Glück zeigte sich England diesbezüglich barmherziger, während Frankreich sich der Staatenlosen annahm.[36]

Nachdem sie sechs Wochen auf der Heyplaat in Quarantäne festgehalten worden waren, wurden zweiundzwanzig ehemalige Passagiere der St. Louis die ersten Lagerinsassen von Westerbork.

Ab Januar 1940 ging man dazu über, die Flüchtlinge, die bis dahin in verschiedenen, über die ganzen Niederlande verteilten Lagern und Heimen untergebracht waren, in großer Zahl nach Westerbork zu überführen. Als Grund hierfür gab man an, daß dies die gedrückte Stimmung unter den dort arbeitenden Pionieren heben würde. Die Überführung erregte allerseits Widerwillen. Die Flüchtlinge betrachteten Westerbork als ein Konzentrationslager nahe der niederländisch-deutschen Grenze, in dem sie gezwungen sein würden zu arbeiten, keinerlei Bewegungsfreiheit genießen und unter strenger Zensur würden leben müssen. Weil die Kriegsgefahr immer größer wurde und Deutschland nur dreißig Kilometer weiter östlich lag, wurde der Ruf nach einem Evakuierungsplan für das Lager immer lauter. Der Direktor, D. A. Syswerda, wies bereits im Februar 1940 auf die Unerläßlichkeit eines Evakuierungsplans hin und wurde dabei nachdrücklich vom Vorsitzenden der Commissie van Toezicht en Bijstand voor het Vluchtelingenkamp Westerbork (Aufsichts-

und Fürsorgekommission für das Flüchtlingslager Westerbork), David Cohen, unterstützt. In einer Note, mit der sich die beiden an den Innenminister wandten, betonten sie nicht nur ihre eigene Verantwortung für die Lagerinsassen, die nicht über ihre Freiheit verfügten, sondern wiesen auch auf die Verantwortung der Regierung hin.

»Das Lager Westerbork befindet sich, wenn unverhofft eine feindliche Macht in die Niederlande einfallen sollte, zumal wenn diese aus dem Osten käme, in einer Lage, die nicht mit der freier Niederländer oder Ausländer, ja nicht einmal mit der von Anstalten, in denen Niederländer aufgenommen sind, vergleichbar ist. Schließlich können die Lagerinsassen das Lager bei näherrückender Gefahr nicht ohne weiteres verlassen, da der Grund für ihren Aufenthalt im Lager gerade die Internierung in demselben ist; und weil sie deutsche Juden sind und bereits vorher teils in Konzentrationslagern eingesperrt, teils verfolgt oder angeklagt waren, sind sie im Falle einer Invasion einer größeren Gefahr ausgesetzt als die meisten Niederländer.«[37]

Es wurde ein Evakuierungsplan ausgearbeitet, doch dieser blieb, wie so viele Unterlagen, die sich auf die Flüchtlinge bezogen, geheim. Selbst der stellvertretende Direktor des Lagers, G. E. Weijburg, wurde über den Evakuierungsplan in Unkenntnis gelassen. Er sollte selber sehen, wie er die ersten beiden Kriegswochen, auf Weisung des Kommissars der Königin in Assen, den Befehl über das Lager führen wollte, ein Lager, das im übrigen inzwischen verlassen war, bis auf das niederländische Personal und sechzehn zurückgebliebene Flüchtlinge, denen verboten wurde davonzulaufen.[38]

Der Plan umfaßte eine Evakuierung mit der Bahn über Zwolle zu den seeländischen Inseln. Da jedoch die Brücke bei Zwolle gesprengt wurde, ging es in entgegengesetzte Richtung nach Leeuwarden, wo die Lagerinsassen bei Familien untergebracht wurden. Als sich herausstellte, daß dieser Zustand nicht mehr tragbar war – es handelte sich um mehr als siebenhundert Flüchtlinge –, und die niederländischen Autoritäten auf Anweisungen seitens der Besatzungsmacht warteten, wurden die Flüchtlingen allesamt wieder nach Westerbork zurückgeführt.

Als im September 1939 der Zweite Weltkrieg ausbrach, hatten sich bereits mehr als dreihunderttausend deutsche Juden und politische Flüchtlinge, sei es unter Zwang oder nicht, für die Flucht entschieden. Im allgemeinen nimmt man an, daß die Niederlande ihre Grenzen für fünfundzwanzig- bis dreiunddreißigtausend von ihnen öffneten. Der springende Punkt der Flüchtlingsproblematik in den Niederlanden war, daß man im Flüchtling ganz bewußt den »Fremden« sehen wollte. Dieser Begriff, dessen man sich von Regierungsseite bis in die letzten Schriftstücke hinein bediente, zeugt abgesehen von einer unbestimmten Abneigung gegen die »vielen Tausende von diesen Fremden«, wie Goseling sie bezeichnete, auch von einer Leugnung des Kerns des Flüchtlingsproblems. Man sah kein staatliches Interesse, zu einem Flüchtlingsproblem eindeutig Stellung zu beziehen, das unmittelbar durch die Judenverfolgung im »befreundeten« Nachbarland verursacht wurde. Ein Flüchtlingsgesetz wurde nie ausformuliert, als Richtschnur diente weiterhin die Fremdenregelung von 1918. In dem von Justizminister Goseling in Umlauf gebrachten berüchtigten Rundschreiben vom 7. Mai 1938 wurde der Flüchtling nunmehr als »unerwünschter Fremder« bezeichnet. Schließlich wurden aufgrund einer Änderung von Artikel 2 des Fremdengesetzes sämtliche jüdischen Flüchtlinge als »Fremde«, die angeblich die öffentliche Ordnung, Sicherheit, Gesundheit oder Sittlichkeit gefährdeten, ja als »Landstreicher« auf Weisung des Justizministeriums im Lager Westerbork interniert.[39]

Man zog die Flüchtlinge aus gesellschaftlichen Gründen – keinen Antisemitismus schüren! – und wirtschaftlichen Gründen – die Arbeitslosigkeit nicht weiter vergrößern! – zusammen, obwohl man genau wußte, daß einige deutsche Flüchtlinge Unternehmen aufgebaut hatten. Deren Geschäftssinn hätte gerade zu einer Verbesserung der Arbeitsplatzsituation in den Niederlanden beitragen können. Im wesentlichen waren es nationale Handelsinteressen und eine ängstliche Neutralitätspolitik, die zu einer herzlosen Flüchtlingspolitik und zu ihrer herzlosen Umsetzung geführt haben. Dabei spielte eine wichtige Rolle, daß man – seitdem die englische Flottenblockade im Oktober 1917 erweitert worden war – keineswegs deutschfeindlich war. Noch wichtiger für die deutschfreundliche Stimmung in den Niederlanden waren die Entwicklungen 1917 während der Revolution in Rußland. Das neue bolschewistische Regime kündigte im Herbst 1917 sämtliche Auslandsschulden auf: »Ein harter Schlag für die Niederlande, die seit Ende des 18. Jahrhunderts viele Millionen im Zarenreich angelegt hatten – nach einer Schätzung vom April 1918 insgesamt eine knappe Milliarde.«[40] Nicht der niederländische Staat oder die niederländischen Banken waren die Düpierten, sondern überwiegend Privatpersonen, die den Führungskreisen angehörten und in den Niederlanden zu jener Zeit das Sagen hatten. Der Anteil der Niederlande an der Finanzierung des alten Zarenreichs war erheblich größer als der anderer Länder. Eine Vorstellung davon, wie groß die Verluste waren, bekommt man, wenn man den Betrag von einer Milliarde Gulden mit anderen Wirtschaftsdaten der damaligen Zeit vergleicht: Der Betrag überstieg die Gesamtsumme der jährlichen Staatsausgaben der Niederlande. Nach heutiger Rechnung bedeutet dies, daß die Angehörigen der Oberschicht in den Niederlanden durch die Bolschewisten mit einem Schlag um knapp zweihundert Milliarden Gulden kamen. Dadurch läßt sich unter anderem erklären, weshalb man in führenden niederländischen Kreisen Hitlers antibolschewistischen Bestrebungen durchaus aufgeschlossen gegenüberstand. Da Hitler Juden und Bolschewisten gleichsetzte, wird dies zweifellos dazu beigetragen haben, daß die niederländischen Opfer des Bolschewismus den (vermeintlich bolschewistischen) jüdischen Flüchtlingen nicht sonderlich zugeneigt waren. Mit Beginn der deutschen Besatzung der Niederlande kam noch etwas anderes hinzu: das Bedürfnis, dem Besatzer nach dem Mund zu reden.

Am 6. Juni 1940 ermächtigte der Staatssekretär für Inneres, K. J. Frederiks, in seiner damaligen Eigenschaft als Vertreter des nach England geflohenen Innenministers, den Direktor des Lagers Westerbork, D. A. Syswerda, im Zusammenhang mit der geplanten Auflösung des Lagers die Internierten dem Comité voor Bijzondere Joodse Belangen (Komitee für besondere jüdische Interessen) zu übergeben. Dieses würde dann dafür Sorge tragen, daß die Internierten bei Familien gut unterkommen würden.[41]

Doch am 15. Juni fiel der Vorhang. In einem Schreiben des Ministerialdirektors der fünften Abteilung des Justizministeriums, P. Meijjes, an den stellvertretenden Justizminister, Staatssekretär J. C. Tenkink, wurde jede Mitwirkung an der Unterbringung bei Familien ausgesetzt. »Ich habe die Ehre, Seine Exzellenz höflich davon in Kenntnis zu setzen, daß bei meiner heutigen Besprechung mit dem Verbindungsoffizier Oberstleutnant Müller folgendes Thema zur Sprache kam: Emigranten und zu internierende Ausländer. Oberstleutnant Müller zeigte sich sehr interessiert an der ihm offenbar unbekannten Tatsache, daß sich in Westerbork rund 700 deutsche Juden befinden, und gab zu verstehen, daß darunter vermutlich einige wären, mit denen es noch das eine oder andere zu erledigen gebe. Ich erklärte, daß zur Zeit aus finanziellen Gründen die Frage erörtert werde, ob diese Flüchtlinge bei Familien untergebracht werden könnten, und sagte, daß die niederländischen Behörden dagegen an sich keine Bedenken hegten, jedoch nicht daran mitwirken wollten, solange ihnen nicht bekannt sei, ob bei den deutschen Behörden Bedenken dagegen bestünden. ... Der Oberstleutnant begrüßte es sehr, daß diese Leute zusammengezogen waren, also nicht allenthalben aufgespürt werden müßten, und tat seine persönliche Meinung kund, daß sich die deutschen Behörden für die Verteilung der Emigranten aus Westerbork über verschiedene Familien wohl nicht sonderlich erwärmen würden.«[42]

Zwanzig Tage später teilte Meijjes Tenkink in einer kurzen Notiz folgendes über die Internierungslager mit: »Diese sind, wie bereits angekündigt worden war, in Westerbork zusammenzulegen. Wie diese Sache zu regeln ist, wird er, auch was die Bezahlung anbetrifft, mit Herrn Grevelink näher besprechen. Alles ist in einer Hand zu vereinen, und zwar in der der Fremdenpolizei. Sollten rechtliche Schwierigkeiten auftreten, so wird in Absprache mit ihm eine Verordnung ausgearbeitet werden müssen.«[43]

Und diese rechtlichen Schwierigkeiten gab es tatsächlich! Denn es ist im Grunde rechtswidrig, legale »Fremde«, die freiwillig in Lagern untergebracht waren, einzusperren. Oder, wie es der Leiter der Unterabteilung des Ausländerdienstes des Justizministeriums, J. Grevelink, am 18. Juli 1940 in einem Schreiben an den Referenten der fünften Abteilung des Justizministeriums, A.C.N.P. Ruys, formulierte: »Irgendeine Rechtsgrundlage für eine Internierung der Flüchtlinge, die zur Zeit in Westerbork zusammengelegt sind, gibt es nicht. Sie bilden persönlich keine Gefahr für die öffentliche Ordnung usw., ebensowenig die ... sich frei im Lande aufhaltenden deutschen Juden.«[44] Um den Deutschen gleichwohl entgegenzukommen, mußte also ein juristisches Argument gefunden werden, um die Internierten in Westerbork zusammenzulegen. Dieses Argument fand sich schnell.

Die öffentliche Ordnung sei gefährdet, würde man den in Westerbork internierten jüdischen Flüchtlingen ihre Freiheit in einer Gastfamilie geben. »Der stellvertretende Leiter des Ministeriums sollte nämlich angesichts der Zeitumstände über ein Machtmittel verfügen, um im Falle eintretender oder zu erwartender Störungen der öffentlichen Ordnung infolge des Verhaltens ausländischer Juden oder gegen sie gerichteter Aktionen wirksame Maßnahmen zum Schutz der öffentlichen Ordnung (beziehungsweise der Juden selbst) treffen zu können. Dieses Machtmittel liegt in den vorgeschlagenen Änderungen beschlossen. In den betreffenden Fällen brauchen nicht die Juden als solche (aufgrund ihrer Vorgeschichte, ihres Verhaltens usw., wie bislang) als eine Gefahr für die öffentliche Ordnung angesehen zu werden, wohl aber ihr freier Aufenthalt in diesem Lande. Ich bin daher der Meinung, daß eine Ergänzung sowohl des Gesetzes wie auch der Ausländerordnung als vordringlich anzusehen ist,« so J. Grevelink an A.C.N.P. Ruys.

Eine opportunistischere Haltung kann man sich kaum vorstellen. Indem man Artikel 2 des Ausländergesetzes von 1918 dahingehend änderte, daß die Justizbehörde nunmehr befugt war, legale Ausländer einzusperren, war, nachdem Verfügungsgewalt und Verwaltung des Lagers Westerbork vom Innen- vollständig auf das Justizministerium übergegangen waren, der Weg für die Forderung der deutschen Besatzungsmacht geebnet, sämtliche in den Niederlanden lebende deutschjüdische Flüchtlinge in Westerbork zusammenzulegen. Von dem Argument, mit dem noch 1918 das Recht auf Asyl, das sogenannte »Gastrecht« des deutschen Exkaisers vor der Zweiten Kammer verteidigt worden war – »Une respectable tradition séculaire, qui a fait de ce pays de tout temps une terre de refuge pour les vaincus des conflits internationaux« –, war offenbar nicht mehr viel geblieben.

»Dort verliefen die Transporte so reibungslos, daß es eine Lust war zuzuschauen«, sollte Eichmann später über die Mitwirkung an den Judendeportationen während der Besatzung in den Niederlanden sagen.

Diese Mitwirkung setzte bereits ein, als der Krieg kaum drei Monate alt war. Der wichtigste Beitrag wurde noch vor der Besatzung geleistet, und zwar durch die Entscheidung, die deutschjüdischen Flüchtlinge 1939 in einem einzigen Lager zusammenzulegen, außerdem durch die Wahl des Standortes für das Internierungslager nahe der deutschen Grenze. Dazu kam, als die Besatzung Realität war, die feige Entscheidung, die Evakuierten nach Westerbork zurückzuführen, anstatt sie in Gastfamilien »verschwinden« zu lassen, und schließlich die Entscheidung, das Lager nicht aufzulösen, als dies noch möglich war.

So war von der niederländischen Regierung ohne Widerstand der erste Schritt zur Besiegelung des Schicksals der in den Niederlanden lebenden Juden getan worden.

III
Die Reaktionen in der Presse auf die Situation der Juden in Nazideutschland

Was wußte man, was konnte man in den Niederlanden wissen über den Nationalsozialismus in Deutschland und die stetig fortschreitende Entrechtung zunächst der politischen Gegner und anschließend der Juden? Das wichtigste Medium war in den dreißiger Jahren neben dem Rundfunk, der überwiegend Musik sendete, die Tagespresse. Wie das Volk auf die Berichterstattung reagierte, läßt sich bedauerlicherweise kaum anders nachprüfen als an den konkreten Reaktionen, zu denen sich insbesondere Intellektuelle entschlossen. Es kann freilich keinen Zweifel daran geben, daß jeder, sofern er kein Analphabet war, im Bilde sein konnte.[45]

Es folgt ein Überblick über das Echo in der niederländischen Presse, insbesondere der jüdischen, auf die Ereignisse in Deutschland. Daraus fügt sich ein Bild dessen zusammen, was die Juden in den Niederlanden wußten und womit sie rechnen konnten. Im anschließenden Kapitel wird auf die Aktionen eingegangen, die aufgrund der Berichte vom Volk ausgingen, sowie auf die tätige Unterstützung seitens des Comité voor Joodse Vluchtelingen.

Nicht nur nach der Machtergreifung Hitlers 1933, sondern schon über die gesamten zwanziger Jahre hinweg hatte die niederländische Tagespresse, namentlich die wichtigsten Zeitungen der verschiedenen politischen »Säulen« oder Lager, Korrespondenten in Berlin stationiert. Bei diesen Zeitungen handelte es sich in den dreißiger Jahren um *De Maasbode* der Katholiken, Auflage 50 000, *Het Volk* der Sozialisten, Auflage 52 900, die *Nieuwe Rotterdamsche Courant* oder *NRC* der Liberalen, Auflage 30 000, und *De Standaard* der Protestanten mit einer Auflage von 25 000. Bei weitem die höchste Auflage, 110 000, hatte *De Telegraaf*, eine Tageszeitung, die keine bestimmte politische oder konfessionelle Richtung vertrat und sich als »neutral« verstand.[46] Um 1938 erschienen in den Niederlanden täglich hundertzwanzig Blätter, von denen rund fünfzig nicht selbständig, sondern mit anderen Zeitungen assoziiert waren. Achtundvierzig Prozent der gesamten Auflage waren einer bestimmten weltanschaulichen »Säule« oder politischen Partei zugeordnet, die übrigen zweiundfünfzig Prozent waren neutral. Abgesehen davon, daß Rundfunk gehört wurde – das Fernsehen befand sich noch in der Erprobungsphase –, wurde in den dreißiger Jahren vor allem ungeheuer viel gelesen, und zwar insbesondere »die Zeitung«. Das läßt sich schon daran erkennen, daß verschiedene Zeitungen auch am Sonntag erschienen und die meisten Tageszeitungen eine Morgen- und eine Abendausgabe herausbrachten. Die ununterbrochene Flut ausführlicher, ethisch geprägter Betrachtungen, die oft prophetischen und überaus klaren Analysen und die konkrete Berichterstattung, durch die niederländische Zeitungsleser über die Entwicklungen im östlichen Nachbarland informiert wurden, räumen mit dem Bild eines vollkommen ahnungslosen niederländischen Volkes am Vorabend des Zweiten Weltkrieges gründlich auf. Aufs zwingendste weist das F. van Vree in seinem Buch *De Nederlandse pers en Duitsland 1930-1939* (Die niederländische Presse und Deutschland 1930-1939) nach. Ebenso zwingend gelingt es Van Vree, den Zusammenhang zwischen Presse, Partei und weltanschaulicher »Säule« nachzuweisen, das heißt die enge Beziehung zwischen Glaubensrichtung und der dieser nahestehenden politischen Überzeugung, die in der betreffenden Zeitung den Ton angab.[47] Dies war insbesondere bei den konfessionell geprägten Blättern der Fall. H. Colijn, der Führer der Anti-Revolutionaire Partij (ARP), hat nahezu neunzehn Jahre lang, von 1922 bis August 1940, als politischer Chefredakteur und anschließend bis zum 5. Februar 1941 als »verantwortlicher politischer Schlußredakteur« die Zeitung *De Standaard* geleitet.[48]

Nach dem Vorbild seines Vorgängers bei der ARP wie bei *De Standaard*, A. Kuyper, vertrat Colijn den Grundsatz, daß die Zeitung für seine Leser eine lenkende und erbauliche Funktion erfüllen sollte. Dieser Grundsatz spiegelt sich wider in der Berichterstattung von *De Standaard*. Der Ton ist belehrend, wenn nicht gar moralisierend, und außer in Fragen der Religion wird nie eindeutig Stellung gegen den Nationalsozialismus bezogen, denn Hitlers Ideologie enthielt manche Elemente, denen Colijn und die Seinen keineswegs ablehnend gegenüberstanden. Insbesondere die Herrschaft eines starken Führers, der imstande sein würde, den Bolschewismus auf Distanz zu halten, eine Aufgabe, zu der Colijn selbst 1933 als Ministerpräsident berufen worden war, hatte ihren Reiz. Das gleiche galt für die katholische Zeitung *De Maasbode*, für die P.J.M. Aalberse von der Roomsch-Katholieke Staatspartij die politischen Kommentare und Leitartikel verfaßte. Neben der Nähe zwischen Redaktion und politischer Partei gab es den unmittelbaren Einfluß der katholischen Kirche, die mit Hilfe eines vom Bischof eingesetzten Zensors den Tenor von *De Maasbode* bestimmte. Auch die Katholiken sahen in Hitler – dem Schutzheiligen der »Anständigkeit«, der die »entarteten« Künstler verfolgte und deren »unanständige« Bücher verbrannte – den starken Mann, der den Kampf mit den »gottlosen« Bolschewisten tatsächlich aufgenommen hatte. Zudem waren diese beiden konfessionellen Blätter nicht ganz freizusprechen von bestimmten antisemitischen Vorurteilen.[49]

Auch die Sociaal-Democratische Arbeiderspartij und das Blatt *Het Volk* blieben einander trotz unterschiedlicher Ansichten in ihrem ideologischen Konsens eng verbunden. Nur die *NRC* bildete in dieser Hinsicht eine Ausnahme. Die Liberalen waren der Auffassung, daß die Presse unabhängig von irgendeiner politischen Partei Nachrichten zu bringen habe.

Innerhalb der beiden konfessionellen Lager der Protestanten und der Katholiken war der Kirchenstreit in Deutschland das zentrale Thema der Berichterstattung über den östlichen Nachbarn. Der Glaube als Maßstab des Urteils: daran änderte sich auch nichts, nachdem 1935 der Kirchenstreit in Deutschland entschieden war. Ausgehend von diesem Grundsatz wurde der Ton in den konfessionellen Blättern eher schärfer als milder, wiewohl der Nationalsozialismus als Ideologie kaum kritisch analysiert wurde und die Blätter in ihrer Ablehnung indifferent blieben. Die Sozialisten dagegen wurden durch *Het Volk* schon sehr früh und gründlich nicht nur über den politischen Aufstieg des Nationalsozialismus informiert, sondern auch inhaltlich ständig über Wesen und Ziele der nationalsozialistischen Ideologie auf dem laufenden gehalten.[50] Dies galt gleichermaßen für die *NRC*, die einzige Zeitung im übrigen, die bereits vor 1933 in ihren Analysen zu einem vernichtenden Urteil über den Nationalsozialismus gelangte. Dem ist allerdings hinzuzufügen, daß die *NRC* nach 1936 durch die Entlassung des herausragenden Journalisten M. van Blankenstein, der als der beste Journalist auf dem Gebiet der ausländischen Politik galt, im Ton neutraler wurde.

»Was den allgemeinen Tenor der Betrachtungen anbelangt«, so skizziert Van Vree die Situation, »kann das Jahr 1933 als Wendepunkt angesehen werden. Vor der Machtübernahme war die Stimmung in der Presse keineswegs antideutsch. Man hatte volles Verständnis für Deutschlands schwierige Lage und stand dem Vertrag von Versailles und der nationalistischen Politik Frankreichs kritisch gegenüber. Nach 1933 konnte es sich keine einzige Zeitung, mit Ausnahme des *Nationaal Dagblad*, der Zeitung der Nationaal-Socialistische Beweging oder NSB, erlauben, öffentlich die deutsche Innen- und Außenpolitik zu unterstützen. Zwar war die Sympathie in gewissen Kreisen nicht verschwunden, doch wer Deutschland wohlgesonnen war, mußte hinfort behutsam zu Werke gehen.«[51]

Ungeachtet der Unterschiede in der Berichterstattung, die, sieht man einmal von *De Telegraaf* ab, ganz durch die weltanschauliche Grundhaltung gefärbt wurde, lehnten alle vier genannten Zeitungen, zumindest nach 1935, den Nationalsozialismus ab: die konfessionellen Blätter *De Maasbode* und *De Standaard* aus religiös-ethischen Prinzipien und die politischen Blätter, die *NRC* und *Het Volk*, aus politisch-ethischen Gründen. »Dies alles bedeutete jedoch nicht«, so H. van Galen Last, »daß der Grundsatz der Neutralität, das Leitprinzip der Außenpolitik der Niederlande, aufgegeben wurde, auch nicht von jenen, die in der Presse am meisten zur Meinungsbildung der Öffentlichkeit beitrugen. Es war die Unantastbarkeit des Neutralitätsprinzips, die der Selbstzensur eines Teils der niederländischen Presse Vorschub geleistet hat: Indem er mit Kritik an der Außenpolitik des Hitlerregimes zurückhielt, trug der Journalist das Seine zur Wahrung der niederländischen Neutralität bei.«[52]

Bemerkenswert ist, daß die Redaktionen der vier tonangebenden Zeitungen alle durchaus von Hitlers *Mein Kampf* Kenntnis genommen haben und dieses Buch nicht nur erwähnen, sondern auch daraus zitieren, um ihren Warnungen Nachdruck zu verleihen.[53] Dies im Gegensatz zu den meisten führenden niederländischen Politikern, über die Königin Wilhelmina in ihren Erinnerungen schrieb: »Erst in jenen Tagen [1939] begann man in den Niederlanden allgemein einzusehen, welche Gefahr uns drohte. Bis zu diesem Augenblick hatten zahllose Bürger ruhig in ihrem Lehnstuhl geschlafen, der ›Neutralität‹ hieß. Es war jedoch eine falsche Ruhe, die leider auch manchen Träger besonderer Verantwortung gelähmt hatte. Ich mußte sogar nicht lange vor dem Krieg darauf aufmerksam machen, daß Hitler auch ein Buch geschrieben habe und daß es vielleicht nicht unwichtig wäre, von diesem Buch einmal Kenntnis zu nehmen!«[54] Bemerkenswert ist ebenso, daß die vier Redaktionen alle spätestens ab 1938 den Krieg als reale Gefahr heraufziehen sahen, auch dies im Gegensatz zur politischen Führungselite, die es den nackten Tatsachen zum Trotz vorzog, weiterhin auf Hitlers Friedfertigkeit vertrauen zu wollen.[55] Dies alles trug dazu bei, daß sich in der Geschichtsschreibung die Vorstellung festgesetzt hat, die Niederlande seien durch den Krieg völlig überrascht worden, was gleichzeitig erklärt, weshalb so viele Darstellungen der Geschichte des Krieges aus niederländischer Sicht im Mai 1940 anfangen. Mag dieser Krieg für viele Verantwortungsträger wie ein Blitz aus heiterem Himmel angefangen haben, die Spitzenbeamten des Außenministeriums wurden bereits in den Jahren 1933 bis 1935 durch die Geheimberichte des *NRC*-Korrespondenten Noordwier über die Entwicklungen in Deutschland ins Bild gesetzt. Ebendieser Noordwier hat immer wieder Politiker und Journalisten vor Opportunismus, vor Hitlers Augenwischerei und vor einer Verkennung des drohenden Unheils gewarnt.[56] Tatsache ist zudem, daß sich die Regierung bereits jahrelang mit der Frage eines Ausbaus der Verteidigung beschäftigte und noch in Friedenszeiten die Mobilmachung einleitete. Sogar lange vor den Maitagen 1940 holte die Regierung Gutachten über eine mögliche und wünschenswerte Evakuierung der Regierung ein.

Die Niederlande wurden kurz vor Beginn des Zweiten Weltkrieges von einem Ministerpräsidenten geführt, der sich weiterhin im Wunschdenken eines Chamberlain und seiner Beschwichtigungspolitik gefiel und für den sich die Besatzung möglicherweise tatsächlich als eine Überrumpelung darstellte. Für die gut unterrichteten Zeitungen *NRC* und *Het Volk* sah die Sache freilich anders aus. Was A. F. Manning über die Reaktionen und Empfindungen des Zeitzeugen des Jahres 1933 geschrieben hat, gilt in gleichem Maße für die liberale und sozialistische Tagespresse in den Niederlanden in den darauffolgenden Jahren: »Die Angst vor einem Krieg blieb. Hitlers Reden zerstreuten ebensowenig die Befürchtungen, wie sie die regen militärischen Aktivitäten verschleierten. Reisende und Journalisten waren erstaunt über die Uniformen, die Paraden und die Propaganda für die Reichswehr, die sie unmittelbar mit dem deutschen Volkscharakter, mit der deutschen Liebe zu Disziplin und Militarismus in Verbindung brachten. ... So fällt auf, daß sie trotz Angst und Befangenheit keine falsche Diagnose stellten. Der Zeitzeuge kannte die politische und gesellschaftliche Struktur Deutschlands und beurteilte die internationalen Verhältnisse durchaus zutreffend; daß die politische Ordnung in Europa bedroht war, lag für jeden nichtfaschistischen Beobachter auf der Hand.«[57]

Von unvorstellbarer Blauäugigkeit ist denn auch die Frage, die Ministerpräsident D. J. de Geer angeblich noch 1939 nach der Lektüre der *NRC* an einen Mitreisenden richtete, als er mit der Bahn von einem Urlaub ausgerechnet in Deutschland zurückkehrte: »Glauben Sie, daß die Lage tatsächlich so besorgniserregend ist, wie die Zeitungen sie darstellen?« Eine ungeheuerliche Frage, konnte man doch aus den Zeitungen seit dem 1. April 1933, als der erste Judenboykott verhängt wurde, spätestens aber am 15. Mai 1939, als die niederländische Regierung den Entschluß zur Errichtung eines zentralen Flüchtlingslagers bei Westerbork faßte, über alles lückenlos informiert sein – zumindest was die konkreten Umstände der Situation der Juden in Deutschland unter dem Hitler-Regime anbelangte, und mit Sicherheit auch was die wiederum daraus resultierende Flüchtlingsproblematik in den Niederlanden betraf.

Wie war nun das Echo in der jüdischen Presse in den Niederlanden auf die Ereignisse insbesondere der Jahre 1933, 1935 und 1938 in Deutschland, die für die Juden dort derart verhängnisvolle Folgen hatten? Ehe wir darauf näher eingehen, sollten wir uns zunächst ein Bild davon machen, worin die wichtigsten Merkmale der niederländisch-jüdischen Presse bestanden. Bei keinem anderen Volk ist die Liebe zum Studium, zum Lernen so stark ausgeprägt wie bei »dem Volk des Buches«, oder den, wie Hugo Grotius sie nannte, »Hütern der Bücher«.

In der ersten Hälfte des 17. Jahrhunderts, als die Republik der Sieben Vereinigten Niederlande im Zenit ihrer Weltgeltung stand, bildete Amsterdam deren Mittelpunkt. Dort konzentrierte sich ein weltumspannender Austausch von Handel und Gütern, der eine kulturell und religiös pluralistische Gesellschaft mit sich brachte, in der ein hohes Maß an Geistesfreiheit gewährleistet war, solange dies der wirtschaftlichen Expansion förderlich war. In diesem Umfeld entwickelte sich schon früh das Zeitungswesen, auch bei den sephardischen und aschkenasischen Juden, die sich in ebenjener Zeit gleichzeitig mit vielen anderen in der kleinen Republik niederließen. Von der ersten jüdischen Zeitung, der *Gazeta de Amsterdam*, ist der gesamte Jahrgang 1675 und eine Ausgabe aus dem Jahr 1690 erhalten. Freilich kann man diese Zeitung, in der neutral über die politische und wirtschaftliche Lage im In- und Ausland berichtet wird, nicht unbedingt als ein spezifisch jüdisches Blatt bezeichnen. Ein solches war sehr wohl die in jiddischer Sprache erscheinende *Dinstagische oen Fraytagische Koeranten* (Zeitung für Dienstag und Freitag), die sogenannte »Großmutter der jüdischen Presse«.

Als die Juden 1796 während der Batavischen Republik in den Niederlanden unter dem Einfluß der Französischen Revolution die vollen Bürgerrechte zugesprochen erhielten, entbrannte ein Sprachenkampf über die Frage, ob man die Landessprache als Gemeinsprache einführen oder am Jiddischen festhalten sollte. Bis zur Ausrufung des Königreichs der Niederlande im Jahr 1813 war der Streit entschieden: Die emanzipierten Juden setzten sich durch, und das Jiddische wurde abgeschafft. Dennoch hielt man in der Provinz noch mindestens drei Jahrzehnte lang das Jiddische als Sprache des täglichen Gebrauchs bei. Ebendies war der Grund, weshalb sich eine vollwertige, blühende jüdische Presse in den Niederlanden erst um 1850 herausbildete.

Als niederländischer Staatsbürger las man in den dreißiger Jahren, dem Zeitraum, der uns hier interessiert, die niederländischen Tageszeitungen. Namentlich *Het Volk* war eine vielgelesene Zeitung in sozialistischen Kreisen. In den Kreisen der jüdischen Niederländer jedoch hatte jede einzelne Strömung ihr eigenes Wochenblatt oder Monatsheft, ihr Vereinsblättchen, ihr eigenes Organ oder sonstiges Periodikum. Für den Zeitraum von 1674 bis 1940 hat man eine Zahl von 163 solchen Publikationen ermittelt.[58]

»Wenn die Leute abends von der Synagoge nach Hause kommen, fragen ihre Frauen und Kinder, was es für Neuigkeiten in der ›Schul‹ gebe und, im gleichen Atemzug, ob man keine Zeitung mitgebracht habe«, beschreibt J. Shatzky den Lesehunger.[59]

Unter dem Einfluß des gegen Ende des 19. Jahrhunderts immer virulenter werdenden Antisemitismus und durch den erfolgreichen Aufstieg antisemitischer politischer Parteien nach dem Ersten Weltkrieg, etwa in Deutschland, erhielt auch in den Niederlanden der Zionismus Auftrieb. 1905 erschien der erste Jahrgang der Halbmonatsschrift des Niederländischen Zionistenbundes, *De Joodsche Wachter* (Der jüdische Wächter).[60] Neben anderen zionistisch orientierten Blättern befaßte sich *De Joodsche Wachter* gerade in den dreißiger Jahren vor dem Hintergrund von Hitlers Aufstieg laufend mit der jüdischen Frage in Deutschland.

Für die Juden stellte sich folgende Frage: Sollte man sich der eigenen Sicherheit halber immer weiter in die Bevölkerung des Landes integrieren, in dem man als Jude lebt, nicht durch Ablehnung des Judentums, aber doch durch Distanzierung von ihm, oder sollte man versuchen, zur eigenen Identität, zur eigenen Gemeinschaft zurückzufinden, und sich dazu bekennen, gerade um dem Antisemitismus, der den Juden so eklatant an sein Jüdischsein erinnert, die Stirn zu bieten? *De Joodsche Wachter* verschrieb sich letzterem Standpunkt und strebte eine Besinnung auf das Jüdischsein an, um insbesondere die Jugend im Geiste eines selbstbewußten, modernen Judentums zu erziehen, das in Palästina seine »Nationale Heimstatt« suchen sollte und finden würde. Dabei wandte sich das Blatt vehement gegen das *Nieuw Israëlitisch Weekblad* (Neues Israelitisches Wochenblatt) oder *NIW*, das bereits seit 1865 erschien und bis 1939 antizionistisch bleiben sollte.[61] Die Haltung in dieser Frage, die assimilatorische auf der einen und die zionistische auf der anderen, hat in der Berichterstattung der beiden Blätter durchaus eine wichtige Rolle gespielt. Übrigens sind sie die beiden einzigen regelmäßig erscheinenden Blätter aus den dreißiger Jahren, die den Krieg überdauert haben. 1967 schlossen sie sich zusammen.

Koemie Orie (Steht auf und werdet zu Licht), das Organ des jüdisch-sozialistischen Verbandes Poale Zion, erschien von 1933 bis 1940 in Amsterdam und wurde ab 1952 bis heute fortgeführt. Als Monatsheft kommt diesem Blatt, was die Aktualität der Ereignisse in Deutschland anbetrifft, nur geringer Nachrichtenwert zu. Zudem befaßte sich *Koemie Orie* nahezu ausschließlich mit Angelegenheiten in der eigenen Gemeinschaft sowie mit Palästina. Das Wochenblatt *De Vrijdagavond* wiederum, das kulturell und populärwissenschaftlich einen guten Ruf hatte, erschien ab 1924 als Familienblatt, ging jedoch bereits 1932 ein.

An dieser Stelle ist es sinnvoll, die Berichterstattung über Hitlers Machtergreifung und den Judenboykott, über die Nürnberger Rassengesetze sowie über die sogenannte »Reichskristallnacht« zu verfolgen, wie sie auf den Seiten des *Joodsche Wachter*, des *NIW* sowie des orthodoxen Wochenblattes *Centraal Blad voor Israëliten in Nederland*, das dem Zionismus positiv gegenüberstand, ihren Niederschlag fand. Nebenbei sollen dabei auch die Reaktionen auf die deutsch-jüdischen Flüchtlinge zur Sprache gebracht werden. Aus der Tatsache, daß die jüdische Presse keine Tagespresse war, ergab sich einerseits, daß man immer den Tagesnachrichten hinterherhinkte, andererseits aber auch, daß viele ausgewogene und informative Hintergrundberichte erschienen.[62]

Schon 1933 fallen die Artikel des deutschen Immigranten und Redakteurs des *Joodsche Wachter*, Fritz Bernstein, durch ihre realistische Sicht auf die »Revolution« in Deutschland auf. Was M. Blankenstein bis 1936 für die *NRC* und danach für das Wochenblatt *De*

Groene Amsterdammer (Der grüne Amsterdamer) war, war Fritz Bernstein in jener Zeit für *De Joodsche Wachter*.[63] Neben A. Polak und S. Isaac war er richtungweisend in der kritischen Auseinandersetzung mit Deutschland; seine Artikel in *De Joodsche Wachter* sind vom ersten Augenblick an geprägt von Realitätssinn, also pessimistisch, überaus kritisch und unverblümt. Das *NIW* dagegen blieb auch nach Hitlers Machtergreifung hoffnungsvoll optimistisch, klammerte sich an Illusionen und ließ kein Ereignis, das diese Sicht rechtfertigen könnte, unerwähnt. Das *Centraal Blad* reagierte in seinem einspaltigen Bericht »Adolf Hitler Rijkskanselier« (Adolf Hitler Reichskanzler) womöglich noch optimistischer.

Wir wollen uns zunächst anhören, was Bernstein 1933 in seinem Artikel »Hitler Rijkskanselier« zu sagen hatte. Was aus diesem Beitrag überdeutlich hervorgeht, ist erstens, wie gut er unterrichtet war – er kannte *Mein Kampf* –, und zweitens, daß Hitlers Sieg für ihn das Ende des deutschen Judentums bedeutete. »Nun ist Hitler also doch Reichskanzler. Vor dreizehn Jahren hat er mit sieben Mann angefangen. In diesen dreizehn Jahren wurde er zum Führer einer Millionenpartei. Sein Banner ist das Hakenkreuz, das den Haß auf die verachtete und als minderwertig und verderblich verschriene semitische Rasse symbolisiert. Sein mitreißender Kriegsschrei lautet: ›Juda verrecke‹. In diesem Zeichen ist Hitler so groß geworden, daß sein Sieg schließlich nicht mehr aufzuhalten war.«[64]

Mit dieser Einleitung zeigt er sich durchaus darüber im klaren, daß der Antisemitismus für Hitler nicht bloß ein Propagandamittel war, sondern der Kern seiner nationalsozialistischen Ideen. Auch über die Vorgeschichte des 30. Januars 1933 ist er gut unterrichtet. »In Deutschland sind die Juden die besten Demokraten, und sie haben – ungewollt – wahrscheinlich in nicht geringem Maße dazu beigetragen, die Demokratie in Deutschland unmöglich zu machen, denn eine Partei, in der Juden eine Rolle spielen oder die sich auch nur der Unterstützung und Sympathie der Juden erfreut, ist im antisemitischen Deutschland hoffnungslos kompromittiert und zum Untergang verurteilt. ... Doch obschon – sozusagen von Haus aus – Demokraten, waren die deutschen Juden von der Regierung von

Papen und Schleicher durchaus eingenommen. Nicht, daß diese etwa den Juden freundlich gesinnt waren: ganz im Gegenteil. Sämtliche jüdischen Beamten bekamen bereits unter von Papen den Laufpaß. Die Versicherung, daß die Rechte der Juden in Deutschland unangetastet bleiben würden, wurde ihm denn auch nur mit Mühe abgerungen. Weder von Papen noch Schleicher waren bereit, der antisemitischen Hetze auch nur im geringsten Einhalt zu gebieten. Gleichwohl sahen die deutschen Juden in diesen beiden Männern fast so etwas wie Erlöser, würden sie sie doch schließlich vor einer Regierung Hitler bewahren. Nun ist dieser schöne Traum ausgeträumt. Hitler ist Reichskanzler.«[65]

Anschließend spricht Bernstein von der Gefahr, sich falsche Hoffnungen zu machen. »So wie wir Juden uns seit jeher zu trösten versuchen, so haben wir uns auch während des Aufstiegs von Hitler und seinen Nazis immer wieder getröstet. Sein antisemitisches Programm war übel und die antisemitische Agitation seiner Anhänger war noch viel schlimmer. ... Inzwischen würde man nicht so eifrig nach tröstenden Überlegungen suchen, hätte man sich nicht so sehr vor dem Hitlerschen Antisemitismus gefürchtet, und zwar am meisten vor der Vorstellung, daß dieser Mann an die Macht gelangen würde. Denn man wußte und begriff – auch wenn man sich dies selbst oft nicht eingestehen wollte –, daß Hitler gerade dank seines antisemitischen Programms groß und mächtig geworden war; man spürte, daß die Masse seiner Anhänger, die nun auch von den Junkern nicht mehr ignoriert werden konnte, im Zeichen des Hakenkreuzes und durch die antijüdische Hetze gewonnen worden war. Man sah zudem ein, daß jeder, der in Deutschland – und außerhalb – gegen Hitler war, nicht seines antisemitischen Programms wegen gegen ihn war, sondern aus anderen Gründen und womöglich gar diesem Programm zum Trotz. ... Doch sein Antisemitismus ist ihm zu keinem Zeitpunkt bei irgend jemandem zum Hindernis geworden. Kein einziger Punkt seiner politischen Lehre stößt auf so wenig Bedenken wie dieser. Und nun ist Hitler Reichskanzler.«[66]

Über *Mein Kampf* schreibt Bernstein: »Hitler hat seine politischen Ansichten dargelegt in einem Buch mit dem Titel ›Mein Kampf‹. Im allgemeinen wird dieses nicht als sonderlich beeindruckendes Werk empfunden. Als eine politische Schrift von großem Format läßt es sich in der Tat schwerlich bezeichnen. Auch das, was Hitler in diesem Buch über die Juden und den Antisemitismus sagt, besticht nicht durch Tiefe oder Originalität der Gedanken. Für den, der nicht schon von vornherein überzeugt ist, wird es wenig Überzeugungskraft besitzen. Unglücklicherweise verhält es sich jedoch so, daß in diesem Punkt nur wenige überzeugt zu werden brauchen. Hitler spricht nur aus, was bereits vor ihm die große Masse als richtig anerkannt hat. Vor allem aber geht aus dieser Schrift hervor, daß er es mit seinem Antisemitismus zutiefst ernst meint. Dieser ist nicht bloß ein Ornament, mit dem er sein Programm um der größeren Zugkraft willen ausschmückt. Er ist nicht bloß eine Masche, die er für seine politische Propaganda braucht. Er glaubt mit aller Kraft an den verderblichen Einfluß der Juden in der Welt; er hält es für eine der wichtigsten Bedingungen für die Rettung Deutschlands, dem jüdischen Einfluß in Deutschland ein Ende zu bereiten. Und er hat sich bislang stets hartnäckig geweigert, den antisemitischen Teil seines politischen Programms zu verleugnen oder auch nur in den Hintergrund zu drängen, wiewohl man ihm dies, auch von seiten seiner ausländischen Gesinnungsgenossen, des öfteren ernsthaft zu bedenken gegeben hat.«[67]

Verbittert stellt Bernstein fest, daß sich, obgleich man Hitler allerorts und aus allen möglichen Gründen für gefährlich hält, noch keiner über das Schicksal der deutschen Juden besorgt gezeigt habe. Dabei war es seiner Ansicht nach gerade der Judenhaß als politischer Programmpunkt, der Hitler zum Sieg verholfen hat. Er schließt seinen Artikel mit folgenden Worten: »All dies ist natürlich nicht nur das Werk eines einzigen Mannes. Der Judenhaß ist nach dem Krieg, insbesondere in den besiegten Ländern, hoch aufgelodert; die Wirtschaftskrise hat ihm zusätzlich gewaltigen Auftrieb gegeben; und es haben sich überall Politiker bereit gefunden, die sich den Antisemitismus als politisches Agitationsmittel gierig zunutze gemacht haben. Keiner aber hat derart gezielt, derart systematisch, in derart großem Stil und derart erfolgreich die organisatorische Ausarbeitung und prinzipielle Umsetzung des Antisemitismus in die Hand genommen wie Adolf Hitler. Und nun ist Hitler Reichskanzler.«[68]

Positiver, aber vor blindem Optimismus warnend, berichtet das *NIW*. Man greift nach jedem Strohhalm, um die Gemüter zu beruhigen und Mut zu machen. Man gibt zu verstehen, daß es so schlimm schon nicht kommen werde, indem man darauf hinweist, daß von den zehn Ministern nur drei Mitglied der NSDAP sind. »Und hat Hitler nicht in seiner Antrittsrede als Reichskanzler die Juden mit keinem Wort erwähnt?«[69] Zwei Wochen später meldet das *NIW* erfreut, daß einer besorgten jüdischen Abordnung versichert worden sei, daß die Juden unbehelligt und der jüdische Unterricht unangetastet bleiben werde.[70] Und obgleich der Verfasser der Auslandsnachrichten, die Woche für Woche aus Deutschland berichteten, mutmaßt, daß sich die Nazis im Falle eines Wahlsieges am 5. März 1933 vielleicht weniger »zahm« zeigen könnten, verbreitet das *NIW* noch zwei Tage vor dieser Wahl Optimismus:[71] Der Zionismus könne keine Lösung bieten, im Gegenteil, die Juden sollten sich nicht als Gruppe absondern, sondern gerade die Zusammenarbeit mit allen Teilen der deutschen Bevölkerung suchen: »Und ... sie werden gewinnen.«[72] Als Hitler am 5. März mit einer Mehrheit von 52% der Stimmen die Wahl gewinnt, bleibt das *NIW* abwartend und hoffnungsvoll: »Der Sieg, den Hitler errungen hat, hält sich also sehr in Grenzen.«[73]

Das *Centraal Blad* legt einen ungetrübten Optimismus an den Tag – auch wenn nun einmal »geschehen ist, was bereits seit langem erwartet wurde«, und auch wenn man verstehen könne, »daß angesichts eines Regierungschefs Hitler unter den Juden im Deutschen Reich eine gewisse Panikstimmung herrschen dürfte«, denn das, »was der Führer der Nazis und seine Anhänger bisher über die Juden geschrieben haben, läßt für das Schicksal der Juden bei unseren östlichen Nachbarn wenig Gutes erwarten«, und »die häßlichen Szenen, die sich im Zuge gegen die Juden gerichteter Aktionen nationalsozialistischer Anhänger Hitlers vielerorts abgespielt haben, die zahlreichen Synagogen- und Friedhofsschändungen, sprechen für sich«. Doch Hitler verliert über die Juden kein Wort. Also folgert das *Centraal Blad*: »Daher sind wir der Auffassung, daß es in Deutschland schon nicht so schlimm kommen wird. Als Führer ohne Verantwortung konnte er sagen, was er wollte, und seine Anhänger, die noch weniger Verantwortung trugen, konnten tun, was sie wollten, doch nun, da Hitler in der Regierungsverantwortung ist und er, wenn er eine parlamentarische Regierung behalten will, ständig auf das Zentrum wird Rücksicht nehmen müssen, glauben wir nicht, daß die Suppe, nicht einmal die antisemitische, so heiß gegessen wird, wie sie auf den Tisch kommt. In der ersten Pressekonferenz hat der Pressesprecher der neuen Regierung erklärt, daß die Regierung Hitler keine außergewöhnlichen Experimente plane. Auf die Juden wurde in jener Pressekonferenz mit keinem Wort eingegangen. Warten wir die Entwicklung der Lage in Deutschland in Ruhe ab. Wie gesagt, wir erwarten von einem Reichskanzler Hitler keine allzu ernsten Folgen für unsere deutschen Glaubensgenossen.«[74]

Eine Woche später jedoch erschien in der »Zionistische Kroniek« im Centraal Blad ein Artikel unter der Überschrift »Noodtoestand« (Notstand) von keinem geringeren als dem später in seiner Funktion als Vorsitzender des Joodsche Raad (Jüdischer Rat) während des Zweiten Weltkrieges bekannt gewordenen David Cohen. Cohen zeigt sich darin durchaus zutiefst pessimistisch. Er war, wie sich in dem ihm gewidmeten Kapitel noch zeigen wird, besser im Bilde als irgend jemand sonst. Was er und mit ihm viele andere befürchtet hatten, ist eingetreten: Hitler ist Reichskanzler. Auch Cohen ist über das antisemitische Programm Hitlers genauestens orientiert, und er kann nur hoffen, daß durch die Koalitionsregierung aus Nationalsozialisten und Deutschnationalen dieses Programm »vorerst nur teilweise umgesetzt werden [und] deshalb die Entrechtung der Juden, die Beschlagnahmung des Besitzes ausländischer Juden und alles andere noch ausbleiben« werde. Dennoch schätzt auch er die Lage äußerst düster ein. »Es läßt sich jedoch nicht leugnen: Hitlers Reichskanzlerschaft ist ein Beweis für den ungeheuren Aufstieg der nationalsozialistischen Bewegung, das heißt des antisemitischen Geistes in Deutschland. ... Auch wenn die Beamtenstellen und die übrigen mehr oder weniger offiziellen Funktionen, die heute noch von Juden bekleidet werden, diesen belassen werden (was zu bezweifeln ist), ist sicherlich unstreitig, daß Juden vorläufig nicht in irgendwelche offizielle Positionen berufen werden. Damit sind sie bereits zu Bürgern zweiter Klasse degradiert.«[75]

In zwei Artikeln zieht der Redakteur des *Joodsche Wachter*, Alfred Polak, gegen die seines Erachtens unvorstellbar naiven Reaktionen von Blättern wie dem *NIW* und dem *Centraal Blad* vom Leder. Er wirft ihnen vor, zu feige zu sein, um der Wahrheit ins Auge sehen zu wollen. Er warnt vor der hoffnungsvollen Einstellung, daß »es schon so schlimm nicht kommen wird«, nachdem Hitler nunmehr die Regierungsverantwortung übernommen hat. Insbesondere wettert Polak gegen die Vorstellung, wonach der Zionismus aus dem, was in Deutschland geschehe, politisches Kapital schlage würde, als passe dieses dem Zionismus bestens in den Kram. »Es wird aus jüdischem Leid kein politisches Kapital geschlagen und jüdisches Leid wird nicht ausgeschlachtet«, schreibt er in aller Schärfe.[76] »Wir weisen«, so Polak weiter, »ausschließlich auf die materiellen und geistigen Gefahren hin, die mal hier, mal dort, aber immer wieder und immer ernsthafter Teile der jüdischen Gemeinschaft und mithin das gesamte jüdische Volk bedrohen. Dieses Vorgehen ist deshalb notwendig, weil eine Rettung des jüdischen Volkes nicht möglich ist, ohne daß es sich der Lage, in der es sich befindet, bewußt wird, und weil man es einzulullen versucht.«[77]

In einem zweiten Artikel schreibt Polak: »Man würde jedoch der Wahrheit nicht gerecht, würde man behaupten wollen, daß diese Zeitungen für die Gefahr, die den Juden in Deutschland droht, blind seien, nachdem im Lande nunmehr ›der rabiateste und gedankenloseste Antisemitismus‹ (*NIW*) auf den Thron gehoben wurde. ›Kein Wunder, daß unter den Juden im Deutschen Reich eine gewisse Panikstimmung herrschen dürfte‹ (*Centraal Blad*).« Doch: »Vor der Haltung, welche die ... Blätter in auffallender, aber verständlicher Einmütigkeit an den Tag legen, kann nicht genug gewarnt werden. Es bedeutet ein Mangel an Courage, wenn man vor dem wahren Charakter der Ereignisse die Augen verschließt, und man vergrößert die Gefahr, der das jüdische Volk fortwährend ausgesetzt ist und auf die das Geschehen in Deutschland aufs neue ein grelles Schlaglicht wirft, wenn man beschwichtigt und die Wahrheit unter den Teppich zu kehren versucht. Die Tatsache, daß eine Partei an die Regierung gelangt ist, deren antisemitische Grundsätze auf die Zustimmung breiter Schichten des deutschen Volkes stoßen, ist nichts anderes als ein Symptom der sich zusehends verschärfenden jüdischen Frage.« Und er fährt fort: »Was jetzt geschehen ist, ist ja wahrlich nicht gering. Es sind Politiker an die Macht gelangt mit dem ausdrücklichen Vorsatz, das deutsche Volk von Menschen zu befreien, von denen aufgrund ihrer Rassenmerkmale angeblich ein verderblicher Einfluß auf die materiellen und sittlichen Werte jenes Volkes ausgeht.« Mit einem Seitenhieb auf das *NIW* schreibt Polak: »Die Juden, für die die Lektüre der niederländisch-israelitischen Presse geistige Nahrung bedeutet, die aber gleichwohl über die Ereignisse im Leben außerhalb ihrer Gemeinde nachdenken, müssen dieser Tage zwangsläufig von einem Gefühl der Ratlosigkeit befallen werden. Sie sind erzogen worden in der Überzeugung, daß mit dem Fortschreiten der Humanität der Judenhaß verschwinden werde, und nun sehen sie, daß sich im Herzen Westeuropas, im Zentrum der europäischen Zivilisation, etwas ereignet, das man noch vor nicht allzu langer Zeit für völlig ausgeschlossen gehalten hätte. Die Partei, deren Führer das höchste Ministeramt bekleidet, hat ein Programm, das unter anderem die Entrechtung der Juden beinhaltet, ein Volkslied, das den Judenmord verherrlicht [das Horst-Wessel-Lied, d.Verf.], eine Presse, die sich Tag für Tag in den infamsten Schmähungen gegen das jüdische Volk ergeht.«[78]

Vielleicht lag es an diesen beiden Artikeln Polaks in *De Joodsche Wachter* oder aber an den sich überstürzenden Ereignissen in Deutschland unmittelbar im Anschluß an die Machtergreifung Hitlers: Auf jeden Fall ändert sich der Tenor der beiden kritisierten Blätter von Grund auf. Nicht nur das *NIW* wird in seiner Auslandsberichterstattung, die immer wieder Deutschland gewidmet ist, realistischer, sondern auch das *Centraal Blad* bringt ab dem 10. März 1933, oft in großer Aufmachung, auf der Titelseite eine Rubrik »Die Lage in Deutschland« oder, spezifischer, »Die Lage der Juden in Deutschland«. In *De Joodsche Wachter* erscheinen auch im Monat März im Unterschied zu den sich hauptsächlich auf Tatsachenberichte beschränkenden beiden anderen Blättern wieder inhaltliche Betrachtungen, die, nunmehr aus der Feder S. Isaacs, jedesmal mit einem Hinweis auf den Zionismus schließen, der die

»jüdische Frage« einer Lösung zuführen könne. Im Reichstagsbrand vom 27. Februar 1933, »dessen Hintergründe nach Ansicht vieler mehr als dubios sind«, sieht Isaac einen Vorwand, um den Terror gegen Marxisten und Juden zu verschärfen.[79] »All dies, und darauf kommt es an, bedeutet das Ende weniger der Demokratie als vielmehr des Liberalismus.« Nach Ansicht Isaacs hatte Deutschland als Rechtsstaat aufgehört zu bestehen. Das Ende der liberalen Ära betrachtet er als Katastrophe für die deutschen Juden, weil gerade sie sich in jener Ära als gleichberechtigte Bürger wirtschaftlich und geistig frei hätten entfalten können.

Isaac zeichnet nach, wie sich nach 1870 mit dem Aufstieg des Antisemitismus das Blatt allmählich gewendet hatte. Unterbrochen wurde diese Entwicklung durch die Revolution von 1918, die den Juden in Deutschland politisch und gesellschaftlich eine noch breitere Basis verschafft hatte als in der liberalen Ära des 19. Jahrhunderts. Nicht zuletzt begünstigt durch die verheerende wirtschaftliche Lage setzte sich daraufhin mit der gleichen Hartnäckigkeit wieder der Antisemitismus durch. »Das deutsche Bürgertum wurde nach 1920 als Ganzes antisemitisch«, meint Isaac. »Bereits Jahre vor dem ungeheuren Aufstieg der NSDAP war der Jude wieder zu einem Bürger niedrigeren Ranges geworden, wurde er vom Staatsdienst ausgeschlossen, fand er beim deutschen Richter nicht mehr sein Recht, wurde in vielen intellektuellen Kreisen sein Wesen und Wirken als schädlich für Deutschlands Wachstum und Wohl dargestellt. Hitler hat den Antisemitismus zwar geschürt, doch in allem hat er sich den bestehenden Judenhaß zunutze gemacht. ... Die Tatsache, daß ein bekannter Antisemit Reichskanzler wurde, ist lediglich eine Phase in dieser Entwicklung.« Über die Deutschen schreibt Isaac, daß ihr nationales Selbstbewußtsein labil sei und »fehlendes Selbstvertrauen zu Aggressivität führt. ... Diese labile, aggressive Mentalität ... sucht sich einen Gegenpol, an dem die Aggression ausgelassen werden kann. ... Der gesellschaftliche Kampf liefert ihr als solchen Gegenpol den Marxisten, das Streben nach nationaler Hegemonie liefert ihr Frankreich und die Pazifisten, und der Weg des geringsten Widerstandes lenkt ihr Augenmerk auf die ungeschützte Minderheit: den Juden«.[80]

Eine Woche später, am 17. März 1933, führt Isaac in einem erneut forschen Artikel aus, worin der große Unterschied zwischen Nationalsozialisten und Zionisten bestehe. Er bezieht sich dabei auf Hitlers Autobiographie *Mein Kampf*. »Der Nationalsozialismus hat bestimmte Vorstellungen vom völkischen Dasein der Deutschen. Es gibt Millionen von Deutschen, die davon andere Vorstellungen haben, auch wenn sie dennoch am völkischen Dasein der Deutschen festhalten möchten. Der Zionismus kennt nur eine einzige Forderung: das Dasein als Volk. Uns stehen nicht Juden gegenüber, die über die Ausgestaltung dieses völkischen Daseins anders denken, sondern jene Juden, die dieses Dasein als Volk gar nicht anstreben. Wir bilden, anders als die Nationalsozialisten, keine Gruppe mit prononcierten Ideen über Volk, Rasse oder staatliche Ordnung: Diesbezüglich verbindet uns als Zionisten nur, daß wir uns das normale Dasein als Volk in Palästina überhaupt wünschen. Und zwar nicht aufgrund irgendwelcher Ideologien, sondern aufgrund der harten Wirklichkeit, aufgrund der ›jüdischen Frage‹, einer Frage, die sich letztlich auf das Fehlen ebendieses völkischen Daseins zurückführen läßt.«[81] Isaac schließt seine Darlegung mit der Warnung: »Man möchte so gerne alles beschönigen, die häßlichen Seiten verdrängen – und begeht auch damit Unrecht. Wer heute noch hofft, daß Unterdrückung und Verbrechen nicht stattfinden werden, wer glaubt, daß das Hakenkreuz – dieses Symbol des Judenhasses! – nicht durch Unrecht besudelt werden wird, der hat keinen richtigen Begriff davon, was eigentlich in der Welt vor sich geht. Hinter dieser mangelnden Erkenntnis verstecken sich auch die Juden sehr gerne. Deshalb ist es unsere zionistische Aufgabe, weiter zu schauen, weiter zu denken als die anderen. Zu erkennen, daß all dies unsere Auffassung bestätigt.«[82]

In Isaacs drittem großen Artikel im März 1933 wird erstmals auf die zahlreichen Flüchtlinge und deren ungeschminkte Erzählungen über die unvermindert anhaltenden Mißhandlungen und Freiheitsberaubungen seit dem Machtantritt Hitlers eingegangen. Zudem erwähnt Isaac das jüngste Eintreffen von Flüchtlingen, die Deutschland verlassen hatten, ehe dort am 1. April 1933 der am 28. März angekündete Judenboykott in die Tat umgesetzt werden sollte. Es war dies die erste offizielle antisemitische Maßnahme und zugleich eine Reaktion auf die wütende Berichterstattung in der ausländischen Presse vor allem von Kommunisten, Sozialisten und Juden, die die Entwicklungen in Deutschland beobachteten. Als im Ausland obendrein zu einem Boykott deutscher Güter aufgerufen wurde, war für Hitler das Maß voll. Julius Streicher erhielt freie Hand, einen Boykott gegen die Juden in Deutschland zu organisieren, als Rache für die »jüdische Schreckens- und Boykottpropaganda« im Ausland. Der deutsche Boykott richtete sich gegen jüdische Ärzte und Anwälte, jüdische Geschäfte und jüdische Produkte. Zudem trat eine Zulassungsbeschränkung für weiterführende und Hochschulen sowie für den Anwalts- und den Arztberuf in Kraft. Diese sollte solange beibehalten werden, bis es den ausländischen Staaten gelingen würde, der jüdischen »Propaganda« Grenzen zu setzten. Nach diplomatischen Interventionen wurde der Boykott im letzten Moment auf den Tag des 1. April beschränkt. Isaac, der in dem Boykott einen Vorwand Hitlers sah, um die Juden hinauswerfen zu können und die Aufmerksamkeit von den parteiinternen Spannungen abzulenken, glaubte nicht, daß ein Boykott deutscher Güter viel bringen würde. »Der von ausländischen Juden gegen Deutschland verhängte Boykott wird Deutschland als Ganzem vermutlich nicht schaden, zumindest die Wirtschaft dieses Landes nicht in ihren Grundfesten erschüttern. Der von den Deutschen gegen die deutschen Juden verhängte Boykott dagegen«, so Isaac, »macht letztere mit einem Schlag brotlos.«[83]

Bereits am 3. März 1933 bringt das *NIW* einen bemerkenswerten Artikel unter der Überschrift »Import von Judenhaß« anläßlich einer Rede, die ein Journalist aus Düsseldorf vor der Haager Ortsgruppe der NSDAP gehalten hatte. Dessen Credo lautete, daß »der Jude« ein Parasit sei, ein Schädling an der Gemeinschaft anderer Völker. Bemerkenswert, zumindest für das *NIW*, ist der giftige Seitenhieb an die Adresse der niederländischen Regierung, mit dem der Artikel schließt: »Wir werden uns indes eines weiteren Urteils über ihn [den Journalisten] und seine Bewegung enthalten; die Geschichte wird über ihn richten! Wovor wir jedoch nicht die Augen verschließen können, ist die Tatsache, daß in Den Haag, dem Sitz der niederländischen Regierung, diese Sprache geduldet wird! Daß unsere Regierung zuläßt, daß dieses ausländische Gift auf niederländischem Boden ausgestreut wird – und dies in dem Jahr, in dem des Begründers der niederländischen Freiheit und Toleranz gedacht wird [gemeint ist der 400. Geburtstag Wilhelms von Oranien, d. Verf.]. Daß man es dem Fremden erlaubt, die deutschen Gäste, die unsere Gastfreundschaft genießen, gegen einen Teil des niederländischen Volkes aufzuhetzen und unter den Bürgern hierzulande Zwist zu stiften. Wäre es nicht Aufgabe der Regierung, die Landesgrenzen für diese Hetzer zu schließen?«[84]

Zwei Wochen später wendet sich das *NIW* in einem Leitartikel mit dem Titel »Juden der Niederlande, erwacht! Deutscher Nationalsozialismus in unserem Land« aufs neue mit aller Schärfe gegen die Judenhetze, die unter anderen von in den Niederlanden arbeitenden Deutschen betrieben werde. In der Spalte daneben ist ein Aufruf der niederländischen Sektion der Alliance Israélite Universelle abgedruckt, in dem diese die Regierung dringend ersucht, Maßnahmen zu ergreifen.[85]

Darüber hinaus geht das *NIW* in seiner Auslandsübersicht immer wieder ausführlich auf Berichte über die Terrorakte gegen Juden in Deutschland ein, bringt dazu einen Augenzeugenbericht und druckt eine lange Rede ab, die sich auf den Nationalsozialismus und das Judentum bezieht.[86] Am 24. März zeigt sich der Verfasser der Auslandsübersicht äußerst besorgt über »Die Lage in Deutschland«. »Die Optimisten haben unrecht bekommen«, schreibt er. »Wer geglaubt hatte, daß es in Deutschland schon nicht so schlimm kommen würde, wer noch auf Hindenburg vertraute, daß er nicht zulassen würde, daß den Juden Unrecht geschehe, oder auf Hugenberg, der, obschon nicht frei von Rassenhaß, schon aus Anstand nicht dulden würde, daß die in der Verfassung festgelegten Rechte angetastet würden, der sieht sich nun getäuscht. Der Naziterror überschwemmt das Land und spült alles fort, was über das Mittelmaß hinausragt. ... Wir glauben nicht, daß die Meldungen, die *Het Volk* Tag für Tag veröffentlicht, übertrieben sind. Was den Leuten mehr als zehn Jahre lang als Wahrheit aufgetischt worden ist, hat die Herzen so sehr von Rachedurst erfüllt, daß die Haßausbrüche durchaus erklärlich sind.« Ernsthafte Sorgen macht sich der Autor über das bevorstehende Ermächtigungsgesetz, das der Regierung die Vollmacht erteilen wird, unter Umgehung der Volksvertretung Gesetze zu verabschieden, die gegen die Verfassung verstoßen.» Man fragt sich, wohin das führen wird: wie weit der Hitlerismus seine Machtgier noch treiben wird.« Der Autor schließt den Untergang des Judentums in Deutschland nicht aus.[87]

In der letzten Auslandsübersicht des Monats März kündigt auch das *NIW* den bevorstehenden Boykott in Deutschland an und veröffentlicht erneut die Schreckensgeschichten von Flüchtlingen. Auch der Auslandsredakteur des *NIW* durchschaut das Ziel des Boykotts: Dieser solle einerseits den Auftakt zu einer Entfernung der Juden aus dem gesellschaftlichen Leben bilden und andererseits die öffentliche Aufmerksamkeit von der Unfähigkeit der neuen Regierung ablenken, ihre eigenen Angelegenheiten in Ordnung zu bringen. Unmittelbar daneben finden sich ein Aufruf zur Unterbringung jüdischer Flüchtlinge und ein Aufruf zu finanzieller Unterstützung.[88]

Vom 10. März 1933 an bringt das *Centraal Blad* in der Rubrik »Die Lage der Juden in Deutschland«, die fast die gesamte Titelseite einnimmt, eine sehr detaillierte und ausführliche Darstellung der Entwicklungen, die sich mit Tatsachenberichten begnügt. Auch das *Centraal Blad* macht sich ernsthaft Sorgen über die Zukunft der deutschen Juden. Das Blatt berichtet über den Exodus der Juden in Länder wie die Niederlande, Frankreich und die Schweiz.[89] Ebenso berichtet es über die antijüdische Hetze in den Niederlanden und über den Aufruf an die Regierung, mit der die Alliance Israélite Universelle auf diese Vorfälle reagierte.[90] In seiner letzten Märzausgabe geht das *Centraal Blad* auf der Titelseite erneut sehr ausführlich auf die »Lage in Deutschland« ein. Der Redakteur erkennt, daß mit dem angekündigten Judenboykott »eine neue Phase eingetreten ist«. »Das deutsche Judentum«, so schreibt er, »ist zum wirtschaftlichen Untergang verurteilt. Und«, so fährt er prophetisch fort, »sind die Juden dort einmal ohne jeden Besitz, wird es ein leichtes sein, sie gefügig und geduldig wie Schafe zu machen.«[91] Diese Befürchtungen

über den bevorstehenden Judenboykott – inoffiziell ist er übrigens längst im Gange – ist der umfassendste und analytischste der drei hier angeführten Wochenblattartikel. Am Ende folgt unter der Schlagzeile »Naar het RAI-gebouw« (Auf zum RAI-Gebäude, einer Kongreßhalle in Amsterdam) der Hinweis auf ein noch am gleichen Abend anberaumtes großes »Meeting« zugunsten der Flüchtlinge.[92]
Auf den Boykott vom 1. April 1933 reagiert Fritz Bernstein in *De Joodsche Wachter* mit einem langen Artikel unter der Überschrift »Besinnung«. Interessant ist folgende Stelle: »Und doch kommt dazwischen immer wieder die ängstliche Frage auf, wie es nur möglich ist, daß ein lumpiger Prozentsatz einer Bevölkerung eine solche Haßorgie entfesseln kann. Man ahnt, daß so etwas wie eine seelische Krankheit, eine Massenpsychose im Spiel sein muß ...«[93] Über die wirtschaftlichen Folgen des Boykotts für die deutschen Juden will Bernstein keine Schätzungen anstellen. Die große Bedeutung der gewalttätigen Aktion liegt für ihn auf der moralischen Ebene. »Denn an diesem Tag wurden die jüdischen Geschäftsleute, die jüdischen Ärzte, die jüdischen Anwälte offiziell als Juden plakatiert. Mit großen, schreierischen Anschlagzetteln wurden sie als Juden identifiziert. Die gelbe Farbe, die Judenfarbe, war für diese Anschläge vorgeschrieben. Sie war als Brandmal gemeint, und sie konnte tatsächlich in diesem Sinne funktionieren, weil die meisten Juden so ungerne als solche identifiziert werden wollen.« Als überzeugter Zionist rief er daher dazu auf, den »gelben Fetzen« nicht als Schmach, sondern ganz bewußt als Auszeichnung zu betrachten.[94]

Im *NIW* vom 7. April 1933 ist neben einiger kurzer Aufrufe zur Unterstützung für die jüdischen Flüchtlinge – inzwischen sind etwa zweitausend ins Land gekommen, von denen in Amsterdam allein fünfzehnhundert Aufnahme finden – auch eine Rede von Dr. A. van Raalte abgedruckt.[95] In dieser Rede werden anhand genauer Zahlen die verheerenden Umstände beschrieben, unter denen Juden in Rußland, Polen und Rumänien infolge des antisemitischen politischen Klimas zu leben gezwungen sind. Van Raalte ist ebenfalls zugegen bei einer vom Comité voor Bijzondere Joodse Belangen organisierten Massenveranstaltung, zu der sich am 29. März 1933 zwanzigtausend Protestierende im RAI-Gebäude in Amsterdam zusammenfinden. Neben Van Raalte selbst sprechen Prof. H. Frijda und zwei Mitglieder des Comité voor de Vluchtelingen (Komitee für die Flüchtlinge), die späteren Vorsitzenden des Joodse Raad, Asscher und Prof. D. Cohen. Das *NIW* berichtet ausführlich über diese »gewaltige Anklage der Amsterdamer Judenheit« und gibt den Inhalt der vier Reden wieder. Darüber hinaus bringt es den Wortlaut des Antrages, der am Ende der Protestveranstaltung eingebracht wurde. Überaus bemerkenswert ist, daß alle vier Redner davon ausgehen, daß Hitler das, wozu er sich schriftlich bekannt hat, auch in die Praxis umsetzen werde: die Vernichtung der Juden. Asscher zitiert sogar aus *Mein Kampf*: »Mein Ziel ist es, das Judentum zu vernichten. Indem wir das Judentum bekämpfen, vollbringen wir ein Werk Gottes.« Van Raalte: »Wir haben die Gefahr gleichsam kommen sehen. Sobald die Nazipartei an der Macht sei, so wurde dem Kaiser versprochen, würden die Juden vernichtet.« Prof. Frijda: »Mit einem geradezu unglaublichen Zynismus wird das schreckliche Werk der Vernichtung angekündigt.« Schließlich Prof. Cohen: »Weil sie in ihren Schriften und ihren Versen immer wieder von neuem verkündet haben: der Jude muß vernichtet werden.«[96]

In der Berichterstattung über Deutschland ragt das *Centraal Blad* mit seiner Rubrik »Die Lage in Deutschland«, in der allwöchentlich auf der Titelseite ausführlich auf die neuesten Entwicklungen eingegangen wird, deutlich heraus. Die Berichterstattung ist derart ausführlich und konsequent, daß es unmöglich wäre, aus allen relevanten Artikeln zu zitieren. Es zeigt sich, daß dieses Blatt neben den großen Nachrichten aus Deutschland auch die kleinsten Nachrichten aus den Ländern östlich der Elbe verfolgt. Außerdem ist es offensichtlich darüber unterrichtet, was die ausländischen Blätter, einschließlich der deutschen, schreiben. Breiten Raum bietet das *Centraal Blad* den Nachrichten über Flüchtlinge sowie der Berichterstattung über die Arbeit der jüdischen Hilfskomitees. In genauer Kenntnis von Hitlers Programm, wie er es in *Mein Kampf* ausformulierte, äußert man große Besorgnis über dessen Umsetzung. Die Tatsache, daß Hilfe von seiten der niederländischen Regierung ausbleibt, ruft nicht nur Verwunderung, sondern auch Unmut und Verbitterung hervor. Zum Ausdruck kommt dies etwa in einem kurzen Artikel, in dem gefragt wird, »Was für den Flüchtling getan wird« und von wem. »Soweit die positive Seite der Hilfsaktion. Weniger ermutigend ist, was man bezüglich der Haltung der Regierung behauptet. Das Asylrecht ist noch immer nicht verabschiedet, während die Schweiz und Dänemark dies bereits diese Woche taten. Flüchtlinge ohne gültigen Ausweis werden an der Grenze festgehalten, und in jedem Einzelfall, wohlgemerkt, jedem Einzelfall muß der Grenzschutz nach Den Haag telegraphieren. Wir machen uns hiermit zum Wortführer all jener, die diesbezüglich von seiten der Regierung eine entgegenkommende Haltung fordern. Es gibt Gerüchte, wonach ostjüdische Flüchtlinge, wenn sie einmal in Heerlen eingetroffen sind, dort umgehend wieder ausgewiesen werden. Sollte es sich tatsächlich so verhalten?«[97] Am 5. Mai 1933 protestiert das *Centraal Blad* erneut gegen die Haltung der Regierung, die deutsche Nationalsozialisten, die in den Niederlanden Straßenkämpfe mit Juden provozieren und zu antisemitischer Hetze aufstacheln, einfach gewähren läßt. Man erwartet daher von der künftigen Regierung Colijn diesbezüglich ein energisches Durchgreifen.[98] Mit riesigen Schlagzeilen wie »Das Leiden der Juden in Deutschland«[99] und »Die Tragödie der deutschen Juden« nehmen die einschlägigen Berichte auf der Titelseite eher überhand, als daß sie abebben.[100]

An dieser Stelle sei das Fazit gezogen, daß das *Centraal Blad* detailliert, aktuell und ausführlich über die neuesten Entwicklungen in Deutschland berichtete und seine jüdischen Abonnenten mithin durchaus auf dem laufenden waren.

Am 15. September 1935 wurden auf einer Sondersitzung des Reichstages die sogenannten »Nürnberger Gesetze« verabschiedet, mit denen eine offizielle Trennung zwischen Juden und »Ariern« vollzogen wurde. »Abschluß und Lösung der Judenfrage«, so unterstand sich Hitler die »Gesetze« öffentlich zu nennen, um die Gemüter zu beruhigen, woraufhin er wieder zur Tagesordnung, sprich der weiteren Entrechtung, Enteignung, Ausgrenzung und Erfassung von Juden und jüdischem Besitz, überging. Um die jüdische Identität noch besser feststellen zu können, wurden jüdische Männer, die keinen eindeutig jüdischen Vornamen hatten, ab August 1938 gezwungen, zusätzlich den Namen »Israel« zu führen, Frauen den Namen »Sara«. Um die Maschen des Netzes endgültig zuzuziehen, versah man die Pässe von Juden ab Oktober 1938 schließlich noch mit einem schwarzen, drei Zentimeter hohen »J«, dies im übrigen auf Anregung der Schweizer Regierung, die, so der Chef der Schweizer Polizei, »die Juden ebensowenig gebrauchen konnte wie Deutschland«.[101]

In *De Joodsche Wachter* ist Isaac als Jurist die richtige Person, um die Nürnberger Gesetze zu kommentieren. In einem langen Artikel unter der Überschrift »Judengesetzgebung« legt er dar, daß diese Reichsgesetzgebung nicht »als ein gesetzgeberischer Akt in dem Sinne, wie man ihn in den meisten anderen europäischen Ländern versteht«, aufgefaßt werden könne. »Unserer Ansicht nach schafft das Gesetz eine bestimmte Lage, die nicht bestand, bevor das Gesetz in Kraft trat.« Die Nürnberger Gesetze seien nicht einmal eine Sanktionierung, sondern eher eine Erklärung, weil sie »auf den Begriff bringen, was faktisch und sogar rechtlich bereits Praxis war.« Sie betonten ein weiteres Mal die gesellschaftliche Ausgrenzung und ungleiche Rechtsstellung der deutschen Juden, denen bereits vor dieser »Gesetzgebung« nicht mehr erlaubt gewesen sei, »Arier« zu heiraten. Weil er »Partei« sei, erwartet Isaac wenig von jüdischen Protesten, denn »es ist ausschließlich Sache der nichtjüdischen Welt, wie sie sich diesem Unrecht gegenüber verhält!«[102]

Auch das Comité voor Bijzondere Joodse Belangen denkt ähnlich, wie aus einem von ihm in *De Joodsche Wachter* veröffentlichten Manifest hervorgeht. »Nunmehr ist der Ausschluß aus der deutschen staatlichen Gemeinschaft eine vollendete Tatsache. Das Comité weist mit aller Entschiedenheit den Vorwurf zurück, die Juden hätten diese Maßnahmen durch ihr Verhalten provoziert. Bereits viele Jahre bevor die Nationalsozialisten an die Macht gelangten, war dieser Ausschluß ein wichtiger Punkt im nationalsozialistischen Programm. Die Verabschiedung des Gesetzes ist also lediglich die praktische Umsetzung dieses Programmpunktes und hat mit einem angeblich provozierenden Verhalten der Juden nichts zu tun.«[103]

In der Woche danach veröffentlicht Fritz Bernstein in *De Joodsche Wachter* eine längere Betrachtung unter der Überschrift »Nach Nürnberg«. Auch nach Ansicht Bernsteins ändert die Verabschiedung der Nürnberger Gesetze wenig an der seit zwei Jahren bestehenden inoffiziellen Praxis, lediglich das Dienstbotengesetz betrachtet er als Neuerung, und nicht einmal eine schlechte. »Das Verbot der Beschäftigung von nichtjüdischem Dienstpersonal und der Ausschluß jüdischer Kinder aus nichtjüdischen Schulen« können nach Ansicht Bernsteins »für die deutschen Juden nur heilsam sein. Was uns nur schmerzt, ist, daß das Heilsame von außen auferlegt wird, daß etwas, das wir vielleicht als Geschenk betrachten sollten, uns von derart unlauteren Händen in derart unlauterer Absicht gegeben wird.« Bernstein schließt, wie schon 1933 seinen Artikel über die »Machtergreifung«, auch diesmal prophetisch: »Es steht zu befürchten, daß sich Nürnberg am Ende lediglich als der lautstarke und noch verhältnismäßig harmlose Auftakt zu weit schlimmeren Schrecken erweisen wird.«[104]

Das *NIW* verfolgt, wie *De Joodsche Wachter* und das *Centraal Blad*, insbesondere in seiner Auslandsübersicht mit unermüdlicher Aufmerksamkeit die Entwicklungen in Deutschland. Immer wieder ruft das Blatt zu Unterstützung auf, wie etwa mehr als einen Monat vor den Nürnberger Gesetzen in einer kleinen Anzeige unter der Überschrift »Unsere Antwort«, aus der aufrichtig empfundene Solidarität mit den Flüchtlingen spricht. »Die Auslandsberichterstattung des *NIW* hält Sie Woche für Woche auf dem laufenden über alles, was in der Welt um uns herum die Juden betreffend geschieht. So auch insbesondere über das, was in dem Land östlich unserer Grenze jedem widerfährt, der Jude ist oder dafür gehalten wird. Oft sind das nur traurige Berichte, ohne jegliche Andeutung einer Besserung, ja in den letzten Wochen hat sich die Lage der deutschen Juden sogar verschlechtert. Ständig kommt es zu Beschimpfungen, Schmähungen und Mißhandlungen. Jüdische Zeitungen werden verboten, Städte für Juden gesperrt, Badeorte nehmen keine Juden mehr auf. Aus Cafés werden sie mit Gewalt entfernt, Kinos können sie nicht besuchen, und der Lebensunterhalt ist für sie kaum zu be-

streiten. Deshalb erreichen uns immer wieder neue Hilferufe aus Deutschland, die beantwortet werden müssen.«[105]
Eine Woche nach der Verabschiedung der Nürnberger Gesetze bringt das *NIW* dazu zwei Beiträge. Im ersten, »Der Wahnsinn dieses Jahrhunderts«, fragt sich der Autor, weshalb der Völkerbund nichts unternehme, wo doch nun für jeden glasklar sei, daß die Juden in Deutschland vor Hunger und Elend zugrunde gingen. Er ruft zu einträchtiger Zusammenarbeit auf, »auch wenn der Völkerbund und die einzelnen Großmächte sich dem menschenunwürdigen Wahnsinn dieses Jahrhunderts nicht entgegenstellen werden«, um zu retten, was es noch zu retten gibt für die deutschen Juden, »die das gleiche anstreben und anstrebten wie wir, nämlich in Ruhe inmitten der anderen Völker zu leben, in dem Land, das uns Heimat ist, und der jüdischen Gemeinschaft zuzugehören, bis dereinst die Zeit kommen wird, da wir uns alle nach Zion aufmachen ...«[106] In dieser abschließenden Bemerkung könnte man eine erste Verunsicherung der assimilatorischen Grundhaltung sehen.

Im zweiten Artikel wird ausführlich auf eine am 6. November 1935 in Antwerpen veranstaltete Protestversammlung eingegangen, bei der zweitausend Juden gegen die »Nürnberger Gesetze« demonstrierten. Hier äußert sich zum ersten Mal das Bewußtsein, daß nicht nur die deutschen Juden, sondern das Judentum insgesamt gefährdet sei, nicht zuletzt aufgrund des dichten Propagandanetzes, das die Deutschen über die ganze Welt gespannt hätten. Deshalb wird die Masse aufgerufen, überall den Antisemitismus mit Feuer und Schwert zu bekämpfen. Zudem wird darauf hingewiesen, daß, »wer die deutsche Wirtschaft unterstützt, auch die deutsche Reichswehr unterstützt«. Es folgt ein zweiter Aufruf an das belgische Volk, die Deutschen wirtschaftlich zu boykottieren und keine Handelsbeziehungen mehr zu unterhalten. Über Hitler wird gesprochen als »Hitler, der uns zugrunde richten will«. Einer der Redner beschließt seine Rede mit den Worten: »Wir werden nicht aufhören, an das Weltgewissen zu appellieren. Wir dürfen nicht schweigen. Es geht hier nicht nur um das Schicksal unseres jüdischen Volkes, das Schicksal der ganzen Menschheit steht auf dem Spiel.« Ein anderer argumentiert: »Wir müssen uns vor allen Dingen bewußt machen, was dort geschieht. Daß dort ein Verteidigungskrieg gegen uns geführt wird mit einer Grausamkeit, zu der nur Deutsche imstande sind. Ziel ist es, das Judentum in Deutschland zu vernichten.« Auch diese Protestveranstaltung endet mit der Verlesung einer Resolution, die an den Völkerbund geschickt werden sollte.[107]

Ebendiese Resolution findet sich abgedruckt im *Centraal Blad* vom 19. September 1935, neben einem groß aufgemachten Manifest des Comité voor Bijzondere Joodse Belangen und einer fettgedruckten Ankündigung einer geplanten Boykottaktion gegen Textilkonfektionsbetriebe und verwandte Unternehmenszweige, zu der man sich in jener Branche, in der auch viele Emigranten arbeiteten, »spontan und einstimmig« entschlossen hatte.

Außerdem wird mit einer noch fetteren Schlagzeile eine Protestversammlung am gleichen Abend angekündigt, diesmal in der Apollohal in Amsterdam. »Wir sind jetzt auf dem richtigen Weg«, so wird dem Leser der Ankündigung näher erklärt. »Das Weltgewissen erwacht. Es darf jedoch nicht bei dieser Versammlung bleiben. Nun muß immer wieder die Stimme des Gewissens sprechen, es muß jedesmal von den Dächern geschrien werden, das Unrecht, das einer kleinen Minderheit in Deutschland von einer nahezu hundertfachen Übermacht angetan wird.« Auf der gleichen Seite wird gegen die niederländische Teilnahme an den Olympischen Spielen protestiert, die 1936 in Berlin stattfinden sollen.[108]

In der gleichen Ausgabe des *Centraal Blad* erscheint aus der Feder von Dr. Hirdt der Artikel »Jodenwetten« (Judengesetze), der wie folgt eingeleitet wird: »In unzähligen Reden wurde auf dem Nürnberger Kongreß der Nazipartei davon gesprochen, daß dies ein Wendepunkt in der Geschichte und ein Fanal für Jahrhunderte sei. Es ist sinnlos, diesen Behauptungen zu widersprechen, ebensowenig hat es Sinn, diese ganze Komödie in Nürnberg als das typische Symptom einer dem Wahnsinn verfallenen diktatorischen Regierung und eines zu jeder Sklaverei bereiten Volkes zu bezeichnen. Darüber mögen andere richten, uns betrifft nur ein Problem: Die in Nürnberg abgehaltene Reichstagsversammlung hat endgültig mit unmittelbarer gesetzlicher Wirkung die völlige Entrechtung sämtlicher deutscher

Juden beschlossen. Die Verabschiedung dieser Gesetze war seit langem erwartet worden.« Darauf folgt der Wortlaut der betreffenden drei unter das »Reichsbürgergesetz« fallenden Artikel von den insgesamt 24 Bestimmungen, die die Nürnberger Gesetze umfassen. Diese liefen darauf hinaus, daß die in Deutschland lebenden Juden keine Staatsbürger mehr waren. Sie konnten weiterhin dort leben, nur ohne Rechte und ohne jede Beteiligung am politischen Leben.[109]

Übrigens ist das *Centraal Blad* das einzige der drei Blätter, das ausdrücklich auf die Zweigliedrigkeit der Nürnberger Gesetze eingeht, nämlich daß einerseits die Juden nicht mehr als Staatsbürger betrachtet wurden und also rechtlos waren, und andererseits, daß die deutschen Juden – nach dem sogenannten »Blutschutzgesetz« – offiziell keine »arischen« Deutschen mehr heiraten durften und folglich einmal mehr zu einer minderwertigen Minorität abgestempelt wurden.[110] In der Ausgabe der darauffolgenden Woche wird über die »Große Protestversammlung in der Apollohal« am 19. September 1935 berichtet, bei der Redner jeder Couleur, jüdische wie auch nichtjüdische wie Pfarrer J. J. Buskens, das Wort führten. Eine ganze Seite wird diesen Reden gewidmet, an die sich ein Antrag anschloß, in dem man insbesondere »an das Gewissen der Völker [appelliert], nicht zu ruhen, ehe dieses Unrecht wiedergutgemacht ist«.[111] Interessant ist die Erwähnung des »österreichischen Kommentars zu den deutschen Judengesetzen« von seiten der Chefredakteurin des Wochenblattes *Gerechtigkeit*, Irene Harand, in der gleichen Ausgabe. Sie war die Autorin des 1935 erschienenen, gegen Hitler gerichteten Buches *Sein Kampf*.[112] Noch einmal wird in der gleichen Ausgabe, im Auslandsteil und diesmal über eine ganze Seite, die Aufmerksamkeit auf Deutschland gelenkt. Fettgedruckt lautet das resignierte Fazit: »Die Lage der Juden in Deutschland ist hoffnungslos.«[113]

Nach dem 30. Januar 1933, nach dem 5. März 1933 und nach dem 15. September 1935 folgt dann die Nacht vom 9. auf den 10. November 1938, eine Nacht, die als »Reichskristallnacht« in die Geschichte eingehen wird.

Der Redaktion des *Joodsche Wachter* gehören zu diesem Zeitpunkt nach wie vor S. Isaac und A. Polak an. An die Stelle von

F. Bernstein und J. Mossel ist P. J. Denekamp getreten, der seine Beiträge mit P. J. D. unterschreibt. Von ihm stammen die ersten Reaktionen auf die Ereignisse im November 1938. In einem Artikel mit dem Titel »Treibjagd« schildert er das Elend der vordem in Deutschland lebenden polnischen Juden. Grund für diese Misere war die Maßnahme der polnischen Regierung, außerhalb Polens lebenden Staatsbürgern, die keine Beziehung zum Mutterland mehr unterhielten, die polnische Staatsbürgerschaft zu entziehen. Demnach mußten alle im Ausland lebenden Polen ihren Ausweis auf den polnischen Konsulaten abstempeln lassen, was die Konsulate verweigerten, falls sich herausstellte, daß jemand für Ausbürgerung in Betracht kam, so daß es diesem nicht mehr möglich war, nach Polen einzureisen.

In Deutschland lebten fünfzigtausend polnische Juden. Weil Deutschland befürchtete, daß ein Großteil von ihnen durch die polnische Maßnahme staatenlos werden würde und auf Dauer in Deutschland würde bleiben wollen, griff es Schätzungen zufolge sechzehntausend polnische Juden auf und schickte diese kurzerhand zur polnischen Grenze. Polen wies als Reaktion darauf einige Dutzend in Polen lebender deutscher Juden aus. Seit dem 2. November 1938 stand man in dieser Frage in Verhandlungen, und inzwischen lebten mehr als zehntausend Unglückliche in Grenznähe, vielfach ohne Unterkunft in dem bereits sehr kalten Novemberwetter, in Ställen, Scheunen oder unter freiem Himmel. Die jüdischen Hilfsorganisationen und das polnische Rote Kreuz waren die einzigen Instanzen, die sich mit konkreter Hilfe um die Opfer kümmerten.[126]

In einem anderen Artikel unter der Überschrift »Der Endkampf« beschreibt Denekamp nicht die sogenannte »Kristallnacht« selbst, sondern deren Folgen, insbesondere im Zusammenhang mit der Sühneleistung in Höhe von einer Milliarde Reichsmark, die von den deutschen Juden verlangt wurde für etwas, was ihnen angetan worden war. »Was die Juden gestern noch besaßen, fließt heute in die Aufrüstung Deutschlands, durch die der Friede zwischen den Völkern weiter bedroht wird. Doch nicht nur der jüdische Besitz, auch die jüdische Arbeit wird zur Kriegsvorbereitung konfisziert [gemeint ist die Arbeit in Konzentrationslagern, d. Verf.]. Kurz gesagt, die deutschen Juden sind nunmehr faktisch zu Sklaven gemacht worden. Und die ängstliche Frage lautet: Wird man die Unglücklichen aus der Sklaverei befreien können? Wird die Welt, die sich so sehr über das Geschehen empört, das tun, was sie schon viel früher hätte tun sollen ...? Die Welt ist wahrlich groß genug, um für eine halbe Million Menschen und mehr einen Platz zu finden. Doch überall bringen mehr oder weniger kleinliche Bedenken die Stimme des Herzens zum Schweigen; ehe man selbst etwas unternimmt, wartet jeder lieber erst einmal ab, was die anderen tun, und so wird nichts unternommen. Wir werden bedauert, aber geholfen wird uns nicht.«[115]

Zwei Wochen später erscheint erneut ein Artikel Denekamps, diesmal unter der Überschrift »Deutschland«. Über das Novemberpogrom selbst sagt er, daß man in Berlin die Journalisten und Diplomaten getäuscht habe durch eine beschönigende Darstellung, wonach lediglich Sachbeschädigungen und Brandstiftung stattgefunden hätten. An anderen Orten jedoch habe man nicht nur Menschen verstümmelt, sondern sogar gelyncht. Denekamp berichtet von einer Hungersnot unter der jüdischen Bevölkerung, außerdem kommt er auf die den deutschen Juden auferlegten Schadens- und Sühneleistungen zurück und fragt sich, wie diese bezahlt werden sollen. Schließlich stellt er sich die ängstliche Frage: Wird Deutschland »seine« Juden gehen lassen? »Wenn es in dieser Sache irgendeine Logik gäbe, müßte Deutschland den Weggang der Juden von ganzem Herzen begrüßen. Sowohl die Rassentheoretiker in ihren Schriften wie der Pöbel in seinen Spottliedern haben den Auszug der Juden sehnlichst herbeigewünscht. Doch jetzt, da die Erfüllung dieses Wunsches nahe rückt, zögert man. Man hat noch nicht genug vom Spiel, und man möchte nicht, daß einem das Spielzeug jetzt schon abgenommen wird.«[116]

Isaac versucht in der gleichen Ausgabe in einem sehr langen Artikel unter dem Titel »Reaktionen«, eine Bilanz der Ereignisse in den vierzehn Tagen seit der »Reichskristallnacht« zu ziehen. Er stellt fest, daß die Welt im Laufe der Zeit der Gewalt gegenüber abgestumpft sei. »Und auch in Deutschland selbst, das nun seit beinahe sechs Jahren vielen Tod oder Mißhandlung und allen Not und Verzweiflung gebracht hat, wurde dies allmählich zu einer unabänderlichen, bekannten Realität und als solche zu einem Umstand, der hingenommen wurde. Da war natürlich die Sache mit den Juden, doch deswegen war das Land nicht weniger eine befreundete Macht mit interessanten Institutionen, merkwürdigen Neuerungen, und waren die Regierenden dort nicht befreundete Exzellenzen und geschätzte Beziehungen?« Freudig überrascht ist Isaac denn auch über den jähen Wandel in der gleichgültigen Haltung gegenüber den Juden auf seiten vieler Parteien und Komitees, die spontan das Pogrom verurteilen, die zu Unterstützung aufrufen sowie an die Regierung appellieren, Flüchtlinge ins Land zu lassen. Über die niederländische Regierung schreibt er verbittert: »Die Erklärungen und Maßnahmen der niederländischen Regierung sind aus den Tageszeitungen hinreichend bekannt. Ebenso kennt man die Presseberichte über die schreienden Mißstände und erschütternden Ereignisse an der Grenze, wo sehr viele, darunter auch kleine, elternlose Kinder, abgewiesen werden.« Für »bestürzend« hält Isaac zugleich die erdrückende Zahl der Beweise, die in letzter Zeit die Richtigkeit der zionistischen Sicht bestätigt hätten.[117] »Das Problem der Emigration ist größer denn je«, so Isaac. »Anläßlich der Konferenz von Evian schrieb seinerzeit das ›Neue Tagebuch‹, daß die Länder unwillig seien, daß sich 31 Länder gerne zur Konferenz aufmachten, allerdings jedes in der Hoffnung, daß die übrigen 30 das Problem lösen würden. Unwillig seien sie, weil die Unterbringung von einigen Hunderttausend Juden in so vielen, zum Teil sehr großen Ländern leicht möglich wäre.«[118]

Anschließend geht Isaac auf die Möglichkeit der Kolonisation in verschiedenen Teilen des britischen Weltreiches ein, wie sie Chamberlain einige Tage zuvor im Unterhaus vorgeschlagen hatte. Chamberlain hatte dabei Palästina als wichtigste Aufnahmemöglichkeit ausdrücklich abgelehnt. Dem widerspricht Isaac aufs schärfste, weil seiner Ansicht nach nur Palästina die Basis für eine Erneuerung des jüdischen Volkes bilden könne. Höhnisch meint er: »Und die Gefahr besteht, daß all diese Kolonisationspläne anderswo in der Welt die Aufmerksamkeit von Palästina ablenken. Es muß England zupaß kommen, wenn sich das jüdische Volk mit dem, was in Palästina erreicht wurde, zufrieden geben und sich nunmehr der Erschließung irgendeiner afrikanischen oder südamerikanischen Kolonie widmen würde.»Das, was dem Judentum angetan worden sei, so meint er, ließe sich nur wiedergutmachen, indem man den Juden erlaube, sich in Palästina anzusiedeln. Denn was bei einer Kolonisation anderswo fehlen würde, so prophezeit Isaac,»ist bei der Kolonisation in Palästina gerade gegeben: der Motor des nationalen und idealistischen Impulses«.[119]

»Eine verwerfliche Tat«, so titelt das *NIW* anläßlich des Attentats auf den deutschen Gesandtschaftsrat in Paris durch einen 17jährigen polnischen Jungen aus Rache für dessen Eltern, die man in das Niemandsland der polnisch-deutschen Grenze geschickt hatte. Die Zehn Gebote verbieten Mord, und sogar, wenn diese»verächtliche« Tat keine Konsequenzen für die Juden hätte – was das *NIW* jedoch stark bezweifelt –, wäre sie immer noch»verwerflich«. Am Schluß des Artikels wird gleichwohl um ein gewisses Verständnis für den verzweifelten Jungen geworben, und außerdem:»Hat Deutschland das Recht, irgend jemandem die Verwendung von Mitteln zu untersagen, von denen es selbst nicht gerade sparsam Gebrauch macht? Rathenau, Dollfuß, Röhm und ihresgleichen – sagen diese Namen noch etwas?« Der Artikel endet, wie er begonnen hatte, nämlich mit einer unmißverständlichen Verurteilung.[120]

Am 18. November 1938 reagiert man auf die»Kristallnacht« unter der Überschrift»Nur dies bleibt uns noch« mit einem großgedruckten Aufruf auf der Titelseite des *NIW* , in dem die niederländischen Juden um finanzielle Unterstützung für die Opfer gebeten werden.[121]

Anschließend sind mehrere Seiten ganz oder teilweise der»Kristallnacht« gewidmet. Anders als dem *Joodsche Wachter* sind dem *NIW* sehr wohl achtzig Fälle von schwerer Mißhandlung in Berlin bekannt; Augenzeugenberichte folgen.[122] In aller Ausführlichkeit bringt das *NIW* eine»Reaktion auf die deutschen Schandtaten«.[123] Und endlich räumt auch das *NIW* der zionistischen Sicht auf seinen Seiten Platz ein, indem es eine große Anzeige des Nederlandse Zionisten Bond abdruckt, die zu»Spenden, Spenden, Spenden« für Grunderwerb in Palästina und Unterstützung für das Joodse Nationaal Fonds und das Palestina Opbouwfonds (Aufbaufonds Palästina) aufruft. Als Motto des Spendenaufrufs dienen die Worte Theodor Herzls: »Ein Volk kann nur sich selbst helfen. Tut es dies nicht, so kann ihm nicht geholfen werden.«[124] In »Die dritte Phase«, immer noch in der Ausgabe des *NIW* vom 18. November 1938, geht David Cohen auf die Folgen ein, die der Anschluß Österreichs an das Deutsche Reich für die österreichischen Juden haben werde. Abgesehen davon, daß ihnen alles geraubt werde, sei für die österreichischen Juden seiner Ansicht nach am schlimmsten, daß sie vor die Wahl gestellt würden, entweder »kurzfristig das Land zu verlassen oder in ein Gefängnis oder Konzentrationslager gebracht zu werden«. Anschließend schildert Cohen anhand bitterer Beispiele die Situation der deutschen Juden an der polnischen Grenze. Die Redaktion fügt in einer Fußnote hinzu, daß die »dritte Phase« bereits durch eine »vierte Phase« abgelöst sei, daß sich aber wegen ständigen Platzmangels die Veröffentlichung des Artikels von Cohen verzögert habe.[125] Rührend ist schließlich eine winzige Anzeige, in der sich H. Turksma mit folgendem Anliegen an die jüdischen Hausfrauen wendet: »Alle jüdischen Hausfrauen ersuche ich dringend, einen Beitrag zur finanziellen Hilfe leisten zu wollen, indem sie einmal die warme Mahlzeit durch eine schlichte Brotzeit ersetzen und das dadurch Ersparte auf das Girokonto 214500 z. Hd. Prof. Dr. D. Cohen, Noodfonds 1933, einzahlen. Angesichts der Not, die uns umgibt, glaube ich nicht, daß auch nur eine der Hausfrauen dagegen Bedenken anmelden wird. Tun Sie es jetzt, baldige Hilfe hilft doppelt.«[126]

In der Woche darauf erörtert der Jurist D. S. Jessurun Cardozo im *NIW* unter dem Titel »Das Schicksal des Ausländers beziehungsweise Flüchtlings« das »Asylrecht in den Niederlanden« und die großzügigere Anwendung desselben, auf die das niederländische Volk in »allen Schichten, Ständen und Klassen« seit dem Novemberpogrom bei der Regierung dringt. Jessurun Cardozo verweist auf den jüdischen Kodex, der bereits ein Ausländerrecht kannte, das ihm zufolge »qua Humanität jeder modernen Gesetzgebung als Vorbild dienen kann. ... Ihm liegt denn auch der Gedanke zugrunde, daß man sich bei der Beurteilung anderer stets in deren Lage versetzen soll. Jedesmal, wenn das Gesetz den Söhnen Israels vorschreibt, wie sie sich Fremden gegenüber zu verhalten haben, wird ihnen zu bedenken gegeben, daß ›sie selbst schließlich einmal Fremde im Lande Ägypten waren‹«. Jessurun Cardozo ist der Ansicht, daß der Regierung nichts anderes übrig bleibe, als dem Wunsch des niederländischen Volkes nach Aufnahme der Flüchtlinge entgegenzukommen, »denn dieser Volkswille ist ja der eigentliche Rechtsgrund des Asylrechts. Es geht unter den heutigen außergewöhnlichen Umständen schließlich nicht um die richtige oder falsche Anwendung unseres Ausländerrechts«, meint er. »Wir haben es heute nicht mit Ausländern im üblichen Sinn zu tun, die sich hier ansiedeln oder aufhalten wollen, sondern mit Flüchtlingen im wahrsten und traurigen Sinne des Wortes, Menschen also, die, anderswo verfolgt, vom Tod oder Untergang bedroht, in unserem Land Zuflucht suchen. Unterzieht man unser Ausländerrecht einer genaueren Betrachtung, so muß man feststellen, daß darin zum Asylrecht nichts zu finden ist.« Für den Flüchtling sollte, so Jessurun Cardozo, ein anderes Recht gelten als für den Ausländer, nämlich »ein Recht, das dem Willen eines zivilisierten Volkes, das den allgemeinen Auffassungen von Menschlichkeit entspringt ..., wonach es als Pflicht angesehen wird, Mitmenschen, die vom Untergang bedroht werden, zu retten, indem man ihnen umgehend auf eigenem Boden Zuflucht gewährt«. Außerdem weist er darauf hin, daß in Anbetracht der englischen Kolonisationsvorschläge lediglich von einer vorübergehenden Aufnahme die Rede zu sein brauche, zu der sich die Niederlande auch in der jüngsten Vergangenheit bereit gezeigt hätten, um den Unglücklichen Zeit und Möglichkeiten zur Vorbereitung einer weiteren Emigration zu gewähren. Er plädiert für ein »Erstasyl« und spricht zum Schluß die Erwartung aus, daß von seiten der niederländischen Regierung eine Zusage kommen werde.[127]

In der Auslandsübersicht der gleichen Ausgabe des *NIW* werden die Dinge schon in der Überschrift noch zugespitzter dargestellt. »Vernichtung oder Emigration« heißt es dort. Und wieder wird die Regierung angesprochen. »Es ist auffallend, daß die Haltung der Regierung sich diesbezüglich nicht mit der Volksmeinung deckt.« Auf die Erklärung der Regierung, wonach es selbstverständlich sei, daß man den Flüchtlingen keine Aufnahme gewähren könne, antwortet die *NRC* vom 18. November 1938, daß dies für die niederländischen Herzen keineswegs selbstverständlich sei. »Für sie wäre es selbstverständlich gewesen, wenn die Regierung diese Unglücklichen liebevoll aufgenommen hätte, wenn sie sich geschämt hätte, menschliche Wesen in die Schrecken eines Konzentrationslagers zurückzuschicken. Selbstverständlich wäre es für uns gewesen, wenn die Regierung der privaten Initiative den Weg geebnet hätte, die jüdischen Flüchtlingen und Kindern eine Unterkunft im häuslichen Kreis verschaffen wollte. Selbstverständlich wäre es für uns gewesen, wenn die Regierung diese Idee gefördert hätte, wenn sie alle Erleichterungen gewährt hätte, die nur gewährt werden können. Selbstverständlich wäre es für uns gewesen, wenn die Regierung mit gutem Beispiel vorangegangen wäre, indem sie die Geknechteten, die Kranken und die Verletzten, die um einen Almosen an ihre Tür klopften, liebevoll aufgenommen hätte. Selbstverständlich wäre es für uns gewesen, wenn die Regierung die Niederländer, die, entsetzt über soviel Elend, Kinder mitbrachten, über deren Eltern Schicksal manchmal keine Gewißheit besteht, unbehelligt gelassen und ihnen stillschweigend gedankt hätte für die Art und Weise, in der sie den Fremden gegenüber die menschliche Größe der Niederlande unter Beweis gestellt haben. Selbstverständlich wäre es für uns gewesen, wenn die Behördenmaschinerie dieses eine Mal der Bremsen mehr oder weniger kleinlicher Interessen, den Bleiklötzen der Bürokratie entledigt worden wäre. Selbstverständlich wäre es für uns gewesen, wenn sie, die diese Maschinerie bedienen, ein einziges Mal hätten einsehen können, daß wir vor einem Problem stehen, das andere als die üblichen Überlegungen erfordert, das ein anderes Tempo erfordert als das, woran man in Den Haag gewöhnt ist.«

Dem Beitrag schließt sich eine Ankündigung mit folgendem Wortlaut an: »Der Verband jüdischer Vereine in den Niederlanden hat den Justizminister telegraphisch um eine großzügigere Anwendung des Asylrechts ersucht.«[128]

Am 2. Dezember 1938 fühlt das *NIW* der niederländischen Regierung auf den Zahn in dem Artikel »Die Reaktion auf den Furor Teutonicus«, und auch darin wird von der beispiellosen Hilfsbereitschaft des niederländischen Volkes gesprochen und die Regierung dringend aufgefordert, die Grenzen möglichst weit zu öffnen. Dankbar ist man der Regierung, daß sie die Abhaltung einer nationalen Spendenaktion »erlaubt« habe. Die assimilatorische Grundhaltung des *NIW*, das übrigens seit der Reichskristallnacht nicht mehr antizionistisch ist, läßt die Redakteure lediglich Nadelstiche in Richtung Regierung austeilen, nicht aber den Mut aufbringen, ihre Mißbilligung offen auszusprechen. Man legt weiterhin jedes Wort auf die Goldwaage. »Wir sind außerstande, die Frage zu beantworten, ob die Regierung bei der Aufnahme der Vertriebenen ausreichend flexibel ist oder nicht. Trotzdem klafft noch eine Schere zwischen diesen sieben- oder achthunderttausend und der Zahl derer, die nach dem verhängnisvollen Ausbruch des 9. November 1938 hier Aufnahme gefunden haben.[129] ... Die Regierung steht vor einem außergewöhnlich schwierigen Problem, bei dem ein ständiger Kampf zwischen Vernunft und Herzen geführt werden muß.« Das *NIW* hofft, daß die Regierung letzteres sprechen lassen werde »und es nicht bei der kümmerlichen Zahl belassen wird, die seit dem 9. November hier Aufnahme gefunden hat. Und wir wiederholen noch einmal, daß die Regierung sich bei ihren Entscheidungen nicht von der Furcht zu leiten lassen braucht, daß der Antisemitismus durch eine großzügigere Öffnung der Grenzen zunehmen würde, was nicht im Interesse der einheimischen Israeliten wäre. Wir haben durchaus soviel Vertrauen in das niederländische Volk, daß wir dieses Risiko eingehen würden. Auch die Gefahr der ›Überfremdung‹, von der Herr van Angeren spricht, erscheint uns nicht derart bedrohlich«. Und dann stellt das *NIW*, mit all seinen in höfliche Formulierungen verpackten Spitzen, die konfessionelle Regierung doch noch bloß. »Dieses Schreckgespenst hält Einzug in die Organe der Mussert-Bewegung [der NSB], doch diesen Leuten kann man es ohnehin nicht recht machen. Wir glauben, daß in den acht Millionen Niederländern soviel Kraft steckt, daß, auch wenn sie 20 000 an der Zahl wären, DIESE Deutschen die Niederlande nicht von ihren Traditionen entfremden würden. Diese Gefahr könnte vielmehr von seiten anderer Deutscher drohen, die von jenseits der Grenze Weisungen bezüglich der Ausgestaltung niederländischer Unternehmen und dergleichen mehr erteilen. Oder von seiten solcher in den Niederlanden lebender Deutscher, die die Pflege niederländischer Tugenden für einen Grund erachten, ihrem Personal zu kündigen.« Die Regierung blickt, so die Botschaft, in die falsche Richtung.[130]

Das *Centraal Blad*, das während der dreißiger Jahre seine Leser ständig über das Leid der deutschen Juden informiert hat, bleibt in seiner Berichterstattung über die »Reichskristallnacht« sowohl hinsichtlich der Zahl wie auch des Umfangs seiner Berichte von den anderen Blättern unerreicht. Dieses »Allgemeine jüdische Wochenblatt«, ein »Familienblatt«, wartet mit seiner wöchentlichen Ausgabe nicht bis zum 17. November, sondern bringt wegen der schrecklichen Ereignisse, die sich in der Nacht vom 9. auf den 10. November in Deutschland abgespielt hatten, bereits am 15. November eine Sonderausgabe heraus. Wie ein rollender Donner brechen die Schlagzeilen dieser Sonderausgabe über den Leser herein, gleich einem Crescendo der jahrelangen Besorgnis, Wut und Ohnmacht. »Entsetzliche Szenen in Deutschland« (Redaktion). »Die neue Schande der Menschheit« (Prof. J. A. Veraart). »Deutschland entehrt« (Redaktion). »Tausendfache Vendetta« (Dr. Henri Polak). »Was müssen wir tun?« So lauten die Aufschreie über den verschiedenen Artikeln, die die beiden ersten Seiten füllen. Immer wieder, namentlich in einem Beitrag von Pfarrer J. B. Aris, kommt man darauf zurück, daß der Antisemitismus im eigenen Land zu bekämpfen und daß ihm der Boden zu entziehen sei, daß die Regierung dazu gebracht werden müsse, die niederländischen Grenzen für alle Opfer, Juden wie Nichtjuden, zu öffnen, »und daß, diesen Opfern zuliebe, zunächst einmal Flüchtlingslager eingerichtet werden, bis eine endgültige Lösung, wenn möglich in Zusammenarbeit mit anderen Regierungen, gefunden ist«.[131]

Auch auf der dritten Seite findet sich ein energischer Protest – »Volk der Niederlande, erwache!« – gegen die antisemitische Stimmungsmache in den Niederlanden. Unter dem Titel »Das Verbrechen schreit zum Himmel« wird nachdrücklich um Soforthilfe für die Tausenden von jüdischen Kindern und für die jüdischen Frauen gebeten, deren Männer während der Reichskristallnacht abgeführt worden sind, weil ihnen die Hungersnot drohe. Einen Beitrag mit dem Titel »Keine Worte, sondern ... Taten; eine Lehre für die Welt« beschließt der Autor mit folgenden Worten: »Die Ereignisse der letzten Tage bedeuten eine Warnung für das zivilisierte Europa, das hier in aller Deutlichkeit vor Augen geführt bekam, wozu Deutschland imstande ist. Heute geht es nur gegen die Juden, morgen gegen die Katholiken (die Anzeichen dafür sind bereits zu erkennen) und anschließend gegen die ganze Kultur Europas.«[132]

In der Wochenausgabe vom 17. November 1938 finden sich mehrere der oben angeführten Beiträge wiederabgedruckt. Auf der Titelseite prangen die Schlagzeilen in vier Zentimeter hohen Buchstaben: »Deutsche Juden in Todesgefahr. Tausende von Männern gehen in Konzentrationslagern unter unerträglichen Folterungen zugrunde. Frauen und Kinder ohne Nahrung. Morde allenthalben. Die ganze Welt bekundet Empörung und Abscheu. Die Niederlande gehen in Sachen Humanität mit gutem Beispiel voran.« Auch das *Centraal Blad* zeigt sich freudig überrascht, daß die Welt nach all den Jahren der Entrechtung endlich aufzuwachen scheint, wiewohl den Worten der Entrüstung und Abscheu die Taten noch folgen müssen. Und auch dieses Blatt, das dem Zionismus, wie gesagt, immer positiv gegenüberstand und das David Cohen sogar Platz bot für seine »Zionistische Chronik«, druckt über eine halbe Seite eine Anzeige des Vorstandes des Nederlandse Zionisten Bond, in der um »Spenden, Spenden, Spenden« für Grunderwerb in Palästina gebeten wird.[133]

In der Woche darauf erscheint eine Nachbetrachtung von Dr. Hirdt zum »Pogrom in Deutschland«. Auch er sieht keine andere Möglichkeit, der totalen Vernichtung des deutschen Judentums zu entkommen, als durch Emigration oder, sofern realisierbar, durch die Einrichtung einer Kolonie für die Flüchtlinge mit Unterstützung des britischen Königreiches, das ein Viertel der Erdkugel einnimmt. Ferner ergeht er sich in Lobesworten über die außergewöhnliche humane Hilfe jüdischer Organisationen.

Daneben waren weitere Fakten und Einzelheiten zu lesen. Das *Centraal Blad* veröffentlichte, neben »entsetzlichen Augenzeugenberichten«, eine alphabetische Liste der Synagogen und Gebetshäuser, die während der »Reichskristallnacht« zerstört worden waren.[134]

Weil das *Centraal Blad* der Kristallnacht so außerordentlich viel Aufmerksamkeit widmet und – über seinen Redakteur Dr. Hirdt, der ab dem 1. Dezember für die Rubrik »Übersicht« verantwortlich zeichnet – diese Katastrophe immer wieder in einen Zusammenhang mit der Flüchtlingsproblematik rückt, lohnt es sich, dieses Blatt noch bis in den Dezember 1938 hinein zu verfolgen.

Am 1. Dezember wird die »Flüchtlingsproblematik« in den Niederlanden durchleuchtet. Das *Centraal Blad* ist der Ansicht, daß von der Regierung »an der Ostgrenze mit den unglücklichen Juden, die der deutschen Hölle zu entfliehen suchen, ein Spiel getrieben« werde. Zur Bekräftigung dieser Auffassung werden Abschnitte aus dem Bericht einer Untersuchungskommission angeführt, die auf Anregung des Comité van Waakzaamheid van Nederlandse Intellectuelen (Komitee der Wachsamkeit niederländischer Intellektueller) gebildet worden war. »Wir sehen also«, so endet der Bericht, »daß keines der großen, demokratischen Länder willens ist, die Tür aufzumachen und ihre unbewohnten Gebiete mit den ausgewanderten Juden zu besiedeln, für die sie soviel Mitgefühl zu empfinden vorgeben. Weshalb nun wollen sie die Juden nicht aufnehmen? Das ist eine Frage, die der Beantwortung harrt.« Damit beschließt auch der Autor im *Centraal Blad* seinen Artikel: »In der Tat, weshalb wird mit dem Leben so vieler Unglücklicher gespielt?«[135]

Eine Woche später, am 8. Dezember, wird die Rede von J. van Gelderen, die dieser in der Zweiten Kammer während der Beratung über die Flüchtlingsproblematik gehalten hatte, ungekürzt abgedruckt. Van Gelderen weist darauf hin, daß eine Kolonie in einer abgelegenen, tropischen Region für die Flüchtlinge kein »nationales Zuhause« bedeuten könne, sondern eher einen Ort des Schreckens und für den westeuropäischen Stadtmenschen einen Ort der Verbannung.[136]

In der »Übersicht« von Dr. Hirdt in der gleichen Ausgabe fällt folgende Stelle auf. »Bereits des öfteren hat dieses Blatt [gemeint ist *Das Schwarze Korps*, d. Verf.], das offizielle Organ der SS, Pläne dieser Art verlautbart, und wie es sich bisher noch stets erwiesen hat, sind die Ankündigungen in diesem Blatt für gewöhnlich in kurzer Zeit verwirklicht worden.« *Das Schwarze Korps* betrachtet die wirtschaftliche Vernichtung der Juden als ausgemacht und erörtert lediglich die Frage, was jetzt noch mit den Juden zu geschehen habe. Die erste Stufe sei deren Entfernung aus Wohnhäusern und Wohnvierteln und die Verpflichtung zum Tragen äußerer Kennzeichen wie des Judensterns. Anschließend folge völlige Verarmung und tiefstes Elend, wodurch die Juden ganz gemäß der ihnen im Blut liegenden Veranlagung in Kriminalität verfallen würden. »Im Stadium einer solchen Entwicklung«, so das SS-Blatt, »ständen wir [gemeint ist die deutsche Regierung, d. Verf.] vor der harten Notwendigkeit, die jüdische Unterwelt genauso auszurotten, wie wir in unserem Ordnungsstaat Verbrecher eben auszurotten pflegen: mit Feuer und Schwert. Das Ergebnis wäre das tatsächliche und endgültige Ende des Judentums in Deutschland, seine restlose Vernichtung.«[137]

Den verschiedenen Veröffentlichungen in der allgemeinen ebenso wie in der jüdischen Presse kann man entnehmen, daß die Niederlande über die Lage der Juden in Deutschland ausführlich auf dem laufenden gehalten worden sind. Der Schluß erscheint gerechtfertigt, daß bereits in den dreißiger Jahren der Ausrede, daß man nicht habe »wissen können«, der Boden entzogen war. Im nachfolgenden Kapitel wird sich zeigen, daß in jüdischen ebenso wie in nichtjüdischen Kreisen tatsächlich durchaus auf die Entwicklungen in Deutschland reagiert wurde.

IV
Aktionen der Bevölkerung und konkrete Unterstützung durch jüdische Hilfsorganisationen

Das europäische Judentum bestand um 1930 aus rund 9,8 Millionen Juden. Schätzungen zufolge lebten in Polen 3,3 Millionen, in Rußland 3 Millionen, in Deutschland 600000, in Österreich 191000, in Ungarn 444000, in Rumänien 728000, in der Tschechoslowakei 356000, in Frankreich 320000, in Litauen 155000 und in den Niederlanden 140000 Juden.

Bereits im Mittelalter gab es in den Niederlanden allerdings nur kleine jüdische Gemeinden. Diese waren vor allem in den damaligen Wirtschaftszentren, in den Südlichen Niederlanden sowie in Limburg, Gelderland und Overijssel, angesiedelt. Seit den Kreuzzügen war das Schicksal der Juden in den Niederlanden ebenso unsicher gewesen wie überall sonst. Erst nach 1579, als die toleranten Landesherren das Prinzip der Religionsfreiheit, wie dieses im Vertrag der Union von Utrecht festgelegt war, zur Norm erhoben, änderten sich die Verhältnisse. Die Verbindung von Religionsfreiheit und blühendem Handel – die tatsächlich untrennbar miteinander verbunden sind – übte eine große Anziehungskraft auf Ausländer aus, auch auf viele Juden.

Im 16. und 17. Jahrhundert kamen sie in drei Wellen in die holländischen Handelsprovinzen. Zunächst trafen gegen Ende des 16., Anfang des 17. Jahrhunderts die spanischen und portugiesischen Marranen ein, die im Lauf der Zeit ihr Scheinchristentum aufgaben und zum Judentum zurückkehrten. Diese Sephardim, die noch lange Spanisch oder Portugiesisch als Gemeinsprache verwendeten, waren vielfach begütert, gebildet und vereint in der »portugiesisch-jüdischen Nation«.

Ab 1615 traf, auf der Flucht vor den Pogromen im Rheinland, die

Welle hochdeutscher Juden und um 1650, auf der Flucht vor den Verfolgungen durch die Kosaken in Polen, jene der polnischen Juden ein. Gemeinsam bildeten sie den aschkenasischen Teil der jüdischen Bevölkerung. Die Aschkenasim unterschieden sich nicht nur äußerlich, sondern auch in soziokultureller Hinsicht von den Sephardim: Sie sprachen Jiddisch, waren wesentlich weniger gebildet und wesentlich weniger begütert. Die hochdeutschen und die polnischen Juden waren vereint in der »hochdeutschen Nation«.

Das höchste Maß an Toleranz wurde den Juden in der Provinz Holland zuteil, nachdem die Provinzialstaaten Hollands 1619 beschlossen, keine Judenordnung zu erlassen, und jede Stadt in ihrer Haltung gegenüber den Juden frei war. Die holländischen Landesherren erkannten eben, daß Toleranz dem Handel nur zugute kommen würde. Ab 1657 wurden die Juden von den Provinzialstaaten nach außen hin ausdrücklich als »Untertanen« dargestellt. Im Inland jedoch waren sie, wiewohl im Besitz der holländischen Bürgerrechte, von öffentlichen Ämtern ausgeschlossen. Bereits im 17. Jahrhundert findet man unter ihnen eine große Zahl von Ärzten, weil sie zwar als Arzt praktizieren durften, es ihnen aber zum Beispiel nicht erlaubt war, sich als Anwalt niederzulassen. In der Berufswahl waren den Juden ohnehin Grenzen gesetzt, weil sie nicht zu den Zünften zugelassen wurden. Berühmt wurden die jüdischen Buchdruckereien in Amsterdam und Den Haag. Ab Mitte des 18. Jahrhunderts beherrschten die Juden die Diamantindustrie und um 1700 den Effektenhandel. Vor allem die portugiesischen Juden haben der weiteren Entwicklung des Amsterdamer Welthandels nicht zuletzt durch ihre internationalen Verbindungen wichtige Impulse gegeben, während die deutschen und polnischen Juden sich ihren Lebensunterhalt eher im Kleinhandel auf Straße und Marktplatz verdienten.

Um 1750 war die Zahl der polnischen Juden dermaßen angewachsen, daß sie in den Armenvierteln um das Waterlooplein in Amsterdam ein Proletariat bildeten, das sich in der zweiten Hälfte des 18. Jahrhunderts sogar noch vergrößerte, weil die portugiesischen Juden infolge des damaligen wirtschaftlichen Niedergangs der Niederlande verarmten. Am 2. September 1796 wurde unter dem Einfluß der französischen Revolution die rechtliche Gleichstellung der Juden mit den niederländischen Bürgern Wirklichkeit und setzte die Emanzipation der Juden zu Staatsbürgern ein. An der Landespolitik hatten sie, im Unterschied zu Juden in anderen Ländern, keinen Anteil, wohl aber an der Stadtpolitik der Hauptstadt.[138] Zudem leisteten sie, unter anderem durch die Gründung einer Vielzahl von Betrieben, einen wichtigen Beitrag zum wirtschaftlichen Wiederaufstieg Amsterdams nach 1850, und auch in Kunst, Literatur und Presse fanden sie ihren Platz.

Obgleich die Assimilation stetig fortschritt, war man in den Niederlanden niemals ganz frei von Antisemitismus. Die protestantische wie die katholische Kirche waren durch antisemitische Traditionen belastet, trotzdem kamen aus den Reihen der fanatischsten Gläubigen einige der größten Helden des Widerstandes, die während des Krieges unter Einsatz ihres Lebens den Juden geholfen haben.

Um 1880 war wohl der protestantische Antisemit Bolland das lautstärkste Sprachrohr des Judenhasses, doch auch Colijns Vorgänger Kuyper schimpfte auf die Juden, die nach seiner Behauptung die liberale Presse beherrschten.[139] »Die Erwartungen zu Beginn des 19. Jahrhunderts«, so schreibt M. H. Gans in seinem *Memorboek*, »wonach dank einer besseren Bildung der Antisemitismus verschwinden würde, erwiesen sich bereits nach einem halben Jahrhundert und sicherlich nach 1933 als unerfüllbar. Es gab in den Niederlanden jede Menge Antisemitismus, dessen breites Spektrum von der Klage über ›jüdischen Einfluß‹ von seiten des Mannes mit zahlreichen jüdischen Freunden bis hin zu den Äußerungen von Hitler-Anhängern reichte. Die geistige Wehrhaftigkeit wurde arg bedrängt. Dem stand jedoch auch viel Positives gegenüber. Insgesamt betrachtet darf man, glaube ich, behaupten, daß es ohne die gewaltsame Unterdrückung während der Besatzung in den Niederlanden niemals zu signifikanter Diskriminierung gekommen wäre.«[140]

Die Niederlande waren in den dreißiger Jahren ein konservatives, sehr bürokratisches und ganz auf die eigene Nation und deren wirtschaftliche Probleme ausgerichtetes Land. Den Flüchtlingen aus Deutschland standen viele abweisend gegenüber. Man empfand sie als »fremd«, man ärgerte sich darüber, daß sie sich anders, »lauter«

verhielten und daß sie nicht die Landessprache sprachen. Die sogenannte »Verzuiling«, die starre Aufgliederung der Gesellschaft in weltanschauliche »Säulen«, hatte sie gespalten und ein Schubladendenken entstehen lassen, das das Alltagsleben prägte. Darüber hinaus wurde die Gesellschaft stark beeinflußt durch die Politik der Anti-Revolutionaire Partij, die in vier Regierungen Colijn der Landespolitik nachhaltig ihren Stempel aufdrückte.

Obgleich man wie sonst überall und zu allen Zeiten das Elend anderer schnell wieder vergaß, haben die Ereignisse des Jahres 1933 in Deutschland und vor allem die sogenannte »Reichskristallnacht« 1938 sehr wohl Proteste von seiten eines vielleicht nur vorübergehend, aber doch aufrichtig empörten niederländischen Volkes hervorgerufen.

»Es sei mir als niederländischem Staatsbürger gestattet, Ihre Majestät auf einen Wunsch aufmerksam zu machen, der (da bin ich mir sicher) in den Herzen Hunderttausender Ihrer Untertanen lebt, die sich tief und schmerzlich getroffen fühlen durch die grausame Verfolgung, denen die Juden im benachbarten Deutschen Reich ausgesetzt sind. Wir haben den Tageszeitungen in den letzten Monaten nicht viel anderes entnehmen können, als daß den Flüchtlingen, die von Deutschland aus Zuflucht auf unserem Boden suchen, von der niederländischen Regierung Steine in den Weg gelegt werden, und dies hat unzählige verwundert und verdrossen. Wir verstehen durchaus, daß es auch in den Niederlanden selbst Not zu lindern gibt und die finanzielle Lage unseres Volkes zu Vorsicht mahnt, doch es klafft ein Abgrund zwischen dem vergleichsweisen Wohlstand unseres Volkes und den glücklichen Umständen, unter denen es uns hierzulande zu leben gegönnt ist, und dem Elend, der schrecklichen Erniedrigung und den Ängsten, unter denen die deutschen Juden ihr Dasein fristen müssen.

Falls der Regierung Ihrer Majestät keine Möglichkeiten zu Gebote stehen, um in Zusammenarbeit mit den Regierungen anderer Staaten diesem Ausbruch von Rassenhaß Schranken aufzuerlegen, so mögen wenigstens unter Leitung Ihrer Majestät die Niederlande ihre Ostgrenze für die Flüchtlingsströme weit öffnen und möge die Regierung Ihrer Majestät den Auszug des jüdischen Volkes aus

Deutschland organisieren und fördern. Wenn demnächst Ihre Majestät gemeinsam mit dem König der Belgier vor dem Denkmal auf dem Amersfoorter Berg steht, wird Ihre Majestät sich an die Aufnahmebereitschaft Ihres Volkes erinnern, als seinerzeit die Bevölkerung des südlichen Nachbarlandes aus Furcht vor der deutschen Gewalt in seinem Land Zuflucht suchte. Sollte dieses Volk heute nicht wieder bereit und willens sein, den Flüchtling, seiner jahrhundertealten Tradition treu, aufzunehmen, unterzubringen, ihm eine Schlafstätte zuteil werden zu lassen und vor allem Sicherheit und Ehrfurcht vor seinem Unglück? Aus einer solchen Tat der Bruderliebe kann für die Niederlande kein Unheil erwachsen, unsere materielle Existenz wird dadurch nicht erschüttert, und die nötigen Opfer werden gerne gebracht werden. Wenn sie einmal hierzulande zur Ruhe gekommen sind, können mit den anderen Mächten, die guten Willens sind, Maßnahmen überlegt werden, um diesen gejagten, geknechteten Mitmenschen in einer neuen Welt mit mehr Platz und besseren Existenzmöglichkeiten als in unserem kleinen Vaterland zu einer neuen Heimat und einem menschenwürdigen Dasein zu verhelfen. Ihrer Majestät großzügigen Herzens Stimme wird bereits dahin gehend gesprochen haben, möge Ihre Majestät zudem auf Ihr Volk vertrauen, daß es bereit ist, diesbezüglich seine Christenpflicht zu erfüllen.«[141]

Dieser an Königin Wilhelmina gerichtete Brief einer Privatperson wurde am 14. November 1938, also praktisch unmittelbar nach der »Reichskristallnacht«, verfaßt. Ein solcher Aufschrei des Herzens aus dem Volk war kein Einzelfall. Bereits am 30. März 1933 wurde, wie bereits erwähnt, im RAI-Gebäude in Amsterdam eine riesige Protestversammlung abgehalten. Diese war zwar, wegen des für zwei Tage später angekündigten Boykotts jüdischer Geschäfte in Deutschland, im Alleingang vom Comité voor Bijzondere Joodse Belangen organisiert worden, doch fanden sich ebenso viele Nichtjuden im RAI-Gebäude ein. Auch die zionistische Propagandaveranstaltung am 4. April 1933 in den beiden großen sowie dem kleinen Saal des Bellevue-Theaters in Amsterdam war außergewöhnlich gut besucht. Dr. L. Lichtenstein, der die Versammlung leitete, stellte nach Angaben des *Centraal Blad* fest, daß »sich heute wieder mehr denn je zeigt, daß wir nicht in einem eigenen Land leben, daß wir lediglich Gastfreundschaft genießen«, so sehr identifizierte man sich bereits damals mit den Juden im sehr nahen Deutschland. »Endlich«, so wiederum das *Centraal Blad*, »wird der Masse [gemeint ist vor allem die Masse der assimilierten Juden, d. Verf.] aufgrund der traurigen Umstände bewußt, daß für die jüdische Sache gekämpft werden muß.«[142]

Im August 1933 wurde der Nederlandse Kunstenaars Kring (Niederländischer Künstlerverband) gebeten, Kunstwerke für eine Verlosung zugunsten der Flüchtlinge zur Verfügung zu stellen. Mehr als dreihundert Künstler leisteten diesem Aufruf Folge. »Diese überraschende Opferbereitschaft eines geschlossenen Kreises von Holländern und die Schreiben, die sie ihren Schenkungen vielfach beigaben, sind ein Gradmesser für die Sympathie unseres gesamten Volkes für die verfolgten Juden«, schrieb das *NIW* hoffnungsvoll.[143]

Am 3. Dezember 1935 folgte erneut eine nationale Spendenaktion auf Anregung des Nederlands Jeugdleiders Instituut (Niederländisches Jugendleiterinstitut).[144]

Und damit hatte es sich. Man ging allmählich davon aus, »daß es schon nicht so schlimm kommen wird«. Bis auf empörte Leserbriefe an die größeren Zeitungen über die verfehlte Regierungspolitik erwies sich das nationale Mitgefühl mit den nunmehr den Nürnberger Gesetzen unterworfenen deutschen Juden von kurzer Dauer.

Mahnende Schriften erschienen auch 1935, veröffentlicht von Komitees oder von individuellen Autoren wie dem Journalisten Aart den Doolaard mit seinen radikal antifaschistischen Kampfschriften.[145] So brachte das Comité voor Bijzondere Joodse Belangen 1935 eine Broschüre, *Stemmen van Nederlanders over de behandeling der Joden in Duitsland* (Niederländische Stimmen zur Behandlung der Juden in Deutschland), heraus, in der sich elf namhafte Wissenschaftler, Politiker und Geistliche wie T. Brandsma, P. S. Gerbrandy, G. W. Kernkamp, H. A. Poels und C. Snouck Hurgronje über den Antisemitismus unter den Nazis in Deutschland und die unmittelbar daraus resultierenden Judengesetze von Nürnberg äußerten.[146]

Darüber hinaus veröffentlichte das Comité voor Bijzondere

Joodse Belangen 1935 die Broschüre *De Duitse Jodenhaat in woord en beeld* (Der deutsche Judenhaß in Wort und Bild), eine überaus bemerkenswerte Publikation, die zeigt, wie gut man in den betreffenden Kreisen nicht nur darüber auf dem laufenden war, was sich tatsächlich im nationalsozialistischen Deutschland abspielte, sondern auch darüber, was in den Schriften und Reden der Nationalsozialisten über die Juden geäußert wurde: daß es das Ziel der Nazis war, die Juden auszurotten und endgültig zu vernichten.[147]

In den drei Jahren zwischen der Verabschiedung der Nürnberger Gesetze und der »Reichskristallnacht« kam der Protest in den Niederlanden hauptsächlich aus der intellektuellen Ecke, von Einzelpersonen wie Menno ter Braak, Aart den Doolaard und Jacques de Kadt. Eine Bündelung der Proteste kam zustande, wenn es um den Aufruf zur Wahrung der eigenen Demokratie ging, wie etwa 1937 bei der Volksbewegung Eenheid door Democratie (Einheit durch Demokratie), oder um eine Warnung vor dem Nationalsozialismus als System, wie 1936 im elitären Comité van Waakzaamheid van Nederlandse Intellectuelen (Komitee der Wachsamkeit niederländischer Intellektueller). Von einem kollektiven Druck auf die Regierung wegen deren hartherziger Behandlung deutscher Flüchtlinge konnte jedoch keine Rede sein. Es gab allerdings eine für die damalige Krisenzeit verhältnismäßig große Spendenbereitschaft, und der allgemeine Widerwille gegen die Nazis wurde stärker.

Als im Januar 1937 Prinzessin Juliana den Deutschen Bernhard von Lippe-Biesterfeld heiratete, gab es wegen Bernhards Nähe zum Nazionalsozialismus in seiner Jugend mehrere Zwischenfälle. An dem offiziellen Abend, mit dem die Stadt Den Haag das Brautpaar feierte, wurde im Anschluß an die Nationalhymne zu Ehren der deutschen Gäste plötzlich auch das »Märtyrerlied« der Nazis, das Horst-Wessel-Lied, zu Gehör gebracht. Nur wurde es nicht dirigiert von Peter van Anrooy, dem Dirigenten des Residentie Orkest, das dem Abend Glanz verlieh. Dieser weigerte sich nämlich, »ein Lied zu spielen, das nicht dem Volk gehört, sondern einer Partei, die zu den Tönen dieses Liedes Andersdenkende und Juden verfolgt und mißhandelt und die Freiheit des niederländischen Volkes bedroht«.[148]

Am 14. November 1938 wurde aus Anlaß der sogenannten »Reichskristallnacht« diesmal auf Initiative der Sozialdemokratischen Arbeiterpartei neuerlich eine Massenprotestversammlung, wieder im RAI-Gebäude in Amsterdam, abgehalten. Nicht einmal einen Monat später, am 3. Dezember 1938, folgte eine nationale Spendenaktion für die Flüchtlinge, die vom *NIW* als »eklatanter Erfolg« bezeichnet wurde.[149]

Ende November 1938 erschien *De gesloten grens* (Die geschlossene Grenze), eine Broschüre des Comité van Waakzaamheid van Nederlandse Intellectuelen. Unterschrieben war diese Broschüre von F. J. W. Drion, einem ehemaligen Angehörigen der Zweiten Kammer, dem Juristen Dr. G. J. van Heuven Goedhart, Chefredakteur des *Utrechtsch Nieuwsblad*, und dem Juristen G. C. M. van Nijnatten aus Nimwegen. Diese drei hatten auf Anregung des Comité van Waakzaamheid van Nederlandse Intellectuelen eine Kommission gebildet, um »die Praxis der Aufnahme und Abweisung deutschjüdischer Flüchtlinge durch die niederländischen Behörden« zu untersuchen. Obgleich der Kommission von seiten des Grenzschutzes vorgeworfen worden ist, sie habe ihre Informationen überwiegend vom Comité voor Joodse Vluchtelingen bezogen und diese nicht einmal bei den betreffenden Behörden überprüft – was übrigens gar nicht möglich war, weil die Behörden der Schweigepflicht unterlagen –, waren die in der Broschüre veröffentlichten Ergebnisse doch solcherart, daß man den Bericht in einer Reihe von Punkten zu entkräften versuchte, allerdings alles andere als überzeugend.[150]

In dieser wichtigen Broschüre wird der Regierung vorgeworfen, sie wolle den Anschein erwecken, als sei sie entgegenkommend, während sie in Wirklichkeit den Flüchtlingen rundheraus abweisend gegenübertrete. »Falls nicht von privater Seite hin und wieder interveniert würde, würden nach unserer festen Überzeugung alle, die nicht einen offiziellen Nachweis vorlegen können, wonach sie berechtigt sind, sich auf Dauer in einem anderen Land niederzulassen, zurückgeschickt, sogar wenn mit großer Wahrscheinlichkeit zu erwarten ist, daß sie sich infolgedessen in Lebensgefahr befinden werden oder, im günstigsten Fall, ohne Erwerbsmöglichkeit oder Unterkunft in Deutschland werden umherziehen müssen ...«

Hierfür werden einige schlagende Beispiele angeführt. »Einem Mann, der im Besitz eines Visums eines anderen Landes ist, für dieses Land aber nicht über eine gültige Aufenthaltsgenehmigung verfügt, wird die Einreise verwehrt. Nur durch beharrlichen Einsatz von privater Seite wurde schließlich doch noch eine Einreiseerlaubnis erwirkt.«[151] Zwei Jungen, deren Vater Selbstmord begangen hatte und deren Mutter sich in Berlin aufhielt, erreichten die Grenze, wo ein Brief eines in Den Haag lebenden Onkels im Zollamt bereitlag, in dem der Onkel sich bereit erklärte, sich der beiden Jungen anzunehmen. Diese wurden zunächst zurückgeschickt, doch dank privater Intervention konnte das betreffende Dokument ausfindig gemacht werden, woraufhin, wenn auch nur nach langwierigen Verhandlungen, eine Einreiseerlaubnis erwirkt wurde.«[152]

Doch nur wenige hatten dieses Glück. »Ein Mann, verlobt mit einer in England wohnhaften Frau, die für ihn ebendort bereits eine Stelle gefunden hatte, wurde trotz langwieriger Verhandlungen mit dem Justizministerium nach Deutschland ausgewiesen. Er hatte solche Angst vor dem Schicksal, das ihm dort drohte, daß er beim niederländischen Zollamt um einen Revolver nachsuchte, um sich umzubringen.«[153] »Ein betagter Rabbi, der zwar keine englische Aufenthaltserlaubnis vorweisen, aber doch durch Briefe glaubhaft machen konnte, daß er in England bei jüdischen Einrichtungen eine Arbeitsstelle würde finden können, und der außerdem bereits im Besitz eines ihm als Tschechen ausgestellten tschechischen Passes, einer Bahnfahrkarte nach Vlissingen und einer Fahrkarte für die Überfahrt mit dem Schiff bis London war, wurde ausgewiesen. Der Mann, der um zehn Uhr morgens mit dem Zug eingetroffen war, durfte auf niederländischem Boden nicht auf die telegraphisch angefragte Bestätigung seiner Aussicht auf eine Arbeitsstelle in England warten, sondern wurde nach einigen Stunden Aufenthalt unerbittlich über die Grenze abgeschoben. Bei seiner Ausweisung versicherte er unter Anrufung Gottes, daß die Rückkehr nach Deutschland für ihn den Tod bedeute. Über sein Schicksal ist uns nichts bekannt.« »Ein Mann in seinen Achtzigern, dessen Haus zerstört worden und der selbst schweren Mißhandlungen ausgesetzt gewesen war – man hatte ihn an einen Stuhl gefesselt, den Stuhl angezündet und, als die Flammen erloschen, mit einem Tischbein auf seinen Kopf eingeschlagen – konnte, obgleich ihm gestattet worden war, sich bei seinen in den Niederlanden wohnhaften Kinder niederzulassen, den Weisungen gemäß die Einreise nicht erlaubt werden, weil er keinen deutschen Paß und kein deutsches Führungszeugnis vorlegen konnte. Er hat sich tagelang in den Niederlanden verstecken müssen und konnte sich erst wieder zeigen, als es seinem niederländischen Anwalt gelungen war, die entsprechenden Papiere in Deutschland zu beschaffen.«[154] »Einem in den Niederlanden wohnhaften deutschen Juden, der in Deutschland arbeitet und der sich jede Woche von Freitagnachmittag bis Sonntagabend bei seiner Frau aufhält, in welcher Zeit sein Paß von den niederländischen Behörden in Verwahrung gehalten wird, wurde in den letzten Wochen die Einreise in die Niederlande verwehrt, weil die deutschen Behörden ihm den Paß entzogen haben ...« »Einem Mann, der schwer mißhandelt worden und, um sich weiterer Gefahr zu entziehen, 14 Tage lang zu Fuß durch Deutschland gewandert war, wurde die Einreise verwehrt, weil er für die ihm zugefügten Verletzungen keinen Beweis erbringen konnte ...« »Eine ›Staatenlose‹, das heißt eine Jüdin, die nach 12tägiger Fußwanderung mehr tot als lebendig die niederländische Grenze erreichte, wurde umgehend wieder ausgewiesen ...«[155] »Eine Frau, die sich aus Furcht vor Verhaftung und Mißhandlung nicht traute, an ihrem deutschen Wohnort zum englischen Konsulat zu gehen – ihr Mann hält sich in London auf –, und die deshalb nicht die erforderlichen Papiere vorweisen konnte, wurde umgehend zurückgeschickt ...« »Einem jüdischen Waisenjungen, für den eine in den Niederlanden lebende Tante zu bürgen bereit war – das Waisenhaus wurde während der jüngsten antijüdischen Ausschreitungen zerstört –, wurde die Einreise verwehrt.«[156]

Dies ist nur eine Auswahl aus den zahlreichen Beispielen, die die Kommission in ihrem Bericht anführt. Gemäß den Anweisungen der Regierung wurde im Falle einer Ausweisung ein Vermerk in den Paß aufgenommen, daß der Person, auf die der Paß ausgestellt war, die Einreise in die Niederlande verwehrt worden war, wodurch einem zweiten Versuch zur Ausreise über die Niederlande von vornherein ein Riegel vorgeschoben wurde. Mit einzelnen Ausnahmen wurde jeder, der ausgewiesen wurde, den deutschen Behörden übergeben. Flüchtlingen wurde die Einreise in die Niederlande verwehrt, weil ihr Paß kein ›J‹ aufwies. Kurzum, die niederländische Regierung war nur allzu eifrig bemüht, es dem »befreundeten Staatsoberhaupt« recht zu machen – auch nachdem kurz vorher die »Reichskristallnacht« im ganzen Land auf Befremden gestoßen war.

Die Broschüre der Untersuchungskommission des Comité van Waakzaamheid legt wiederum unwillkürlich den Gedanken an eine Zusammenarbeit mit den Deutschen noch vor der Besatzung nahe, sofern es die Juden betraf. Tief empört registriert die Kommission die Tatsache, daß wer den Flüchtlingen helfen wolle, bestraft werde. Jeder, der einem Flüchtling Unterkunft gewähre und dies nicht innerhalb von 24 Stunden den Behörden melde, werde mit einem Bußgeld belegt oder, schlimmer noch, zu einer Haftstrafe verurteilt. »Im sogenannten Überwachungsgebiet wird ihnen [den Hilfsbereiten, d. Verf.] mehrmals angekündigt, daß sie mit Ausweisung zu rechnen hätten, falls sie sogenannte illegal eingereiste Flüchtlinge mit Nahrung versehen oder ihnen Unterkunft, und sei es nur für einige Stunden, gewährten – auch dann, wenn es sich bei denen, die der Stimme des Herzens folgen, um eingesessene niederländische Bürger handelt«, so der Untersuchungsbericht der Dreierkommission. Dem wurde von dem bereits erwähnten Gegenbericht der Verantwortlichen des Grenzschutzes nicht widersprochen.

Die Kommission schließt ihren Bericht mit dem Vorschlag, entlang der Grenze Baracken zu errichten, in denen man sich zumindest einige Tage unter Aufsicht aufhalten könne. Dadurch ließe sich manches Leid verhindern, das den Flüchtlingen widerfahre, denen etwa mangels ausreichender Papiere die Einreise verwehrt werde. Auf diese Weise könne durch die Hilfskomitees in Zusammenarbeit mit den örtlichen Behörden eine unparteiische Untersuchung durchgeführt werden.[157] Über irgendeine Reaktion auf diesen Vorschlag in Regierungs- oder Parlamentskreisen ist nichts bekannt.

1939 erschien der von dem Philosophen H. J. Pos herausgegebene Sammelband *Antisemitisme en Jodendom* (Antisemitismus und Judentum) mit Studien zu der aktuellen Problematik. In dieser für eine, wie es in der Einleitung heißt, möglichst breite Leserschicht bestimmten

Publikation wird im letzten Kapitel für die Aufnahme deutscher Flüchtlinge gerade aus wirtschaftlichen Gründen plädiert.[158] Im übrigen befaßt sich der bemerkenswerte Band hauptsächlich mit dem Phänomen des Antisemitismus in den Niederlanden.

Im Mai 1939 wurde, wiederum von den Zionisten, eine Protestversammlung in Amsterdam organisiert. J. E. Stokvis, Mitglied der Zweiten Kammer, erinnerte seine Zuhörerschaft an das unermeßliche Leid der Flüchtlinge sowie an die Tatsache, daß in Deutschland innerhalb von fünf Monaten bereits siebentausend Personen Selbstmord begangen hätten. Des weiteren machte er darauf aufmerksam, daß ein für fünfzehn Jahre geplantes Zentrallager auf der Drenter Heide errichtet werden solle, wo die Flüchtlinge vier Kilometer von der bewohnten Welt, sprich Assen, entfernt wären. Wie Stokvis hinzufügte, hatte die Regierung als äußerste Konzession an die Flüchtlinge erlaubt, daß Kinder unter dreizehn Jahren nicht in diesem Lager, sondern bei Familien untergebracht werden würden. Entsprechend schloß er mit der Bemerkung, daß er sich in der Zweiten Kammer »auf die Seite der Gegner des Lagers Westerbork gestellt« habe.[159]

Ebenfalls 1939 erschienen zudem sechs Broschüren unter dem Titel *De Blaasbalg* (Der Blasebalg), herausgegeben von der Stiftung Weest op Uw Hoede (Seid auf der Hut), die sich vorgenommen hatte, auf breiter Ebene das Volk vor Antisemitismus, Nationalsozialismus und Faschismus zu warnen. Darüber hinaus wollte die Stiftung der Gefahr entgegentreten, die von der NSB in der niederländischen Politik ausging, und schließlich war die Stiftung bestrebt, das Volk dazu zu bewegen, demokratisch zu wählen. Diese Broschüren erschienen in einer Auflage von einer Million Exemplare und wurden an alle Haushalte verteilt.

Anfang 1940 erschien unter anderem das Büchlein *Millioenenleed. De tragedie der Joodse vluchtelingen* (Das Leid von Millionen. Die Tragödie der jüdischen Flüchtlinge) von Albert Helman mit einem Vorwort von David Cohen. Das Bändchen sollte zu weiterer finanzieller Unterstützung für das Flüchtlingskomitee anregen, denn »dies ist, was Zehntausende berührt hat, tatsächlich das Leid von Millionen. Es trifft die Millionen von Juden auf dieser Welt, und auch Millionen von Nichtjuden, die angewidert zurückschrecken vor dem Anschlag, der auf die allerelementarste Menschlichkeit verübt worden ist«.[160]

1933, 1935, 1938 ... In den Niederlanden ist über die Ereignisse dieser Jahre in Deutschland viel geschrieben worden, getan wurde jedoch nur wenig. Freilich konnte man gar nicht viel tun angesichts einer Regierung, die im Grunde keinem zuhörte, wenn es um dieses Problem ging, und die in bezug auf die Flüchtlinge ihre eigenen »Gesetze« machte. Zudem wandte man sich bald wieder der eigenen Realität zu, zumal jede Vorbildfunktion von höherer Stelle ausblieb und man in seinen eigenen Bemühungen, die Not zu lindern, wenn nicht bestraft, so doch ständig entmutigt wurde und auf Widerstand stieß. »Was wir der Regierung in der vergangenen Woche vorwerfen«, schreibt der Vorsitzende der Liberale Staatspartij, B. M. Telders, in einem Artikel in der Monatsschrift *De Gids*, »ist weder ihre mangelhafte Befähigung noch herzlose Teilnahmslosigkeit, sondern die übertriebene Angst vor den Folgen eigener Menschenfreundlichkeit – Bürokratie, wo Spontaneität, Federfuchservorsicht, wo Großmut angebracht gewesen wäre. Was wir ihr schließlich zutiefst übelnehmen, ist, daß sie uns daran gehindert hat, dem Drang unseres Mitgefühls nachzugeben, und uns gezwungen hat, weiterhin tatenlos zuzusehen, während wir darauf brannten, geben und tätig werden zu können. Auf diese Weise sittlich hinter dem eigenen Volk zurückgeblieben zu sein ist für eine Regierung, die dem Volk in Sittlichkeit voranzugehen hat, ein schwerer Vorwurf, vielleicht der schwerste Vorwurf, der sie treffen kann ...«[161]

Natürlich, man hat alles durchaus gewußt, auch später, man ging nur einfach darüber hinweg, hauptsächlich aus Gleichgültigkeit, aus einem Nichtwissenwollen, und deshalb konnte man es auch wieder vergessen. Wer nicht vergessen konnte und von der ersten Stunde an Stellung bezogen hat, wer als einziger über die gesamten dreißiger Jahre hinweg, jedweder Wirtschaftskrise zum Trotz, im Vergleich ungeheure Geldsummen gespendet und konkrete Unterstützung gewährt hat, waren die jüdischen Hilfsorganisationen.

»Als sich am letzten Dienstag«, so schreibt das *NIW* sechs Tage nach dem Judenboykott Anfang April 1933, »abzeichnete, daß sich zahlreiche jüdische Flüchtlinge in die Niederlande absetzen würden, fand eine Konferenz statt unter Beteiligung der Herren A. Asscher und Prof. D. Cohen, R. H. Eitje, A. Hertzberger und A. Maykels, bei der das Comité voor Joodse Vluchtelingen ins Leben gerufen wurde. Dieses Komitee setzt sich zusammen aus A. Hertzberger, dem Vorsitzenden, Prof. D. Cohen, dem Sekretär, A. Maykels, dem Schatzmeister, Dr. A. van Raalte, R. H. Eitje und den Damen G. van Thijn-Cohen und De Winter-Italie. Bereits am nächsten Tag kamen die ersten Flüchtlinge ins Land. Herr Hertzberger stellte seine Büroräume an der Prins Hendrikkade 141 zur Verfügung, wo man sich sogleich an die Arbeit machte, um den Flüchtlingen Unterkunft und Nahrung zu verschaffen. Das Komitee hält sich aus jeder Politik heraus; es leistet nur Hilfe, wo es Hilfe zu leisten gibt. Für jeden Eintreffenden wird für Unterkunft und Nahrung gesorgt. Auch denen, die imstande sind, sich hier auf eigene Kosten Wohnraum und Unterkunft zu verschaffen, wird mit Rat in Paßangelegenheiten und dergleichen mehr zur Seite gestanden.«[162]

Bereits am 21. März 1933 wurde das Comité voor Bijzondere Joodse Belangen gegründet, das später in eine Stiftung umgewandelt werden sollte. Als Unterabteilungen dieser Organisation gab es ein Komitee für Jüdische Flüchtlinge, eine Finanzkommission, eine Pressekommission sowie eine Wirtschaftskommission, die sich aus Kaufleuten und Industriellen zusammensetzte.[163]

Während in den Niederlanden insgesamt sehr lau auf die Nürnberger Gesetze vom 15. September 1935 reagiert wurde, veröffentlichte das Comité voor Bijzondere Joodse Belangen ein flammendes Manifest gegen »die dabei gegen die Juden ausgesprochenen beleidigenden Worte und Bezichtigungen«.

Das Manifest schloß mit folgenden Worten: »Die nun bereits seit langem andauernde Schmach, zu der jetzt die neuerliche Erniedrigung durch die Judengesetze hinzukommt, ist dabei, den deutschen Juden das Leben unerträglich zu machen.«[164]

Der führende Kopf des Comité voor Bijzondere Joodse Belangen war ohne Zweifel David Cohen, Professor für Altphilologie an der Gemeente-Universiteit von Amsterdam. »Mein ganzes bewußtes Leben lang«, so schreibt Cohen zehn Jahre nach dem Krieg in seinen teils historiographischen, teils apologetischen Erinnerungen *Zwervend en Dolend* (Umherstreifend und herumirrend), »habe ich das jüdische Leid aus der Nähe als Augenzeuge erlebt. In meiner Jugend sah ich in meinem Geburtsort Deventer jeden Tag die Züge mit Emigranten vorüberfahren, die aus Rußland, aus Polen, aus Rumänien kommend eine neue Heimat in Übersee suchten. Während und nach dem Ersten Weltkrieg kamen die jüdischen Flüchtlinge aus Belgien und aus den Ländern des Ostens in dieses gastfreie Land. Zwischen 1933 und 1940 trieb barbarische Tyrannei Tausende von Juden aus Deutschland, aus Österreich über diese Grenzen, die eine sichere Zuflucht zu bieten schienen. Und im Zweiten Weltkrieg sah ich erneut Züge vorüberfahren, ... nun aber in entgegengesetzte Richtung, von West nach Ost, nicht der Hoffnung, sondern der Sklaverei und schließlich dem Untergang entgegen.« So beginnt David Cohens Schilderung der Hilfe, die seit 1933 deutschjüdischen Flüchtlingen gewährt wurde.[165]

Daran zeigt sich, daß man in jüdischen Kreisen in den Niederlanden seit dem letzten Viertel des 19. Jahrhunderts mit den Problemen der jüdischen Flüchtlinge durchaus vertraut war und deshalb ahnte, was Hitlers Machtergreifung 1933 bedeutete, so daß man sich, noch bevor der erste Flüchtling ins Land kam, bereits tatkräftig organisiert hatte. Die niederländische Regierung hingegen hat sich während der dreißiger Jahre weder finanziell noch menschlich viel um die Flüchtlinge jüdischer Herkunft gekümmert. Sie tat dies im übrigen ebensowenig in der Zeit davor, noch scherte sie sich nach 1945 um den jüdischen Teil des niederländischen Volkes.

Es ist beschämend festzustellen, doch der sehr geringe jüdische Teil des niederländischen Volkes, der aus den Konzentrationslagern zurückkehrte, wurde nicht etwa von einer schuldbewußten niederländischen Regierung aufgenommen, sondern ihm mußte von dem in Amerika beheimateten Jewish Joint Distribution Committee auf die Beine geholfen werden.

Nicht nur die jüdischen Flüchtlinge haben ihre Vorgeschichte, sondern auch das Comité voor Bijzondere Joodse Belangen.

1881/82 fand das berüchtigte große Pogrom in Rußland statt, in den Jahren 1903, 1905 und erneut 1920 ergriff man massenhaft die Flucht vor dem virulenten Antisemitismus namentlich in Rußland und Rumänien. Rotterdam fungierte damals als Transithafen für die Flüchtlinge. Bereits von der Mitte des 19. Jahrhunderts an schifften sich Gruppen deutscher Juden nach Amerika ein, der Neuen Welt entgegen. 1883 wurde in den Niederlanden von A.D. Lutominsky unter dem Namen Montefiore die erste Vereinigung gegründet, die sich der Interessen von Auswanderern aus Rußland annehmen sollte. Diese Vereinigung verfügte in Rotterdam über ein sehr großes Haus, in dem Tausenden von Flüchtlingen, allein im Jahr 1891 vierzehnhundert Auswanderern, vorübergehend Unterkunft geboten wurde. Montefiore wurde finanziell hauptsächlich von der in Paris ansässigen JCA, der mächtigen Jewish Colonization Association, getragen, die 1891 von Baron Maurice de Hirsch mit eigenen Mitteln zur Förderung der Auswanderung und anderweitigen Niederlassung der durchreisenden Flüchtlinge ins Leben gerufen worden war. Ab 1914 kam daneben auch Unterstützung von seiten des American Jewish Joint Distribution Committee oder Joint, wie es kurz genannt wurde. Im Jahr 1903 wurde, wieder im Anschluß an Verfolgungen in Rußland, in Amsterdam der Verein Hachosas Ourchim gegründet, um Auswanderern in Amsterdam Hilfe zu leisten. Auch dieser jüdische Hilfsverein verfügte über ein großes Haus, in dem Flüchtlingen vorübergehend Unterkunft gewährt wurde.

Organisierte Auswanderung erfordert Sachverstand und Erfahrung. Die beiden jüdischen Hilfsorganisationen in Amsterdam und Rotterdam standen daher in ständiger Verbindung mit dem Netz jüdischer Komitees und Organisationen, das sich über Deutschland, England, Frankreich bis hin nach Leningrad erstreckte. Bereits 1906 reiste Cohen als Beauftragter nach London, um die Kontakte zu intensivieren. Um 1903 hatte der damals 21jährige Cohen zusammen mit H. Gelder in seinem Wohnort Deventer ein Komitee gegründet, um den Auswanderern auf ihrer Durchreise am dortigen Bahnhof Hilfe zu leisten. Ebenfalls 1903 entstand auf Initiative von zwei Herren aus Oldenzaal, einer Person aus Amersfoort und wiederum David Cohen der, wie es später heißen sollte, Grenzverein für Emigranten. Ziel dieses Grenzvereins war es, den Auswanderern, die nicht über Fahrkarten für die Überfahrt mit dem Schiff verfügten oder die sich nicht ausreichend ausweisen konnten, weiterzuhelfen. Durch »Verhandlungen mit den niederländischen Behörden und den großen Organisationen konnte daraufhin in sehr vielen Fällen eine Rückführung nach Deutschland und von dort in den Osten vermieden werden«, erinnerte sich Cohen später. »Wie oft haben wir, in stundenlangen Gesprächen, in Oldenzaal wie auch in Zevenaar, wo der treffliche Vorgänger der jüdischen Gemeinde, M. Petzon, sich mit Herz und Hand dieser Arbeit widmete, Möglichkeiten erörtert, um, wie es das alte Wort sagt, eine Seele in Israel zu retten. Und wie sonderbar zugleich ist das menschliche Schicksal. Jene, die wir bedauerten, sind der Freiheit entgegengegangen und dem Leben, während von denen, die ihnen den Kelch des Erbarmens zu reichen versuchten, Zahllosen der Tod bereitet worden ist von dem Feind, dem die anderen entkommen sind.«[166]

Im Jahr 1898 fand in Basel der erste Zionistenkongreß statt. Einer der Teilnehmer war J.H. Kann, ein schwerreicher Bankier aus Den Haag, der dermaßen in den Bann der »Judenfrage« geriet, daß er die Initiative zur Gründung des Nederlandse Zionisten Bond ergriff.

Cohen war aufgrund seines Engagements für die Flüchtlinge und seiner Kenntnis ihrer Geschichte und Umstände sogleich für den Zionismus gewonnen. Da die Juden in einem Land, in dem sie eine Minderheit bildeten, immer der Willkür der Machthaber ausgesetzt sein würden, sei es geboten, ein eigenes Land – Palästina, das Land der Herkunft – zu besiedeln und dort eine Mehrheit zu bilden, die ihre eigenen Angelegenheiten regelte. »Wir führten eine intensive Propaganda für unsere Ideen«, schreibt Cohen in seinen Erinnerungen über diese Zeit, »außerhalb Amsterdam, was die Zahl der Anhänger betrifft, mit mehr Erfolg als in der Hauptstadt selbst, wo ein großer Teil der Bevölkerung dem Sozialismus anhing, der damals noch nicht den Weg zum Zionismus gefunden hatte.«[167] Die international orientierten Sozialisten konnten sich nicht für den nationalistischen Gedanken erwärmen, der den Kern des Zionismus bildet. Doch auch unter den Zionisten gingen die Bestrebungen auseinander. Es gab Zionisten, die sich ausschließlich auf Palästina konzentrierten, und Zionisten, die sich, solange eine Rückkehr nach Palästina nicht möglich war, den Problemen um den vorübergehenden Aufenthalt jüdischer Flüchtlinge widmeten. Zu letzterer Kategorie der sogenannten »Salonzionisten« gehörte Cohen. Aufgrund der ständigen politischen Verschiebungen in Osteuropa strömten in jenen Jahren unablässig Flüchtlinge auf dem Weg vor allem nach Nord- und Südamerika ins Land. Für diejenigen, die nicht weiterkamen als in die Niederlande, versuchten Mitglieder der bereits erwähnten Organisationen Montefiore, Hachosas Ourchim, des Grenzvereins und des Centraal Bureau der Joodse Transmigrantenvereinigingen in Nederland über dreierlei Komitees die Not zu lindern. Bereits damals zeigte sich die niederländische Regierung hartherzig. Mit dem Argument, daß man unliebsame Elemente – politisch links Gerichtete – zu befürchten habe, gründete sie Anfang des 20. Jahrhunderts ein eigenes Büro, das Einreise und Aufenthalt regelte und zahlreiche Flüchtlinge in Harderwijk internierte.

Im August 1914 lagen bereits die Pläne für das Haagse Vluchtelingencomité (Haager Flüchtlingskomitee) vor, das den zahlreichen aus Antwerpen stammenden Juden Hilfe leisten sollte, die ihre Ferien in Scheveningen verbrachten und, vom Ersten Weltkrieg überrascht, nicht mehr nach Belgien heimkehren konnten. Neben einem Zuschuß vom Belgischen Komitee und der ständigen Unterstützung des amerikanischen Joint versorgte das Haager Flüchtlingskomitee außer den Antwerpener Juden auch russische und österreichische Juden aus Deutschland. Nach dem Krieg folgte ein Strom österreichischer Kinder, die zur Erholung in die Niederlande kamen. Als aus Wien die Bitte kam, auch jüdische Kinder aufzufangen, zögerte das damalige Mitglied des Obersten Gerichtshofes L. E. Visser, der selber Jude war, keine Sekunde und rief ein nationales Komitee ins Leben.[168]

An all diesen Kommissionen, Vereinigungen und anderen Hilfsorganisationen war David Cohen auf die eine oder andere Art und Weise beteiligt. Des weiteren unterhielt er zahlreiche Kontakte zum

Ausland, besuchte internationale Konferenzen und Versammlungen von Weltverbänden und war, zumal 1933, einer der bestinformierten und prominentesten jüdischen Führer in den Niederlanden.

Als die ersten jüdischen Flüchtlinge aus Deutschland 1933 die Grenze erreichten, blickten die jüdischen Organisationen bereits auf ein halbes Jahrhundert Erfahrung mit den Problemen und organisatorischen Fragen in Zusammenhang mit Flüchtlingen zurück.

Das Comité voor Bijzondere Joodse Belangen, auf Initiative der israelitischen Gemeinden gegründet, gab der niederländischen Regierung drei Garantien. Erstens, daß die jüdischen Flüchtlinge aus Deutschland dem niederländischen Staat keine Unkosten verursachen würden, wofür die jüdischen Hilfsorganisationen bürgten. Zweitens vertrat das Comité die Ansicht, daß die Flüchtlinge das Wirtschaftsleben nicht belasten, sondern diesem vielmehr durch die Verlagerung ihrer Geschäfte in die Niederlande neue Impulse geben würden. Drittens versprach man, daß man alles in seiner Macht Stehende tun würde, um die Flüchtlinge zur Emigration zu bewegen, und daß auch die damit verbundenen Kosten von jüdischen Organisationen getragen werden würden, ebenso wie die Fürsorge für die Bedürftigen unter den Flüchtlingen. Diese drei Garantien hat das Comité voor Bijzondere Joodse Belangen voll und ganz eingehalten.

Der Löwenanteil der finanziellen Hilfe kam von nichtjüdischen Privatpersonen und von Juden in England in Amerika. »Nur wenige vertraten öffentlich die Auffassung«, erinnert sich M. H. Gans in seinem *Memorboek*, »daß die Tatsache, daß die jüdischen Organisationen für die Kosten für den Aufenthalt der Flüchtlinge zu bürgen hatten, eine diskriminierende Maßnahme darstellte. Die Juden in den Niederlanden waren nach dem Gesetz nur Juden als Mitglieder einer Glaubensgemeinschaft. Die Flüchtlinge kamen jedoch nicht wegen ihrer religiösen Gesinnung, sondern als Verfolgte aufgrund ihrer ›Rasse‹. Es gab für eine Regierung, die nichts von Rassenunterschieden wissen wollte, keinen einzigen vertretbaren Grund, um für die ihrer Rasse wegen Verfolgten gerade von den Niederländern, die der jüdischen Glaubensgemeinschaft angehörten, eine solche Garantie als Bedingung für die Einreise zu verlangen.«[169]

Die Regierung forderte als Bürgschaft für die Einrichtung von Flüchtlingslagern 1938 eine Million Gulden von den jüdischen Organisationen, und auch das 1939 eingerichtete Zentrallager in Westerbork wurde von Juden finanziert.

Entsprechend findet man die gesamten dreißiger Jahre hindurch, insbesondere in der jüdischen Presse, immer wieder Aufrufe zur finanziellen Unterstützung des Noodfonds und zur Hilfe für jüdische Flüchtlinge aus Deutschland. Im Jahr 1935 gab das Comité voor Bijzondere Joodse Belangen zusammen mit dem Comité voor Joodse Vluchtelingen eine kurze Bestandsaufnahme ihrer Tätigkeit seit Mai 1933 heraus. Verfasser des Berichtes war David Cohen.

Dieser Bericht zeugt von den ungeheuren Problemen, die es bereitete, Menschen aufzufangen, unterzubringen, zu versorgen und zur Emigration zu bewegen. Zur Illustration seien einige Stellen aus dem Bericht angeführt: »Die jüdische Gemeinschaft in den Niederlanden hat sich von Anbeginn an verpflichtet gefühlt, zu verhindern, daß die Belastungen, die Deutschland durch seine politischen Maßnahmen auf die benachbarten Länder abgewälzt hat, nicht zu Lasten des niederländischen Staates gehen würden, sondern diese auf ihre eigenen Schultern zu nehmen. Sie hat dieser Aufgabe bislang dank der Mithilfe vieler nachkommen können. Die bedürftigen deutschen Juden sind der Gemeinschaft nicht zur Last geworden. Seit Mai 1933 hat unser Flüchtlingskomitee 5430 Fälle bearbeitet. Im Rahmen dessen haben wir in Zusammenarbeit mit den verschiedenen jüdischen Organisationen in anderen Ländern für ungefähr 2200 Personen in verschiedenen Ländern – hauptsächlich in Übersee wie Palästina, Brasilien, Südamerika, Südafrika und anderswo – eine neue Heimat gefunden.«[170]

»Für jene, die nicht emigrieren konnten, mußte das Komitee eine andere Lösung finden. Etwa 1000 Personen, für die dies – auf Erkundigungen unseres Komitees hin – nach einiger Zeit ohne Gefahr möglich war, sind nach Deutschland zurückgekehrt. Dieser Weg ist heute so gut wie ausgeschlossen, weil die deutsche Polizei zurückkehrende Flüchtlinge festnimmt und in sogenannte ›Schulungslager‹ (in den Konzentrationslagern) schickt. Es spricht für sich, daß unser Komitee niemanden diesem Schicksal aussetzen kann. ... Andere fanden einen Platz in diesem Arbeitsdorf im Wieringermeerpolder, wieder andere kamen bei Bauern unter, um sich auf die Arbeit in Palästina und anderen Ländern vorzubereiten. Nur ein geringer Teil der Unterstützten ließ sich hier nieder, da unser Komitee stets den Standpunkt vertreten hat, daß den Niederlanden durch die Flüchtlinge kein Schaden, sondern nur Vorteile erwachsen sollten. Im großen und ganzen sind lediglich jene hier geblieben, die über eigene Mittel verfügten, sowie jene, die über besondere Fähigkeiten verfügten und deren Aufenthalt aufgrund dessen der Gemeinschaft zugute kam. Ein besonders schwieriges Problem stellten und stellen die Intellektuellen, die Hochschulabsolventen und die Examenskandidaten dar, die keine Arbeit mehr finden konnten und an den Rand der Verzweiflung gebracht werden. Für sie wurde ein eigenes Komitee gegründet, daß nahezu tausend Fälle bearbeitet und hfl. 40000,– für Stipendien aufgewendet hat. Eines der betrüblichsten Symptome der jüdischen Not bildet dieser Personenkreis.[171] ... Außenstehende können sich kaum ein Bild von dem materiellen und moralischen Elend machen, unter dem diese Menschen stöhnen. Sie bilden eine Gruppe von Verfolgten und Ausgestoßenen, die die Zivilisation der Welt bislang erspart zu haben schien. ... Sie zählen zu der Art von Flüchtlingen, die dem Komitee große Sorgen bereiten. Die meisten von ihnen (wie auch andere, die sich in der gleichen Situation befinden: Journalisten, Künstler, Beamte, Bedienstete) sind vielfach nicht mehr jung, aber noch voller Arbeitslust, voller Drang, Arbeit zu finden; doch keiner will sie beschäftigen, ja in den meisten Fällen ist es ihnen nicht erlaubt, Arbeit zu suchen. Emigration kommt für sie in der Regel nicht in Frage, weil sie nicht in einem Beruf geschult sind, der ihnen in Übersee zu Arbeit verhelfen könnte. ... Keiner außer ihnen selbst und dem Flüchtlingskomitee interessiert sich für ihr Schicksal. Es ist nicht zuletzt ihretwegen, daß wir an das Interesse der Allgemeinheit appellieren. ... Es kann angesichts all dessen nicht verwundern, daß wir in den vergangenen zwei Jahren eine Gesamtsumme von einer Million Gulden (davon einen Großteil für Soforthilfe, einen weiteren – ebenfalls sehr großen – Teil für Reisekosten und gezielte Berufsausbildung) haben ausgeben müssen.«[172]

Auf diese Gruppe von Emigranten, die Cohen in seinem Bericht erwähnt – die sich damals bereits seit zwei Jahren in den Niederlanden aufhaltenden deutschen Schriftsteller, Maler und anderen künstlerisch tätigen Flüchtlinge – sei an dieser Stelle ein wenig näher eingegangen, und zwar insbesondere auf die Gruppe deutscher Schriftsteller. Sie waren im Laufe des Jahres 1933 aus Deutschland geflohen, unter anderem um sich nicht der Reichskulturkammer unterwerfen und ihre Kunst in den Dienst der nationalsozialistischen Propaganda stellen zu müssen. Vor allem prominente Romanschriftsteller kamen nach den Bücherverbrennungen am 13. Mai 1933 in die Niederlande.

Die Bücher, Erzählungen, Essays und historischen Romane, die nicht nur das Schicksal des Flüchtlings thematisieren, sondern auch unverhohlene Kritik an den Nazis üben, sollten eine eigene Literaturgattung, die sogenannte »Exilliteratur« bilden, die teilweise in den Niederlanden entstand.

Wenn es in den Niederlanden jemals eine Tradition der Toleranz gegeben hat, dann drückte sie sich vor allem in der Pressefreiheit aus. Bereits zu Zeiten der Republik der Sieben Vereinigten Niederlande herrschte hier, trotz einer milden Zensur, im Vergleich zum Ausland große Freiheit. Dies zog viele berühmte Autoren aus dem Ausland an, die in den Niederlanden im Druck erscheinen lassen konnten, wofür sie anderswo verfolgt worden wären. Bereits im 17. Jahrhundert waren – neben anderen – die hebräischen Verlage in Amsterdam weltberühmt. Bedeutende Schriftsteller wurden dort von portugiesischen Juden in Spanisch und Hebräisch verlegt.

1933 waren es die Verlage Emanuel Querido und Allert de Lange, die den Anstoß zur »Immigrantenliteratur« gaben, indem sie Mitarbeiter und Autoren aus dem »gleichgeschalteten« Programm des Verlages Gustav Kiepenheuer in Berlin anzogen. Nach dem »Anschluß« Österreichs fanden zudem österreichische Schriftsteller Aufnahme in das Programm der beiden Amsterdamer Verlage.

»Da hatte man nun also endlich richtige Juden«, erinnert sich M.H. Gans. »Überdies brachten diese Leute etwas mit von dem Geist eines großen Landes. Wir sahen ehrfürchtigst zu ihnen hinauf.

Gegenüber Leuten, die mit Goethe und Schiller aufgewachsen waren und die zudem vielfach etwas von der Ironie Heines mitbrachten, kamen wir uns eher wie Bauern vor. Der Flüchtling Leo Strauss trug an Schulen Schiller vor und erzählte dazu, daß dieser für jedes Volk ein Stück geschrieben hätte: *Don Carlos* für die Spanier, *Maria Stuart* für die Engländer, *Oxenstierna* für die Schweden und *Abfall der Niederlande* für die Niederlande. Und für die Deutschen ...? *Die Räuber*. Die Immigrantenliteratur (Feuchtwanger, Thomas Mann, Arnold und Stefan Zweig usw.), die wir dank Verleger wie Emanuel Querido und Allert de Lange kennenlernten, hätte nicht einen derart großen Anklang finden können, wenn wir in den Niederlanden nicht Hochachtung vor dieser deutschen Kultur empfunden hätten. Diese deutsche Kultur, die sich in unseren Augen für immer kompromittierte, indem sie eben Leute wie diese verstieß.«[173]

Einer, der von Anfang an die Bedeutung dieser Literatur erkannte, war der niederländische Dichter Menno ter Braak. Als Rezensent reizte ihn vor allem die Verbindung von Politik und Ästhetik, die seiner Ansicht nach in den Werken der Exilschriftsteller zur Entstehung einer neuen literarischen Gattung führte.

Wie schon im 16. Jahrhundert jedoch war die Pressefreiheit nicht unbegrenzt, schließlich mußte Rücksicht auf das »befreundete Staatsoberhaupt« genommen werden. Und auch wenn es offiziell keine Zensur gab, ging die fügsame niederländische Regierung einige Male gegen allzu unverhohlene Stimmen der Kritik an Deutschland vor, so unter anderem gegen das Buch *Das Vaterland* von Heinz Liepman.

Zum Schluß kommen wir noch einmal auf die bewunderungswürdige Hilfe zu sprechen, die die niederländischen Juden und ihre Hilfskomitees während der dreißiger Jahre den deutschen Flüchtlingen geleistet haben. Wenn jemand »seines Bruders Hüter« war, dann sie.

Vereinzelt und für kurze Zeit waren dies auch viele nichtjüdische Niederländer, persönlich und auf Dauer jedoch waren dies nur wenige. Wer diejenigen waren, die in jeder Hinsicht, fortwährend und nahezu immer auf privater Basis konkrete Hilfe geleistet haben, geht unmißverständlich hervor aus den Worten, mit denen Cohen seinen oben angeführten Bericht von 1935 beschließt: »Von den Verfolgungen dieser Zeit wird die Geschichte berichten als einer Schande für das Land, welches diese Unschuldigen verstieß. Möge sich dagegen das niederländische Judentum in der Geschichte auch weiterhin wie seit alters rühmen können, daß es die Verstoßenen aufgenommen und keine Mittel gescheut hat, um die Not zu lindern und denen, deren Leben zerstört schien, zu einer neuen Existenz zu verhelfen, für das Wohl des Judentums und der Welt.«[174]

Die Flüchtlingsproblematik war nur eines der Probleme, mit denen man in den dreißiger Jahren zu kämpfen hatte. Arbeitslosigkeit, politische Zerrissenheit, internationale monetäre und politische Spannungen verlangten ebenfalls Beachtung. Gleichwohl wird hier bewußt auf die Flüchtlingsproblematik der dreißiger Jahre eingegangen, weil in jenen Jahren nachweislich die Wurzeln für das furchtbare Schicksal liegen, das in der ersten Hälfte der vierziger Jahre dem europäischen Judentum widerfahren sollte. Außerdem setzte in jenen Jahren das konkrete Streben – zahlreiche Flüchtlinge siedelten sich als Kolonisten in Palästina an – nach Gründung eines unabhängigen Staates ein, das 1948 in Israel seine Erfüllung finden sollte. Schließlich kann man weder die Haltung des Joodse Raad noch die des Obersten Gerichtshofes oder der Spitze des niederländischen Beamtenapparates während des Krieges verstehen, ohne die Haltung der Vorkriegsregierung gegenüber Hitler zu kennen. Eine Haltung, der die Mehrheit der deutsch-jüdischen Flüchtlinge zum Opfer gefallen ist.

In den Niederlanden hat die deutsche Besatzungsmacht ebenso wie in Deutschland selbst die Opfer des Regimes schrittweise und unentrinnbar ihrem Ende zugeführt. Dabei darf nicht vergessen werden, daß die niederländischen Behörden im allgemeinen nicht etwa empört innehielten und auf einem »bis hierher und nicht weiter« beharrten, sondern untertänig mitmarschierten und gelegentlich sogar kurzfristig vorangingen.

V
Der »Joodse Raad« und David Cohen

»Seit Jahren griff schleichend etwas Unheildrohendes in Europa um sich, zunächst verdeckt, später halb sichtbar, umnebelt von Mythos und Mystik und begleitet vom dumpfen Gedröhn der Kriegstrommeln sowie dem Gewimmer der ersten Opfer. Die Zeitungen brachten die Nachrichten über Judenverfolgungen, Pogrome und Konzentrationslager, und man erzählte von Mißhandlungen, die stattgefunden hatten.

Die Deutschen protestierten zwar gegen die ›Greuelmärchen‹, wie sie die Berichte nannten, nahmen aber das verwirrende Gefühl einer drohenden Krise, das dadurch hervorgerufen wurde, dankbar an. Das Unheildrohende kam näher und beunruhigte insbesondere die Juden, doch je mehr es sie beunruhigte, um so mehr wurde es beschworen durch Formeln wie ›Es wird nicht kommen, es wird nicht kommen‹ oder ›Hier in Westeuropa und zumal in den ruhigen Niederlanden kann dies nicht passieren‹. Und wer dennoch prophezeite, daß es kommen werde und durchaus passieren könne, der wurde ein Angstmacher geheißen, obwohl er doch weiter nichts tat, als die Angst *auszusprechen*, die seit 1929 und erst recht seit 1933 über den Juden in den Niederlanden schwebte und die nur allzu berechtigt war. Diese jedoch taten, was alle Menschen tun: Sie wußten sehr genau um die Gefahr und schlossen davor die Augen.[175] ... Die hundertvierzigtausend Juden, die 1940 in den Niederlanden lebten, wußten sehr wohl, daß es ihnen schlecht ergehen würde. Sie waren verängstigt, und wie alle verängstigten Menschen flüchteten sie sich in Illusionen. ... So konnte es geschehen, daß die Juden sogar blinden Auges den alten Jäger näherkommen sahen. Sie waren das Wild. Und auch wenn ihnen dies niemand und nichts verraten hatte, die deutschen Flüchtlinge hatten es schon allein durch ihre Anwesenheit erzählt. Sie bewiesen etwas. Es wurde wieder einmal gejagt in der Welt, und die deutschen Juden erinnerten die niederländischen Juden daran, daß sie ebenfalls zum Opfer werden konnten. Kein Wunder, daß man sie so sehr haßte. So in etwa war die Stimmung am Vorabend der Kapitulation. ... Als die Kapitulation kam, bedeutete dies das schreckliche Ende aller bestehenden Illusionen. ... Nun war es da, das, was man jahre- und jahrelang halb geleugnet, halb anerkannt, halb angedeutet, halb verdrängt, immer aber befürchtet hatte. Das, wovon man bei aller Verblendung gleichwohl gewußt oder zumindest geahnt hatte, daß es bestand: Judenverfolgung, diesmal unter der Flagge Deutschlands.«[176]

Dieser bemerkenswerte Schluß des ersten Kapitels von Abel Herzbergs *Kroniek der Jodenvervolging* ist als Einleitung zum vorliegenden Kapitel denkbar gut geeignet. Eine treffendere Beschreibung der damaligen Atmosphäre, zumal aus der Feder eines jüdischen Autors, der den Krieg bewußt erlebt hat, dürfte schwer zu finden sein.

Wenn es jemand gab, der das Schlimmste befürchtete, dann zweifellos David Cohen. Nahezu sein ganzes erwachsenes Leben lang hatte er sich in den Dienst jüdischer Flüchtlinge gestellt, und wie kein anderer wußte er von ihren Heimsuchungen. Seit jungen Jahren war er der zionistischen Bewegung verbunden, und innerhalb der zionistischen Organisation war er einer der Vorreiter.

Die Liebe zum jüdischen Volk und Mildtätigkeit waren ihm von frühester Jugend an mitgegeben worden. Sein Vater, Herman Cohen, war in Deventer seinerzeit ein angesehener Mann. Cohen senior war Mitglied des Gemeindevorstandes der Jüdischen Armenfürsorge, eine Funktion, in der er offenbar viel für die bedürftigen Juden in Deventer getan hat.

Cohen hatte in Leiden, Leipzig und Göttingen Altphilologie studiert, erlangte 1908 den Magistergrad und promovierte 1912 cum laude mit einer Doktorarbeit über die jüdische Geschichte in der hellenistischen Zeit.[177] Im Jahr 1910 wurde er Lehrer am Nederlands Lyceum in Den Haag, wo er später zum stellvertretenden Direktor ernannt wurde. 1922 folgte eine Privatdozentur für Papyrologie an der Universität Leiden, wo er zwei Jahre später eine außerordentliche Professur für die Geschichte der hellenistischen Zeit übernahm. Schließlich wurde er 1926 als Nachfolger von Professor Boissevain Ordinarius für Alte Geschichte und Altphilologie an der Gemeente-Universiteit Amsterdam. Dieses Amt hat er bis zu seiner Emeritierung 1953 bekleidet, mit Ausnahme der fünf Jahre von 1940 bis 1945, als er wegen der antijüdischen Maßnahmen aus seinem Posten entlassen war.

Auch als Wissenschaftler brachte sich Cohen mit seiner ganzen Person ein. Als er Leiter der Abteilung für Alte Geschichte des Archäologisch-Historischen Institutes der Universität von Amsterdam wurde, erstreckte sich sein Einfluß über das gesamte Institut. Mit seinen Anlagen schien er dazu berufen, zu organisieren und zu verwalten.

Bereits in seiner Gymnasialzeit – nach den Judenmorden in Südrußland – schloß er sich der zionistischen Organisation an und gründete in Deventer, Leiden und Amersfoort Sektionen des Nederlandse Zionisten Bond. Nachdem er zunächst als Sekretär der Propagandakommission und als Mitglied des Hauptvorstandes fungiert hatte, wurde er Sekretär dieses Niederländischen Zionistenbundes und anschließend Redakteur des *Joodsche Wachter*. In seiner Funktion als Mitglied des Verbandsvorstandes ergriff er zusammen mit anderen die Initiative zur Gründung der Niederländischen Zionistischen Studentenorganisation und wurde Vorsitzender der Jüdischen Jugendföderation. Ferner war er zionistischer Redakteur des *Centraal Blad voor Israëliten in Nederland* und galt als eines der verdientesten Mitglieder des Gemeindevorstands in Den Haag, der er als ein »Cohen« den priesterlichen Segen zu erteilen berechtigt war.

Im Jahr 1926 besuchte er Palästina, eine Reise, von der er schwärmerisch und voller Begeisterung zurückkehrte. Gleichwohl ließen seine zionistischen Aktivitäten nach, je mehr er sich, neben anderen Dingen, für die Flüchtlingshilfe engagierte. Diese Arbeit leistete er nicht nur vom Schreibtisch aus, sondern er unternahm auch zahlreiche Auslandsreisen, um reiche Juden dazu zu bewegen, die Flüchtlingsarbeit finanziell zu unterstützen. Wenn nötig, bot er seine persönliche Hilfe an, etwas, womit er bereits als 21jähriger Student angefangen hatte. Sein Sohn erzählt dazu folgendes: »Mehrmals die Woche standen wir beide, er und ich, auf dem Hauptbahnhof, zusammen mit einigen Freiwilligen, und warteten auf Züge aus Deutschland. Aus jedem dieser Züge stiegen unweigerlich einige deutsch-jüdische Flüchtlinge aus. Man erkannte sie sogleich an ihrer Haltung, an der Art und Weise, wie sie um sich blickten, an ihrer Unsicherheit, ihrem Gepäck. Wir gingen dann auf sie zu und versuchten, ihnen mit Adressen und Lebensmitteln behilflich zu sein.«[178]

In seiner Zeit als Lehrer in Den Haag hatte Cohen seiner Familie noch viel Aufmerksamkeit gewidmet. Als die Professur und die Flüchtlingsarbeit ihn jedoch immer mehr in Anspruch nahmen, änderte sich dies. Wie seine Frau sagte, war sie nicht mit David Cohen, sondern mit dem Flüchtlingswerk verheiratet.[179]

Als Philanthrop und großen Organisator haben wir David Cohen bereits im vorhergehenden Kapitel kennengelernt. Doch wer war Cohen eigentlich als Mensch? Die Ansichten dazu sind nahezu übereinstimmend. Auf der einen Seite war er ein sanftmütiger, hochgebildeter Mann voller Pflichteifer. Ein Mann des Ausgleichs mit einer wunderbaren Stimme, der für seine Beredtheit bekannt war, außerdem ein beliebter Hochschullehrer. Auf der anderen Seite war er sehr eitel, eigensinnig und mit einem unbeirrbaren Glauben an die Richtigkeit des eigenen Urteils behaftet, der ihn die Realität, sobald sie ihm nicht in den Kram paßte, meiden oder verdrängen ließ, um sie schließlich ganz aus den Augen zu verlieren. Sein Innerstes gab er nie preis. »Wenn du später im Leben mit Leuten ins Gespräch kommst, die du noch nicht kennst, dann versuche herauszubekommen, was sie interessiert, und bring das Gespräch darauf. Sprich vor allen Dingen nie über dich selbst«, gab er seinem zehnjährigen Sohn bei einem Sonntagsspaziergang mit auf den Weg.[180]

Vor dem Krieg überwogen seine sympathischen Seiten, doch leider traten während des Krieges seine problematischen Seiten immer stärker hervor. Macht verdirbt, und je größer die Macht, um so größer das Verderben, so könnte man in Abwandlung von Lord Actons Wort: »All power corrupts and absolute power corrupts absolutely«, sagen. War Cohen in den dreißiger Jahren ein Philanthrop von hohem Ansehen gewesen, so war er ab Februar 1941 als Vorsitzender des Joodse Raad der mächtigste Mann innerhalb der jüdischen Gemeinschaft, dessen Wort Gesetz war. Zwar teilte er den Vorsitz mit dem Vorsitzenden der Israelitischen Gemeinde, dem Diamanthändler Abraham Asscher, doch es war Cohen, der das Sagen hatte. »Ich bin davon überzeugt«, so erzählt sein Sohn fünfzig Jahre später, »daß mein Vater die Leitung hatte, daß er der Arbeit des Joodse Raad seinen Stempel aufdrückte. Ich kannte ihn als jemanden, der überall immer sogleich die Leitung innehatte. Ob dies nun in der Schule war, wo er als Leiter der Verwaltung fungierte, oder im Comité voor Bijzondere Joodsche Belangen oder im Joodse Raad. Er konnte nur funktionieren in der Rolle des Vorstandsmitgliedes und bevorzugt in der des Vorsitzenden.«[181]

Er strebte die Leitung nicht nur an, weil er glaubte, der jüdischen Gemeinschaft in einer Position an der Spitze von Nutzen sein zu können, sondern in der Überzeugung, daß er tatsächlich für eine leitende Tätigkeit am besten geeignet war, was in Anbetracht seines Werdegangs nicht weiter verwunderlich war. Er hat entsprechende Angebote niemals dankend abgelehnt oder die Flinte ins Korn geworfen, wie Asscher dies gelegentlich zu tun pflegte. Und auch nach dem Krieg glaubte er sich weiterhin beharrlich im Recht. »Wenn ich es noch einmal tun müßte, würde ich es wieder genauso tun«, behauptete er.[182]

Cohen war eitel, das zeigte sich nicht nur im persönlichen Umgang mit ihm. Als Edelstein, ein aus Prag stammendes Mitglied des Joodse Raad, Cohens Büro besuchte, fiel ihm ein Brief Cohens auf, der bei einer Sekretärin lag, um auf Maschine geschrieben zu werden. Obgleich Edelstein kein Niederländisch lesen konnte, bemerkte er: »Ist der aber eitel.« Das konnte er an der Handschrift erkennen.[183]

In seinem Führungsdrang unterlief Cohen eine krasse Fehleinschätzung, denn die Leitung des Joodse Raad war eine ganz andere Aufgabe als die Leitung des Flüchtlingskomitees oder irgendeines der anderen Komitees, in denen er vor dem Krieg als Sekretär, Vorstandsmitglied oder Vorsitzender fungiert hatte, weil die Umstände eben ganz andere waren. Er hätte sich am Anfang selbstverständlich weigern können. Später, zu Zeiten des Joodse Raad, der im Februar

1941 ins Leben gerufen und im September 1943 aufgelöst wurde, konnte er nicht mehr zurück, und sei es auch nur, weil er gerade aufgrund seiner leitenden Funktion glaubte, er und seine Familie seien vor der Deportation sicher. Als er schließlich doch abtransportiert wurde, muß ihn dies zutiefst erschüttert haben. In einem nach dem Krieg aufgesetzten, aber unveröffentlicht gebliebenen Lebenslauf gibt Cohen ein aufschlußreiches Urteil über sich selbst ab. »Mir ist eigen, was ein französischer Philosoph einmal ›l'amitié sociale‹ genannt hat. Wenn das Interesse der Gemeinschaft auf dem Spiel steht, trete ich selbst, treten meine Funktion und meine Interessen vollkommen in den Hintergrund.« Er gibt zu, daß dies ein unangenehmer Charakterzug sei, »unter dem meine Familie und ich gelitten haben«. Diesen Charakterzug, und damit kann er nichts anderes meinen als seinen Führungsdrang, bedauert er. »Diese Charaktereigenschaft ist hinderlich, sie verhindert viel Lebensfreude und läßt einen am Ende des Lebens fragen, wofür man eigentlich gelebt hat, wobei noch das Unangenehmste ist, daß andere dieser Frage beipflichten.«[184]

Als David Cohen im Spätsommer 1967 im Alter von 84 Jahren nach kurzer Krankheit starb, hat man ihn in aller Stille in Muiderberg begraben. Von der Anerkennung und dem Ansehen, das er genossen hatte, waren am Ende im günstigsten Fall Zweifel an seiner Persönlichkeit oder Hochachtung vor dem Wissenschaftler, im ungünstigsten Verachtung und vor allem Verbitterung geblieben.

Es gibt eine alte jüdische Redensart, die einen davor warnt, jemanden zu verurteilen, wenn man nicht selbst einmal in dessen Lage gewesen ist. Cohen, dem als Leiter des Joodse Raad eine zentrale Rolle beim Untergang des niederländischen Judentums zukam, hat, ob man dies nun aus moralischen Gründen beschönigt oder verurteilt, der deutschen Besatzungsmacht bei der Deportation von 75 % der in den Niederlanden lebenden Juden nicht allzu viele Steine in den Weg gelegt. Die Folgen dieser Deportationen sind bekannt, und immer neue Einzelheiten kommen ans Tageslicht, weil ständig neue Veröffentlichungen über die Konzentrations- und Vernichtungslager erscheinen. Diese nachgiebige Haltung war nicht nur durch Cohens

Charakter bedingt, sondern auch durch seine Tätigkeit in den Vorkriegsjahren und in der Zeit von Mai 1940 bis Februar 1941, die ihm schließlich geradezu automatisch die Leitung des Joodse Raad einbrachte. In den dreißiger Jahren war Cohen, wie erwähnt, Sekretär des Comité voor Bijzondere Joodse Belangen unter dem Vorsitz Abraham Asschers. Dieses Komitee war eine Unterabteilung der eigentlichen Organisation, des Comité voor Joodse Vluchtelingen, deren Vorsitzender wiederum Cohen war.[185]

In seinem Buch *Zwervend en Dolend* hat Cohen 1956 über seine Arbeit im Rahmen der Flüchtlingshilfe Rechenschaft abgelegt. In diesem umfangreichen Werk erörtert er der Reihe nach das Flüchtlingsproblem von 1933, Hitlers »Machtergreifung« und den darauffolgenden ersten großen Zustrom deutscher Flüchtlinge, das Verhalten des Völkerbundes und die Gründung und Tätigkeit des Comité voor Joodse Vluchtelingen in der Zeit von April 1933 bis September 1935. Eine Zäsur setzt er bei der Verabschiedung der Nürnberger Gesetze. Der dritte Zeitraum erstreckt sich vom September 1935 bis zur »Kristallnacht« vom November 1938. Im Rahmen einer vierten, letzten Periode vom November 1938 bis zum Mai 1940 beschreibt er die Auffanglager, die Emigration von Flüchtlingen, die finanziellen und organisatorischen Aspekte der Flüchtlingsarbeit, Organisationen wie das Protestantse en Rooms-Katholieke Comité und die Society of Friends, die Rettung geflüchteter Kinder, die Einreisemodalitäten und den Aufenthalt von Flüchtlingen in den Niederlanden, deren Arbeitsmöglichkeiten und schließlich den Kampf gegen Antisemitismus und Nationalsozialismus.[186]

Aus wissenschaftlicher Sicht ist es ein gediegenes Werk. Auf die Dauer jedoch wirkt die ständige Aufmerksamkeit, die er der finanziellen Seite der Flüchtlingsarbeit widmet, höchst irritierend. Cohen weist zur Verteidigung seiner Politik den Zahlen eine solche Bedeutung zu, daß man sich manchmal fragt, wo hinter diesen Bilanzen der Flüchtling selbst geblieben ist. Unmißverständlicher als in diesem Buch konnte er es gar nicht zum Ausdruck bringen: Es ging Cohen in erster Linie um die Arbeit selbst, um die Pflichterfüllung und um die Befriedigung, die diese bereitete. Und die Menschen? Die kannte er nicht, die waren ihm fern. Und so ist es geblieben. Am 31. De-

zember 1942 – die Deportationen waren in vollem Gang – wurde ihm zu seinem sechzigsten Geburtstag von Mitgliedern des Joodse Raad ein Photoalbum über den Joodse Raad überreicht. In seiner Dankesrede sagte er unter anderem folgendes: »Wenn es mir dann wieder vergönnt ist, in diesem Album in die Gesichter derer zu blicken, die mit mir jeden Tag zusammenarbeiten, und aus ihren Gesichtern manchmal die Anspannung herauszulesen, die Arbeitenden eigen ist, sowie die Freude über die Arbeit, die jeder gute Arbeiter in sich trägt und die ihm ins Gesicht geschrieben steht, so wird mich nicht zuletzt dies in der Arbeit weitertreiben.«[187]
»Die Freude über die Arbeit«!
Als er bereits selbst mit dem allerletzten Transport im Polizeilichen Durchgangslager Westerbork eingetroffen war, ließ ihn die »Arbeit« immer noch nicht los. Ein Augenzeuge erzählt dazu folgendes: »Cohen kam häufig in die Baracke, um mit Van der Laan ein paar Worte zu wechseln, nicht so sehr über das Wetter, sondern nach wie vor über Angelegenheiten, die mit dem Joodse Raad zusammenhingen. Wenn jemand im Weg stand, und in der Baracke stand immer jeder überall im Weg, so warte ich noch heute darauf, von Cohen einmal ein ›Darf ich mal eben vorbei‹ oder ›Darf ich mal kurz durch‹ zu hören. Cohen schob einen mit seiner behandschuhten Hand zur Seite. Er hat meines Wissens niemals das Wort an einfachere Sterbliche gerichtet, mit Sicherheit nicht in Westerbork.«[188]

In den dreißiger Jahren bestanden laut I. Kisch zwei Haupteinwände gegen Cohens Arbeit und Persönlichkeit. Der eine kam aus jüdischen, der andere aus nichtjüdischen Kreisen.
Cohen wollte, so hieß es, zuviel Verfügungsgewalt über zu viele Sachen gleichzeitig. Er war nach Aussage von jemandem, den Cohen in *Zwervend en Dolend* immerhin als einen Mann von Intelligenz und Menschenkenntnis schildert, ein eher »beherrschender« Charakter. »Vielleicht«, so Kisch, »hätten manchmal bessere Lösungen gefunden werden können, wenn er nicht alles in die eigene Hand genommen, wenn er nicht überall seine Finger im Spiel gehabt hätte. ... Und die Frage wird nicht entschieden, sondern nur aufgeschoben, wenn nun der Autor [Cohen] in seinem Buch ein Plädoyer

für eine Zentralverwaltung mit seiner Person als zentralem Führer hält. Alle ›beherrschenden‹ Menschen haben sich stets auf die Notwendigkeit einer Zentralgewalt berufen.«

Über den zweiten Einwand schreibt Kisch: »Diesen Einwand hörte man vor allem in nichtjüdischen Kreisen, merkwürdigerweise insbesondere in den Kreisen der Regierungsbeamten, mit denen Prof. Cohen in den Vorkriegsjahren zu verhandeln hatte. Dort hieß es: ›… Er will zu sehr gefallen‹. Er gab sich zu schnell geschlagen, ließ sich leicht überreden, handelte zu sehr ›suaviter in modo‹ und dadurch nicht genug ›fortiter in re‹. … Gerade der Beamte besserer Art – und nicht nur der Beamte – möchte sich mit jemandem messen, findet Gefallen an kräftigem Widerstand, ergötzt sich an Gespanntheit und Kampfgeist.«[189]

Woran es Cohen als Anwalt der Flüchtlinge und später als Vorsitzendem des Joodse Raad gefehlt hat, war nicht Arbeitseifer, sondern Streitbarkeit im Einsatz für die Menschen, für die Personen hinter den Zahlen.

In seinem Vorwort zu *Zwervend en Dolend* schreibt Cohen, er habe die Absicht, auch die Geschichte des Untergangs der niederländischen Juden im Zweiten Weltkrieg niederzuschreiben. Kisch, der ihn, bis hin zum Joodse Raad, gut gekannt hat, reagiert auf diese Ankündigung geschockt,»denn gerade in jener Zeit haben sich sein Streben nach ›Dominanz‹, sein Mangel an Schärfe, sein allzu starkes Vertrauen und sein Hang ›zu gefallen‹ in aller Deutlichkeit und wesentlich bemerkbarer als zuvor manifestiert. … Möge Prof. Cohen sich weise zeigen und hinfort schweigen. Denn wenn er auch jene Periode beschreibt, und zwar wiederum – was ich wahrlich lieber nicht unterstellen möchte – in dem Bestreben, seine eigene Politik zu rechtfertigen, so wird sich die Geschichte, derart herausgefordert, gegen ihn wenden, nicht an die Tür klopfend mit dem leichten Klopfen Clios, sondern ihn in die Knie zwingend mit dem kräftigen Schlag der Nemesis«.[190]

1956, ein Jahr nach *Zwervend en Dolend*, sollte Cohen seine Erinnerungen an seine Zeit als Vorsitzender des Joodse Raad diktieren und seine damaligen Entscheidungen erläutern. Er tat dies übrigens auf Ersuchen des damaligen Direktors des Rijksinstituut voor Oorlogsdocumentatie (Reichsinstitut für Kriegsdokumentation), L. de Jong, als Quellenmaterial für Jacques Pressers Opus magnum *Ondergang* (Untergang).[191]

Liest man *Zwervend en Dolend* sehr genau, so ist durchaus Kritik an der Haltung der niederländischen Regierung zu spüren, doch diese bleibt verdeckt, stark verblümt oder wird abgemildert durch Lobreden, auch an die Adresse von Personen, von denen jeder wußte, daß sie grob unmenschlich und oft unnötig grausam gegen die Flüchtlinge vorgegangen sind. Daher haftet dem Buch ein falscher Schein an, der zwangsläufig auch auf den Autor selbst ausstrahlt.

Von den starken Worten, die er im März 1933 im RAI-Gebäude ausgesprochen hatte, hat Cohen in seinem Umgang mit Politikern nur wenig wahrgemacht. Damals verkündete er vor zwanzigtausend Menschen: »Das Volk des Buches, das der Welt die Gerechtigkeit gebracht hat, wird zeigen, daß es über genügend Kraft verfügt, wenn es – was ich nicht hoffe – in der Zukunft zur Tat zu schreiten genötigt ist. Vieles wird uns dafür abverlangt werden. Doch wir werden uns des Rufes, der uns seit jeher eigen, würdig erweisen, wir werden der Welt jüdische Kraft, jüdischen Stolz, jüdische Größe demonstrieren!«

Doch Cohen war weder stark noch stolz, dafür äußerst obrigkeitstreu. Letzteres traf im übrigen 1933 auf nahezu jeden zu. In einer Reaktion auf die Bedrohung, die über die deutschen Juden gekommen war, nachdem Hitler dort die politische Bühne betreten hatte, schreibt das *Centraal Blad voor Israëliten in Nederland*: »Vor allem sei jedoch bedingungslose Treue dem Staat gegenüber angemahnt. Das jüdische Gesetz verlangt loyale Anerkennung der Regierung, wie auch immer diese Regierung den jüdischen Problemen gegenübersteht.«[192] Auch das *NIW* unter dem Chefredakteur Staal mahnte die Juden, sich ruhig zu verhalten, keinen Widerstand zu leisten und keine antifaschistischen Krawalle anzuzetteln, »denn ein Jude bereitet der Obrigkeit keine Ungelegenheiten durch Beteiligung an Ruhestörungen und Krawallen«.[193] Erst nach Staals Weggang wurde das *NIW* streitbarer und zeigte allmählich Verständnis für die Zionisten und deren Warnungen, doch da war es im Grunde bereits zu spät.

Mag Cohen den Jugendtraum gehabt haben, sich in Palästina anzusiedeln, und mag er auch für die zionistische Bewegung anfangs viel getan haben, so lebte er doch später in Unfrieden mit den »orthodoxen« Zionisten, die gegen seine Neutralität und Obrigkeitstreue ankämpften. Bei seinen politischen Bemühungen für die Flüchtlinge verhielt er sich in erster Linie als Niederländer, nicht als Jude. Seine Haltung war im Grunde die eines Assimilanten, der stets darauf bedacht ist, die Harmonie mit dem »Gastland« zu wahren. In einem Leitartikel vom 28. Dezember 1939 übte das *Centraal Blad voor Israëliten in Nederland* unter dem Chefredakteur Van Creveld heftige Kritik an dieser Haltung: »Sobald sich allenfalls mittelmäßig begabte Honoratioren berufen fühlen, auch auf politischem Gebiet als Wortführer der Juden aufzutreten, sehen wir überall das gleiche Bild. Man fordert nichts, Gott behüte – nicht einmal die Anwendung bestehender Gesetze: das könnte antijüdische Gefühle wecken. Man bittet demütigst und zittert vor dem Stirnrunzeln eines Ministers. ... Ja man dankt öffentlich für die Errichtung von Lagern, in denen Juden gefangengehalten werden, anstatt zu schweigen, wenn man schon gezwungen ist, diese Lager zu akzeptieren.«[194]

»Ein hart arbeitender Philanthrop«, so bezeichnete M. H. Gans David Cohen, um gleich anschließend darauf hinzuweisen, welche unguten Seiten der Philanthropie anhaften: Philanthropie geht nur so weit, bis das Eigeninteresse in Frage gestellt zu werden droht.[195] Je mehr Macht sich in Cohens Händen vereinte, um so mehr lag es in seinem Interesse, gute Beziehungen zur Obrigkeit zu wahren und sich folglich zu fügen. Deshalb unterstützte »sein« Flüchtlingskomitee die Regierung in ihrer Forderung, linksgerichtete Flüchtlinge, auch wenn sie mit dem Tod bedroht wurden, ebenso unbedingt abzuweisen wie mittellose jüdische Flüchtlinge, die sich nicht in Lebensgefahr befanden. Über letzteres entschied das Flüchtlingskomitee zusammen mit der »Reichsvertretung der Juden« in Deutschland. Eine Fingerübung für später, wobei Bevorzugung der eigenen Gruppe – und das waren für Cohen die Intellektuellen – sowohl beim Flüchtlingskomitee wie auch später beim Joodse Raad durchaus eine Rolle gespielt hat.

Die philantropischen Gefühle Cohens kommen über selbstzufriedenes Mitleid aus der Distanz nicht hinaus. In *Zwervend en Dolend* wird man ausführlich informiert über Spendenaktionen und Versammlungen, die das Komitee veranstaltet, sowie über die sprichwörtlichen Kosten und Mühen, die es nicht gescheut hatte. Doch über das, worum es eigentlich ging, nämlich die leibliche und seelische Not der Flüchtlinge, liest man kaum etwas, es sei denn irgendeine verbrämte, sentimentale, realitätsferne Floskel. Am Anfang seines Buches beklagt sich Cohen, daß ihm während des Ersten Weltkrieges von amerikanischer Seite vorgeworfen worden war, er fasse die Flüchtlingsfrage zu sehr philanthropisch und zu wenig sozial auf.[196] David Cohen war ein richtiger Herr, der am besten in Kreisen zur Geltung kam, wo Herren unter sich waren. Mit den Flüchtlingen selbst hatte er immer weniger am Hut, je wichtiger die Rolle wurde, die das Comité voor Bijzondere Joodse Belangen innerhalb der jüdischen Gemeinschaft spielte. Und auch später, in der Machtfülle, die ihm als Vorsitzenden des Joodse Raad zuerkannt worden waren, winkte der Wohltäter Cohen zwar den Zügen mit den Opfern nach, doch zu sprechen war er nicht. Auf der Tür zu Zimmer 101 des Joodse Raad hieß es: »Vorstand. Zutritt verboten!«[197]

In einem scharf gezeichneten Porträt sieht auch Jozef Michman, der sich damals noch Joop Melkman nannte, einen Zusammenhang zwischen dem Cohen der Vorkriegs- und dem der Kriegszeit. »Im nachhinein zeigt sich, daß Cohens Arbeit im Flüchtlingskomitee, für das er im Grunde als einzige öffentliche Person die Verantwortung trug, von gleicher Art war wie später seine Tätigkeit im Joodse Raad. Es war dies philanthropische Arbeit für die Flüchtlinge, die selbst nichts, aber auch gar nichts zu bestellen hatten; andererseits war Cohen der Obrigkeit, verkörpert durch Regierung oder Beamte…, gegenüber nachgiebig. … Selbst nach dem Krieg kommt Cohen kein böses Wort zu Regierung oder Beamtentum über die Lippen. … Das harmonische Bild des wunderbaren niederländischen Volkes, das unter einer weisen und allemal gutwilligen Regierung nun einmal nicht alles tun könne, was es gerne täte, darf nicht gestört werden. Auch nach innen dieses gleiche Bestreben, Gegensätze zu verwischen und Konflikte totzuschweigen. ... In den Jahren des Flüchtlingskomitees verstärkte sich bei Cohen die Mentalität der Obrigkeitstreue, die schon aus Prinzip folgerte, daß die Obrigkeit und ihre Organe immer recht hätten, gegebenenfalls auf einer übergeordneten Ebene, und daß man – und natürlich insbesondere die Flüchtlinge – sich darin zu fügen habe. Deshalb wurden die Flüchtlinge auch klein gehalten, mitreden durften sie nicht. ... Entgegen allem Anschein der Friedlichkeit, Güte und des Verständnisses unterdrückte Cohen tatsächlich jeden Widerstand gegen seine Auffassungen, sofern dies in seiner Macht lag, und diese Macht war in den letzten Vorkriegsjahren sehr groß. ... So wie er die Antiflüchtlingspolitik der niederländischen Regierung schmollend akzeptiert und nach dem Krieg beschönigt hat, so machte er auch stets den Gang zu den deutschen ›Autoritäten‹, nahm deren Verordnungen einem Naturgesetz gleich hin und ließ sich von ihnen für ihre verbrecherischen Ziele einspannen. Nicht einmal unter diesen Umständen verließ ihn seine Obrigkeitstreue und Fügsamkeit, obgleich die ›Obrigkeit‹ es auf die Ausrottung der Juden abgesehen hatte.«[198]

Als am 10. Mai 1940 das deutsche Heer in die Niederlande einfiel, lebten dort 26 000 nichtniederländische Juden. Am 11. Mai erhielten diese Flüchtlinge auf Weisung des Leiters der Fremdenpolizei, Herrn Stoet, die Mitteilung, daß es ihnen nicht erlaubt sei, ihr Haus zu verlassen. Am 14. Mai erhielt Cohen die Nachricht, daß in IJmuiden ein Schiff bereit lag, um Juden, die aus den Niederlanden fliehen wollten, nach England überzusetzen. Doch der Weg nach IJmuiden war versperrt. Die Polizei ließ bis auf Vertreter der Militärbehörden niemanden durch.[199]

In der gleichen Nacht begingen zahlreiche Juden Selbstmord oder unternahmen einen Versuch dazu. S. J. R. de Monchy, seinerzeit Bürgermeister von Den Haag, schreibt dazu in seinen Erinnerungen: »Auch zahlreiche niederländische Juden überkam Furcht, welches Schicksal sie jetzt erwartete. Viele von ihnen ergriffen die Flucht, viele andere wieder sahen keinen anderen Ausweg als den Tod. ... Lange war die Liste derer, die in den Tagen des 14., 15. und 16. Mai diese Verzweiflungstat begingen, mehr als dreißig allein in Den

Haag, Hunderte, wie es heißt, in Amsterdam. Unter ihnen war auch mein alter Freund, der Jurist J. Limburg, ... jahrelang Vorsitzender von Volkenbond und Vrede (Völkerbund und Frieden), Abgeordneter unseres Landes beim Völkerbund, der sein Leben in den Dienst der Völkerverständigung, des Weltfriedens und humanistischer Grundsätze gestellt hatte. Da war das Mitglied der Zweiten Kammer Prof. van Gelderen, laut Dr. Colijn einer der gescheitesten Ökonomen, denen er jemals begegnet war; Prof. Polak Daniels in Groningen, ein angesehener Mediziner, der sagte, er habe sich immer als vollwertiger Niederländer gefühlt und wolle jetzt nicht zum Bürger zweiter Klasse absteigen; seine nichtjüdische Frau teilte sein Schicksal. Dr. E. Boekman war unter ihnen, ein Selfmademan von feiner Kultur, Stadtrat von Amsterdam, der gerade erst im Alter von rund fünfzig Jahren mit einer Doktorarbeit promoviert hatte. Man konnte auch über ganze Familien, Mann, Frau, zwei Kinder, sogar sechs Kinder lesen, die gemeinsam den Tod gesucht hatten.«[200]

Monatliche Zahlen der Selbstmorde wurden vom Statistischen Amt nicht veröffentlicht, doch A. J. Herzberg weist darauf hin, daß die Zahl der Selbstmorde über das gesamte Jahr 1940 der Zahl der Unfälle plus Selbstmorde im Monat Mai 1940 entspricht.[201]

Auch wenn nach der niederländischen Kapitulation am 14. Mai von den Deutschen zunächst nichts gegen die niederländischen Juden unternommen wurde, war die Besetzung der Niederlande für die Zionisten doch ein solcher Schlag, daß sie ihre jahrelangen Differenzen vergaßen und sich unter dem Juristen M. I. Kan, dem Vorsitzenden des Nederlandse Zionisten Bond, in einem Zentralrat der Zionistischen Organisationen vereinten. Anschließend ergriff Kan nach Rücksprache mit den beiden jüdischen Glaubensgemeinschaften die Initiative zur Einrichtung einer Kommission, die unter dem Namen Joodse Coördinatie Commissie (Jüdische Koordinationskommission) wie eine politische Körperschaft fungieren und sämtliche in den Niederlanden lebenden Juden vertreten sollte. Zum Vorsitzenden wurde ausnahmsweise einmal nicht der »nichtorthodoxe Zionist« David Cohen berufen, sondern der Jurist L. E. Visser, der von den Deutschen entlassene Präsident des Obersten Gerichtshofes.

Visser war kein Zionist, wohl aber Vorsitzender des Keren Hajesod, des Aufbaufonds Palästina. Zudem wurde er als Jurist, der auf eine glänzende Karriere zurückblickte, von der Spitze des Nederlandse Zionisten Bond, die sich mehrheitlich ebenfalls aus Juristen zusammensetzte, positiv aufgenommen.[202] Allerdings wurde Cohen zum Mitglied und sogar zum Sekretär ernannt, damit die Verbindungen zum Comité voor Bijzondere Joodse Belangen weiterhin gewährleistet waren. Neben Visser und Cohen gehörten der Joodse Coördinatie Commissie zunächst drei weitere Mitglieder an: die beiden Juristen S. Isaac und I. Kisch sowie A. Spanjaard. Schon sehr bald wurde die Kommission um einen Vertreter der sozialistischen, einen Vertreter der portugiesischen und einen Vertreter der orthodoxen Juden erweitert.

Visser und Cohen kannten sich schon seit langem. Visser hatte als stellvertretender Vorsitzender des Comité voor Bijzondere Joodse Belangen fungiert und machte sich nicht nur durch juristische Gutachten, sondern auch durch konkrete Unterstützung verdient, indem er immer wieder Versuche unternahm, eine Lockerung der rigorosen Regierungspolitik in der Flüchtlingsfrage herbeizuführen.

Visser und Cohen waren als Menschen denkbar verschieden. Entsprechend gab es von Beginn an grundsätzliche Meinungsverschiedenheiten zwischen beiden, die zu heftigen Wortwechseln führen konnten. Während Visser jeden Kontakt und jede Form von Zusammenarbeit mit dem Besatzer oder den deutschen Behörden ablehnte, hielt Cohen es für das Vernünftigste, sich den deutschen Behörden gegenüber entgegenkommend zu verhalten.

Gertrude van Thijn-Cohn, die bereits seit 1933 zusammen mit R. H. Eitje innerhalb des Flüchtlingswerkes die wichtigste Mitarbeiterin neben Cohen gewesen war, hat Cohen aus nächster Nähe gekannt, auch später im Joodse Raad, bis die Deportationen anfingen und sie kündigte. Als Vertreterin des American Jewish Joint Distribution Committee für die Niederlande wurde sie, nachdem sie »ausgewechselt« und dadurch vor Bergen-Belsen gerettet worden war, vom Leiter des Joint Europa gebeten, einen Bericht über die Geschehnisse in den Niederlanden vorzulegen. In diesem im Herbst 1944 in Naharia in Israel abgefaßten Bericht schreibt sie: »Schon bald war klar, daß die Deutschen ausschließlich mit Asscher und Cohen persönlich zu tun haben wollten. Hätten diese beiden Männer das gewollt, so hätten sie ohne Zweifel die bestehende Koordinationskommission, nötigenfalls erweitert um einige prominente Amsterdamer Juden, zu einem tatsächlichen Beratungsgremium machen können. Prof. Cohen erledigte die Geschäfte jedoch dergestalt, daß die Koordinationskommission bald gänzlich aufhörte zu funktionieren; und der Joodse Raad erhielt ebensowenig die Gelegenheit, sich zu einem Beratungsgremium zu entwickeln.«[203]

Die Joodse Coördinatie Commissie war im Herbst 1940 ins Leben gerufen worden. Ein halbes Jahr später, am 12. Februar 1941, wurde der Joodse Raad für Amsterdam gebildet, mit David Cohen und Abraham Asscher als Vorsitzenden. Mit der einen Organisation wird der Name Visser, mit der anderen der Name Cohen verbunden bleiben. Während Visser jede Kollaboration mißbilligte, lehnte Cohen diese nicht ab, womit er freilich im Interesse der Juden zu handeln glaubte. In einem in der Schweiz verfaßten Bericht weist S. Isaac, ehemaliger Redakteur des *Joodsche Wachter*, ehemaliger Direktor des Kaufhauses De Bijenkorf und ehemaliges Vorstandsmitglied der Joodse Coördinatie Commissie, darauf hin, daß, während die Joodse Coördinatie Commissie sich einem von den Deutschen zensierten Organ für die Juden widersetzte, Asscher und Cohen dieses von J. de Leon gegründete *Joodsche Weekblad* (Jüdisches Wochenblatt) gerade in die Nähe des Joodse Raad gerückt haben. Dadurch wurde den Deutschen eine Möglichkeit verschafft, die als »Anordnungen« bezeichneten antijüdischen Maßnahmen bekanntzumachen, ohne sie in den allgemeinen Tageszeitungen veröffentlichen zu müssen.[204]

Darüber hinaus unterstreicht Isaac den grundsätzlichen Widerstand Vissers gegen das vom Besatzer verhängte Verbot für Juden, sich mit Vertretern staatlicher niederländischer Stellen in Verbindung zu setzen. Namentlich zu K. J. Frederiks, dem Staatssekretär für Inneres, hat Visser bis zu seinem Tod Kontakt gepflegt. Vissers Widerstand reichte im übrigen weiter. Er weigerte sich, einen Personalausweis mit einem »J« mit sich zu tragen, und besuchte, obgleich er nicht gläubig war, demonstrativ die Synagoge in Den Haag.[205]

Hinzu kommt, daß die Joodse Coördinatie Commissie eine unabhängige Institution war. Auf Vorschlag von Kan und unterstützt von den zionistischen Organisationen war sie von den beiden jüdischen Glaubensgemeinschaften ins Leben gerufen worden als eine Instanz, die sämtliche Juden in den Niederlanden vertrat. Dem Joodse Raad dagegen waren nicht nur durch den Besatzer Hände und Füße gebunden, sondern er war darüber hinaus vom Besatzer gegründet worden. Zudem vertrat der Raad nicht alle Juden. Laut Jozef Michman, der seine Auffassung mit eindeutigen Beispielen belegt, waren Asscher und Cohen offensichtlich bestrebt, den Joodse Raad, der zunächst nur in Amsterdam operierte, in eine Organisation umzuwandeln, die ihre Führung über das ganze Land ausdehnen würde. Damit begaben sie sich in Opposition zur Joodse Coördinatie Commissie. Mit Hilfe und auch Manipulation der Deutschen gelang es ihnen, die Joodse Coördinatie Commissie am 31. Oktober öffentlich an den Rand zu drängen.[206]

In einer Reihe von Briefen, die Cohen und Visser nach diesem Zeitpunkt miteinander wechselten, treten ihre unterschiedlichen Standpunkte in aller Schärfe hervor, insbesondere in einem Brief von Visser an Cohen vom 30. Dezember 1941.

»Ihrer beredten Apologie stimme ich in zwei Punkten zu. Zum einen wenn Sie sagen, daß ich für Ihre Arbeit und deren Ergebnisse keine Bewunderung empfinden könne. Dies trifft zu, nur denken Sie nicht, daß ich nicht die allerhöchste Achtung empfinde für Ihre ungeheure Tatkraft und Energie sowie für den Mut und die Selbstbeherrschung, die Sie für Ihre Verhandlungen mit den deutschen Instanzen benötigen. Zum anderen sagen Sie völlig zu Recht, wir sollten versuchen, aus der gegenwärtigen Situation ›das Beste zu machen‹. Die Frage ist nur, wie. Da liegt der Kern unserer Meinungsverschiedenheit und zugleich der Punkt, an dem unsere Wege leider auseinandergehen. Nach meiner Auffassung sollte oberstes Leitprinzip sein, man selbst zu bleiben, die eigene und jüdische Würde hochzuhalten und auch anderen dies, wo nötig und möglich, vorzuhalten und einzuschärfen. Sie glauben, das Beste aus dieser Situation zu machen, indem Sie dem Besatzer um jeden Preis möglichst viele Erleichterungen abzuringen und sich ihm zu diesem

Zweck dienstbar zu machen versuchen. Das ist meines Erachtens eine reine Nützlichkeitspolitik, die jeglicher Prinzipien und Normen entbehrt und daher nichts Gutes bringen kann.

Was haben Sie eigentlich erreicht? Über die Maßnahmen selbst, die auf uns lasten, sind Sie niemals befragt worden. Alles ist nach dem bekannten Muster ›de vous, chez vous, sans vous‹ ohne Rücksprache mit Ihnen abgelaufen. Sie hatten es sich – aufgrund von Aussagen der Prager Herren – vielleicht anders vorgestellt; diese Hoffnung hat sich als trügerisch erwiesen. Das einzige, was Sie erreicht haben, sind Erleichterungen, womöglich nur vorübergehende, in einigen untergeordneten Punkten, womit Sie zweifellos vielen einen Dienst erwiesen haben. Dafür haben Sie meine volle Anerkennung.

Doch welchen Preis haben Sie dafür zahlen müssen? Sie sind dazu in gewissem Sinn in den Dienst des Besatzers getreten und haben sich Mühe gegeben, Ausführender seiner Befehle zu sein. Und dabei ist es nicht geblieben. Schlimmer noch, Sie müssen als Propagandist seiner Unterdrückungspolitik auftreten, oder besser der Unterdrückungspolitik gewisser Instanzen, deren angebliche Zuständigkeit ich Grund habe anzuzweifeln. Sie müssen ihm mit Ihrem Wochenblatt bei seinen geheimen und illegalen Bemühungen behilflich sein, uns aus dem nationalen Zusammenhang herauszulösen, und uns in den ›Mitteilungen des Joodse Raad‹ seine ungesetzlichen Drohungen und Einschüchterungen übermitteln, von der gefährlichen Kartei und dem auf die deutschen Juden ausgeübten Druck, sich registrieren zu lassen, ganz zu schweigen. Ist dieser Preis nicht zu hoch für das Erreichte, ja hätte er überhaupt jemals für irgend etwas gezahlt werden dürfen? Die Dinge werden so oder so kommen, sagen Sie. Wenn dem so ist, wozu dann Ihr ganzes Trachten? ... Wie hat sich das alles bei Ihnen ergeben? Ich bin davon überzeugt – manches frühere Gespräch in der Coördinatie Commissie beweist es mir –, daß, wenn Sie von Anfang an gewußt hätten, was man von Ihnen verlangen würde, Sie beizeiten ausgestiegen wären. In der ersten Zeit nach der Gründung des Joodse Raad wäre das nicht schwirig gewesen. Sie hatten damals die Befürchtung, daß im Falle Ihres Verzichts ›andere‹ die Sache machen würden, nur eben schlecht. Eine unbegründete Furcht, wie ich Ihnen damals vergeblich vorgehalten habe, weil diese ›anderen‹ bei Verweigerung der Mitarbeit machtlos und unschädlich gewesen wären. Nun ist es dafür, fürchte ich, zu spät. Sie sind, wie der Held in Manns Zauberberg, gefangen in einem Teufelskreis, den Sie nicht durchbrechen können. Denn der ›Krach‹, der folgen würde, würde die jüdische Masse führungslos zurücklassen, da die freien jüdischen Vertreter nicht zuletzt durch Ihr Zutun und das der Permanente Commissie verschwunden sind.[207] ... Wie aus Ihrem Brief hervorgeht – und das ist für mich die Tragik dieser Sache –, sehen Sie dies selbst ein und würden Sie meinen Standpunkt vorziehen, nur können Sie nicht anders, wollen vielleicht auch nicht. ›Video meliora proboque deteriora sequor‹ (Ich sehe das Bessere und billige es, doch tue ich das Schlechte).«[208] Was Cohen auf diesen Brief erwidert hat oder ob er ihn gänzlich unbeantwortet gelassen hat, ist nicht bekannt. Wir kennen aber sein Schreiben von anderthalb Monaten später. Nachdem er Visser bereits zuvor ein Redeverbot erteilt und ihn gewarnt hatte, sich nicht in Angelegenheiten einzumischen, die ausschließlich den Joodse Raad betreffen, schrieb er am 13. Februar 1942 an Visser: »Der Herr Beauftragte des Reichskommissars für die Stadt Amsterdam hat sich heute morgen bei uns erkundigt, ob wir der Coördinatie Commissie mitgeteilt hätten, daß sie ihre Tätigkeit gänzlich einzustellen habe. Wir haben dies bestätigt. Darauf sagte er uns, er habe Nachricht erhalten, daß Sie sich an Herrn Frederiks, den Staatssekretär für Inneres, gewandt und diesen über die Pläne zur Überführung von Juden aus anderen Orten nach Amsterdam und Westerbork unterrichtet hätten. Wir sagten, daß Sie dies in dem Fall persönlich und nicht in Ihrer Eigenschaft als Vorsitzender getan hätten. Daraufhin sagte er uns, daß Ihnen dies verboten sei und man Sie bei Zuwiderhandlung in ein Konzentrationslager überführen werde, und bat uns, Ihnen dies mitzuteilen. Verhandlungen mit niederländischen Behörden über jüdische Angelegenheiten dürfen dieser Mitteilung zufolge ausschließlich von uns mit den betreffenden deutschen Autoritäten oder über diese geführt werden.«[209]

Dem Übermittler dieser schrecklichen Nachricht, einem Übermittler, mit dem Visser schließlich, wie auch immer, jahrelang zusammengearbeitet hatte, antwortete Visser: »Mit Ihrem Schreiben vom 13. diesen Monats Abt. 1/C/dL haben Sie mir im Auftrag des Herrn Beauftragten mitgeteilt, daß mir anläßlich meiner Intervention bei Herrn Staatssekretär Frederiks die Überführung von niederländischen Juden nach Amsterdam und Westerbork betreffend ein solches Vorgehen verboten sei und man mich bei Zuwiderhandlung in ein Konzentrationslager überführen werde. Ich habe dies zur Kenntnis genommen und bin sehr bedrückt ob der Erniedrigung, die Ihnen, die Sie die Vorgeschichte dieser Intervention kennen, durch diesen Auftrag angetan worden ist.«[210]

Visser war Diabetiker und ernsthaft krank, als er Cohens Nachricht erhielt. Wie richtig er die Dinge erkannte, hat er niemals erfahren. Am 17. Februar 1942, drei Tage nachdem Cohen ihm die Drohung übermittelt hatte, starb er.

In diesem Kapitel muß nicht die Geschichte des Joodse Raad in allen Einzelheiten dargestellt werden, gibt es doch inzwischen eine Reihe solcher Arbeiten. Gleichwohl darf eine kurze Übersicht über Entstehung und Wirken des Joodse Raad und die Rolle, die Cohen dabei gespielt hat, nicht fehlen.

Der Joodse Raad wurde am 13. Februar 1941 gegründet. Er zählte zwanzig Mitglieder, einschließlich der beiden Vorsitzenden. Nur einer der zur Mitgliedschaft Berufenen, Prof. H. Frijda, lehnte dankend ab. Später erklärten zwei zionistische Mitglieder, die Juristen I. Kisch und M. L. Kan, aus Protest ihren Rücktritt. Die anderen verblieben im Amt.[211]

Der Joodse Raad wurde gegründet, nachdem die Deutschen sich damit hatten abfinden müssen, daß die niederländische Bevölkerung nicht als Ganzes für die nationalsozialistische »Idee« zu gewinnen war. Von da an ließen die Besatzer den Juden gegenüber die Maske fallen.

Um die Zeit der Gründung des Joodse Raad kam es im Judenviertel in Amsterdam immer häufiger zu immer heftigeren Auseinandersetzungen zwischen niederländischen Nationalsozialisten und jungen Juden. Erstere provozierten die Schlägereien, die jüdischen Jungs verteidigten sich und bildeten Schlägertrupps, oft unterstützt von Leuten aus den Vierteln De Jordaan und De Eilanden. Bei einer dieser Schlägereien wurde ein WA-Mann, Hendrik Koot, so schwer verwundet, daß er seinen Verletzungen erlag. Am 12. Februar ließ der Beauftragte für Amsterdam, Böhmker, das Judenviertel abriegeln und zitierte am Nachmittag Abraham Asscher, den Vorsitzenden des Kirchenvorstandes der Niederländisch-Israelitischen Hauptsynagoge, sowie Oberrabbiner L. H. Sarlouis von der Hochdeutsch-Israelitischen Gemeinde und Rabbiner D. Francès von der Portugiesisch-Israelitischen Gemeinde zu sich. Er erteilte ihnen den Befehl, einen jüdischen Rat zu bilden, dem als Vertreterorganisation sämtlicher in Amsterdam lebender Juden Verantwortung übertragen werden könnte.

Die Rabbiner weigerten sich unter Hinweis darauf, daß sie keine Vertreter sämtlicher Juden waren. Zudem war es innerhalb der Organisation der Juden in den Niederlanden nun einmal Tradition – ab 1870 unabhängig vom Patronat der niederländischen Regierung –, daß Rabbiner nicht als Mitglied für Verwaltungsgremien zur Verfügung standen. Der Primat der Verwaltung lag bei den weltlichen Führern. So darf es nicht verwundern, daß sie Asscher einstimmig als Führer der niederländischen Juden bestimmten. Rabbiner Sarlouis trat zwar als Mitglied dem Joodse Raad bei, doch übte er keinerlei Einfluß aus. Er hielt das auch nicht für nötig, betrachtete er doch den Joodse Raad als eine vorübergehende, unwichtige Instanz.[212]

Daß Asscher als Vertreter des niederländischen Judentums einbestellt wurde, ist logisch. Schließlich war er nicht nur, wie gesagt, Vorsitzender des Gemeindevorstands, sondern auch Präsident der Niederländisch-Israelitischen Gemeinde, Mitglied der Provinzialstaaten von Nordholland für die Liberale Staatspartij und in tausenderlei anderen Angelegenheiten mit Verwaltungsaufgaben betraut.

Und dann fiel der Name David Cohen. Laut J. Presser wie folgt: »Nach kurzer Rücksprache mit den beiden Geistlichen erklärte Asscher, daß er gemeinsam mit Prof. Cohen die Leitung eines solchen Rates übernehmen und diesen Rat in Rücksprache mit den beiden Geistlichen zusammenstellen würde.«[213] Dies läßt den Schluß zu, daß Asscher und Cohen mit der Einrichtung eines jüdischen Rates gerechnet und im voraus darüber miteinander gesprochen hatten und daß Cohen, der bei der Besprechung am 12. Februar nicht anwesend war, vorweg Asscher gegenüber die Bereitschaft erkennen lassen haben muß, mit ihm und etwaigen anderen die Leitung zu übernehmen. Der Eindruck, daß Asscher und Cohen sich auf die Leitung eines jüdischen Rates vorbereitet hatten, wird verstärkt durch die Tatsache, daß bereits am 13. Februar, also am nächsten Tag, die, wie sie sich vorerst nannte, Commissie van Vertegenwoordiging voor de Amsterdamse Joden (Kommission der Vertretung der Amsterdamer Juden) gebildet wurde.

Wie ist es möglich, fragt man sich, einen solchen Befehl zur Bildung eines Rates, der sich aus der nicht geringen Anzahl von zwanzig Mitgliedern zusammensetzen sollte, innerhalb des Zeitraums von einem Abend und einer Nacht auszuführen? Bereits am Vormittag des 13. Februar, genauer um 11 Uhr, fand die erste Sitzung statt.[214] Die Bildung des Joodse Raad bedeutete für Cohen zweifellos einen Sieg über Visser und die Joodse Coördinatie Commissie, deren Einstellung – sich soviel wie möglich zur Wehr zu setzen – dem Standpunkt von David Cohen diametral entgegengesetzt war. Der Eindruck, daß die beiden gutunterrichteten Männer Asscher und Cohen, die zusammen seit Jahren in der Organisation des Flüchtlingswerkes aktiv waren, ganz bewußt darauf hingearbeitet hatten, die Leitung des Joodse Raad zu erlangen, läßt sich nicht mehr wegdiskutieren, nicht einmal, wenn man das einschlägige Bändchen von K. P. L. Berkley daraufhin nachliest.

Dieses Büchlein über den Joodse Raad hat die Geschichtsschreibung in mehr als einem Punkt verfälscht. So war es zum Beispiel nicht von Berkley alleine, sondern noch während des Krieges von mehreren Mitgliedern des Joodse Raad verfaßt worden, die glaubten, sich für ihre Rolle rechtfertigen zu müssen.[215] Entsprechend irreführend ist die Tatsache, daß einzig der Nichtjude Berkley als Autor genannt und damit der Anschein der Objektivität geweckt wird. Denn objektiv ist das Büchlein keineswegs.

»Dumm« nannte *De Joodsche Wachter* das Machwerk im Herbst nach der Befreiung. »Ein Büchlein, das eine Absicht verfolgt: Es möchte Außenstehenden ein richtiges Verständnis und Einblick in das Verhalten des Joodse Raad voor Amsterdam ermöglichen. Weil es wichtige Tatsachen verschweigt, prinzipielle Gegensätze, die es gab, verwischt und immer wieder das Verhalten der führenden Persönlichkeiten beschönigt, vermittelt diese Veröffentlichung Außenstehenden eher ein falsches Verständnis.« Berkleys Apologie wird ihm im Verlauf des Artikels noch ein weiteres Mal als Dummheit angekreidet. »Schließlich werden womöglich schlummernde Gefühle wachgerufen, und kein Leser, der das Leid der Juden tatsächlich aus der Nähe erlebt hat, kann dieses Büchlein lesen, ohne aufs neue Widerstand zu fühlen gegen die Institution, deren Tätigkeit von den Deutschen so sehr gerühmt worden ist.«[216]

Aufmerksam wird man bei Berkley, wo er manchmal einen ganzen Satz fett druckt, als wolle er ihn einhämmern, oder eine Passage sogar mehrmals wiederholt, namentlich in seiner Schilderung der Entstehung des Joodse Raad. Im Gegensatz zu Presser schreibt er, daß auch Cohen am 12. Februar, allerdings nachträglich, zu Böhmker zitiert worden sei und daß Cohen und Asscher der Auftrag – fettgedruckt – erteilt worden sei, einen »Judenrat« zu bilden.[217] Anschließend folgt die Bestätigung der Vermutung, daß bereits lange vorher über Gründung und Zusammensetzung eines Judenrates in den Niederlanden nachgedacht worden sei. »Es ist viel darüber diskutiert worden, ob es richtig oder falsch war, einen Jüdischen Rat für Amsterdam zu gründen.« »Ehe ich deshalb Arbeitsweise und Ziele des Joodsche Raad voor Amsterdam näher beleuchte«, meinte Berkley daraufhin, »seien mir dazu einige Anmerkungen erlaubt.« Von den fünf anschließenden Anmerkungen lautet die erste erneut: »Mit Nachdruck sei darauf hingewiesen, daß, wie die Vorgeschichte zeigt, der Joodsche Raad voor Amsterdam *nicht auf Initiative der Juden beziehungsweise der Herren Asscher und Cohen* gegründet worden ist, sondern sein Entstehen einem *Auftrag* des ›Beauftragten für die Stadt Amsterdam‹ verdankt.«[218] In der vierten Anmerkung wird die Entstehung des Joodse Raad ein weiteres Mal erläutert. »Bereits unter Punkt 1 e wurde angemerkt, daß der Joodsche Raad voor Amsterdam aufgrund eines Befehls der deutschen Autoritäten ins Leben gerufen worden ist.«[219] Bis in seine Schlußbemerkung hinein bleut Berkley es dem Leser ein: »Noch einmal möchte ich hervorheben, daß der Joodsche Raad voor Amsterdam seine Entstehung einem Auftrag der deutschen Autoritäten verdankte. Nachdem die Vorsitzenden diesen im Interesse ihrer Glaubensgenossen angenommen hatten, machten sie es sich zur Aufgabe, mittels des Joodsche Raad voor Amsterdam den jüdischen Niederländern und Ausländern mit Rat und Tat zur Seite zu stehen.«[220]

Deutlicher geht es nicht: Hier wird etwas verteidigt, woran offenbar bereits damals scharfe Kritik geübt wurde, daß nämlich die Überlegung, einen jüdischen Rat zu bilden, von einigen führenden jüdischen Vertretern ausging und deutlich früher datiert als der »Befehl«, der dazu angeblich am 12. Februar 1941 von deutscher Seite erteilt wurde. Berkley hat mit seiner Verteidigung des Joodse Raad jedenfalls seinem Schwiegervater Krouwer, der verantwortlichen Person der Finanzabteilung des Joodse Raad, nicht helfen können. Krouwer wurde nach dem Krieg vom Ehrenrat verurteilt und durfte fünf Jahre lang keinerlei Position in irgendeiner jüdischen Organisation oder Instanz bekleiden.

Als Anfang 1941 die Lage für die Juden immer bedrängter wurde, erkannten Asscher und Cohen richtigerweise die Notwendigkeit einer klaren Führung, die der nunmehr hilflosen jüdischen Gemeinschaft Rückhalt bieten könnte. Doch anstatt dazu die bestehende Joodse Coördinatie Commissie zu nutzen, schalteten sie diese durch die Gründung des Joodse Raad faktisch aus. Neun Monate später wurde die Joodse Coördinatie Commissie auf Befehl der Deutschen aufgelöst.

Bereits in der Vorbereitungsphase der Gründung der Joodse Coördinatie Commissie im Herbst 1940 hatte Cohen von Führern weniger als Vertretern einer bestimmten Gruppe, sondern vielmehr als Personen mit besonderer »Eignung« gesprochen.[221] Daß Visser diese Eignung in seinen Augen abging, geht unmißverständlich aus dem Briefwechsel hervor, den beide in der Zeit vom November 1941 bis Februar 1942 miteinander geführt haben.

Cohen wollte, wie auch immer, die Führung. Dies zeigt auch ein früheres Vorkommnis. Im Juni 1940 sprach der Staatssekretär des Innenministeriums, K.J. Frederiks, die dringende Empfehlung aus, Mittel für die Unterstützung der sich in den Niederlanden aufhaltenden Flüchtlingen von den jüdischen Niederländern aufbringen zu lassen und dazu nicht den Betrag von mehr als einer Million Gulden in Anspruch zu nehmen, den die frühere niederländische Regierung für die Unterstützung der Asylsuchenden im Etat zurückgelegt hatte.[222] Dabei darf nicht vergessen werden, daß das Flüchtlingskomitee vollstes Anrecht auf dieses Geld hatte, da es zuvor eine Bürgschaft in Höhe von zunächst einer Million Gulden hatte hinterlegen müssen, die später auf 1 115 000 Gulden erhöht worden war, ein Betrag, über den die niederländische Regierung zugunsten der Flüchtlinge in den Lagern verfügen konnte. Frederiks brachte das Argument vor, daß die Beanspruchung dieses Geldes nur die Aufmerksamkeit der Deutschen auf die Flüchtlinge lenken würde, und er deutete an, daß infolgedessen die Flüchtlinge womöglich nach Deutschland zurückgeschickt werden könnten. Diese Befürchtungen äußerte er, nachdem einer der Abteilungsleiter des Justizministeriums, Meijjes, die Besatzer bereits am 15. Juni 1940 auf das Flüchtlingslager bei Westerbork aufmerksam gemacht hatte.[223]

Jedenfalls wurde ein aus zweiunddreißig Mitgliedern bestehendes Unterstützungskomitee gegründet, das bis Mitte März 1941 als unabhängige Institution tätig bleiben sollte. Ganz bewußt wurde das Flüchtlingskomitee unter der Leitung Cohens herausgehalten, weil gerade an dessen Finanzpolitik erhebliche Kritik laut geworden war. Cohen jedoch, der bis dahin in allen die Flüchtlinge betreffenden Angelegenheiten die Leitung gehabt hatte, ließ sich das Heft nicht ohne weiteres aus der Hand nehmen. Er beraumte eine zweite Sitzung unter seiner Leitung und der des Vorstandes seines Flüchtlingskomitees an. Zu dieser Sitzung waren weitgehend die gleichen Personen eingeladen, die an der ersten Sitzung unter der Leitung der Gemeinden teilgenommen hatten. Die erste Sitzung beugte sich der zweiten.[224]

Daß Cohen und Asscher die beiden Vorsitzenden des Joodse Raad wurden, war die konsequente Folge. Abgesehen davon, daß sie Deutsch lasen, schrieben und sprachen, verfügten sie über politische Erfahrung und wie keiner sonst über Erfahrung im Umgang mit den staatlichen Behörden. Ihre Ernennung war jedoch keineswegs selbstverständlich für die knapp fünftausend Arbeiter– allesamt Bewohner des Judenviertels –, vor der Asscher noch am 13. Februar 1941 in der Börse für den Diamanthandel eine Ansprache hielt, in der er sie zu Abgabe der »Waffen« und zu Ruhe und Ordnung ermahnte. Asscher und Cohen waren beide Vertreter des bürgerlichen Judentums, das vom jüdischen Proletariat keine Ahnung hatte und diesem distanziert, ja sogar feindlich gegenüberstand. In Amsterdam gehörten vierzig Prozent der achtzigtausend dort lebenden Juden dem Proletariat an. In keiner anderen Stadt West- oder Mitteleuropas gab es ein solches alteingesessenes jüdisches Proletariat.

Innerhalb des Nederlandse Zionisten Bond, in dem das bürgerliche Lager überwog, wütete der Klassenkampf zwischen den bürgerlichen und den sozialistischen Zionisten, und sogar innerhalb der internationalen zionistischen Bewegung galt die niederländische bürgerliche Gruppe als schärfster Gegner der Proletarier. Cohen und Asscher gehörten aus Überzeugung dem konservativen, obrigkeitstreuen und das Haus Oranien ehrenden Lager an. Mit dem Sozialismus und der Gewerkschaftsbewegung, wie dem Algemene Nederlandse Diamantbewerkers Bond von Henri Polak, der nach gesellschaftlicher Erhebung und Mündigkeit für seine Mitglieder strebte, wollten sie nichts am Hut haben. Auch die Rabbiner und Oberrabbiner entstammten, mit einzelnen Ausnahmen, allesamt der Bourgeoisie.[225]

Die Glaubensgemeinschaft, die einzige Massenorganisation der Juden in den Niederlanden, war eine rein bürgerliche Angelegenheit, die sich zwar philanthropisch betätigte, die aber von den Proletariern und ihren Bedürfnissen nichts verstand und den revolutionären Geist, der zu massenhaftem Widerstand antrieb, verabscheute. Im Kampf zwischen Sozialdemokratie und Liberalismus bildete die Niederländisch-Israelitische Glaubensgemeinschaft jahrelang das Bollwerk der Liberale Unie und des Vrijheidsbond. Sie vertrat nicht die Juden. Die zionistische Bewegung war nicht nur klein, sondern darüber hinaus innerlich zerstritten. Klein war auch der Verband Poale Zion der sozialistischen Zionisten, der bei den überwiegend assimilierten, sozialistischen jüdischen Arbeitern nur mühsam eine gewisse Anhängerschaft fand.

Mangels einer eigenen großen Organisation mußten die Arbeiter die Führer der Niederländisch-Israelitischen Glaubensgemeinschaft wohl oder übel akzeptieren. Sie taten dies jedoch nur widerwillig. In Cohen sahen sie nicht viel mehr als die unnahbare, sich weit überlegen fühlende Führerfigur, die sie allenfalls bewundern konnten, weil er Professor war. In Asscher sahen sie den politisch-sozialen Feind: den liberalen, reichen Kapitalisten.[226] Allerdings drang Asscher darauf, daß auch die jüdischen Arbeiter im Joodse Raad vertreten sein sollten. I. Voet trat dem Raad bei, doch im April 1941 trat er aus Gesundheitsgründen wieder zurück. Das gleiche geschah mit A. Quiros, dem Vertreter der Judenviertels. Auf Betreiben von Visser trat der bereits erwähnte Jurist I. Kisch ebenfalls dem Raad bei, um als Mitglied der Joodse Coördinatie Commissie weiterhin ein Wörtchen mitreden zu können. Bereits ein halbes Jahr später trat er, zutiefst empört darüber, wie die Dinge liefen, ebenfalls zurück. Die Mitglieder, die im Amt verblieben, waren allesamt jüdische Honoratioren, vermutlich ohne intensive Beziehungen zur proletarischen Welt. Auf die Folgen dieser Klassenunterschiede werden wir später noch einmal zurückkommen.

Die bereits erwähnte Gertrude van Thijn-Cohn, die nach eigener Aussage zurückgetreten war, als die Deportationen anfingen, gab nach einiger Zeit doch der Bitte nach, als Leiterin der im Gebäude Lijnbaansgracht untergebrachten Abteilung »Hilfe für Abreisende« wieder für den Joodse Raad tätig zu werden. Schließlich war sie in einer solchen Funktion zugleich, zumindest vorläufig, vor Deportation geschützt. Zynisch erscheint freilich, daß sie diese Hilfsarbeit in dem gleichen Gebäude leistete, in dem sie zuvor, über das Flüchtlingswerk, den eintreffenden Flüchtlingen zu Diensten gestanden hatte. 1944 schrieb sie über den Joodse Raad: »Der ›J. R.‹ erhielt ebensowenig Gelegenheit, sich zu einem Beratungsgremium zu entwickeln. Von Anbeginn an und in immer stärkerem Maße war diese Einrichtung nichts anderes als eine Versammlung von Leuten, die zu hören bekamen, daß die Deutschen auf Einführung dieser oder jener Maßnahme bestünden, daß es keine Gelegenheit gegeben habe, sich gegen diese Beschlüsse zu wehren oder eine Abänderung derselben zu erreichen, und daß die Maßnahme, was auch immer diese beinhaltete, leider durchgeführt werden müsse. Zwar fanden vor allem im ersten Jahr seines Bestehens im ›J. R.‹ heftige Diskussionen statt, doch sämtliche Befehle, die die Deutschen den beiden Vorsitzenden erteilten, wurden stets von derart ernsthaften Drohungen – nicht gegen sie persönlich, sondern gegen die jüdische Gemeinschaft als Ganzes – begleitet, daß es der Opposition innerhalb des ›J. R.‹ niemals gelang, eine Änderung in der Politik dieser Institution durchzusetzen: Die deutschen Befehle wurden ausgeführt.«[227]

Der Joodse Raad war organisatorisch im Grunde die Nachfolgeorganisation des Comité voor Bijzondere Joodse Belangen, in dem Cohen und Asscher das Sagen gehabt hatten. Im Gegensatz zur Joodse Coördinatie Commissie verfügte der Joodse Raad dadurch sowohl über Geldquellen wie auch über Hunderte von Mitarbeitern, eine Zahl, die auf mehrere Tausend anwachsen sollte. Bereits im Juni 1940 wurde, nachdem das Comité voor Bijzondere Joodse Belangen eine neue Finanzkommission gebildet hatte, eine Art Steuer eingeführt, die jeder Jude je nach Einkommen und Barvermögen zu zahlen hatte. Auf diese Weise waren im Mai 1942 bereits sechs Millionen Gulden eingesammelt worden.[228] Die »graue Karte« diente als Zahlungsnachweis beziehungsweise als Beweis der Befreiung von dieser Steuer, und wer sie nicht besaß, verlor früher oder später den Anspruch auf die Dienste des Joodse Raad.

Als die Finanzkommission etwa Anfang 1943 auf Anordnung der Besatzer ihre Tätigkeit einstellen mußte, hatte sie laut Gertrude van Thijn-Cohn, die sich als Vertreterin des Joint gerade auf finanziellem Gebiet sehr gut auskannte, »sämtliche Mittel zusammengetragen, die sowohl für die Flüchtlingshilfe wie für das holländische Hilfswerk benötigt wurden, einschließlich der beträchtlichen Kosten für den sehr umfangreichen Apparat des ›J. R.‹, der sich angesichts der ständig wachsenden Aufgaben dieser Einrichtung stark vergrößert hatte«.[229]

Der »Gids« oder Führer des Joodsche Raad voor Amsterdam, der bis zum 15. März 1943 regelmäßig aktualisiert wurde, mußte seinerzeit als Wegweiser durch das Dickicht der Organisation dienen. In diesem Führer sind alle Abteilungen und Unterabteilungen mitsamt ihrer Funktion, Besetzung und organisatorischen Ausgestaltung sowie die Änderungen und Erweiterung derselben aufgeführt.[230] Die ständigen Erweiterungen waren die unmittelbare Folge der deutschen Maßnahmen, die darauf abzielten, die Juden aus dem Zusammenhang der niederländischen Gesellschaft herauszulösen. Kraft einer Verfügung der deutschen Behörden wurde der Joodse Raad am 25. Oktober 1941 offiziell zu einer landesweiten Einrichtung. Damit wurde er zu einer Art »Staat im Staate«, was Asscher und Cohen zufolge hieß, daß er auch »die meisten Funktionen von Reich und Gemeinde den Juden gegenüber zu erfüllen hatte oder zugewiesen bekam«.[231]

In der Rechtfertigung seiner Taktik gegenüber dem Besatzer läßt Cohen in seinen *Herinneringen* die verschiedenen Instanzen des Joodse Raad Revue passieren, die für das niederländische Judentum unverzichtbar geworden waren, weil die niederländischen Behörden für die Juden nicht mehr zur Verfügung standen. »Doch auch was den allgemeinen Grundgedanken anging: es mußte einfach eine Instanz geben«, so Cohen, »die sich um das tägliche Brot, um die Armen, die Kranken und die Alten kümmerte, die diesen mit Aufklärung oder mit Hilfe bei Anklagen zur Seite stand, die sich um das Bildungswesen kümmerte, um die Linderung von Problemen, die Auskunft gab in allen Angelegenheiten, in denen dies nötig war, die sich um die Abreisenden kümmerte, um die Internierten und erst recht in jeder Hinsicht um die Bedürftigen, die jederzeit in die Bresche sprang, wenn nur eine kleine Lücke gefunden werden konnte, um jemands Probleme zu lindern, die sich um Fachausbildungen für Minderjährige kümmerte, um die Allgemeinbildung, um juristischen Beistand, um die Beschaffung der erforderlichen finanziellen Mittel für jede Familie, um die Erwachsenenbildung, um die Behandlung pädagogisch schwieriger Fälle, um das Vereinswesen, um medizinische Hilfe und alles, was zur Verwaltung einer Stadt gehört. Denn man darf nicht vergessen, daß, nachdem die Deutschen sich nunmehr auf den Standpunkt gestellt hatten, daß die Juden eine gesonderte Gemeinschaft bildeten, der Joodse Raad mit der Verwaltung einer Stadt mit 140 000 Einwohnern oder der jeweils gültigen Zahl anwesender Juden gleichzusetzen war. Sämtliche Dienste, die eine solche Stadt für ihre Einwohner leistet, fielen, mit Ausnahme des Melderegisters, an den Joodsche Raad.«[232]

Tatsächlich waren die Aufgaben ungemein umfangreich und dringend, weil im Laufe des Jahres 1941 von deutscher Seite eine Anordnung auf die andere folgte. Noch vor der Bildung des Joodse Raad war die allerwichtigste Maßnahme, die im Grunde alle nachfolgenden Maßnahmen ermöglicht hat, bereits durchgeführt worden: Die Registrierung sämtlicher Juden mittels des ›Ariernachweises‹. Die nachfolgenden Maßnahmen waren solcherart, daß das niederländische Judentum, in seinem gesellschaftlichen Umgang und seiner Bewegungsfreiheit geknebelt, finanziell bis aufs Hemd ausgezogen und nunmehr brotlos, gezwungen war, sein Schicksal in die Hände des Joodse Raad zu legen, der, unwillkürlich und unter welchen Umständen auch immer, allen »Bekanntmachungen« und »Beschlüssen« folgte. Nachdem das niederländische Judentum schließlich in jedem erdenklichen Bereich aus der niederländischen Gesellschaft ausgegrenzt und von dieser im Stich gelassen worden war und nachdem man es seiner geistigen und körperlichen Freiheit beraubt hatte, begannen die Schrecken der Deportationen.

Vom 15. Juli 1942 an, als er den ersten Abtransport überwiegend junger deutscher Juden und Staatenloser akzeptierte, Menschen, für die er sich über die ganzen Dreißigerjahre hinweg eingesetzt hatte, muß für Cohen die Verdrängung eingesetzt haben.

»Die Arbeit« geht weiter, wie er bei der Ehrung anläßlich seines sechzigsten Geburtstages verkündet hatte. Auch jetzt.

Sich wirklich in die Lage der Opfer versetzen konnte er nicht, weil er nicht unter ihnen, sondern über ihnen lebte. Auch als er selbst im September 1944 abtransportiert wurde, erhielt er, nach einem Aufenthalt im Schloß De Schaffelaar in Barneveld mit fünfhundert anderen, in Westerbork ein eigenes Häuschen zugewiesen und nicht die Baracke, die man mit unzähligen anderen zu teilen hatte. Noch im Konzentrationslager Theresienstadt in der Tschechoslowakei wurde ihm und seiner Familie ein Zimmer zugeteilt, nach seinen eigenen Worten »aufgrund meiner Arbeit für die Flüchtlinge«.[233] Er selbst verwehrte dieses Privileg anderen, die ebenso ein Anrecht darauf zu haben glaubten und die ihre Familie vor dem Chaos der Säle bewahren wollten.[234] Prompt ließ er sich zum Mitglied des sogenannten »Ältestenrates« wählen, in dem er die gleiche Art von Arbeit fortsetzte, die er in den Niederlanden geleistet hatte, jetzt jedoch im vollen Bewußtsein der Sinnlosigkeit seiner Bemühungen: Für die Befreiung von den Transporten unter anderem nach Auschwitz zu wirken, die im Oktober 1944 von Theresienstadt aus ihren Weg nahmen. »Dies gelang in vielen Fällen, ein Erfolg, der jedoch meist beim nächsten Transport wieder zunichte gemacht wurde. So mußten verschiedene unserer besten Leute den schweren Weg antreten. Spier [gemeint ist Jo Spier, d. Verf.] und ich besuchten in der ›Schleuse‹ [jenem Bereich des KZs, von wo die Deportationen ihren Ausgang nahmen] regelmäßig die Niederländer, doch wir konnten nichts für sie tun.«[235]

Bis zuletzt setzte er seine »Arbeit« als Leiter der Internierten fort. Mag er dabei auch noch so gute Absichten verfolgt haben, alles lief stets über die Köpfe der Gefangenen hinweg und manchmal sogar unter Aufopferung ebenjener, die er vorgeblich hatte beschützen wollen. »Man ist jedoch in solchen Augenblicken keine Person für sich mehr, sondern nur Träger der Arbeit, und da diese zum Bleiben verpflichtet, kann man sich selbst überwinden«, befand Cohen noch gute zehn Jahre später.

Vor dem 15. Juli 1942 hat er tatsächlich der mittlerweile vollkommen steuerlosen und wehrlosen jüdischen Gemeinschaft ungeheuer viel Hilfe geleistet. Danach war es eine Frage des Verzögerns und Verschleppens nach dem Motto »retten, was es zu retten gibt«. Diese Verschleppungs- und Rettungsarbeit erfolgte nicht etwa ohne Ansehen der Person, sondern war im Gegenteil darauf gerichtet, die »Besten« für den Aufbau nach dem Krieg zu retten. Ebendies ist, was man Cohen noch während und vor allem nach dem Krieg schwer angekreidet hat, wie auch, daß er sich stets als der unantastbare Führer über die Masse gestellt hatte. Denn der Führer mußte bleiben, um die verbliebenen Leute führen zu können, während jedesmal ein anderer Teil der jüdischen Gemeinschaft zu gehen hatte. So war es auch, als im Mai 1943 die Hälfte der sogenannten »Sperren« der Mitarbeiter des Joodse Raad aufgehoben wurde, was

Cohen bereits am 26. Februar jenes Jahres hatte kommen sehen. Bereits damals teilte er einem Abteilungsleiter folgendes mit: »Nicht auferlegt wurde uns die Aufgabe, vor der wir uns eigentlich gefürchtet hatten, nämlich daß von unserer Seite dazu übergegangen werden sollte, jene zu bestimmen, die zum Arbeitseinsatz abgestellt werden. Dies wird wie bisher von den Deutschen erledigt werden. Wir werden jedoch letztlich beurteilen müssen, welche Mitarbeiter hier werden zurückbleiben dürfen.«[236]

Von den 17 500 Menschen, die zu einem bestimmten Zeitpunkt für den Joodse Raad gearbeitet hatten, waren damals noch 13 000 bis 15 000 übrig. Doch im Mai 1943 war es so weit, die Hälfte mußte gehen. Als Aus der Fünten drohte, daß er im Verweigerungsfall persönlich Buchstaben auswählen und die Träger von mindestens 7 500 Namen, die mit den betreffenden Buchstaben anfingen, zur Deportation vormerken würde, bekannte sich Cohen weiterhin zu seiner Pflicht und beschloß, die Sache in die eigene Hand zu nehmen. »Um Schlimmeres zu verhindern« war Cohens Devise, mit der er manche Entscheidung begründete und bekräftigte. Man stelle sich vor, auf Aus der Füntens Liste wäre der Buchstabe »A« von Asscher, das »C« von Cohen oder irgendein anderer Buchstabe einer »unverzichtbaren« Führungspersönlichkeit aufgetaucht. »Der Joodse Raad sprach sich mit einzelnen Ausnahmen dafür aus, daß wir selbst die Wahl treffen sollten, weil wir so jene würden behalten können, die für die Organisation unverzichtbar waren. ... Dies würde zweifellos die schwerste Aufgabe sein, derer wir uns bis dahin entledigt hatten, doch sie war notwendig, weil sie die Fortsetzung der Arbeit ermöglichte. ... Mir war es um das übergeordnete Interesse der Sache zu tun, hinter das in schwierigen Zeiten das Interesse des einzelnen zurückzutreten hat«, so lautete Cohens Rechtfertigung in diesem Punkt.

Hat man aber das Recht, Menschen in wertvolle und weniger wertvolle Angehörige einer Gemeinschaft einzuteilen? Hat man das Recht, über Menschen zu verfügen? Das »Sperre-System«, das übrigens nicht nur vom Joodse Raad angewandt wurde, hat ohne Zweifel Menschen das Leben gerettet, weil sie dadurch erst später deportiert wurden oder die Gelegenheit nutzen konnten unterzutauchen. Auf der anderen Seite jedoch weckte es den trügerischen Anschein, daß wer, wie die Mitarbeiter des Joodse Raad, »gesperrt« war, auch sicher war.[237]

Bei der Rechtfertigung seiner Entscheidung, die »Arbeit« fortzusetzen und die eine Hälfte der Mitarbeiter zu opfern, damit die andere Hälfte bleiben konnte, hat Cohen im übrigen vergessen, einem drohenden Aufstand innerhalb des Joodse Raad zu erwähnen, gegen den er mit einer Demonstration der Autorität und mit Drohungen vorgegangen ist.[238]

In den zahlreichen Abteilungen des Joodse Raad war natürlich auch eine ganze Schar ungeschulter Leute beschäftigt, die als Angehörige des Personals ebenfalls durch die »Sperre« des Joodse Raad geschützt wurden. Weil sie in manchen Arbeitsbereichen unverzichtbar waren, sind aus dem Kreis dieser Ungeschulten ebenfalls manche bis zuletzt vor Deportation bewahrt geblieben: Laufburschen, Arbeiter in der Wäscherei, usw. Die ersten Aufforderungen zur Deportation waren an junge, insbesondere ausländische Juden ergangen, wie etwa an die gebürtige Deutsche Margot Frank, die Schwester Anne Franks, woraufhin die gesamte Familie im berühmten Achterhuis untertauchte. Die niederländischen Juden folgten bald. Wer weder über den sogenannten »Arbeitseinsatz« beim Joodse Raad beschäftigt war noch als Intellektueller so lange wie möglich geschont wurde, war nach dem August 1942 vogelfrei. Als erstes für Deportation in Frage kam das größtenteils »ungesperrte« jüdische Proletariat, das aufgrund der Befreiung anderer – es ging den Deutschen, wie sich bald herausstellte, nicht um Rang oder Stand, sondern um Zahlen – nahezu im Ganzen abtransportiert wurde.

Gerard Polak, der damals beim Centrale Voorlichtingsdienst (zentraler Informationsdienst) des Joodse Raad beschäftigt war, gab ab Juli 1942 Auskunft über den Freistellungsmechanismus der Sperren. »Das Amsterdamer Proletariat kam mehrheitlich nicht in Frage für die Sperren, die gewährt wurden aufgrund der Funktion, die man innerhalb der jüdischen Gemeinschaft erfüllte. Für den Küster einer kleinen Synagoge etwa oder für den Gebäudereiniger, der das Gebäude des Joodse Raad saubermachte, gab es vielleicht eine

Sperre, doch die große Masse des Proletariats hatte keine Beziehungen zum jüdischen öffentlichen Leben. Es waren dies gute, glühende Sozialisten, denen zu helfen ihre Partei sich oft schwer tat«, so Polak.[239] Wenn diese »ungesperrten« Proletarier das Konzentrationslager überlebten, so war dies in erster Linie ihrer jugendlichen physischen und mentalen Kraft zuzuschreiben und daneben schlichtweg einer riesigen Portion Glück. Ältere Menschen über fünfzig, die ebenfalls schon bald auf den Transport geschickt wurden, und Kinder bis sechzehn, soviel wehrloser als Menschen in ihren besten Jahren, sind nach den Angaben des Roten Kreuzes von 1947 denn auch praktisch ausgerottet worden.[240]

Beim ersten Aufruf hatten die Opfer acht Tage Gelegenheit, sich reisefertig zu machen. Täglich reisten achthundert Menschen nach Westerbork ab. Die Deutschen stellten die Namenslisten zusammen und übergaben diese dem Joodse Raad zur Zustellung. Diese erfolgte allerdings erst, nachdem in einer Geheimabteilung überprüft worden war, ob Namen von Personen aus dem Umkreis von Cohen oder Asscher oder von Personal der Mitglieder des Joodse Raad aufgeführt waren. Diese wurden dann, wie Gertrude van Thijn-Cohn berichtet, durchgestrichen.[241]

Der erste Widerstand gegen die Besatzer war aus dem Amsterdamer Judenviertel gekommen, wo sich Schlägertrupps gegen den NSB bildeten. Der zweite und nunmehr massenhafte Widerstand der Juden setzte ein, als man den Aufforderungen einfach nicht Folge leistete und zu Hause blieb. Die Antwort der Deutschen darauf war der Terror der Razzia. Unterstützt von Sondereinheiten der niederländischen Polizei veranstalteten sie nachts Treibjagden, wobei sie die Leute aus ihren Wohnungen holten und sie in der Hollandse Schouwburg in Amsterdam internierten. Dort wurden, während die Festgenommenen auf ihre Deportation über Westerbork in den Osten warteten, allerlei verwaltungstechnische Angelegenheiten geregelt und in manchen Fällen sogar doch noch eine Befreiung vom Abtransport erwirkt. Die bereits mehrfach erwähnte Gertrude van Thijn-Cohn, die im Juli 1942 in der Abteilung Hilfe für Abreisende des Joodse Raad beschäftigt war, äußert sich darüber in Worten, die von den getrennten Welten von jüdischem Proletariat und jüdischer

Bourgeoisie kein treffenderes Bild hätten geben können: »Am Anfang war es vor allem das Proletariat, das sich zu unseren Sprechstunden einfand; nie zuvor hatte ich begriffen, daß ein solch großer Teil der Armen Amsterdams Juden waren. Viele Familien kamen mit sieben oder acht Kindern, die allesamt schwachsinnig waren. Es kamen zahlreiche Familien, von denen zwei oder drei an Trachom litten. Ich mußte ihnen bei der Arbeit wohl oder übel oft die Hand reichen und hatte deshalb, obgleich ich von Natur aus nicht übertrieben zimperlich bin, immer eine Schüssel mit Lysolwasser unter meinem Pult stehen.«[242]

Doch nicht nur das jüdische Proletariat ging zugrunde. Innerhalb von etwas mehr als einem Jahr wurden die Alten, Waisen, Mitglieder des Joodse Raad, Schwachsinnige, Religionsführer, ganze Krankenhauspopulationen vom Baby bis hin zum Hochbetagten abtransportiert, um in der Fremde »unter Polizeiaufsicht zu arbeiten«. Das zutiefst Tragische ist, daß der Auftakt zur endgültigen Liquidierung durch den Abtransport von siebentausend Mitarbeitern des Joodse Raad zeitlich mit den Streiks vom April/Mai in den Niederlanden zusammenfiel. Denn diese Streiks waren kein Protest gegen das, was den Juden angetan wurde, sondern richteten sich dagegen, daß sämtliche niederländischen Männer, die im Mai 1940 der Armee angehört hatten, nach Deutschland abtransportiert zu werden drohten.

In den Niederlanden verblieben am Ende nur die getauften oder »arisierten« Juden beziehungsweise jene, die auf diese »Arisierung« warteten, die untergetauchten Juden, die Juden, die in Mischehen lebten, und schließlich, bis zum 29. September 1944, die »gesperrten« Juden, die auf Schloß de Schaffelaar in Barneveld festgehalten wurden, darunter David Cohen. Als auch für das Lager Westerbork die Befreiung kam, hielten sich dort nur noch weniger als tausend Juden auf.

Als die Mitarbeiter des Joodse Raad sich schließlich gegenseitig für den Abtransport bestimmen mußten, haben sie buchstäblich und im übertragenen Sinn um ihr Leben gekämpft. Dieses Wissen und die Tatsache, daß spätestens, als von den ersten deportierten Lieben kein Lebenszeichen mehr kam, kein vernünftig denkender Mensch noch an einen zivilisierten Arbeitseinsatz in Deutschland glaubte, bringt uns auf die Frage, was man wußte, was insbesondere die Leiter des Joodse Raad gewußt haben. Beim Eichmann-Prozeß hat Dr. J. Michman, der sich damals Joop Melkman nannte, folgende Aussage gemacht: »Edelstein kam im März [1941] aus Prag, und seine Aufgabe war es, den Juden zu zeigen, wie sie einen ›Judenrat‹ bilden und wie sie mit den Deutschen zusammenarbeiten sollten. ... Wie die Beziehungen zu den Deutschen gestaltet sein sollten, denn die Juden Hollands hatten davon offensichtlich keine Vorstellung. Ich nahm mit ihm teil an dem Treffen des Vorstandes des Zionistenbundes im Haus des Präsidenten des Bundes, der später in Bergen-Belsen starb.«[243] »Es sei gesagt, daß Edelstein auf mich den Eindruck eines ehrlichen und engagierten Juden, eines überaus loyalen Juden machte. Er schilderte uns die Lage in der Tschechoslowakei in den schlimmsten Farben, schilderte die Zwangsarbeit und erzählte uns, daß die Deutschen uns umbringen wollten. Offenbar wußte er nicht, wie, doch er sagte, daß sie vorhätten, uns zu ermorden, und daß es für uns darauf ankomme, standhaft zu bleiben. Er beklagte sich darüber, daß die Juden Hollands den Ernst der Lage nicht erkannten. Sie fühlten sich ermutigt durch den Streik, der einen Monat zuvor stattgefunden hatte, und glaubten, daß die Bevölkerung Hollands nicht zulassen würde, daß die Deutschen ihre Pläne auch in Holland zur Ausführung brächten. Er warnte uns, daß uns große Gefahr drohe. Und dennoch nahmen wir seine Aussagen nicht so auf, wie er sich erhoffte.[244] Frage: ›Wer hatte ihn nach Holland geschickt?‹ Melkman: ›Die deutschen Behörden. Sonst wäre es ihm niemals möglich gewesen zu kommen.‹«[245]

Für das niederländische Judentum kam der Februarstreik von 1941 wohl zu früh und der Eisenbahnstreik vom September 1944 zu spät. Die Hoffnung auf Hilfe von seiten der niederländischen Gesellschaft hatte sich nach dem Februar 1941 ein für allemal zerschlagen, und von den niederländischen Behörden war, wie sich bereits in einem sehr frühen Stadium des Krieges zeigte, gar nichts zu erwarten.

Wußten die Führer des Joodse Raad wirklich nicht, wozu die Deutschen imstande waren, als sie ihre Aufgabe auf sich nahmen?

Die Besatzung dauerte kaum einen Monat, als Asscher und Cohen, seinerzeit noch im Vorstand des Comité voor Bijzondere Joodse Belangen, bereits von den Deutschen aufgefordert wurden, die Millionen, die für die Versorgung der sich in den Niederlanden aufhaltenden Flüchtlinge benötigt wurden, von den Juden selbst aufbringen zu lassen. Sam de Wolff bezeichnet diese erste Konfrontation vom Juni 1940 als »den ersten Schritt zum Joodse Raad«.[246]

Selbstverständlich nahmen Asscher und Cohen die Verantwortung für die Geldbeschaffung auf sich, schließlich wären die Flüchtlinge gnadenlos deportiert worden, wenn sie sich weigerten. Sie führten daraufhin die bereits erwähnte Steuer auf Vermögen und Besitz ein, aus deren Ertrag sämtliche die Juden betreffenden Kosten bestritten wurden.

In seinen *Herinneringen* streitet Cohen kategorisch ab, irgend etwas vom Todesschicksal in Polen gewußt zu haben. »Wenn ich in der Zeit der Hilfsarbeit gewußt hätte, was im Osten geschah, so hätte ich diese Arbeit nicht getan. Man mag sagen, daß sie dann um so dringender geboten gewesen wäre und auch als dringender geboten empfunden worden sein müßte. Doch es wäre undenkbar gewesen, mit Leuten umzugehen, von denen ich gewußt hätte, daß sie die Mörder meines Volkes waren.«[247]

In jedem Fall hätte er wissen können, daß die deutsche SS es sich zum Ziel gesetzt hatte, die Juden auszurotten. Er kannte *Mein Kampf*. Er kannte wie kein anderer die Geschichten über das mörderische Regime: Er hatte sie über die dreißiger Jahre hinweg immer wieder aus dem Munde der Flüchtlinge erfahren. Angesichts seiner zahlreichen internationalen Kontakte und seiner Mitarbeit an jenen jüdischen Wochenblättern, die die Nachrichten über das Schicksal der Juden in Deutschland bis ins Detail verfolgten, muß er gewußt haben, was sich bereits zuvor in Deutschland, in Polen und in der Tschechoslowakei abgespielt hatte. Glaubte er wirklich, daß dies in den Niederlanden nicht geschehen würde? »Die Dinge werden so oder so kommen«, hatte er an Visser geschrieben. Zudem mußte er als Vorsitzender des Joodse Raad das Protokoll der achtzigsten Sitzung der Zentralen Kommission des Joodse Raad am 12. Februar 1943 kennen, in dem es heißt, daß die Familie des ermordeten jungen Oberrabbiners Ph. Frank »abtransportiert wurde, um in Polen vergast zu werden. Soweit bekannt, ist keiner von ihnen zurückgekehrt«.[248]

Wer ebenfalls mit Sicherheit nicht, wie suggeriert worden ist, naiv in die Zeit des Krieges eintrat, ist Abraham Asscher. Bereits 1938 hatte er in aller Klarheit erkannt, was von den Nazis zu erwarten war. In einem in jenem Jahr verfaßten Leserbrief an das *NIW* greift er Chefredakteur Staal an, der sich kritisch über die Juden in Deutschland geäußert hatte. Asscher schreibt: »Erlauben sie mir freilich, noch größeres Befremden zu bekunden über Ihre Aussage: ›Ja, wir sind der Ansicht, daß nicht alles am Nationalsozialismus gleichermaßen verwerflich ist.‹ Nein, Herr Chefredakteur, wir wissen, daß Nazismus Entrechtung, Beraubung, Mord, Sklaverei, Religionshaß bedeutet, all dies zu Macht gelangt durch Lügenpropaganda, Korruption und Betrug. Wir wissen, daß in ihm die Menschlichkeit, die Familie, die Religion und der Rechtsstaat sich ihrem realsten und gewissenlosesten Feind gegenübersehen, der seit Jahrhunderten sein Haupt erhoben hat.«[249] In der Zeit, als die siebentausend zur Deportation vorgemerkt werden mußten, machte folgender Witz die Runde: Die Vorsitzenden des Joodse Raad werden zum Chef der SS zitiert, der ihnen mitteilt, bis auf sie beide und ihre jeweiligen Nächsten würden sämtliche Juden, die sich noch in Amsterdam aufhalten, »vergast«. Wenn einer von ihnen (Asscher) heftig protestiert, wird ihm das Maul gestopft. Der andere Vorsitzende (Cohen) bittet daraufhin schüchtern um die Erlaubnis, etwas fragen zu dürfen. Als ihm diese erteilt wird, fragt er unterwürfig: »Kümmern sich die Deutschen um das Gas oder der Joodse Raad?«[250]

Was wußte man? Kam nicht schon darin, daß der Joodse Raad »joodse verraad« (jüdischer Verrat) und die Abteilung Hulp voor Vertrekkenden (Hilfe für Abreisende) »hulp voor verrekkenden« (Hilfe für Krepierende) genannt wurde, die weitverbreitete Überzeugung zum Ausdruck, daß man, einmal aus den Niederlanden fort, der Verdammnis entgegenging?

Weshalb trugen manche Leute trotz ihrer »Sperre« aufgrund ihrer Spitzenfunktion innerhalb des Joodse Raad stets Zyankali bei sich?[251] Ist es zudem nicht erstaunlich, daß man sich bis auf einen einzigen

Fall nicht die Mühe gemacht hat, von den Deutschen oder auf anderem Wege herauszubekommen, wo die Menschen geblieben waren? Und wie sie den sogenannten »Arbeitseinsatz« erlebten?

»Wo sind sie? Wir wissen es nicht! Welches Schicksal ihnen beschieden ist, ist uns unbekannt«, fragte R.H. Eitje, einer der engsten Mitarbeiter Cohens im Flüchtlingswerk und Mitglied der Sperrenkommission, an Cohens sechzigstem Geburtstag 1942.[252]

Selbst ein kleines untergetauchtes Mädchen wie Anne Frank hatte bereits von ihrer nichtjüdischen Helferin Miep Gies vom drohenden Schicksal erfahren und schenkte dem als deutsches Flüchtlingskind Glauben. In ihrem Tagebuch schreibt sie am 9. Oktober 1942: »Wenn es in Holland schon so schlimm ist, wie muß es dann erst in Polen sein? Wir nehmen an, daß die meisten Menschen ermordet werden. Der englische Sender spricht von Vergasungen, vielleicht ist das noch die schnellste Methode zu sterben.«[253]

Auf einer Sitzung der Zentralen Kommission des Joodse Raad am 8. September 1942, dem jüdischen Neujahrstag, sprach Cohen folgenden Neujahrswunsch aus: »Wir werden versuchen zu retten, was es zu retten gibt, um mit diesem verbleibenden Rest zu versuchen, zu gegebener Zeit die Kraft der Juden aufs neue zur Entfaltung zu bringen.«[254] Gestand Cohen damit nicht ein, daß er die seit Juli 1942 Deportierten als »verloren« betrachtete? Nicht von ungefähr zählte der Joodse Raad so viele Freiwillige zu seinen Mitarbeitern, zumal nachdem die Deportationen angefangen hatten. Von diesem Zeitpunkt an ergab sich ein Zulauf, und sei es auch nur um eine unbezahlte Arbeit beim Joodse Raad zu ergattern und damit, zumindest vorläufig, geschützt zu sein. Man sprang aus Eisenbahnzügen, man versuchte, aus Westerbork zu fliehen, man saß stunden-, ja tagelang in der Expositur des Joodse Raad, um eine Aufhebung der Aufforderung zur Deportation zu erwirken.[255]

J.S. van der Hal, seinerzeit einer der drei Ärzte, die in der Hollandse Schouwburg eingesetzt wurden, um den Kranken noch ein wenig beizustehen und sie dort zu pflegen, sagte erst kürzlich, im Jahr 1995, aus: »Ich hielt es sehr wohl für notwendig, daß eine Führung zustande kam, weil wir ohne Führer vollkommen verloren waren. ... Dadurch wurde eine Lücke geschlossen, es war eine wün-

schenswerte Sache, eine Organisation zur Führung der jüdischen Desperados auf die Beine zu stellen, denn die Leute waren verzweifelt. Unbewußt war ihnen durchaus klar, was bevorstand. Das ahnten wir instinktiv.«[256]
Bereits vor dem Krieg ahnte man dies, wie Abel Herzberg, dessen Schilderung dieses Kapitel einleitete, so treffend beschrieben hat. »Wir Juden werden eines Tages von hier fort müssen«, pflegte die einfache Mutter des Historikers Jacques Presser bereits in den Vorkriegsjahren zu sagen.[257]
In England »wußte« man, in Polen »wußte« man, in der Schweiz »wußte« man, und auch in Deutschland wußten viele Juden Bescheid, was sie erwartete. In Dresden führte Victor Klemperer, Professor für Philosophie und Romanistik, während des gesamten Krieges ein Tagebuch. Am Montag, den 16. März 1942, hält er fest: »Als furchtbarstes KZ hörte ich in diesen Tagen Auschwitz (oder so ähnlich) bei Königshütte in Oberschlesien nennen. Bergwerksarbeit, Tod nach wenigen Tagen. ... Nicht unbedingt und sofort tödlich, aber ›schlimmer als Zuchthaus‹ soll Buchenwald bei Weimar sein.«[258] Am Samstag, den 17. Oktober, notiert er in Zusammenhang mit der Nachricht vom Tod zweier ihm bekannter Frauen – eine der beiden hatte verbotenerweise Fisch in ihrem Eisschrank, und die andere hatte auf dem Weg zum Arzt die Straßenbahn benutzt –: »Beide wurden von dem Frauenlager in Mecklenburg nach Auschwitz transportiert, das ein schnell arbeitendes Schlachthaus zu sein scheint.«[259] Am 27. Februar schreibt ein äußerst bedrückter Klemperer anläßlich einer Proklamation Hitlers: »Niemand hatte sie selber gelesen, aber es hieß, sie drohe noch unverhüllter mit der Ermordung aller Juden als selbst die letzte Goebbels-Rede. ... Gerade jetzt ist nicht mehr anzunehmen, daß irgendwelche Juden lebend aus Polen zurückkehren. Man wird sie vor der Räumung töten. Übrigens wird längst erzählt, daß viele Evakuierte nicht einmal erst lebend in Polen ankommen. Sie werden in Viehwagen während der Fahrt vergast, und der Waggon hält dann auf der Strecke an einem vorbereiteten Massengrab.«[260]
Zur gleichen Zeit saß ein zehnjähriges polnisches Mädchen, Stella Madej, zusammen mit ihrer Mutter im Lager Birkenau ein. Sie

wußten, daß das Ziel ihrer Internierung nicht der »Arbeitseinsatz«, sondern der Tod war. Den Aufzeichnungen Stellas entstammt folgendes Zitat: »Das Lager wird regelmäßig besucht von bestimmten wichtigen Kommissionen. Wie manche sagen, hat man vor, bei uns ein Krematorium zu errichten. Andere behaupten, daß das unmöglich sei, weil es sich nicht rentiere. Nach Auschwitz sei es nicht sehr weit, und angeblich ist dort in den Gaskammern noch genügend Platz für jeden. Früher, als ich noch nicht gehört hatte, daß Menschen in den Gaskammern den Erstickungstod starben, hatte ich am meisten Angst vor dem Tod durch Erhängen. Jetzt, da ich die Erwachsenen oft reden höre über die Erstickung von Menschen in Gaskammern mit etwas, das ›Zyklon‹ heißt, bekomme mich schon allein bei dem Gedanken an einen solchen Tod Atembeklemmungen.«[261]

Und auch in Belgien, jedenfalls in Antwerpen, wußte man, was »Arbeitseinsatz« bedeutet. Jenny Gans-Premsela, die zusammen mit ihrem Mann, dem späteren Gründer der Jüdischen Koordinationskommission in Genf, im Sommer 1942 über Belgien und Frankreich in die Schweiz floh, schreibt in ihrem Buch *Vluchtweg* (Fluchtweg), daß sie bereits in Antwerpen, kaum eine Eisenbahnstunde von Amsterdam, zu hören bekam, daß die Deportationen in den Niederlanden angefangen hatten und daß es nicht um Arbeitslager ging, sondern um Gaskammern.[262] In der Schweiz antwortete sie im Rahmen eines Verhörs auf die Frage, weshalb sie geflohen sei: »Wir sind geflohen, weil wir jüdisch sind. Von den Niederlanden werden die Juden nach Konzentrationslagern in Deutschland und Polen abtransportiert und dort ermordet.«[263] Sie ist davon überzeugt, daß die Mitglieder des Joodse Raad wußten, daß »Arbeitseinsatz in Deutschland« einen sicheren Tod bedeutete. Am Tag der Ankündigung der Deportationen trat der Joodse Raad zu einer Sitzung zusammen. Als ihr Mann später am Nachmittag zum Joodse Raad ging, um sich zu erkundigen, war offensichtlich, daß die Mitglieder des Raad vereinbart hatten, keine Panik auszulösen. Einer von ihnen jedoch, Dr. D. M. Sluys, sagte beim Händedruck zu Gans: »Wir werden uns auf dieser Erde nicht wiedersehen.« Mit anderen Worten: vom »Arbeitseinsatz« kehrt man nicht lebend zurück.[264]

Ab Anfang Mai 1942, als ihre Registrierung abgeschlossen war, mußten die Juden, um sie für jedermann sichtbar weiter auszugrenzen, nunmehr den Judenstern auf ihrer Kleidung tragen. Einer der Mitglieder des Joodse Raad, der deutsche Universitätsprofessor J. Brahn, meinte dazu: »Nun werden sie uns überall hetzen, wo sie uns nur finden können. Es ist der Anfang vom Ende. ... Ich bin bereit, alles auf mich zu nehmen und zu ertragen, mit Ausnahme natürlich von Polen.«[265] Am 28. Juni 1942 hielt einer der vier engsten Mitarbeiter von Seyß-Inquart, Generalkommissar Schmidt, eine Rede, in der er prophezeite, daß die Juden »genauso arm und verlaust« in das Land ihrer Herkunft zurückgeführt werden würden, wie sie es verlassen hatten. Einen Monat später hielt Schmidt eine Ansprache, in der noch von wesentlich schlimmeren Dingen die Rede war. Trotz aller Rationalisierung, Hoffnung und sogar Optimismus war die Angst vor Polen unermeßlich groß und der Prozentsatz derer, die sich weigerten, der Aufforderung Folge zu leisten, dementsprechend hoch, was wiederum die neue Methode nächtlicher Razzien zur Folge hatte. So trafen in den Tagen vom 15. bis zum 31. Juli 1942 bereits sechstausend Juden im Polizeilichen Durchgangslager Westerbork ein.

Auch Artikel in der Untergrundpresse sprachen vom sicheren Tod als Endziel der Deportationen, und Ende Dezember 1942 bestätigte der englische Außenminister Eden die Existenz von Vernichtungslagern. »Die fieberhafte Spannung, mit der man Befreiung – oder auch Aufschub – zu erwirken suchte, die Verzweiflung, mit der man schließlich der Unausweichlichkeit ins Auge sah, die Reise in eines der Sammellager anzutreten, vor allem aber die panische Angst, die in Westerbork und Vught aufkam, wenn man in einem der Züge die Reise nach Auschwitz antreten mußte, all dies«, so schließt W. Warmbrunn, »läßt vermuten, daß die Juden, die deportiert wurden, unbewußt mehr über ihr letztendliches Schicksal ›wußten‹, als sie sich selbst einzugestehen wagten.«[266]

Wie hat Cohen die ersten Deportationen erlebt und wie hat er seine Unwissenheit über das Ziel der Reise verteidigt? In seinen *Herinneringen* erstattet er darüber in einer verhaltenen, fast mutlosen Art und Weise Bericht. »Ende Juni 1942 erhielten wir die Aufforderung, uns an einem Freitagabend in der Zentralstelle einzufinden. ... Ich erinnere mich, als hätte ich eine Vorahnung gehabt, daß etwas Schreckliches bevorstand. ... Es war ein Arbeitseinsatz vorgesehen für jüdische Männer und Frauen im Alter zwischen 16 und 40 Jahren, diesmal jedoch nicht in den Niederlanden, sondern in Deutschland. Dieser ›Arbeitseinsatz‹ würde ›polizeilich‹ sein und fiel daher in die Verantwortlichkeit der Zentralstelle. Sowohl ausländische wie auch niederländische Juden würden dazu aufgerufen werden – falls sie Familien hatten, mit der ganzen Familie.« Cohen hat sich also nie in der Illusion wiegen können, daß ausschließlich deutsche und andere nichtniederländische Juden betroffen seien.

»Wir waren über diese unerwartete Mitteilung natürlich zutiefst erschrocken. ... Am nächsten Morgen [das heißt an dem gleichen Tag, von dem Jenny Gans-Premsela sprach, d. Verf.] rief ich einige der einflußreichsten Mitglieder des Joodse Raad zusammen, um ihnen die schreckliche Nachricht mitzuteilen. In Erwartung der Sitzung des Joodse Raad, die am Nachmittag des gleichen Tages anberaumt war, billigten sie meine Entscheidung.« Cohen war demnach schon im voraus zur Mitwirkung bereit, weil er befürchtete, die Deutschen würden »glauben, den Arbeitseinsatz leichter ohne den Joodse Raad mit Hilfe von Gewaltmaßnahmen durchführen zu können«. Cohen hält in seinen *Herinneringen* weiterhin an seiner Meinung fest, daß er das Richtige getan habe und daß die Existenz des Joodse Raad und seine Entscheidung zur Mitwirkung, »auch bei den Deportationen«, richtig und notwendig gewesen seien. Er »vergibt« den Menschen, die sich ihrem Schicksal entzogen haben, indem sie untertauchten, doch: »Hätte ich mich dieser Pflicht zu helfen, die mein Leben ausgefüllt hatte, dadurch entzogen, daß ich mich selbst in Sicherheit gebracht hätte, so hätte ich mir dies selbst nie verziehen. ... Damit meine ich nicht«, so setzt Cohen sein Plädoyer fort, »daß ich denen, die sich in Sicherheit gebracht haben, dies vorwerfe oder mich für ihnen überlegen halte. Sie hatten nicht nur das Recht, sondern geradezu die Pflicht, ihr eigenes Leben und das ihrer Familie zu retten«, und nun folgt des Pudels Kern, »doch die meisten von ihnen blickten nicht auf ein Leben zurück, das ganz dem Engagement für die jüdische Sache geweiht war. Als ich den zweiten Entschluß faßte und im Joodse Raad nach manchem Zweifel für die Mitwirkung plädierte, war es sicherlich dieser Wille, der mich mehr als alles andere antrieb ...«[267]

Als man Ende Juli 1942 beim Joodse Raad von einigen Mitarbeitern des Joodse Raad in Westerbork erfuhr, daß der erste Transport in Güterwagen stattgefunden hatte, war Cohens Reaktion darauf wie folgt: »Ich überlegte mir, daß, wenn die Deportationen in dieser Form abliefen, Arbeit unmöglich das Endziel sein konnte, sondern daß die Deportierten einer ungewissen Zukunft, vielleicht dem Tod entgegengingen. Wir besprachen, was wir tun konnten, und ich erklärte, daß ich am nächsten Vormittag die Zentralstelle anrufen würde.« Zusammen mit Asscher begab er sich zur Zentralstelle und machte dort seiner Empörung über die Vorgehensweise Luft, woraufhin er wortwörtlich hinzufügte, »daß dies für mich ein Beweis dafür war, daß die Juden nicht in den Osten geschickt werden, um dort zu arbeiten, sondern daß man sie ›abschlachten‹ [im Original deutsch] würde«. Dadurch erreichte er, daß man ihm versprach, künftig Personenwagen einzusetzen. »Im Zuge der Ermittlungen, die man gegen mich geführt hat, haben manche geglaubt, in diesem Wort ›abschlachten‹ einen Beweis dafür gefunden zu haben, daß ich über das eigentliche Ziel der Reise Bescheid gewußt oder dieses zumindest erahnt hätte. Ich muß zugeben, daß ich selbst nicht weiß, weshalb ich es ausgesprochen habe. Zweifellos wurde es mir durch die Art und Weise des Transports suggeriert, doch über mehr Informationen verfügte ich nicht. ... Als man sogleich einräumte, daß ich recht hatte, und Personenwagen eingeführt wurden, habe ich den Gedanken vom Verstand her von mir gewiesen, nicht zuletzt weil wir im Lauf der Zeit Nachrichten aus dem Osten erhielten, die auf Beschäftigung hindeuteten, die es auch tatsächlich gab.«[268]

Verdrängen, weil man führen will – dies muß David Cohen zur zweiten Natur geworden sein. Er hat seine Organisation und seine Arbeit stets verteidigt, bis an die Grenze des Absurden: Etwa indem er den Aufenthalt in der Hollandse Schouwburg, wo Leute alles Mögliche taten, um hinauszugelangen, und wo sich schreckliche Szenen abgespielt haben, sogar als »gut« bezeichnete.[269] Der verhaßte Max Bolle, der Allgemeine Sekretär des Joodse Raad und dritter Mann hinter den beiden Vorsitzenden, dessen »Bolle-Brief« die begehrte »Sperre« für Mitarbeiter des Joodse Raad verschaffte, wird von Cohen charakterisiert als »für den Joodse Raad praktisch unverzichtbar. Einem Mann von seinem Organisationstalent bin ich nie mehr begegnet«.[270] Gleichzeitig kursierte allerdings das Gerücht, daß Bolle eben wegen seines »Organisationstalentes«, wegen seines Verhaltens innerhalb des Joodse Raad, das unter anderem dazu beigetragen hatte, daß Juden möglichst unauffällig und regelmäßig in den Osten verschwanden, von jüdischen Glaubensgenossen im KZ ermordet worden war. Und noch nach der Razzia, bei der diejenigen der siebentausend Aufgerufenen, die weggeblieben waren, nachträglich aufgegriffen wurden, hielt Cohen es für geboten, folgendes festzuhalten: »Dennoch wurde die notwendige Arbeit mit dem kleineren, aber hervorragenden Mitarbeiterstab, den wir behalten hatten, ordentlich weitergeführt. ... Ich vergesse jedoch nicht den Anblick derer, die die Reise antreten mußten, hervorragende Arbeiter und Arbeiterinnen, mit denen ich eng zusammengearbeitet hatte und denen ich nun lediglich ein letztes Wort des Abschieds auf dem Polderweg oder später am Zug zusprechen konnte.«[271] Und: »Die schrecklichen Szenen, die sich unter den Verzweifelten abspielten, die keine Rettung mehr sahen, lassen sich nicht beschreiben.«[272]

Mag Cohen auf einen guten Ausgang gehofft haben, seine Ehefrau, die anderen half unterzutauchen, obwohl er davon abriet, weil er seine »Mengenvorgaben« zu erfüllen hatte, und seine Tochter Virrie, die gegenüber der Hollandse Schouwburg in einer Tagesstätte für zur Deportation vorgesehene jüdische Kinder arbeitete, taten dies nicht. Virrie Cohen als Leiterin und Mirjam Cohen als Kinderpflegerin der Kindertagesstätte standen im Mittelpunkt des Widerstandes gegen den Abtransport von Kindern. »Es sind Kinder auf Transport geschickt worden. Hunderte und Aberhunderte. Mit und ohne ihre Eltern. Wenn die Zahl der Juden, die den Deutschen für einen Transport vorschwebte, nicht erreicht werden konnte, wurde manchmal für Aufstockung durch Kinder aus der Tagesstätte gesorgt. Dann überquerte ein Troß Kinder, die Ranzen auf den Rücken gebunden, die Straße von der Tagesstätte zur Hollandse Schouwburg«, erzählte Virrie Cohen später. »Für den Arbeitseinsatz« und »um Schlimmeres zu verhindern«, wie ihr Vater sagte. »Ich kann mich nicht entsinnen«, so Virrie Cohen, »daß mein Vater in der Zeit, als wir in der Kindertagesstätte arbeiteten, jemals bei uns hereingeschaut hat. Ich besuchte ihn meinerseits niemals in seinem Büro beim Joodse Raad. Niemals haben wir mit ihm über unsere Arbeit gesprochen. Jeder hatte damals seine Aufgabe. Wir glaubten alle, im Interesse der Juden zu handeln. Er wußte, was wir taten.«[273]

In gutem Glauben? Spätestens in Theresienstadt jedenfalls galt dies für Cohen nicht mehr, und dennoch hat er dort Leute ausgesucht, die für das Lager »von Nutzen« sein könnten, und verurteilte damit die übrigen, die auf den Transport geschickt wurden, zum Vernichtungslager. So sehr er später auch Reue darüber gezeigt hat – hat er irgendwann auch nur protestiert? »Offiziell einige Male, ... doch ich hatte nie die Vorstellung, daß es etwas nützen würde. ... Ich war im allgemeinen auch gegen Proteste. Ich hielt sie für sinnlos und lediglich geeignet, schärfere Maßnahmen zu provozieren. Proteste nützen meines Erachtens nur, wenn sie von einflußreichen Gruppen ausgehen, und das waren wir keineswegs.«[274]

»Prof. Cohen gehört noch zur alten Schule und schwört auf die Geheimdiplomatie vergangener Tage; seine Parole ist offenbar Enthaltung und Nichteinmischung, und seine Waffen sind Zaubersprüche und Beschwörungsformeln«, hieß es bereits 1938 im *NIW*. Man warf ihm vor, daß er sich für unentbehrlich hielt, »und dann stehen die Nachfolger nicht gleich parat!« Der *NIW*-Artikel schloß daraufhin mit der an Cohen gerichteten Forderung nach näherer Auskunft über die Prinzipien, die ihn bei der Flüchtlingsarbeit leiten, auch wenn es durchaus möglich wäre, daß man mit diesen Prinzipien nicht einverstanden sei.[275]

Für eine der unangenehmsten Eigenschaften Asschers hielt Cohen dessen große Offenheit. »... Er [Asscher, d. Verf.] hatte einen Fehler, über den jeder Bescheid wußte: Er konnte kein Geheimnis hüten.«[276]

David Cohen war eine Führerpersönlichkeit mit einer Beamtenmentalität, der zu Vorgesetzten ehrfürchtig aufblickte und gleichzeitig von seinen Untergebenen keinen Widerspruch duldete. Bis an sein Lebensende hat er unbeirrbar auf dem Standpunkt beharrt, daß er in Anbetracht der Umstände das Richtige getan habe und, erneut vor die Wahl gestellt, wieder das gleiche tun würde.

Es ist ungeheuer viel über den Joodse Raad geschrieben worden, nicht nur nach Kriegsende, sondern auch schon vorher. Gertrude van Thijn-Cohn verfaßte 1944, gestützt auf ihre Erinnerungen, den bereits erwähnten kritischen Bericht. Ebenfalls 1944 in Israel verfaßt und veröffentlicht und 1945 in Amsterdam erschienen ist das Standardwerk *Geschiedenis der Joden, laatste bedrijf* (Geschichte der Juden, letzter Akt) von Sam de Wolff. De Wolff übt Kritik an den am Joodse Raad beteiligten Personen, hält aber zugleich eine Rechtfertigung ihres Verhaltens für angebracht. Er geht die Schuldfrage von einem soziologischen Blickwinkel aus an.

Der nichtjüdische Anwalt K.P.L. Berkley, der mit der Tochter einer der führenden Figuren der Finanzabteilung des Joodse Raad, des später »arisierten« A. Krouwer, verheiratet und selbst in der Abteilung Reise- und Übersiedlungsgenehmigungen des Joodse Raad beschäftigt war, lieh seinen Namen einer zusammenfassenden historischen Darstellung von ehemaligen Mitgliedern des Joodse Raad, die noch während des Krieges verfaßt und 1945 veröffentlicht wurde. Obgleich diese *Overzicht van het ontstaan, de werkzaamheden en het streven van den Joodsche Raad voor Amsterdam* (Übersicht über Entstehung, Arbeit und Ziele des Joodse Raad für Amsterdam) eine dokumentarische Darstellung bietet, springt bereits auf den ersten Seiten die apologetische Absicht der Schrift ins Auge.[277]

1944 waren in Israel bereits weitere Broschüren und umfangreichere Schriften über die Ausrottung der niederländischen Juden erschienen, darunter das überaus sachliche Buch *Die Ausrottung der Juden im besetzten Holland: Ein Tatsachenbericht* von Jacob Harari.

Von den nach dem Krieg erschienenen Studien, in denen ausführlich auf den Joodse Raad eingegangen wird, sei – nach dem bereits erwähnten Buch von Sam de Wolff – an erster Stelle Abel Herzbergs großartig formulierte Apologie *Kroniek der Jodenvervolging* von 1950 erwähnt. 1965 erschien Jacques Pressers zweibändiges Werk

Ondergang: De vervolging en verdelging van het Nederlandse Jodendom (Untergang: Die Verfolgung und Vernichtung des niederländischen Judentums), eine Darstellung, die den Joodse Raad erneut in ein überaus kritisches Licht rückt. De Jong schlägt in seiner historischen Gesamtdarstellung *Het Koninkrijk der Nederlanden in de Tweede Wereldoorlog* (Das Königreich der Niederlande im Zweiten Weltkrieg) wieder einen gemäßigteren und besinnlicheren Ton an, dies im Gegensatz zu Hans Knoop, der 1983 das Buch *De Joodsche Raad* veröffentlichte, in dem über den Joodse Raad wieder ein vernichtendes Urteil abgegeben wird. Im Mai 1982 erschienen die 1956 von Cohen diktierten Erinnerungen in einer »Sonderausgabe« des *NIW*. Sie »ergeben eine grauenerregende Geschichte. Es ist mir schwergefallen, sie zu lesen«, bekannte Cohens Sohn Herman.[278]

In seinen *Herinneringen*, in denen Cohen bis zum Schluß nicht aufhört, sich zu rechtfertigen, fällt zweierlei auf. Erstens die Betonung der Arbeit, der Organisation, der »hervorragenden Leiter« bestimmter Abteilungen, der Richtigkeit von Cohens Politik und der dieser zugrunde liegenden Motive. Ein Thema wie der widerliche Nepotismus bleibt völlig ausgespart. Und ebensowenig wie in *Zwervend en Dolend* jemals ausdrücklich von einer persönlichen Verbundenheit mit den Flüchtlingen die Rede war, findet sich in Cohens *Herinneringen* ein solches Mitgefühl gegenüber der Mehrheit der Opfer angedeutet.

Zweitens fällt auf, daß er die Verantwortung ganz auf sich nimmt und mithin die Rolle seines Co-Vorsitzenden Asscher herunterspielt. Er konnte diese Verantwortung auf sich nehmen, weil er konsequent darauf beharrte, das Richtige getan zu haben: retten, hinhalten und Hilfe leisten. Vor der Deportation gerettet hat er über den Joodse Raad freilich – sich selbst eingeschlossen – so gut wie niemanden, zumindest niemanden, der nicht in einer Mischehe lebte oder getauft, »arisiert« oder sonstwie von den Deutschen freigestellt war. Insbesondere für seine Mitarbeiter hat er über den Joodse Raad eine Galgenfrist erwirken können, wodurch tatsächlich einer Handvoll Menschen das Leben gerettet wurde. Praktische Hilfe in den Niederlanden, Hilfe auf jeder erdenklichen Ebene, hat der Joodse Raad überreichlich geboten. Dank der Führerqualitäten und organisatorischen Begabung Cohens und seiner engsten Berater und Sekretäre lief die schwerfällige Maschinerie des Joodse Raad wie geschmiert. Dafür nimmt Cohen mit Recht die Verantwortung auf sich. Doch auch wenn er gelegentlich zugibt, bestimmte Dinge zutiefst zu bereuen, wird jede Andeutung eines Mitgefühls sogleich übertönt durch die ständigen Hinweise auf die Notwendigkeit der praktischen Arbeit, die es zu erledigen galt: Alles andere bleibt verdrängt. Indem er die Alleinverantwortung auf sich nahm, hat Cohen selbst dazu beigetragen, daß sich jegliche Kritik am Joodse Raad allmählich auf seine Person konzentrieren sollte. So verwundert es nicht, daß die unter der Redaktion von M. Kopuit 1982 im *NIW* veröffentlichten Memoiren Cohens mit folgenden Worten eingeleitet werden: »Weil er [Cohen] ein Anrecht darauf hat, daß seine Sicht bekannt wird, und weil in erster Linie die jüdische Gemeinschaft ein Anrecht darauf hat, von dieser Sicht Kenntnis zu haben. Denn schließlich waren sie dieser Sicht unterworfen.«[279]

Und dann ist da das Buch *Het fatale dilemma: De Joodsche Raad voor Amsterdam 1941-1943* von Willy Lindwer, in dem elf ehemalige Mitarbeiter des Joodse Raad zu Wort kommen, die sich darüber im klaren sind, daß sie alle durch ihre Tätigkeit für den Joodse Raad, der eine länger als der andere, Schutz genossen haben. *Het fatale dilemma* bietet auf faszinierende Weise und aus erster Hand Information über und Einblick in die äußeren Aspekte des Joodse Raad, beleuchtet aber auch die Innenwelt: das furchtbare moralische Dilemma, mit dem jedes Mitglied für sich tagtäglich leben mußte.

Asscher und Cohen sind beide nach dem Krieg von niederländischer Seite kritisch be- und von jüdischer Seite verurteilt worden.

Einen jüdischen Rat hat es überall dort gegeben, wo die deutsche Besatzungsmacht die Juden zur Deportation zwang. Die Institution des Judenrates war im Osten sehr alt. In Polen zum Beispiel waren die Judenräte die Instanzen, die gezwungenermaßen die Juden bei den Zivilbehörden vertraten.

Nahezu sämtliche jüdischen Räte, die unter der deutschen Besatzung aufs neue ins Leben gerufen wurden, haben die Taktik Cohens angewandt: verzögern, um zu retten. Trotzdem gab es durchaus Unterschiede, insbesondere in dem jeweiligen Ausmaß, in dem man mit dem Feind zusammenarbeitete oder umgekehrt Verbindungen zu den Widerstandsbewegungen unterhielt. In Berlin, Wien und Prag waren auf Betreiben Eichmanns bereits vor dem Oktober 1939 Judenräte gebildet worden, Warschau folgte im Oktober. Während des Krieges wurde im Westen zuerst in Amsterdam ein Joodse Raad gegründet, erst danach in Belgien und Frankreich. Die Bezeichnung für die betreffende Institution war jeweils verschieden.[280]

I. Trunk unterschied mit Blick auf Osteuropa zwischen vier verschiedenen Arten von Judenräten, je nach der von diesen angewandten Taktik: Judenräte, die den Widerstandsbewegungen gänzlich ablehnend gegenüberstanden, Judenräte mit einer ambivalenten, wechselnden Einstellung, Judenräte, die den Widerstandsbewegungen positiv gegenüberstanden und diese unterstützten, und schließlich Judenräte, die sich an den Widerstandsbewegungen aktiv beteiligten. J. Melkman zog auf Grund dieser Unterscheidung folgendes Fazit: »Es kann jedoch keinen Zweifel daran geben, daß der Amsterdamer Joodse Raad zu ersterer Kategorie gehört. Auch von passivem Widerstand, wie er von zahlreichen Leitern von Judenräten anderswo geleistet worden ist, war in den Niederlanden keine Rede.«[281]

Das trifft sicherlich von dem Zeitpunkt an zu, als auch die Juden aus der Provinz nach Amsterdam übersiedeln mußten und damit Cohens Führung unterstellt waren. Vorher waren die Provinzialkommissionen, Gremien, die aus Vertretern des Amsterdamer Joodse Raad bestanden, die in der betreffenden Provinz wohnhaft waren, in ihrem Vorgehen noch verhältnismäßig unabhängig. Dies erklärt auch die Unterschiede in der jeweiligen Haltung dieser Kommissionen. Im Raum Den Haag zum Beispiel waren es nicht die Deutschen, die entschieden, wer deportiert werden würde, sondern der Haager Joodse Raad. Zehn Prozent aller in den Niederlanden lebender Juden waren in diesem Raum angesiedelt, und so kann man behaupten, daß der Haager Joodse Raad aktiv an ihrem Untergang mitgewirkt hat. Im Gegensatz dazu hat die Kommission des Joodse Raad in Enschede, seit S. N. Menko dort 1941 die Leitung übernahm, fast fünfzig Prozent der Angehörigen der jüdischen Gemeinschaft retten können, weil sie sich nahezu ausschließlich der Hilfe beim Untertauchen gewidmet hat.

Wie dem auch sei, Cohen hat auf seine Weise versucht zu retten, was es noch zu retten gab, und den Verbliebenen Unterstützung gewährt, auch wenn dies einzig und allein wegen der »übergeordneten jüdischen Sache« geschah. Seine Position war dem seines Partners Asscher, der aus Überzeugung in erster Linie für die Rettung einzelner kämpfte, diametral entgegengesetzt. Cohen empfand Asschers Haltung als dermaßen lästig, daß sie für ihn zum Grund wurde, Asscher von den wichtigsten Sitzungen fernzuhalten. Dementsprechend enthebt er Asscher in seinen *Herinneringen* mehr oder weniger jeglicher Verantwortung. Die Verantwortung habe bei ihm gelegen.

Mit letzterem war die niederländische Justiz, die gegen beide ein Strafverfahren einleitete, nicht einverstanden. Auch der anläßlich dieses Strafverfahrens ins Leben gerufene, ausschließlich aus Juden bestehende Ehrenrat war der Auffassung, daß beide gleichermaßen verantwortlich waren. Der Ehrenrat verurteilte sie schließlich im Dezember 1947 und schloß sie für den Rest ihres Lebens von jeder Funktion, ob besoldet oder ehrenamtlich, in irgendeiner jüdischen Organisation oder Instanz aus. Diese Demütigung hat beide zutiefst getroffen. Asscher, der als menschliches Wrack aus Bergen-Belsen zurückgekehrt war, starb bereits 1950. Cohen sollte vierundachtzig Jahre alt werden und von dem Schatten der schmerzhaften Vergangenheit niemals mehr loskommen.

Daß die beiden Vorsitzenden des Joodse Raad vor das niederländische Strafgericht gebracht und sogar vorübergehend als »Kollaborateure« inhaftiert wurden, ging selbst ihren entschiedensten jüdischen Gegnern gegen den Strich. Einer von ihnen, Sam de Wolff, brachte seinen Unmut wie folgt auf den Begriff: »Für die kollektive ›Schuld‹ dürfen Asscher und Cohen nicht verurteilt werden. Über die spezielle jüdische Schuld kann der niederländische Strafrichter nicht urteilen. Dieses Urteil darf nur vom jüdischen Volk gefällt werden. Und ich glaube, daß das älteste Volk der Geschichte kein Strafurteil mehr verlangen wird über die, deren entsetzliches Versagen durch die Geschichte seine Aburteilung erfahren hat. Zu diesen beiden durch die Geschichte Abgeurteilten spricht dieses Volk die scheinbar sanfteste, objektiv aber schmerzhafteste Antwort: ›Wir richten nicht!‹«[282] Haben Asscher und Cohen selbst »gerichtet«? Cohen jedenfalls durchaus. Doch die Kritik daran kann nur eine moralische Mißbilligung sein, eine, die jedes Gewicht verliert gegenüber der Mißbilligung der Nazimörder, die ihn in diese Zwangslage manövriert hatten. Man hatte, wie Cohen nachher aussagte, auch als Vorsitzender des Joodse Raad im Grunde nichts zu melden: Die Direktiven lagen fest und kamen nicht etwa von Lages oder Aus der Fünten, sondern geradewegs aus Berlin. Es gab die Judenräte, doch auch wenn es sie nicht gegeben hätte, wären die Juden Europas zugrunde gegangen, weil dies Hitlers oberstes Ziel war.

Der Jude Friedrich Weinreb ist später von manchen als Sündenbock in den Vordergrund gerückt worden, hinter dem sich die ganzen Niederlande verstecken konnten.[283] Die niederländischen Behörden drückten sich jedoch bereits 1947 vor einer Anerkennung ihrer schrecklichen Mitschuld, indem sie eben über Asscher und Cohen richten wollten.

Asscher und Cohen hatten sich – der eine murrend, der andere nachgebend – in erster Linie natürlich um ihres und des Lebens ihrer Angehörigen willen der Politik des Besatzers gefügt. Das ist nicht gerade heldenhaft, wohl aber nachvollziehbar, insbesondere als die Deportationen angefangen hatten und es für sie kein Zurück mehr gab von dem Glatteis, auf das sie sich begeben hatten und vor dem Visser so eindringlich gewarnt hatte.

»Wir richten nicht! Wie viele wie ihr befallen, Von Schwäche, tastend nach einem Halt, fielen, Ohne einen Halt zu finden!« schrieb Henriette Roland Holst in einem ihrer Gedichte.[284] Nicht nur die beiden Vorsitzenden, namentlich Asscher, haben beharrlich den optimistischen Gedanken gehegt, daß der Krieg nicht lange dauern könne, und aus diesem Grund das »Verzögern«, die Taktik Cohens, für die beste Politik gehalten, auch andere haben stets die Hoffnung auf Hilfe von außen bewahrt. Wie sehr haben die sich nicht als niederländische Juden, sondern als jüdische Niederländer empfindenden Juden sich darin geirrt. Man hat sie, gleichgültig gegenüber ihrem Schicksal oder auch nicht, schlicht und einfach gehen lassen.

Daß die Staatsanwaltschaft schließlich das Verfahren gegen Asscher und Cohen einstellte, hatte ausschließlich mit dem Interesse der niederländischen Eliten zu tun; zu viel belastendes Material über niederländische, nichtjüdische Personen und Institutionen wäre dadurch hochgekommen und hätte diese mit an den Pranger gebracht. Der Generalstaatsanwalt, A. A. L. F. van Dullemen, entschied: »Auch der Rest unseres Volkes, insbesondere die hohen Beamten, darunter die gesamte Polizei, hat nach dem Motto ›nach uns die Sintflut‹ eine erbärmlich lasche Haltung eingenommen. Dies alles wiederum öffentlich breitzutreten halte ich für wenig opportun. ... Mögen wir diese traurige Episode unserer Geschichte ruhen lassen!«[285]

Denn man war sich in jenen Nachkriegsjahren durchaus darüber im klaren, daß die Existenz oder Nichtexistenz eines Judenrates für den letztendlichen Untergang des jüdischen Teils der Bevölkerung eher unwesentlich gewesen ist. Was sehr wohl ins Gewicht hätte fallen können – und tatsächlich ins Gewicht gefallen ist –, war die Haltung der niederländischen Behörden. Leider war diese nachgiebig. Kann man es den Vorsitzenden des Joodse Raad, in diesem Licht besehen, verübeln, daß sie »befallen von Schwäche, tastend nach einem Halt, fielen, ohne einen Halt zu finden«?

VI
Die Flucht von Krone und Kabinett; die Staatssekretäre und der Oberste Gerichtshof

Am 10. Mai 1940 fiel die deutsche Armee in die Niederlande ein. Vier Tage später erfolgte die Kapitulation. Nur in der Provinz Seeland wurde noch weitergekämpft, bis man auch dort am 17. Mai die Waffen niederlegte.

»Die niederländischen Minister sind mit der Königin geflüchtet«, so hieß es in einem Geheimbericht vom 21. Mai über die Lage in den besiegten Niederlanden. »Die Leiter der nachgeordneten Dienststellen haben bereits 1937 von der Regierung für den Besetzungsfall Anweisung erhalten, auf ihrem Posten zu verbleiben. Diese Anweisung ist überall befolgt worden. Die niederländischen Verwaltungsstellen und -organisationen haben sich überall den Dienststellen der deutschen Militärverwaltung unterstellt und sind zu loyaler Mitarbeit bereit.«[286]

Mit Königin Wilhelmina flüchtete am 13. Mai 1940 nicht nur das Staatsoberhaupt nach England, sondern zugleich die höchste Gewalt de facto und de jure; schließlich wurde in ihrem Namen Recht gesprochen. Hinzu kam, daß die Königin von der überwiegenden Mehrheit der Bevölkerung gefühlsmäßig als zentrale Identifikationsfigur des Landes, als die Mutter des Vaterlandes betrachtet wurde. Daher bedeutete ihre Flucht einen vernichtenden Schlag nicht nur für die Moral der Truppen, die noch vollauf in Kampfhandlungen verwickelt waren, sondern auch für die allgemeine Moral. Man fühlte sich als Nation aufgegeben und bitter im Stich gelassen.

Daß ihr Weggang nicht anders denn als eine persönlich geplante Flucht zu bezeichnen ist, mag aus folgendem hervorgehen. Am 9. Mai, einen Tag vor der deutschen Invasion, erschien unter der Überschrift »Het Huis van Oranje verlaat nooit zijn post« (Das Haus Oranien verläßt niemals seinen Posten) in *Het Nieuws van de*

Dag ein Bericht, der sich auf Kronprinzessin Juliana bezog und in dem diese, auch im Namen ihrer Mutter, Königin Wilhelmina, und im Namen ihres Gatten, Prinz Bernhard, das Angebot ausschlägt, im Falle eines deutschen Angriffs Zuflucht in New York zu suchen. Die Person, die ihr Gastfreundschaft gewähren wollte, der Schriftsteller Hendrik van Loon, wird von ihr scharf zurechtgewiesen. Er hätte, »als gebürtiger Niederländer und Kenner der niederländischen Geschichte«, nach Ansicht der Kronprinzessin wissen sollen, »daß seit fünf Jahrhunderten das Haus Oranien vor keinerlei Gefahr die Flucht ergriffen hat«. »Unser Platz«, so die Kronprinzessin weiter, »ist hier in den Niederlanden, ob nun Gefahr droht oder nicht. Wir werden niemals unseren Posten verlassen.«[287] Bereits am nächsten Tag wurden Pläne für ihren Weggang geschmiedet, und gut drei Tage später wurde sie von ihrer Mutter nach London vorausgeschickt, zusammen mit ihrem Mann und den Kindern, deren jüngstes in einer kugelsicheren kleinen Wiege mitgeführt wurde.

Die Abreise muß für die Kronprinzessin tatsächlich höchst unerwartet gekommen sein. Dies dürfte, zumindest was den Zeitpunkt der Abreise betrifft, auch für Königin Wilhelmina gelten, wiewohl für sie die Absicht, das Land zu verlassen, schon länger festlag, und ebenso das Ziel: London. Dies entgegen allen nachher verbreiteten heldenhaften Erzählungen, denen zufolge sie sich anfangs in die Provinz Seeland habe absetzen wollen, das noch unbesetztes Gebiet war. In ihrem Gefolge nahm sie sieben Personen mit, darunter den Vorsitzenden des niederländischen Staatsrates, Jonkheer F. Beelaerts van Blokland. Dieser erklärte 1947 unter Eid vor dem Parlamentarischen Untersuchungsausschuß, daß er, unter dem Eindruck einer Rundfunknachricht, wonach die Deutschen vorgehabt hätten, die seeländische Stadt Breskens zu bombardieren, die Königin noch während ihrer Fahrt auf dem englischen Zerstörer wie folgt beraten habe: »Eine törichte Idee; es ist ohnehin eine bedenkliche Sache, sich zunächst nach Vlissingen zu begeben, denn dadurch geht zuviel Zeit verloren, und erst dann nach England überzusetzen.«[288]

Wer genau die Königin am 13. Mai in aller Frühe zur Abreise geraten hat, konnte Beelaerts van Blokland nicht sagen. »Es ließ mich

weiter auch kalt, und so habe ich nicht weiter danach gefragt. Bereits im April hatte die Königin mir gegenüber ihren Wunsch zu erkennen gegeben, daß, falls die Umstände sie zum Weggehen zwingen würden, ... ich sie dann begleiten sollte.«[289]
Die Regierung hatte sich vorsorglich darum gekümmert, daß es innerhalb der Stellung Amsterdam Festungen gab, in die sie sich im akuten Notfall zusammen mit der Königin hätte zurückziehen können. Dies wurde jedoch niemals konkret erwogen. Bereits in den frühen Morgenstunden des 13. Mai wurde Beelaerts van Blokland davon in Kenntnis gesetzt, daß die Königin den Plan gefaßt habe, Kurs nach London zu nehmen. Am gleichen Vormittag teilte Beelaerts seiner Frau telefonisch mit: »Es ist nicht ausgeschlossen, daß wir uns nach England begeben werden.«[290] »Die Prinzessin und der Prinz waren mit den Kindern am Abend zuvor nach England abgereist, also lag es irgendwo auf der Hand, daß wir uns ebenfalls nach England begeben würden«, sagte Beelaerts zudem aus.[291]
Die Reise ging tatsächlich nach England. Etwa um fünf Uhr nachmittags an ebenjenem dreizehnten Mai ging Königin Wilhelmina wohlbehalten an Land, um sich zu ihrer Tochter und ihren Enkelkindern im Buckingham Palace zu gesellen, wo sie als Gäste der englischen Königin drei Wochen lang Gastfreundschaft genossen.
Das Gerücht oder überhaupt die Vorstellung, daß sich eine Königin, die sich selbst in einem noch unbesetzten Teil ihres Landes in Sicherheit bringen will, über einen völlig verminten Seeweg, die Schelde, hätte verschiffen lassen, um anschließend diesen gefährlichen Seeweg auch noch – von Vlissingen nach Breskens – zu überqueren, mutet allerdings höchst unglaubhaft an. Ebenso unglaubwürdig erscheint es, daß mitten in Kriegszeiten ein englischer Zerstörer angefordert worden wäre, um die niederländische Königin ins rund sechzig Kilometer entfernte Seeland zu überführen. Dieser hätte obendrein bei der Fahrt durch die Schelde und beim Überqueren dieser Wasserstraße die Hilfe eines niederländischen Lotsen benötigt, um ihn durch die dort verlegten Minenfelder zu lotsen. Wesentlich plausibler ist, daß diese Seeland-Geschichte als Ablenkungsmanöver in die Welt gesetzt worden ist. Angeblich kam die Anregung dazu vom Oberbefehlshaber der Land- und Seestreit-

kräfte, General Winkelman, der sich nicht mit dem Gedanken habe abfinden können, daß ein Staatsoberhaupt sein Land im Stich lassen würde.

Tatsächlich blieb es bei einer Anregung, denn in krassem Widerspruch zu dieser Version hieß es in einem Zeitungsbericht am Mittwoch, den 15. Mai, über die Abreise Ihrer Majestät: »Der Oberbefehlshaber der Land- und Seestreitkräfte teilt im Auftrag Ihrer Majestät der Königin mit, daß Ihre Majestät Ihrem Vorhaben, sich nach Seeländisch-Flandern zu begeben, nicht gefolgt ist. Der Grund hierfür war ein längerer Aufenthalt in Hoek van Holland, wodurch Ihrer Majestät Anwesenheit ebendort weit und breit bekannt wurde und sich die große Gefahr ergab, daß es dem Feind leicht gefallen wäre, die Königin ausfindig zu machen und Ihre Majestät zu bombardieren. Zugleich war die Königin der Auffassung, im Ausland mehr für das Land tun zu können.«[292]

»Ich war mir natürlich voll und ganz bewußt, welchen bestürzenden Eindruck dieses Weggehen zu Hause machen würde,« so Königin Wilhelmina 1959 in ihren eher flüchtigen Erinnerungen *Einsam und doch nicht allein,* »aber da das Landesinteresse es forderte, sah ich mich verpflichtet, die Schmach dieser scheinbaren Flucht auf mich zu nehmen.«[293]

Auf dieses »Landesinteresse« werden wir noch ausführlich zu sprechen kommen.

Über Vorbereitungen für einen längeren Aufenthalt in Seeländisch-Flandern weiß man nichts, bekannt ist jedoch, daß Königin Wilhelmina bereits vor ihrer Flucht telefonisch mit dem englischen König Verbindung aufgenommen hatte, laut Wilhelmina in der Absicht, ihn um »Hilfe« zu bitten. Doch das taten auch bereits zwei Minister, Außenminister Van Kleffens und der Minister für die Kolonien Welter, die nach Ausbruch des Krieges eigens zu diesem Zweck die Reise nach London angetreten hatten. Es ging Wilhelmina mit anderen Worten um »persönliche Hilfe«.[294]

»Mit den Ministern«, so Königin Wilhelmina, »war der Kontakt fast unmöglich, auch sie waren in den Schutzkellern.«[295] Tatsächlich liegt der Palast Nordeinde, in dem sie sich aufhielt, ebenso wie das Gebäude des Wirtschaftsministeriums, in dem sich die Minister festgesetzt hatten, im Zentrum von Den Haag. Es gab mindestens zwei Minister, die sich abends zu Fuß nach Hause begaben, um dort zu schlafen. Die Ermittlungen des Parlamentarischen Untersuchungsausschusses haben ergeben, daß es durchaus Kontakt zumindest zwischen dem Verteidigungsminister, dem Justizminister und dem Vorsitzenden des Ministerrates sowie der Königin gegeben hat. Darüber hinaus waren telefonische Beratungen bis zur Abreise der Königin und sogar noch danach jederzeit möglich.

Doch Königin Wilhelmina wünschte keine Einmischung von seiten des Kabinetts und wollte die Regierung aus ihrer Flucht nach England heraushalten. Natürlich war auch sie darüber im Bilde, daß die Mehrheit des Kabinetts keineswegs die Absicht hatte, das Land zu verlassen. Es war nicht das erste Mal, daß Königin Wilhelmina erkennen ließ, daß sie sich um die Regeln der parlamentarischen Demokratie wenig scherte. Während des Ersten Weltkrieges hatte die Regierung Pierson-Borgesius beschlossen, den damaligen Oberbefehlshaber seines Amtes zu entheben. Die Königin jedoch weigerte sich, diesem Beschluß ihren politisch notwendigen Segen zu erteilen, so daß der Oberbefehlshaber gegen den Willen der Regierung im Amt verblieb. Auf diese Weise bestimmte Königin Wilhelmina persönlich, wer an der Spitze der niederländischen Armee stand. Ebenso hat sie um die Jahrhundertwende versucht, auf die Organisation der niederländischen Armee Einfluß auszuüben, indem sie sich mit dem damaligen Verteidigungsminister K. Eland in der Frage der Wehrdienstpflicht absprechen wollte. Als das Parlament daraufhin anders entschied, sah Eland sich gezwungen, sein Ministeramt zur Verfügung zu stellen.

Daß Königin Wilhelmina dazu überredet worden wäre, nach London abzureisen, sei es durch General Winkelman, durch Minister Gerbrandy oder durch Minister Dijkhoorn, wird auch vom Parlamentarischen Untersuchungsausschuß angezweifelt.

Irreführend ist die Darstellung, wonach die Königin ihre Tochter mit deren Familie am 12. Mai habe abreisen lassen, weil sie es selbst nicht übers Herz gebracht habe, das sich im Krieg befindende Land zurückzulassen, bis sie am nächsten Tag wohl oder übel habe gehen »müssen«. Diese Darstellung ist irreführend, weil das Prinzenpaar nach Mitternacht, also nicht am 12., sondern am 13. Mai abreiste.

Die Nederlandse Bank, die Zentralbank der Niederlande, verfügte seit Ende 1939 über ein gepanzertes Transportfahrzeug. »Auf ebendieses Fahrzeug«, so J. de Vries, der die Geschichte der Nederlandse Bank geschrieben hat, »lenkte der Kommandant der Luftverteidigung, Leutnant P. W. Best, die Aufmerksamkeit der königlichen Familie, als diese sich nach England absetzen wollte. In der Nacht vom 12. auf den 13. Mai wurden in diesem Bankauto Prinzessin Juliana, Prinz Bernhard und die Prinzessinnen Beatrix und Irene von Palast Nordeinde in Den Haag zum Hafen von IJmuiden gebracht, wo sie sich mit ihrem Gefolge auf dem englischen Zerstörer ›Codrington‹ einschifften. Am nächsten Morgen erreichten sie Harwich. Königin Wilhelmina reiste mit einem anderen englischen Kriegsschiff am 13. Mai nach Harwich, diesmal über Hoek van Holland, und zwar mit ihrem Gefolge in einfachen Pkws. Das gepanzerte Auto der Bank fuhr zu gleicher Zeit als Ablenkungsmanöver ein weiteres Mal nach IJmuiden.«[296] Eine noch deutlichere Sprache sprechen die Archive der englischen Admiralität. Ab dem 12. April 1940 gab es intensive Beratungen zwischen dem britischen Botschafter in den Niederlanden, Neville Bland, und dem niederländischen Außenminister Van Kleffens über die Art und Weise, in der die Flucht der niederländischen Königsfamilie und der niederländischen Minister nach England organisiert werden könnte. Die Verantwortung für diese Flucht wurde der Royal Navy übertragen.[297] Unter der Führung von Kapitän zur See Creasy wurde Prinzessin Juliana mit ihrer Familie am 13. Mai nach Harwich gebracht, während Korvettenkapitän Greening am gleichen Tag Königin Wilhelmina ebenfalls nach Harwich übersetzte. Erst am nächsten Tag, dem 14. Mai, trafen die niederländischen Minister auf der »Windsor« unter Korvettenkapitän Pelly in London ein.[298]

Die königliche Familie hat geschlossen die Flucht ergriffen. Es ist üblich, daß wichtige Personen getrennt reisen. Für die Flucht der königlichen Familie bedeutete dies: in verschiedenen Fahrzeugen die Reise antreten, von verschiedenen Häfen aus und zu verschiedenen Zeitpunkten das Land verlassen. Am frühen Vormittag des 13. Mai waren die Kronprinzessin und die ihren in Sicherheit. Im Gefolge befanden sich auch der »Vizeadmiral a. D. C. Baron de Vos van Steenwijk und dessen Gemahlin, die bereits lange im voraus ersucht worden waren, erforderlichenfalls die Prinzessin zu begleiten«, wie später H. J. Phaff, der damalige Adjutant der Königin, ausgesagt hat.[299]

Zwischen der Abreise von Tochter und Mutter lagen nicht einmal zehn Stunden.

War die Flucht der Königin schon für das niederländische Volk keineswegs selbstverständlich, so war er dies ebensowenig für die in den Niederlanden zurückgebliebene Regierung. Die Königin ließ ihre Minister ohne jede Anweisung zurück, ohne jede Rücksprache, nachdem sie völlig auf eigene Faust das im Krieg befindliche Königreich verlassen hatte. Sie ließ das Kabinett in solcher Unwissenheit zurück, daß Jonkheer D. J. de Geer, wohlgemerkt der Vorsitzende des Ministerrates, sie noch suchte und Verbindung mit ihr aufzunehmen versuchte, als sie praktisch schon auf offener See war.[300]

Erst am nächsten Tag, dem Tag der Kapitulation, dem 14. Mai, setzte Oberbefehlshaber General Winkelman das niederländische Volk offiziell von der Abreise der Königin in Kenntnis. Er kündigte in der bereits erwähnten Erklärung vom 15. Mai 1940 an, daß ab jenem Tag die oberste Befehlsgewalt nunmehr von ihm ausgeübt werde.

Die Flucht Königin Wilhelminas wäre hier nicht so eingehend erörtert worden, hätte sie nicht aus staatsrechtlicher Sicht weitreichende Folgen gehabt, Folgen, die insbesondere ihren jüdischen Untertanen zum Verhängnis geworden sind. Sie war ein Akt, den manche Minister persönlich durchaus zu billigen bereit gewesen wären, sofern sie überhaupt informiert waren, über den aber niemals irgendwelche Rücksprache zwischen Krone und Kabinett stattgefunden hat, und zwar schlicht und einfach, weil »diese ganze Sache die Privatangelegenheit Ihrer Majestät war. Ihre Majestät wünschte in Angelegenheiten, die Ihr Haus betrafen, niemals Einmischung von seiten des Kabinetts«, wie der ehemalige Verteidigungsminister A. Q. H. Dijxhoorn später erklären sollte.[301] Die Nachricht von der Abreise der

Königin überrumpelte denn auch die meisten Minister; sie wurde ihnen als vollendete Tatsache mitgeteilt.

Wie reagierten die Mitglieder des Kabinetts? Auch sie sprachen davon, die Residenzstadt Den Haag zu verlassen. Doch das Land verlassen? Wilhelmina deutet in ihren Erinnerungen an, daß Oberbefehlshaber Winkelman ihr geraten habe, das Land zu verlassen. Nichts traf jedoch weniger zu. Als Winkelman erfuhr, daß auch die Regierung beabsichtigte, nach England überzusetzen, Krone und Kabinett das Land also bereits aufgegeben hatten, noch bevor es besiegt war, fühlte er sich dadurch in tiefster Seele verletzt.

Bei der letzten Ministerratssitzung in der Residenz, an ebenjenem Vormittag, an dem die Königin heimlich abreiste, hatte Winkelman auf die Frage des Premierministers, wie er der Abreise der Regierung gegenüberstehe, offen seine Meinung dargelegt. Verteidigungsminister Dijxhoorn umschrieb diese wie folgt: »Er empfand es als schändlich!« Nach Ansicht Winkelmans stand es einer Regierung nicht zu, aus ihrem Land zu fliehen, sondern sie sollte im Gegenteil bis zuletzt Widerstand leisten. Er selbst hat sich seiner Verantwortung nicht entzogen, auch nicht, als er in letzter Konsequenz in Kriegsgefangenschaft geriet.

»Nachdem der Oberbefehlshaber die Sitzung verlassen hatte, entstand eine verzweifelte Situation.«[302] Laut Dijxhoorn stand zu dem Zeitpunkt bereits, zumindest für ihn selbst, unumstößlich fest, daß sie sich nach England absetzen würden. Er war denn auch einer der allerletzten Minister, der noch mit der Königin Kontakt gehabt hatte. Während die Königin angeblich auf dem Weg nach Seeländisch-Flandern war, wurde im Ministerrat bereits endlos darüber beratschlagt, »welche Minister nach England gehen und welche in den Niederlanden zurückbleiben sollten«, sagte Dijxhoorn gegenüber dem Parlamentarischen Untersuchungsausschuß aus.[303] Ist die Vorstellung nicht vollkommen abwegig, daß sich eine Königin in die niederländische Provinz Seeland absetzt und ihre Regierung zu gleicher Zeit heftig die Frage diskutiert, ob man sich nach England absetzen soll oder nicht?

J. W. Alberda, seinerzeit Minister für Wasserwirtschaft, hat das Dilemma klar dargelegt. »Ich war selbst lange Zeit der Ansicht, daß wir nicht weggehen sollten. In mir überwog das Gefühl, daß ich mich dem Schicksal des gesamten Volkes nicht entziehen wollte und durfte. Wir sollten, so glaubte ich, alles mitmachen, allem Elend trotzen, welches dem Volk bevorstand. Ich empfand dies sehr stark, so daß ich mich in keinerlei Weise auf eine Abreise vorbereitet und mich innerlich bereits darauf eingestellt hatte, in Feindeshand zu geraten. ... So herrschte im Ministerrat Unsicherheit. Ich konnte mich auch in die Argumentation anderer hineindenken, die meinten, es müsse schließlich eine Regierung im Ausland geben, die den Krieg fortsetzen könne, nur war ich der Auffassung, daß diese sich gegebenenfalls auch aus anderen Personen zusammensetzen könnte. Wenn die Königin in London wäre oder sie, falls ihr die Flucht verwehrt würde, rechtzeitig auf den Thron verzichten und die damalige Prinzessin Juliana, die in London war, Ihren Platz einnehmen würde, könnte dort eine Regierung gebildet werden, zumal die Herren Van Kleffens und Welter sich bereits dort aufhielten und mithin bereits ein Kern da war. Nach und nach jedoch sah ich am letzten Abend und in der letzten Nacht die Notwendigkeit ein, die Regierung als Ganzes an einen Ort zu verlegen, von dem aus wir für das gesamte Königreich den Krieg fortsetzen könnten. Im Grunde wurde der letzte Zweifel dadurch ausgeräumt, daß wir am Montagvormittag, dem zweiten Pfingsttag, die Mitteilung erhielten, daß die Königin abgereist sei. Dies entschied für uns die ganze Angelegenheit. Als die Königin abgereist war, ergab sich daraus als Konsequenz, daß auch die Minister abreisten. Damit war die Sache im Grunde kein Diskussionsthema mehr.«[304]

Kein Diskussionsthema mehr? Etwa weil man ohne die Krone als Regierung nicht mehr funktionsfähig war, oder um die Flucht Königin Wilhelminas zu decken und die sich als notwendige Konsequenz daraus ergebende eigene Flucht zu beschönigen? Auch der Parlamentarische Untersuchungsausschuß hat nach dem Krieg auf diese Frage von den seinerzeit beteiligten Ministern keine übereinstimmende Antwort erhalten.

Wie auch immer, um zwölf Uhr dreißig nachmittags reiste die Regierung, nach wie vor überwiegend verzweifelt, nach Hoek van Holland ab. Zwei damals noch junge und erst kurz amtierende

Minister jedoch, Wirtschaftsminister M.P.L. Steenberghe und Landwirtschafts- und Fischereiminister A.A. van Rhijn, hielten es durchaus für diskutabel, daß die Regierung der Königin nachreiste. Sie betrachteten es als unverantwortlich, daß man das Hasenpanier ergriff, ohne sich auch nur irgendwie um das Machtvakuum gekümmert zu haben, das sich durch die Flucht von Krone und Kabinett ergeben würde.

»Einer der Gründe, weshalb ich nicht [nach Hoek van Holland, d. Verf.] abgereist bin, war«, so gab Steenberghe später zu Protokoll, »daß überhaupt keine Klarheit darüber bestand, was man zu tun beabsichtigte. ... Weder in der Frage, wohin man gehen würde, noch in der Frage, was man tun wollte, wurde auf jener Sitzung vor halb eins ein Beschluß gefaßt.«[305] Über die Beweggründe, die Van Rhijn und ihn selbst veranlaßten, sich nicht mit den übrigen Ministern nach Hoek van Holland zu begeben, sagt Steenberghe: »Unser Motiv war im wesentlichen zweierlei, nämlich zum einen, daß uns überhaupt nicht klar war, was dieses Kabinett außerhalb der Niederlande zu tun gedachte: Es war zwar gelegentlich die Rede von bestimmten Aufgaben, die es angeblich gab, doch ich entsinne mich, dem entgegengehalten zu haben, daß es dennoch zahlreiche Minister geben würde, die im Ausland ohne Aufgabe wären.« Auch damals wurde offenbar nicht über ein Zurückbleiben in den Niederlanden oder über Seeland beziehungsweise Seeländisch-Flandern gesprochen. »Ich erwähnte in diesem Zusammenhang die Ministerien für Unterricht, für Soziales, für Inneres. Dies wurde jedoch überhaupt nicht aufgegriffen, das Problem wurde, mit anderen Worten, überhaupt nicht erkannt. Zum anderen waren gar keine Vorkehrungen getroffen worden, wie es nach unserem Weggang mit der staatlichen Gewalt in den Niederlanden weitergehen sollte. Letzteres war ein sehr schwerwiegender Grund, sowohl für Herrn Van Rhijn wie für mich.«[306] Van Rhijn führte noch einen weiteren Grund an, nämlich den, »daß der Weggang der Regierung keinen guten Eindruck auf das niederländische Volk machen würde«.[307]

Die beiden zurückgebliebenen Minister beriefen kurzfristig eine Besprechung ein mit Jonkheer A.M. Snouck Hurgronje, dem damaligen Staatssekretär und somit höchsten Beamten des Außenministeriums, der den abwesenden Van Kleffens vertrat, seitdem dieser am 10. Mai nach London abgereist war, um »um Hilfe zu bitten«. Ebenfalls bei dieser Besprechung zugegen war der Staatssekretär im Wirtschaftsministerium, Dr. H. M. Hirschfeld. Während dieser Unterredung faßten Van Rhijn und Steenberghe den Beschluß, auch die Zivilverwaltung dem Oberbefehlshaber der Land- und Seestreitkräfte, General Winkelman, zu unterstellen »... und die dezentralisierte Gewalt denen, die juristisch gesehen die Stellvertreter der Minister waren, den Staatssekretären«.[308] Sie taten dies »im Namen der Königin und der Regierung«, obwohl weder erstere noch letztere über ihr Vorhaben informiert waren, da der Plan, die Frage der Staatsgewalt auf diese Weise zu lösen, erst während der Besprechung mit den beiden Staatssekretären gereift war. Sie übertrugen mithin die Regierungsgewalt bewußt einem Militär, um das Machtvakuum zwischen dem Weggang von Krone und Kabinett und der Etablierung einer Verwaltung durch die Besatzer, mit der sie bereits damals durchaus rechneten, zu überbrücken. So gingen die Zuständigkeiten von Krone und Kabinett, das heißt die ausführende und die gesetzgebende Gewalt, auf General Winkelman über. Die Staatssekretäre der verschiedenen Ministerien hatten seine Anweisungen zu befolgen.

Steenberghe hat bei seiner Ankunft in London die Königin freilich sogleich um Ihre Zustimmung zu seinem inoffiziellen Verwaltungsakt gebeten. Sie sagte ihm diese mündlich zu, jedoch ohne die förmliche schriftliche Bestätigung eines »Königlichen Beschlusses«. Dieser unbestätigte, inoffizielle Akt ist später von Staatsrechtlern als »Notstandsrecht« bezeichnet worden. Der »Overzicht van de Wijzigingen in ons Staatsrecht 1940-41« (Übersicht über die Änderungen in unserem Staatsrecht 1940-41) zufolge jedoch betrachtete man die Dinge wie folgt: »Fragt man sich, worauf die Zuständigkeit für diese Verfügung beruhte, so wird man in unserem Recht keine einzige Bestimmung finden, die darauf eine eindeutige Antwort gibt. Ebensowenig wie unser Grundgesetz eine Bestimmung enthält, wonach die gesetzgebende Gewalt unter bestimmten, außergewöhnlichen Umständen von einer anderen Instanz, namentlich der Regierung, ausgeübt werden könnte, ... so wenig schreibt es etwas fest hinsichtlich der Möglichkeit, daß die Regierung in bestimmten Fällen ihre Gewalt einem anderen überträgt oder zur Ausübung anvertraut. Zur Begründung einer solchen Zuständigkeit kann man sich nur auf das Notstandsrecht berufen – ein schwammiger Begriff, solange ihm durch die positive Gesetzgebung keine feste Form verliehen wird.«[309]

Dieser unbestätigte Regierungsakt ging in die Übernahme der Zivilverwaltung durch Seyß-Inquart am 29. Mai 1940 auf.

Die Folgen der geschilderten Ereigniskette – die Flucht der Königin nach England, die Abreise der Regierung nach Hoek van Holland, die beiden in Den Haag zurückgebliebenen Minister, die ohne Königin und Kabinett »die Regierungsgewalt« einem Mann übertrugen, der darauf nicht vorbereitet war und vom niederländischen Volk niemals gewählt worden wäre – waren von großer Tragweite für die Stellung des niederländischen Volkes unter der deutschen Besatzung, und zwar insbesondere für den jüdischen Teil der Bevölkerung.

Vor dem Krieg hatten sich die Minister bereits darauf geeinigt, daß man, falls man bei einem Krieg auf niederländischem Boden gezwungen wäre, sich abzusetzen, seine Familie zu Hause zurücklassen würde, um nicht den Eindruck zu erwecken, als hätte man die Flucht ergriffen. Entgegen dieser Vereinbarung hatte Van Kleffens seine Gattin bereits am 10. Mai nach England mitgenommen. Er war denn auch der einzige Minister, der von Anfang an über alle Details der Flucht Königin Wilhelminas informiert war und an deren Organisation selbst mitgewirkt hatte. Die übrigen Minister ließen ihre Gattinnen tatsächlich zurück; ihr »Weggang« war eben durchaus eine überstürzte und alles andere als wohlüberlegte Abreise auf den Spuren Wilhelminas. So vergaß man zum Beispiel, einen angemessenen Beamtenapparat nach London mitzubringen, und das Argument, daß man den Regierungssitz nach England verlegen wollte, ist eine nachträgliche Konstruktion. Erst nach der Flucht Wilhelminas und während der Ministerratssitzung in der Panzerfestung in Hoek van Holland gelangte man einhellig zu dem Schluß, daß man gezwungen war, nach England zu gehen. Und erst in Hoek van Holland kam man dazu, die Argumente auszuformulieren, die den Weggang für das Volk akzeptabel machen sollten. Obgleich diese Argumente in einem späteren Stadium von anderen Personen in London noch weiter ausgearbeitet worden sind, erschien das am 13. Mai in Hoek van Holland aufgesetzte Kommuniqué von Premierminister De Geer bereits am nächsten Morgen, also am 14. Mai, in den Zeitungen. Die Begründung für die Abreise lautete wie folgt: »In dem Stadium, in dem die Schlacht nunmehr geschlagen ist, hat es die Regierung für notwendig erachtet, im Interesse des Landes und seiner übersee-ischen Gebiete, und um unter allen Umständen ihre volle Handlungsfreiheit zu wahren, den Sitz der Regierung zu verlegen.«[310] Die Königin übernahm die inhaltlichen Aussagen des Kommuniqués vom 13. Mai weitgehend in ihre offizielle Proklamation.[311]

Gerade diese Verlegung des Regierungssitzes an einen Ort außerhalb des Königreiches, die laut Artikel 21 des Grundgesetzes unmöglich ist, sowie die Flucht der Königin und, als Folge davon, die Übertragung der Regierungsgewalt auf General Winkelman lieferten Hitlers Juristen willkommene Argumente.[312]

Hätte Königin Wilhelmina, wie es später noch erwogen, von ihr persönlich aber verhindert wurde, den Regierungssitz innerhalb des Königreiches, also etwa nach Niederländisch-Ostindien verlegt, so hätten Hitlers Juristen nicht argumentieren können, daß die Königin zwar London zum Sitz der Regierung ausrufen mag, dies aber nach der niederländischen Verfassung nicht möglich und obendrein eine hohle Phrase sei, wenn sie gleichzeitig die eigentliche Macht bei Winkelman zurückläßt. So besehen war es ein leichtes, die Königin als eine Person zu betrachten, die freiwillig die Beine in die Hand genommen und sich in ein selbstgewähltes Exil begeben hatte, wo sie nicht von einer offiziellen Regierung, sondern von einer Gruppe von Rebellen ohne Macht umgeben wurde. Nach dem 29. Juni 1940 durfte weder ihr Name noch der eines anderen Mitgliedes des Hauses Oranien in offiziellem Sinn genannt werden. Recht gesprochen wurde hinfort nicht mehr »im Namen der Königin«, sondern »im Namen des Gesetzes«.

Daß die Flucht von Königin und Regierung Hitler in den Niederlanden ganz neue Perspektiven eröffnete, wird ersichtlich, wenn man sein blitzschnelles Einhaken auf diese neue staatsrechtliche Situation verfolgt. Daß Hitler zunächst keine Zivilverwaltung vorschwebte, als er die Niederlande überfiel, geht erstens aus der Tatsache hervor, daß sich die deutschen Militärs auf eine längere Besatzungszeit eingerichtet und sich gründlich darauf vorbereitet hatten. Hitler hatte nämlich bereits im Herbst 1939 seinem Heerführer mitgeteilt, daß die Verwaltung in den zu besetzenden Gebieten Hollands, Belgiens, Luxemburgs und Frankreichs »rein militärisch« sein würde.[313] Des weiteren war der am 18. Mai 1940 von Hitler per Dekret zum Leiter der Zivilverwaltung der Besatzungsmacht ernannte Arthur Seyß-Inquart bis zu jenem Zeitpunkt darüber in völliger Unkenntnis und nicht auf diesen Posten vorbereitet. Aus einem Schreiben Seyß-Inquarts vom 4. Juni 1940 an den Leiter der Reichskanzlei, Hans Heinrich Lammers, geht dies in zweierlei Art und Weise hervor. Erstens bittet der frischgebackene Reichskommissar, nachdem er bereits seit zehn Tagen im Amt ist, um Entbindung von seinem Amt als »Stellvertreter des Generalgouverneurs für die besetzten polnischen Gebiete«. Offensichtlich hatte man dazu vorher noch keine Zeit gehabt, während Seyß-Inquart in seinem Schreiben deutlich zu verstehen gibt, daß er seinen Dienst in Polen als beendet ansieht und dafür um eine schriftliche Bestätigung bittet. Zudem fällt auf, daß er immer noch nicht über neues Briefpapier verfügt; im Briefkopf steht KRAKAU und die darunter abgedruckte Titulatur lautet nach wie vor »Reichsminister« Seyß-Inquart, die Bezeichnung für das Amt, das er in Polen bekleidet hatte.[314] Nicht nur er selbst hat bei den Nürnberger Prozessen am 10. Oktober 1946 bestätigt, daß seine Berufung für ihn wie vom Himmel gefallen war, auch seine Gattin Gertrud Seyß-Inquart-Maschka berichtete dies sieben Jahre nach Kriegsende dem niederländischen Historiker L. de Jong. »Mein Mann war in Polen. Er war dort Stellvertreter von [Generalgouverneur] Frank. Er war, aufgrund seiner juristischen Kenntnisse, beauftragt worden, sich um den ganzen gesetzgebenden Aspekt der deutschen Verwaltung zu kümmern. Er war schließlich ein ausgezeichneter Jurist. Dann wurden die Niederlande besetzt. Man brauchte jemanden, der über juristische Kenntnisse verfügte und besonnen auftreten konnte.«[315] Nach der Landkriegsordnung von 1907 bleibt der legitime Fürst unter einer Besatzung Träger der gesetzlichen Gewalt. Er behält seine Rechte, die nach Ablauf der Besatzung automatisch wieder in Kraft treten. Wilhelmina war geflohen, hatte sich die Regierungsgewalt aus den Händen nehmen lassen und in der Heimat zurückgelassen. Nach dem Kriegsrecht jedoch darf eine Besatzungsmacht in dem von ihr besetzten Gebiet keine Zivilverwaltung errichten, wenn dort noch eine zivile Gewalt vorhanden ist. Mit anderen Worten: sämtliche Erlasse, Verfügungen und Verordnungen Hitlers wären nach niederländischem ebenso wie nach internationalem Recht völlig gegenstandslos und nichts weiter als ein Schlag ins Wasser gewesen. Der mit allen Wassern gewaschene österreichische Jurist Seyß-Inquart war sich darüber nur allzu genau im klaren. Winkelman galt nach der Kapitulation als Kriegsgefangener. Seyß-Inquart zitierte die Leiter der Ministerien, also die Staatssekretäre, zu sich und schlug ihnen vor, mit ihm zusammenzuarbeiten. Nach Rücksprache mit Winkelman erkannten die Staatssekretäre mit dessen Einverständnis die Übernahme der Zivilverwaltung durch Seyß-Inquart an. Sie sagten dem Reichskommissar »loyale« Mitarbeit zu, wobei »loyal« im Sinne von »freiwillig« gemeint war. Mit der Anerkennung der Zivilverwaltung Seyß-Inquarts über die Niederlande ging die Regierungsgewalt geräuschlos auf den Reichskommissar über. Am 30. Mai erschien in der *Volkskrant* unter der Überschrift »Regeling van het civiele gezag« (Regelung der zivilen Gewalt) die offizielle Bekanntgabe. »Zum gestrigen Tag ist die höchste Gewalt in zivilen Angelegenheiten im besetzten Gebiet der Niederlande ausschließlich auf den Reichskommissar übergegangen. ... Die Staatssekretäre haben mit Einverständnis des niederländischen Oberbefehlshabers der Land- und Seestreitkräfte, General Winkelman, ihre Mitarbeit zugesagt.«[316]

»Die deutsche Besatzungsmacht«, so schrieb Colijn einen Monat später, »verkörpert zur Zeit in den Niederlanden die gesetzliche Obrigkeit, kraft allgemeingültigen Rechts und per Vertrag auch von den Niederlanden akzeptiert.«[317]

Seyß-Inquart war sehr daran gelegen, daß ihm die zivile Gewalt auf legale Weise, unter Wahrung der Kontinuität der gesetzlichen niederländischen Gewalt, zufiel. Es wird oft so dargestellt, als habe Seyß-Inquart die Macht einfach von Hitler zugeteilt bekommen. Doch Seyß-Inquart wußte nur zu genau, daß Hitlers Erlaß vom 18. Mai ein wertloses Stück Papier war. Es muß ihm entsprechend große Genugtuung bereitet haben, daß auf die aufgezwungene, rechtsungültige Gewaltübertragung durch Hitler die freiwillige, von Winkelman gebilligte Anerkennung seiner Regierungsgewalt durch die Staatssekretäre folgte.

Daß er sich um die frühere Regierung nicht weiter scherte, machte er am 26. Juli 1940 bei einem Treffen unmißverständlich klar: »Mit der früheren Regierung habe ich mich um so weniger zu befassen, als es ja auch nach der Verfassung dieses Landes der Regierung verboten ist, den Sitz außerhalb der Niederlande zu verlegen, und daher dieser Schritt illegal ist und somit alle weiteren versuchten Maßnahmen dieser Männer gleichfalls illegal geworden sind.«[318]

Die Flucht von Krone und Kabinett unter Zurücklassung der Regierungsgewalt hat die staatsrechtliche Grundlage für die deutsche Zivilverwaltung geschaffen. Am 20. Mai 1940 wurde Seyß-Inquart in Den Haag, im »Ridderzaal« (dem Parlamentsgebäude), offiziell installiert, und zwei Tage später schrieb er voller Stolz an Hans Heinrich Lammers: »Die Übernahme der obersten Regierungsgewalt vollzog sich so, daß die Kontinuität nicht gestört wurde. Die General-Sekretäre, das sind eine Art Staatssekretäre als oberste Verwaltungsspitze, nahmen zur Kenntnis, daß nunmehr General Winkelman der Verwaltung keine Aufgabe und Vollmacht mehr geben kann, sondern alles bei mir liege. Sie sind dann nach Rücksprache mit Winkelman gleichwohl im Amt geblieben, so daß hier die Möglichkeit gegeben ist, den vorhandenen Apparat nach und nach in die Hand zu bekommen.«[319]

Die »secretarissen-generaal«, so ihr offizieller niederländischer Titel, ließen sich die deutsche Amtsbezeichnung »Staatssekretäre«, die sich auf eine Art Unterminister mit legislativen und exekutiven Zuständigkeiten bezieht, gefallen, wiewohl mit ihrem Amt keinerlei politische Verantwortung verbunden war; sie waren lediglich Verwaltungsspezialisten, die als leitende Beamte der Ministerien dem jeweiligen Minister zu Diensten standen. Sie übernahmen eine Aufgabe, für die sie weder vom Volk gewählt worden waren noch die Erfahrung besaßen. Ebenso wie die Vorsitzenden des Joodse Raad entschieden sie sich, im Amt zu verbleiben und mitzuarbeiten nach dem Motto »um Schlimmeres zu verhindern«.

Nach und nach wurden diese »Staatssekretäre« auf ihren Rücktritt oder ihre Entlassung hin durch NSB-Mitglieder ersetzt: C. Ringeling, Staatssekretär im Verteidigungsministerium, wurde bereits im Juni 1940 entlassen nach einem Konflikt mit Seyß-Inquart über den Einsatz von Artillerieeinrichtungen. A. L. Scholtens, Staatssekretär im Ministerium für Soziales, nahm im August 1940 seinen Hut, weil er mit den deutschen Ansichten nicht einverstanden war. G. A. van Poelje vom Unterrichtsministerium wurde im August 1940 entlassen, weil er zugelassen hatte, daß der »Koninginnedag«, der Geburtstag der Königin, begangen wurde. Justizstaatssekretär J. C. Tenkink trat im März 1941 zurück, nachdem er versucht hatte, den Rumpf des niederländischen Staatsrates als Beratungsgremium aufrechtzuerhalten – eine fruchtlose Initiative, da sich das Haupt des Staatsrates, die Königin, und der Hals, Vizepräsident Beelaerts van Blokland, sowie der rechte Arm, Prinz Bernhard, in London aufhielten. Staatssekretär L. J. A. Trip vom Finanzministerium trat im März 1941 zurück wegen der Aufhebung der Devisengrenze und der Abschreibung einer Forderung an Deutschland in Höhe von fünf Millionen Gulden. A. M. Snouck Hurgronje vom Außenministerium trat am 22. Juli 1941 zurück, und D. G. W. Spitzen vom Ministerium für Wasserwirtschaft wurde im August 1943 entlassen. K. J. Frederiks vom Innenministerium tauchte im Herbst 1944 unter. Bis zuletzt im Amt verblieben die Staatssekretäre P. J. Six vom Ministerium für die Kolonien und H. M. Hirschfeld vom Wirtschaftsministerium.

Hitlers Erlaß vom 18. Mai 1940 hatte unter anderem besagt: »Der Reichskommissar kann sich zur Durchführung seiner Anordnungen und zur Ausübung der Verwaltung der niederländischen Behörden bedienen.«

In den von der niederländischen Regierung für den Kriegsfall aufgesetzten »Aanwijzingen« (Anweisungen) aus dem Jahr 1937 – Direktiven, die im übrigen nicht nur spärlich verbreitet waren, sondern auch nur von wenigen wirklich gelesen wurden – hieß es, daß es im Interesse des Volkes sei, wenn man auf seinem Posten bliebe. Es entbehrt also nicht der Ironie, daß gerade die Regierung als erste durch Abwesenheit glänzte. Wie auch immer: Erlaß und »Aanwijzingen« fügten sich in diesem Punkt nahtlos zusammen.

Über die Position der Staatssekretäre hat einer von ihnen, Van Poelje, folgendes geschrieben: »Sie mußten ... dem neuen Herrn nur solange dienen, wie sie der ehrlichen Überzeugung waren, daß dies im Interesse des Landes und des Volkes sei, und wie ihr Handeln nicht mit ihrer primären Rechtspflicht in Konflikt geriet. Sobald nach ihrer Ansicht letzteres der Fall wäre, stand ihnen der Weg offen, um unter Berufung auf die ihnen vom Reichskommissar gemachte Zusage diesen zu ersuchen, sie ihrer Funktion zu entheben.«[320]

Es war unwichtig, ob man protestierte oder nicht. Wichtig war nur, ob man seine Unterschrift unter die Beschlüsse, unter die zahlreichen Verordnungen wie etwa jene gegen die Juden setzte. So hätte es mit Blick auf die Übertragung der zivilen Gewalt auf Seyß-Inquart nichts ausgemacht, wenn unmittelbar darauf sämtliche Staatssekretäre zurückgetreten wären. So konnte Seyß-Inquart ihnen, nachdem ihm die zivile Gewalt einmal übertragen worden war, denn auch zusagen, daß sie auf Wunsch ohne Konsequenzen zurücktreten konnten, falls es ihnen unmöglich war, die weitere Politik mitzutragen.

Es ist kein sehr starkes Argument, wenn jemand sein Verbleiben im Amt damit rechtfertigt, daß bei seinem Rücktritt ein anderer, zum Beispiel ein NSB-Mitglied, den freigewordenen Platz einnehmen würde. Denn was macht es schon aus, ob ein »Landesverräter« seine Unterschrift leistet oder ein »guter« Patriot? Hauptsache, es wurde unterzeichnet. Und es wurde unterzeichnet!

Ebenso wie der Joodse Raad waren die Staatssekretäre nicht viel mehr als die Boten, die Vehikel der antijüdischen Maßnahmen, allerdings mit dem Unterschied, daß die Staatssekretäre die Verordnungen unterzeichneten und damit billigten. Bei Verweigerung drohte ihnen keine Gefahr für Leib und Leben, wie dies für die Führungsmitglieder des Joodse Raad der Fall war, die sich ihres Lebens nur solange sicher sein konnten, wie sie den Beschlüssen Folge leisteten und im Amt verblieben. Denn in ihrem Fall wäre sowohl bei Verweigerung wie bei Rücktritt nicht nur für Ersatz gesorgt worden, sondern die Führer selbst wären vogelfrei gewesen.

Als im Juli 1942 die Deportationen anfingen, war die Hälfte der »alten« Staatssekretäre bereits ersetzt. Nur drei von ihnen, Ringeling, Scholtens und Van Poelje, hatten mit den Maßnahmen zur Erfassung und Ausgrenzung der Juden, die den Deportationen vorausgingen und für deren Vorbereitung unverzichtbar waren, nichts zu tun gehabt.

Jacob Harari, der 1944 wohlbehalten Israel erreichte, schrieb in einem Bericht: »Wir hatten bereits früher darauf hingewiesen, daß die Nazis es lieben, ihren Maßnahmen den Mantel der Legalität umzuhängen. Der Reichskommissar hat aus diesem Grunde wiederholt darauf hingewiesen, daß die besetzende Macht auf Grund der Haager Konvention (1907) über die Land- und Seekriegsführung berechtigt sei, gegen einzelne Gruppen der Bevölkerung Sondermaßnahmen zu ergreifen, wenn sie es zu ihrem Schutz für notwendig hielt, so daß praktisch durch diesen Gummiparagraphen jede Maßnahme gegen die Juden gerechtfertigt werden konnte, da nach der Auffassung der Nazis die Juden als Staatsfeinde anzusehen waren, die die Sicherheit der besetzenden Macht gefährdeten.«[321]

Erschien Seyß-Inquart auch zunächst nicht wie ein fanatischer Nationalsozialist und war seine Politik anfangs gemäßigt, so daß Anpassung und Mitarbeit weniger schwer fielen, als man gedacht hatte, so ließ er doch an seiner Antipathie gegen die Juden in den Niederlanden vom ersten Moment an keinen Zweifel.

Hitler hatte in seinem Erlaß bestimmt, daß der Reichskommissar Verordnungen erlassen konnte, »die Gesetzeskraft haben« und die im »Verordnungsblatt für das besetzte Gebiet der Niederlande« sowohl auf deutsch wie auf niederländisch bekanntzumachen waren.[322]

Obgleich Seyß-Inquart, zumal im ersten Jahr, so besonnen auftrat, daß der durchschnittliche Niederländer die Veränderungen kaum am eigenen Leib verspürte – dies geschah erst, als die Juden bereits abtransportiert wurden –, hat er von Anfang an eine antisemitische Haltung eingenommen. Hatte die deutsche Militärbesatzung bis zum 29. Mai den Staatssekretären noch garantiert, daß zumindest die niederländischen Juden in Ruhe gelassen würden, so sprach Seyß-Inquart in seinem »Aufruf« an das niederländische Volk am 25. Mai bereits von dem »mit dem deutschen Volk blutsverwandten niederländischen Volk«.[323] Daß er die Juden ausdrücklich nicht dazu zählte, wurde in späteren Reden unmißverständlich klar. Nach dem Vorbild Hitlers, an dessen Lehre vom »Heil« für das deutsche Volk er, wie er sogar noch in den Augenblicken vor seiner Hinrichtung in Nürnberg bezeugt hat, felsenfest glaubte, sprach auch er von den Juden als dem größten Feind Deutschlands. Ein knappes Jahr später nahm er kein Blatt mehr vor den Mund.

Am 12. März 1941 erklärte er bei einem Treffen der NSDAP in Amsterdam: »Die Juden werden von uns nicht als ein Bestandteil des niederländischen Volkes angesehen. Die Juden sind für den Nationalsozialismus und das nationalsozialistische Reich der Feind. ... Die Juden sind für uns nicht Niederländer. Sie sind jene Feinde, mit denen wir weder zu einem Waffenstillstand noch zu einem Frieden kommen können. Dies gilt hier, wenn Sie wollen, für die Zeit der Besatzung. Erwarten Sie von mir keine Verordnung, die dies festsetzt, außer Regelungen polizeilicher Natur. Wir werden die Juden schlagen, wo wir sie treffen, und wer mit ihnen geht, hat die Folgen zu tragen. Der Führer hat erklärt, daß die Juden in Europa ihre Rolle ausgespielt haben, und daher haben sie ihre Rolle ausgespielt.«[324]

Bei einer Kundgebung auf dem Museumplein in Amsterdam hielt er eine Schmährede, die Hitlers *Mein Kampf* nicht schlecht angestanden hätte. Das Judentum sei, so die Grundaussage, zusammen mit den Bolschewisten und der Verschwörung des Großkapitals der Todfeind, den es um jeden Preis zu vernichten gelte.[325]

Koos Vorrink, seinerzeit Vorsitzender der sozialistischen Partei, sagte 1946 im Prozeß gegen Seyß-Inquart in Nürnberg unter Eid folgendes aus: »Wir lebten in Holland nicht auf einer Insel, wir wußten, was alles zwischen 1933 und 1940 in Deutschland geschehen war. Wir wußten, daß in Deutschland die Juden verfolgt und in den Tod getrieben worden waren, und ich persönlich habe in meinem Besitz einige eidesstattliche Aussagen von emigrierten Juden, die uns immer wieder darüber informierten, wie sie in der Vorkriegszeit von der SS gefoltert und gemartert worden waren. Dies war den niederländischen Juden natürlich bekannt, und sie waren in der Beziehung klüger, da sie wußten, daß sie das gleiche Schicksal erwartete.«[326] Hinzu kam, daß gerade Seyß-Inquart wegen seines Vorgehens gegen die Juden in Österreich, nachdem er die Republik an Deutschland ausgeliefert hatte, sowie wegen seines Auftretens in Polen gefürchtet war.

Als die Juden zunächst lediglich aus der Luftabwehr ausgeschlossen wurden, hatte es den Anschein, als würde alles schon nicht so schlimm werden. Doch bereits am 28. August 1940 folgte der nächste Schlag. Per Anordnung wurden die Staatssekretäre angewiesen, dafür zu sorgen, daß keine Beamte jüdischer Herkunft mehr eingestellt oder befördert würden.[327] Und schon am 14. September 1940 kam es zu einer Ergänzung der Anordnung vom 28. August an die Staatssekretäre, dafür Sorge zu tragen, daß auch Beamte, die mit Personen jüdischer oder teilweise jüdischer Herkunft verheiratet waren, von Einstellung oder Beförderung ausgeschlossen würden. Zudem waren Beamte, die mit einer Person jüdischer oder teilweise jüdischer Herkunft eine Ehe eingehen wollten, unverzüglich aus dem Dienst zu entlassen.[328]

Nachdem jüdische Beamte zunächst im Oktober 1940 dazu verpflichtet worden waren, in Form des sogenannten »Ariernachweises« ihre jüdische Herkunft anzugeben, erging am 4. November eine Anordnung an die Staatssekretäre, die besagte, daß sämtliche Beamte jüdischer Herkunft unverzüglich ihrer Ämter zu entheben waren. Die Staatssekretäre wurden angewiesen, »diese Anordnung unverzüglich durchzuführen und mir [Generalkommissar Friedrich Wimmer, d.Verf.] bis spätestens 1. Dezember 1940 über den Vollzug zu berichten«.[329] Die offizielle Entlassung folgte per Anordnung am 21. Februar 1941, zum 1. März trat für die Entlassenen eine Pensionsregelung in Kraft.[330]

Für die überwiegende Mehrheit der nichtjüdischen niederländischen Bevölkerung hatte das Leben, mit mancher Einschränkung hier und mancher Bestimmung dort, im Grunde wieder seinen gewohnten Gang genommen. Nicht jedoch für die Juden. Innerhalb von fünf Monaten waren sämtliche jüdischen Beamte, darunter auch alle Schul- und Hochschullehrer jüdischer Herkunft, abserviert. Noch ehe ein halbes Jahr Besatzung vorüber war, waren sie registriert und wurden aus dem Alltagsleben ausgegrenzt. Wie konnte man all dies ohne auch nur einen Hauch von Protest geschehen lassen?

Man mußte es wohl oder übel geschehen lassen, weil man die Verordnung vom 14. September 1940 hingenommen hatte, nach der laut Staatssekretär Scholtens, der übrigens zu jenem Zeitpunkt dieses Amt bereits nicht mehr bekleidete, »die Rechtsstellung der Beamten und ihnen gleichgestellter Gruppen abweichend vom augenblicklich geltenden Recht geregelt werden könnte«.[331]

Auch wenn die Staatssekretäre mit weitgehenden Verwaltungskompetenzen ausgestattet worden waren, sie waren immer noch Beamte. Beamte sind autoritätsgläubig, deshalb arbeitete Seyß-Inquart so gerne mit ihnen zusammen. Autoritätsgläubige Menschen neigen dazu, jede Verantwortung der Autorität zu überlassen und an die Folgen ihrer Handlungen kaum einen Gedanken zu verschwenden. Dieser Formalismus ließ sich nicht nur bei den Mitarbeitern des Joodse Raad und bei den Staatssekretären beobachten, sondern auch beim höchsten Gericht der Niederlande, dem Obersten Gerichtshof.

Wie wir später sehen werden, war es eben dieser Oberste Gerichtshof, der die juristische Grundlage für die Erfassung der Juden in den Niederlanden geschaffen hat. Damit hat dieses Gericht die höheren ebenso wie die niederen Beamten in eine Zwangslage manövriert, in der ihnen nichts anderes blieb, als sich zu fügen und mitzuwirken.

Die verwaltungstechnische Erfassung der Juden mittels der sogenannten »Ariërverklaring« war der wesentliche Schritt zur Ausgrenzung des Judentums in den Niederlanden. Diese entscheidende Maßnahme ist von den obersten Gesetzeshütern gebilligt worden, noch bevor von der Einrichtung eines Judenrates überhaupt die Rede war.

Der Krieg sollte noch vier Jahre dauern, doch bereits nach fünf Monaten Seyß-Inquart war der jüdische Teil der Bevölkerung eingekreist. In der Folgezeit wurde, bis Juli 1942, die Isolierung abgeschlossen. Obwohl der Besatzer laut Artikel 46 der Landkriegsordnung verpflichtet war, »die Ehre und die Rechte der Familie, Leib und Leben der Person und das Privateigentum sowie die religiöse Überzeugung und Praxis« zu achten, wurde eine Maßnahme nach der anderen gegen die Juden erlassen, Maßnahmen, die allesamt die Bürgerrechte mit Füßen traten. Vieles davon wurde bewußt aus der Presse herausgehalten, und man kann durchaus behaupten, daß die Mehrzahl dieser Maßnahmen breiten Schichten der Bevölkerung unbekannt waren.

Die Presse war von den Nazis als erste aufs Korn genommen worden, bereits ab dem 16. Mai 1940 war es mit der unabhängigen Berichterstattung und freien Meinungsäußerung zu Ende. Jüdische Journalisten wurden in manchen Fällen gleich »vorsorglich« entlassen, und an die Spitze des Algemeen Nederlands Persbureau (Allgemeines niederländisches Pressebüro) rückten die nationalsozialistisch gesinnten Van Mechelen und Van der Vaart Smit. Die wichtigsten Verordnungen gegen die Juden wurden im *Joodse Weekblad* bekanntgemacht und damit den Blicken der nichtjüdischen Bevölkerung entzogen.

Gleichwohl wurden noch genügend Maßnahmen soweit allgemein bekannt, daß jeder sich der Tatsache bewußt sein konnte, daß die Juden ausgegrenzt wurden. So wurde im Jahr 1941 in den Tageszeitungen bekanntgemacht, daß Juden der Zutritt zu Kinos verwehrt sei, daß Juden kein Blut mehr spenden dürften, daß sie keine Rundfunkgeräte besitzen und keine Messen besuchen dürften, daß sie weder in öffentlichen Anstalten baden und öffentliche Parkanlagen oder Lokalitäten betreten noch in Badeorten oder anderen touristischen Gegenden Zimmer mieten dürften und daß Juden ausschließlich in jüdischen Bildungsanstalten unterrichtet werden dürften.

1942 wurde in den Tageszeitungen über »die Kennzeichnung der Juden in den Niederlanden« berichtet. Diese beinhaltete, daß ab dem 2. Mai die Juden verpflichtet waren, den Judenstern jederzeit sichtbar auf ihrer Kleidung zu tragen. Des weiteren wurde über die Maßnahme informiert, nach der es Juden verboten war, ein Fahrrad zu besitzen, außerdem erschienen Bekanntmachungen über »die Regelung der Berufsausübung durch Juden« sowie über »das Verhalten der Juden in der Öffentlichkeit«. Im Herbst 1942 wurde in den Tageszeitungen die Aufforderung abgedruckt, daß jeder, der in einer Mischehe lebte, dies melden müsse.[332]

Und die Staatssekretäre unterzeichneten die Beschlüsse, die der Umsetzung der Verordnungen zur Isolierung der Juden dienten, auch wenn dies hier und da unter Protest geschah. Die Isolierung hätte jedoch niemals so vollständig durchgeführt werden können ohne die Identifizierung beziehungsweise Erfassung durch den Ariernachweis. So verfügten die Besatzer über genau jene Information, die sie für ihre Isolierungspläne benötigten. Anschließend folgte, ohne jeden Rechtsgrund, die Entlassung jüdischer Beamter aus ihren Ämtern.

Einer der zahlreichen Opfer der letztgenannten Maßnahme war der Vorsitzende des Obersten Gerichtshofes, L. E. Visser. Die Tageszeitung *Het Parool* schrieb dazu 1941: »Was hat der Oberste Gerichtshof damals unternommen? Soweit uns bekannt, hat er nichts unternommen. Womöglich haben die Mitglieder des Obersten Gerichtshofes im stillen Kämmerchen ihre Empörung über das Geschehene bekundet. Doch nach außen gedrungen ist davon nichts. ... Vor kurzem haben die Deutschen die Ernennung eines ihrer Subjekte, eines gewissen Van Loon, der Mitglied des NSB, der Partei des Landesverrats, ist, zum neuen Vorsitzenden des Obersten Gerichtshofes anstelle Herrn Vissers in die Wege geleitet. Was hat der Oberste Gerichtshof daraufhin unternommen? Soweit uns bekannt, hat er nichts unternommen. Womöglich haben die Mitglieder des Obersten Gerichtshofes im stillen Kämmerchen ihre Empörung über das Geschehene bekundet. Doch nach außen ist davon nichts gedrungen. ... Wenn unser oberstes Gericht eine solche Haltung einnimmt, wie kann man dann von den nachgeordneten Gerichten verlangen, daß sie sich energisch der Anmaßung der Nazipreußen widersetzen werden? Wie kann man dann erwarten, daß sie sich weigern werden, weiterhin Recht zu sprechen im Namen des Unter-

drückers? Wie kann man dann erwarten, daß sie sich weigern werden, die unzähligen Verletzungen der zahlreichen schändlichen deutschen Verordnungen zu verurteilen?«[333]
Fünfundzwanzig Jahre lang hatte L. E. Visser (1871-1942) dem Obersten Gerichtshof angehört, und zwar allen drei Kammern, am längsten der Kammer für zivilrechtliche Fälle. Ab 1933 hatte er als stellvertretender Vorsitzender fungiert, und seit Januar 1939, kurz vor Kriegsausbruch, war er Vorsitzender. Er war einer der wenigen, der die Staatssekretäre schärfstens zurechtgewiesen hat, bis zu seinem Tod am 17. Februar 1942. Er unterstand sich sogar, sich an Rauter, einen der engsten Mitarbeiter Seyß-Inquarts, zu wenden in dem Versuch, etwas über das Schicksal junger nach Mauthausen abtransportierter Juden in Erfahrung zu bringen.

Im großen Sitzungssaal des Gebäudes des Obersten Gerichtshofes war an der Wand folgender Spruch angebracht: »Ubi judicia deficiunt, incipit bellum« (Wo kein Recht mehr gesprochen wird, beginnt der Krieg). Als der Oberste Gerichtshof dem Rücktritt seines Vorsitzenden einzig und allein aufgrund der Tatsache, daß dieser Jude war, zustimmte, begann der eigentliche Krieg für die Juden in den Niederlanden. Die Mitglieder des Obersten Gerichtshofes, die selbst nicht zurücktraten mit der Begründung, daß sonst NSB-Mitglieder an ihrer Stelle eingesetzt würden, ließen ihren Vorsitzenden als einen Niederländer minderer Art gehen und erkannten den überaus deutschfreundlichen Van Loon als neuen Vorsitzenden an.

Es ist hier nicht der richtige Ort, das Versagen des Obersten Gerichtshofes der Niederlande zu schildern. Dazu sei auf die Literatur zur Frage seiner »Säuberung« verwiesen, die erst am 8. November 1946 mit der Bestallung des unkompromittierten ehemaligen Mitgliedes Donner zum Vorsitzenden offiziell ihren Abschluß fand.

Neben den Fehlern, die der Oberste Gerichtshof begangen hatte, indem er den Ariernachweis akzeptierte, ohne sich zu fragen, ob dieser überhaupt rechtens war, und keinen Widerstand gegen die Entlassung jüdischer Beamten leistete, war für die Juden von ausschlaggebender Bedeutung, daß der Oberste Gerichtshof auf das sogenannte Prüfungsrecht verzichtete. Dies erfolgte durch die Strafkammer, die ihre Entscheidung unter dem Vorsitz von B. M. Taverne fällte, einem Vorsitzenden, der sich, wie sein Biograph W. M. Peletier erwähnt, »niemals von den prodeutschen Sympathien hat distanzieren können, zu denen er sich bereits lange vor dem Krieg öffentlich bekannt hatte«.[334]

Im Prüfungsentscheid vom 12. Januar 1942 heißt es wörtlich: »Der niederländische Richter darf über den inneren Wert oder die Billigkeit eines Gesetzes nicht urteilen und ein Gesetz nicht prüfen an einem Vertrag wie dem, der die Landkriegsordnung von 1907 einschließt, und ebensowenig an einer Weisung wie dem Erlaß des Führers vom 18. Mai 1940 über die Regierungskompetenzen in den Niederlanden.«[335] Mit diesem Passus erhielten nicht nur sämtliche von Seyß-Inquart selbst oder auf dessen Betreiben hin noch zu ergreifenden, sondern auch alle bereits ergriffenen Maßnahmen das Prädikat »gesetzlich«.

»Der Gerichtshof hat die Besatzungszeit verarbeitet wie ein Verwaltungsorgan«, stellte ein Mitglied der Zweiten Kammer nach dem Krieg fest.[336] Wie ein Verein der höchsten, aber keine Verantwortung tragenden Beamten, möchte man hinzufügen, auch wenn es sich dabei angeblich um die obersten Gesetzeshüter handelte.

Formal war der Oberste Gerichtshof möglicherweise durchaus im Recht, sich als nicht prüfungsberechtigt zu betrachten. Formal tat er vielleicht nichts anderes, als eine juristische Realität anzuerkennen. Die Mitglieder des Obersten Gerichtshofes haben sich auch manchem Protest angeschlossen. Natürlich hat man sich auch dabei – wie etwa Richter Van den Dries – auf die »Anweisungen« berufen, die dem Beamten gerade auferlegten, auf seinem Posten zu bleiben und vor allem die Ordnung zu wahren: das von im Amt verbliebenen höheren Beamten nachträglich bis zum Überdruß bemühte Argument, dessen sich zum Beispiel auch die Staatssekretäre Frederiks und Hirschfeld sowie der Spitzenfunktionär der Nederlandse Unie, Einthoven, in ihren Verteidigungsschriften bedient haben.[337] Doch jene »Anweisungen«, eine Erläuterung der Landkriegsordnung für Beamte, beschränken sich keineswegs nur auf die ausdrückliche Bitte, den Posten nicht zu verlassen.

Es heißt dort, im Schlußsatz, nämlich außerdem: »Im allgemeinen gilt, daß Beamte ihr Amt niederlegen sollen, wenn es ihnen von der feindlichen Autorität unmöglich gemacht wird, die mit diesem Amt verbundenen Aufgaben weiterhin im Interesse der eigenen Bevölkerung und in einer Art und Weise zu erfüllen, die sich mit der Treue zum eigenen Land vereinbaren läßt.«[338] War dies eine allzu vage Formulierung, wie behauptet wurde? Oder spielte das Interesse des jüdischen Teils der Bevölkerung, der bereits seit mehr als einem Jahr entrechtet wurde, als im Januar 1942 der Prüfungsentscheid gefällt wurde, keine Rolle mehr?

In einem »Kommentar« zu den »Anweisungen«, der in den Niederlanden verfaßt, jedoch von der Regierung im Londoner Exil für verbindlich erklärt und in Radio Oranje verlesen wurde, nachdem er in sämtlichen illegalen Blättern veröffentlicht und allen höheren Beamten zugesandt worden war, heißt es ausdrücklich: »Völkerrechtlich sind die Besatzungsbehörden dazu verpflichtet, das im besetzten Gebiet geltende Recht zu achten, es sei denn, dies wird ihnen völlig unmöglich gemacht. Daneben ist dem Besatzer auferlegt, die Ehre, den Zusammenhalt der Familie, die religiöse Überzeugung und die Abhaltung der Gottesdienste zu respektieren. Die Deportation von Bewohnern des besetzten Gebietes nach Deutschland oder an einen anderen Ort außerhalb der Niederlande zu Arbeitsdienstzwecken steht in krassem Widerspruch zu den ausdrücklichen Einschränkungen, welche die Landkriegsordnung dem Recht des Besatzers auf die Inanspruchnahme von Diensten auferlegt. Auch Deportation als Strafe oder Zwangsmittel ist nicht erlaubt, da dies eine vom Kriegsrecht an keiner Stelle gestattete Verletzung des geltenden Rechts beziehungsweise der Unantastbarkeit der menschlichen Person darstellt. Die Verordnungen gegen die Juden entbehren demnach jeder Rechtsgrundlage. Jede Mitwirkung an der praktischen Durchführung dieser Verordnungen, namentlich hinsichtlich der Fahndung nach und Verhaftung von Juden, ist daher untersagt.«[339] Es ist schon vielsagend, daß diese Verdeutlichung der »Anweisungen«, wo sie von rein menschlichen Verpflichtungen handeln, notwendig war, und noch vielsagender ist, daß diese Verdeutlichung erst so spät, im Mai 1943, in Form einer einmaligen Mitteilung von der Exilregierung ausging.

Auch im Hinblick auf einen anderen Punkt, den der persönlichen

Verantwortung, kam der »Kommentar« jedenfalls für die Juden, die im Mai 1943 bereits deportiert waren, und das war der weitaus größte Teil, zu spät. »Die Verantwortung für die Befolgung der erteilten Anweisungen liegt bei den jeweiligen Verwaltungsorganen sowie bei jedem einzelnen Beamten persönlich. Eine unrichtige Auslegung der erteilten Anweisungen durch eine höhergestellte Person und ein von dieser im Widerspruch zu jenen Anweisungen erteilter Auftrag entheben den niedriger Gestellten nicht seiner Pflicht und werden nicht als Entschuldigung akzeptiert werden können. Ebensowenig wird man sich auf die zweifellos tadelnswerte Tatsache berufen können, daß die höchsten niederländischen Beamten, die im Amt verblieben sind, es versäumt haben, durch eine richtige Haltung in dieser Hinsicht beispielgebend und führend zu wirken. Jeder wird immer wieder von neuem die ihm erteilte Aufgabe selbst an Gewissen, Gesetz und den ihm von seiner rechtmäßigen Regierung erteilten Anweisungen zu prüfen haben.«[340]

L. H. N. Bosch Ridder van Rosenthal, einer der Autoren des »Kommentars«, erzählt dazu folgendes: »Der Verfasser der ›Anweisungen‹ hatte einen geradezu prophetischen Blick dafür gehabt, was eines Tages eintreten könnte. Als 1942 und 1943 die Haltung der niederländischen Beamten immer weicher wurde, auf allen möglichen Gebieten dem Feind zugearbeitet wurde und die niederländische Regierung von London aus wenig von sich hören ließ, haben wir uns daran gemacht, einen ›Kommentar zu den Anweisungen‹ zu verfassen.« Kern dieses »Kommentars« war, »daß die Beamten sich nicht länger ihrer Verantwortung enthoben fühlen würden, wenn ein Vorgesetzter die ›Anweisungen‹ falsch interpretierte und einen den ›Anweisungen‹ zuwiderlaufenden Auftrag erteilt hatte«.

Die Ausführungen des »Kommentars« verfehlten ihr Ziel nicht. »In den höheren Beamtenkreisen«, so Bosch van Rosenthal, »verursachte dieser auf wunderschönem, offiziellem Papier gedruckte ›Kommentar‹ großes Entsetzen. Diese Beamten spürten, daß – und in welchem Punkt – ihre Haltung falsch gewesen war, und ihr Ärger machte sich Luft in Empörung über die niederländische Regierung, die, in ihrem sicheren Exil in England, außerstande sei, die Lage in den Niederlanden zu beurteilen, und uns in Gefahr bringe, und mehr noch in Zorn auf das aus ihrer Sicht unverantwortliche Spielen mit dem Begriff Illegalität.«[341]

Doch es kam zu spät! Zu spät für die Juden wie für die Beamten, die täglich mit der »Judenfrage« in den Niederlanden konfrontiert wurden. Es hatte das gute Beispiel gefehlt, namentlich das der Verwaltungsbeamten und das der Justiz. Die Eliten schwiegen, machten mit oder leisteten keinen Widerstand.

In einem nach dem Krieg verfaßten Schreiben an den Ministerrat versuchten sich die Richter des Obersten Gerichtshofes mit folgender, wenig überzeugender Darlegung zu entschuldigen: »Man kann der öffentlichen Unterstützung des obersten Gerichtes für den Widerstand, deren Wert für die Moral der Bevölkerung nicht zu leugnen gewesen wäre, eine solche Bedeutung zumessen, daß dafür am Ende der Zerfall der Rechtspflege im zivil- und steuerrechtlichen Bereich sowie die Auslieferung der Bevölkerung an den Besatzer in der gesamten Strafgerichtsbarkeit steht. Man kann aber auch vor letzterem zurückschrecken und darin eine solche Katastrophe für die Bevölkerung sehen, daß der mit der anderen Haltung verbundene Vorteil dies nicht aufwiegt. Der Oberste Gerichtshof hat, wenn auch häufig in großem inneren Zwiespalt, gemeint, daß es seine Pflicht war, letzteren Weg zu gehen, solange er dadurch nicht in einen Gewissenskonflikt geriet.«[342]

Aus dieser Apologie kann man alles mögliche schließen, in jedem Fall aber, daß der Oberste Gerichtshof ab Herbst 1940 den Juden gegenüber eine gewissenlose Haltung eingenommen hat. Es begann mit der Hinnahme der Verordnung vom 14. September 1940 hinsichtlich der Sonderbehandlung »bestimmter« Beamten, der Registrierung jüdischer Beamten und ihrer Entlassung, darunter des eigenen Vorsitzenden. Und es endete, in der Folge der formalen Anerkennung der »Gesetzlichkeit« von Maßnahmen des Besatzers, mit der Deportation der Juden, zuerst nach Amsterdam, um sie zu konzentrieren, und dann über das Polizeiliche Durchgangslager Westerbork nach Osten mit unbekanntem Ziel.

In einer Pressemeldung vom 11. Oktober 1945 ist die Antwort

des Ministerrats an die Mitglieder des Obersten Gerichtshofes zunächst nicht unkritisch: »Eine energischere Haltung hätte dem Gericht sicherlich besser angestanden.« Letztlich überwog jedoch das »Verständnis«, und so sollten die noch lebenden obersten Richter, die ja auf Lebenszeit ernannt worden waren, nicht gezwungen werden, ausnahmslos geschlossen zurückzutreten, auch wenn das Volk gerade zu dieser Zusammensetzung des Obersten Gerichtshofes jedes Vertrauen verloren hatte.

Die Mitglieder des Obersten Gerichtshofes, die am 10. Mai 1940 verteilt über die drei Kammern ihrer Arbeit nachgingen, verblieben bis auf sieben, die gestorben waren oder »Säuberungen« zum Opfer fielen, nach dem Krieg unverfroren im Amt, und zwar aus dem einzigen Grund, weil sie auf Lebenszeit ernannt worden waren. Nicht zuletzt weil nach dem Krieg die »angestammten Interessen« und der »bewährte Ruf« das Maß aller Dinge bildeten, blieb die betrübliche Geschichte des Obersten Gerichtshofes während der Besatzungszeit fast dreißig Jahre nach der Befreiung von Tabus verstellt. Und erst ab 1983, als die alte Garde längst begraben war, konnte diese Geschichte auf unvoreingenommene Art und Weise untersucht werden.[343] »Die menschliche Gerechtigkeit«, so könnte man mit De Geer sagen, »erlahmt, wo der Richter Partei ist.«[344]

Im Jahr 1946 wurde J. Donner, das einzige Mitglied des Obersten Gerichtshofes, das sich dem Widerstand angeschlossen und das Beugehaft und Internierung erlebt hatte, zum Vorsitzenden ernannt. Die Aufgabe, dem Obersten Gerichtshof wieder zu seiner alten Würde zu verhelfen, kann Donner nicht leicht gefallen sein, wenn man bedenkt, daß man im allgemeinen jedes Vertrauen zu dem Gericht verloren hatte.

»Schwamm drüber!« war die Devise der schuldbewußten Eliten nach 1945: nicht verarbeiten, sondern verdrängen. Unverarbeitet blieb zum Beispiel die Tatsache, daß amtierende Richter vor und während des Krieges Sympathie für Deutschland hegten. Bereits 1936 warnte der Justizminister, daß es auf Lebenszeit ernannte Vertreter der rechtsprechenden Gewalt gab, die Mitglied des NSB waren, einer für Staatsbeamte verbotenen Partei.[345] Vergessen werden sollte, daß die obersten Richter, bis auf drei, dem Begräbnis Vissers ferngeblieben waren. Keiner hatte dort im Namen des Obersten Gerichtshofes das Wort ergriffen, dafür besuchte man aber geschlossen die Party des neuen Vorsitzenden, Van Loon, dessen nationalsozialistische Sympathien bekannt waren. Man hat diesem von Seyß-Inquart ernannten Vorsitzenden sogar stets die gebührende Achtung entgegengebracht.

Auf die Empfehlungsliste, die der Oberste Gerichtshof zusammenstellte, um die durch den Krieg entstandenen offenen Stellen zu besetzen, setzte Donner an erster Stelle das ebenfalls von Seyß-Inquart ernannte Altmitglied des Obersten Gerichtshofes P. H. Smits – trotz Protestes von seiten der Zweiten Kammer. Smits war am 26. Oktober 1945 entlassen, danach wiederernannt und am 21. November 1946 erneut als oberster Richter eingesetzt worden. Er sollte es 1961 per »Koninklijk Besluit« bis zum Vorsitzenden des Obersten Gerichtshofes bringen. Und auch wenn die »Grote Adviescommissie der Illegaliteit« (Großer Beratungsausschuß der Illegalität) Königin Wilhelmina persönlich eine Adresse zusandte mit der dringenden Bitte, die Ernennung Smits' zu verhindern: Sie unterzeichnete den für die Ernennung benötigten Königlichen Beschluß. Aus Protest legte der Vorsitzende der Leidse Studenten Zuiveringscommissie (Leidener Studentensäuberungskommission), Prof. Cleveringa, der zusammen mit seinem Kollegen Telders die gesamte Kriegszeit hindurch in zahllosen Schriften gegen den Obersten Gerichtshof gewettert hatte, seine Arbeit nieder. Er war nicht willens, weiterhin an der »Säuberung« junger Studenten mitzuwirken, die weit weniger für den Lauf der Dinge verantwortlich gemacht werden konnten als die Mitglieder des Obersten Gerichtshofes, »denn das«, so meinte er, »würde auf ein empörendes Messen mit zweierlei Maß hinauslaufen«.[346]

Ist es ein Wunder, daß allenthalben der Vorwurf zu hören war, daß die hohen Herren unbehelligt blieben, während dem kleinen Mann die Verantwortung zugeschoben und der Prozeß gemacht wurde?

Nicht viel anders liefen die Dinge im Fall der Staatssekretäre. Als allgemeine Regel verpflichteten die »Anweisungen« die Beamten in den Verwaltungsorganen dazu, »bei den zuständigen Instanzen energisch

Protest einzulegen, wenn diese Instanzen selbst oder ihnen unterstellte Organe oder Personen in völkerrechtlich unzulässiger Art und Weise vorgehen«.[347]

Hatte der Staatssekretär im Justizministerium, J. C. Tenkink, dies tatsächlich überzeugend getan, bevor er Visser am 23. November 1940 schriftlich mitteilte, daß er aus seiner Funktion als Vorsitzender des Obersten Gerichtshofes entlassen war?

Gegen den Ariernachweis waren ernsthafte Proteste von seiten der Kirche ebenso wie aus akademischen Kreisen laut geworden. So hatte der bereits erwähnte Staatsrechtler Prof. R. P. Cleveringa am 26. November 1940 vor seinen Studenten eine flammende Philippika gegen die Entlassung seines jüdischen Kollegen, des namhaften Rechtsgelehrten Prof. Meijers, gehalten. »Im Einklang mit niederländischen Traditionen«, so hatte er seiner Zuhörerschaft eindringlich ins Gewissen geredet, »garantiert das Grundgesetz jedem Niederländer unabhängig von seinem Glauben die gleichen Bürgerrechte.«

Doch die Staatssekretäre widmeten der Frage des Ariernachweises lediglich einige Besprechungen und erkannten daraufhin keinen zwingenden Grund, die »Fragebogen« nicht zu verschicken, obwohl sie zu diesem Zeitpunkt bereits wußten, daß es als nächstes zur Entlassung der jüdischen Beamten kommen würde. Darüber hinaus wußten sie, daß die gesonderte Erfassung jüdischer Beamten einer Administration den Weg ebenen würde, die weitere Maßnahmen gegen die Juden möglich machen sollte. Am 25. November 1940 schickten die Staatssekretäre nämlich einen Brief an Seyß-Inquart, der folgenden Passus enthielt: »Einige Wochen vor dem 4. November hatten die General- [d. h. Staats-]sekretäre die Ehre, vom Herrn Generalkommissar für Verwaltung und Justiz empfangen zu werden: Bei dieser Gelegenheit teilte Herr Dr. Wimmer uns mit, daß beabsichtigt wurde, daß bestimmte Kategorien jüdischer Beamter aus ihren Ämtern ausscheiden sollten. Herr Dr. Wimmer führte dazu aus, daß als sicher anzunehmen sei, daß Juden als deutschfeindlich betrachtet werden mußten, und daß es deshalb für die Dauer der Besatzung als eine Angelegenheit der öffentlichen Ruhe und Sicherheit zu betrachten sei, die Juden auszuschalten.«

Da die Staatssekretäre durchaus nachvollziehen konnten, daß die Deutschen die jüdischen Beamten und deren Verwandte als potentielle Ruhestörer betrachteten, die die öffentliche Sicherheit gefährdeten, entschlossen sie sich zur Mitwirkung. »Wenn wir uns nach reiflicher Erwägung schließlich dazu entschlossen haben, die Durchführung der oben erwähnten Anweisung zu übernehmen, so ist dabei die Erwägung entscheidend gewesen, daß es sich hier um eine vorübergehende Maßnahme handle, die, wie aus den erläuternden Ausführungen hervorging, zur Aufrechterhaltung der öffentlichen Ordnung und Sicherheit diene.«[348]

»Eine vorübergehende Maßnahme«. Doch Seyß-Inquart hatte nachdrücklich erklärt, daß dem nicht so sei und daß dies auch nicht in dem Rundschreiben stehen dürfe, in dem die Staatssekretäre es als »Ehre« bezeichneten, im Namen des Reichskommissars den jüdischen Beamten mitteilen zu dürfen, »daß Sie mit sofortiger Wirkung ihres Amtes enthoben sind«.[349]

Der in deutscher Sprache abgefaßte Brief der Staatssekretäre war von den nachfolgend genannten Beamten unterschrieben worden: Snouck Hurgronje, Tenkink, Trip, Frederiks, Reinink, Spitzen, Hirschfeld, Verwey und Six. Das Beispiel dessen, was anschließend mit den Juden in Deutschland geschehen war und geschah, muß ihnen allen bekannt gewesen sein. Doch sie wurden suspendiert, die ein Prozent Beamten jüdischer Herkunft im Staatsdienst, während gleichzeitig für jedermann sichtbar wurde, wer als Jude identifiziert war. Wie konnte es innerhalb so kurzer Zeit so weit kommen? Dies war möglich, weil man sich im November 1940 als Träger der Staatsgewalt bereits »verstrickt« hatte.

Bereits im Juni 1940, einen Monat nach der Einsetzung Seyß-Inquarts, hatten die Staatssekretäre zugelassen, daß die niederländischen Juden aus dem auf Gemeindeebene und auf freiwilliger Basis aufgestellten Luftschutzdienst entfernt wurden. Es war dies die erste publik gemachte diskriminierende Maßnahme und zugleich die erste ungesetzliche Ausgrenzung, eine Maßnahme, die von den Juden als »Ariernachweis« avant la lettre aufgefaßt wurde.[350]
Am 31. August 1940 wurde per Verordnung Nr. 80 das rituelle

Schlachten verboten. Dieses Verbot war am 21. April 1933 auch in Deutschland verhängt worden und damit die erste einer langen Reihe von Maßnahmen gewesen, im Zuge derer die Juden in Deutschland zu »Untermenschen« degradiert worden waren. In den Niederlanden beruhigte man sein Gewissen mit der Überlegung, daß »lediglich« die orthodoxen Juden von dieser Maßnahme betroffen waren.

Doch auch in den Niederlanden schritt die systematische Diskriminierung fort, nicht schleichend und verdeckt, sondern offen und direkt. Da man jedoch allgemein bereit war, mit den Deutschen zusammenzuarbeiten, nachdem Seyß-Inquart nunmehr versprochen hatte, weder Land und Volk zu unterdrücken noch die deutsche politische Ideologie aufzuzwingen, tat man sich nicht so schwer, in der »Judenfrage« ein Auge zuzudrücken. Auch dann nicht, als die Deutschen die Besitztümer des Nederlands Verbond van Vakverenigingen (Niederländischer Gewerkschaftsbund, NVV) beschlagnahmten und dessen Führer entließen, weil seit 1938 ein beträchtlicher Teil des Vermögens, fünf Millionen Gulden, in England hinterlegt worden war. Und man sah ganz bestimmt weg, als am 20. Juli 1940 der stellvertretende Vorsitzende des NVV, der Jude S. de la Bella, der für diese Aktion ganz alleine verantwortlich gemacht wurde, als einziger mißhandelt, verhaftet und in das Konzentrationslager Dachau abtransportiert wurde, wo er, vollkommen geschwächt, am 11. Juli 1942 den Tod fand. Anschließend wurden sämtliche jüdischen Gewerkschaftsführer mit sofortiger Wirkung entlassen.

Niemand protestierte ernsthaft. Vom 26. Juli bis zum 4. September 1940 saß De la Bella zusammen mit Henri Polak, dem Verbandsführer der Diamantschleifer, in Haft. Ahnte man nichts? Polak hatte bei seiner Verhaftung Gift genommen, doch die nichtjüdischen Diamantschleifer ließen ohne auch nur eine Spur des Widerstandes geschehen, daß sämtliche jüdischen Funktionäre der Diamantbranche entlassen wurden, bis auf einen einzigen nichtjüdischen Funktionär, der bleiben durfte und tatsächlich an seinem Platz verharrte. Am 20. Juni 1940 wurde die Sociaal-Democratische Arbeiderspartij von den Deutschen aufgelöst, nachdem sie sich geweigert hatte, in irgendeiner Form mit den Deutschen zusammenzuarbeiten.

Wurde gegen diese Auflösung von den übrigen Parteien Protest erhoben?

Es blieb still. Es blieb so still, daß man sich tatsächlich in der Illusion wiegen konnte, alles sei nur halb so schlimm, jedenfalls für den nichtjüdischen Teil der Bevölkerung. Und auch der jüdische Teil versuchte sich vor August 1940 noch Mut zu machen, denn, so konnten sich die Betroffenen damals noch denken: »Wenn das alles ist?« Sie konnten sich dies auch dann noch denken, als im Sommer 1940 die deutschen Juden die Stadt Den Haag und das Küstengebiet verlassen mußten und die Ausländerpolizei einen Aufruf an die geflüchteten deutschen Juden richtete und diese, wenn sie dem Aufruf Folge leisteten, identifiziert und erfaßt wurden.

Der Vorsitzende der Staatssekretäre, Snouck Hurgronje, hatte bereits am 12. August 1940 angedeutet, daß er es für »nicht ratsam« hielt, bei den Deutschen gegen Unrecht, das einzelnen jüdischen Niederländern angetan wurde, Protest anzumelden.[351]

Das nahm man noch in Kauf. Als jedoch der Ariernachweis eingeführt wurde, wurde zweifellos für viele Juden in den Niederlanden alle Hoffnung zunichte. Der Ariernachweis und die darauffolgende Entlassung der jüdischen Beamten markierten den eigentlichen Beginn der Entrechtung, in gewisser Weise aber bildeten sie zugleich den Endpunkt des Weges, der durch eine Haltung der naiven, wohlwollenden Nachgiebigkeit und des optimistischem Opportunismus gekennzeichnet gewesen war.

Insbesondere Hirschfeld und Frederiks haben sich nachträglich für ihre Politik des »Verharrens« zu rechtfertigen versucht mit dem Argument, daß sie sehr wohl gegen das eine oder andere protestiert hätten. Doch was bringt ein Protest hier, wenn man dort die Beschlüsse zur praktischen Umsetzung der Verordnungen mit seiner Unterschrift versieht? Dadurch rechtfertigt man schließlich diese Beschlüsse.

Dem standen Beispiele einer ganz anderen Haltung gegenüber, nicht zuletzt im Zusammenhang mit den Maßnahmen bezüglich des Ariernachweises. Als der Amsterdamer Universitätsprofessor P. Scholten im September 1940 von dem Verbot der Einstellung oder Beförderung von Juden in öffentlich-rechtlichen Einrichtungen erfuhr, schickte er umgehend eine Bittschrift an Seyß-Inquart, in der er um die Aufhebung des Beschlusses bat, da dieser seiner Ansicht nach »hier keine Judenfrage lösen, sondern vielmehr eine schaffen würde«.

Als das Gerücht vom bevorstehenden Ariernachweis aufkam, haben sich vor allem die Leidener Universitätsprofessoren Cleveringa und Telders zu Wort gemeldet. Der Schlußsatz des Ariernachweises lautete: »Dem Unterzeichneten ist bekannt, daß er mit fristloser Kündigung zu rechnen hat, falls sich die oben gemachten Angaben als unzutreffend erweisen sollten.« Prof. Cleveringa wies darauf hin, »daß kein Richter dies erklären konnte, ohne offensichtlich die Unwahrheit zu sagen, denn nach geltendem Recht (sogar einschließlich aller damaligen Verordnungen Seyß-Inquarts sowie seiner Schergen und Untergebenen) stellte die Abgabe einer unzutreffenden Erklärung über Herkunft oder Glaubensbekenntnis für Justizbeamte keinen Entlassungsgrund dar«.[352]

Der Oberste Gerichtshof sah es tatsächlich als seine Aufgabe an, über den Ariernachweis und alle damit aufgeworfenen Fragen eine Entscheidung zu fällen. Die obersten Richter hätten zu jenem Zeitpunkt bereits von einem Brief Telders' Kenntnis nehmen können, in dem dieser nachdrücklich darauf hinwies, wie ausschlaggebend die Haltung des Obersten Gerichtshofes sein würde. »Der Haltung des Obersten Gerichtshofes in dieser Sache kommt als Präzedenzfall für alle übrigen Betroffenen höchste Wichtigkeit zu. Zweck dieses Schreibens ist es denn auch, den Obersten Gerichtshof dringend zu ersuchen, die Angelegenheit ernsthaft in Erwägung zu ziehen und dabei die große grundsätzliche Bedeutung der Sache nicht Erwägungen der Opportunität oder des Formalismus unterzuordnen. In dieser Zeit ist es natürlich leichter, alles zu ›schlucken‹, doch ist es sehr die Frage, ob man damit seiner Pflicht als Niederländer gerecht wird.«[353]

Telders war zugleich der Verfasser eines Protestschreibens, das von sechzig Universitätsprofessoren mitunterzeichnet wurde. Auch die Kirchen protestierten im Oktober 1940 in einer Adresse an Seyß-Inquart und äußerten darin schwerwiegende Bedenken gegen die antijüdischen Maßnahmen. Die Technische School in Delft und die Universität Leiden protestieren, und das Amsterdamer Gymnasium ist der Aufforderung zur Abgabe des Ariernachweises sogar niemals nachgekommen.

J.C. Roelofsen, Berater am Finanzministerium, weigerte sich, den Ariernachweis zu unterzeichnen. Erst als ihm klar wurde, daß das gesamte Ministerium anstandslos unterzeichnet hatte, ließ er sich überreden. Allerdings nicht ohne ein Gefühl der Scham. »Es wird, da bin ich mir sicher, eine Zeit kommen«, schrieb er anschließend, »da wir uns für unser Verhalten und die von uns eingenommene Haltung zutiefst schämen werden. Ganz gewiß wird dies der Fall sein, wenn wir uns nicht besinnen und unserer Haltung nicht eine grundsätzliche Richtung geben für den Fall, daß weitere Erklärungen oder Zusagen von uns verlangt werden.«[354]

Jeder vernünftige Mensch war sich darüber im klaren, was »unterzeichnen« eventuell bedeuten konnte, weil, wie J.C. Tenkink, Staatssekretär im Justizministerium und vor dem Krieg unmittelbar beteiligt an der Einrichtung des Flüchtlingslagers Westerbork, es formulierte: »Als niederländische Autoritäten hätten wir im Grunde durchaus vorhersehen können, was bevorstand; schließlich hatten wir die Entwicklung der Hitlerzeit vor dem Krieg erlebt.«[355]

Namentlich Frederiks und Tenkink wußten aufgrund ihrer unmittelbaren Beschäftigung mit der Flüchtlingsproblematik in den dreißiger Jahren, weshalb die Juden ebendieser »Entwicklung« wegen in Scharen aus Deutschland unter anderem in die Niederlande flohen.

»Die Nazis fürchten, wie sie zeigen, unseren Widerstand«, hieß es in einer Broschüre vom Februar 1942, in der unter anderem noch einmal auf den Ariernachweis eingegangen wurde. »Sie wissen jedoch auch um unsere Schwäche, und sie wissen, daß, wenn sie uns die Gelegenheit bieten, unsere Hände in Unschuld zu waschen, wir alle unsere Hände nur allzu gerne in jenes Wasser tauchen werden.«[356]

Mit den Anordnungen zur Umsetzung der antijüdischen Maßnahmen war hauptsächlich der Staatssekretär im Außenministerium, K.J. Frederiks, betraut. Auch wenn es ihm gelungen ist, einige prominente Juden längerfristig zu »sperren«, als Jurist muß er gewußt haben, daß sämtliche von ihm mitunterzeichneten Anordnungen gegen die Juden buchstäblich gegen die Verfassung verstießen. An der Erfassung der Juden waren die niederländischen Behörden eng beteiligt. Mit »Der Verrat der Beamten« umschrieb *Het Parool* bereits 1941, als Fortsetzung der »Komödie der Furcht«, die allgemeine Haltung.[357] Die höchsten »Beamten«, die Richter des Obersten Gerichtshofes, unterzeichneten sogar ohne irgendeine Äußerung des Protestes. Sie hatten sich die Sache bereits in einem viel früheren Stadium überlegt. Das Präsidium hatte sich laut J. Kosters, einem der wenigen integren Mitglieder, bereits Ende Juni 1940 an den Staatssekretär im Justizministerium, Tenkink, gewandt; letzterer hatte sich Kosters zufolge bereits »mit den Deutschen ins Einvernehmen gesetzt«.[358] Daraus kann man nur schließen, daß mehr oder weniger von Anfang an bei bestimmten Staatssekretären und Mitgliedern des Obersten Gerichtshofes die Erwartung bestanden hat, daß die Juden »verschwinden« würden, und daß sie sich deshalb auf die von ihnen einzunehmende Haltung vorbereitet haben. »Es war seltsam, daß die Deutschen in manchem durchaus mit sich reden ließen«, erklärte Tenkink später vor dem Parlamentarischen Untersuchungsausschuß, »jedoch überhaupt nicht, wenn es um die Juden ging. Dann bestand bei keinem Generalkommissar auch nur das geringste Verständnis, und man redete wie gegen eine Wand. Wimmer war nicht einmal der übelste; er war Österreicher. Es wollte ihm jedoch partout nicht in den Kopf, daß wir die Juden als gewöhnliche Menschen behandelten.«[359]

Es war von Anfang an klar.

Auch während des Krieges wurde bereits heftige Kritik an den Staatssekretären geübt. Insbesondere an denen, die am längsten im Amt verblieben: Frederiks und Hirschfeld. Sie wurden selbstverständlich als Kollaborateure betrachtet, und Frederiks wurde von *Het Parool* sogar »der böse Genius unserer Beamten« genannt.[360] Man warf ihm vor, sein »Pöstchen« so sehr zu lieben, daß er sich nicht nur »trotz der völligen Denaturierung, der infamen Vergewaltigung unseres Staats-, Provinz- und Gemeinderechtes« daran festklammerte, sondern auch Untergebene geradezu zwanghaft beschwor, auf ihrem Posten zu bleiben.»Es ist hart, es ist schwer, ein öffentliches Amt aufzugeben. Wer sich mit dieser bitteren Notwendigkeit konfrontiert sieht, redet sich leicht ein, aus diesem und jenem Grund eigentlich im Amt verbleiben zu sollen«, höhnte *Het Parool*.[361] Ebenso wie Hirschfeld wurde Frederiks vorgeworfen, dadurch, daß er jeden Widerstand mißbilligte und sogar unter Strafe stellte, zum Kollaborieren anzustiften.

Der aus Bremen gebürtige und lutherisch getaufte Hans Max Hirschfeld war väterlicherseits jüdischer Herkunft. Er wuchs in Rotterdam auf und tat sich beruflich bereits zu Beginn seiner Laufbahn im Bankwesen und der Handelspolitik hervor. Als der Krieg ausbrach, war er einer der erfahrensten, wenn nicht gar der erfahrenste Unterhändler in den Niederlanden, der über eine gründliche Kenntnis der politischen Kanäle in Deutschland verfügte und deshalb so sehr geschätzt wurde, daß ihm 1939 vom deutschen Minister Funk bei dessen Besuch in den Niederlanden das Verdienstkreuz des Ordens des Deutschen Adlers mit Stern angeheftet wurde. Hirschfeld, ein sehr amtlich-bürgerlich gesinnter Mann, der jeden Widerstand und jeden illegalen Akt verabscheute, wurde nicht nur Staatssekretär für Handel, Industrie und Schiffahrt, sondern auch für Land- und Fischwirtschaft. Dies bedeutete, daß bis auf das Ressort Finanzen der gesamte Wirtschaftssektor in seinen Zuständigkeitsbereich fiel. Daß die Deutschen ihn trotz seiner jüdischen Herkunft im Amt beließen, war ausschließlich darauf zurückzuführen, daß sich die Besatzer davon Vorteile versprachen. Mit dieser Einschätzung hatten sie recht. Hirschfeld hat die Fabrikbesitzer nicht davon abgehalten, für die Deutschen zu arbeiten, und die Wirtschaft, insbesondere die Rüstungsindustrie, zugunsten der Deutschen in Gang gehalten. Selbstverständlich war es auch im Interesse der Bevölkerung, daß die Wirtschaft und die öffentlichen Dienste weiterhin funktionierten, so, wie es im Interesse der Besatzer lag, sich diese Dienste gefügig zu machen und das Land wirtschaftlich auszuplündern. Wo aber ist die Grenze der freiwilligen Anpassung erreicht? General Winkelman hatte ein generelles Verbot der Herstellung und Reparatur von Kriegsmaterial gefordert. Lediglich

Staatssekretär C. Ringeling vom Verteidigungsministerium unterstützte diese Forderung. Insgesamt litten die Staatssekretäre weniger unter moralischen Skrupeln. Als Winkelman einmal abgesetzt und interniert war, wurde der Weg frei für die »Rüstungsinspektion Niederlande«, eine Institution, die in harmonischer Zusammenarbeit mit der niederländischen Wirtschaft zustande brachte, daß innerhalb von vier Monaten, im Sommer 1940, von der deutschen Wehrmacht Verträge über Waffenlieferungen im Wert von insgesamt 740 Millionen Gulden mit niederländischen Unternehmen abgeschlossen wurden. Und das war nur der Anfang. Die niederländische Wirtschaft hat unter der Führung Hirschfelds durch die ganzen Kriegsjahre hindurch Rüstungsaufträge für Deutschland erfüllt. Verständlicherweise, bedeutete dies doch Arbeit für die nahezu fünfzigtausend niederländischen Arbeiter, die Ende 1941 in 6472 niederländischen Betrieben mit der Erfüllung der überwiegend deutschen Aufträge beschäftigt waren.[362] Über die Frage, wozu die Produkte eigentlich genau dienten, mochte man sich weiter keine Gedanken machen. Der Flugzeughersteller Fokker in Amsterdam reparierte doch auch die Flügel deutscher Ju-52-Bomber, und in Eindhoven lieferte der Stolz der Nation, die Firma Philips, schließlich schon lange vor dem Krieg Sende- und Empfangsgeräte für Funksprüche an die Luftwaffe Hitlerdeutschlands.[363]

Es hat Unternehmer gegeben, die sich geweigert haben. Wie es übrigens während des gesamten Krieges trotz des schlechten Beispiels der Eliten unzählige Fälle gegeben hat, in denen Einzelpersonen couragiert aufgetreten sind. Besonders mutig zeigte sich die illegale Presse, die für den Widerstand von unschätzbarem Wert gewesen ist. Mitte des Krieges waren in den Niederlanden rund zwölfhundert Untergrundblätter und -blättchen im Umlauf.[364] Großen Mut zeigten Organisationen, die jüdischen Kindern halfen unterzutauchen. Und dann hatte es den Februarstreik gegeben als Reaktion auf die Gewalt, die gegen die Juden in Amsterdam verübt wurde. Doch so mutig es an sich war, daß die Amsterdamer Arbeiter den Juden zu Hilfe eilten: Es spielten bei aller Empörung auch andere Motive eine Rolle. Die Hafen- und Fabrikarbeiter bekundeten mit ihrem Wider-

stand zugleich ihre Unzufriedenheit über die Zwangsbeschäftigung von Arbeitslosen in Deutschland und machten ihrem Zorn über die drohende Entsendung erwerbstätiger Arbeiter Luft.[365]
Auf jüdischer Seite war es keine Frage der Feigheit oder Willenlosigkeit, daß die Fragebogen des Ariernachweises en masse ausgefüllt wurden. Dies erfolgte vor allem deshalb, weil die Grenze ihrer bis dahin wegzudiskutierenden Angst erreicht war. Denn nun zeigte sich in aller Deutlichkeit, daß, entgegen aller Hoffnung und Zuversicht, die nichtjüdischen Kollegen sie geschlossen im Stich ließen. Über den Widerstand der niederländischen Juden ist so wenig bekannt, daß gemeinhin angenommen wird, es habe ihn nicht gegeben. Dennoch waren es jüdische »Schlägertrupps«, die zuerst Widerstand gegen die Deutschen leisteten.[366]
Das Zuhilfeeilen der solidarischen Menschen aus den Hafenvierteln im Januar und Februar 1941, als die Juden auf immer skandalösere Weise von Angehörigen der sogenannten Weerafdelingen (WA) mißhandelt wurden, ist selbstverständlich rühmenswert. Diejenigen, die aus Protest Ende Februar 1941 die Arbeit niederlegten und in den Streik traten, einen Streik, bei dem die gleichen »Kampfgenossen« sich an die Spitze setzten, nötigen Respekt ab. Man mag Bewunderung empfinden für die Skulptur von Mari Andriessen, die, zur Erinnerung an jenen Februarstreik, im Herzen des einstigen Judenviertels von Amsterdam aufgestellt ist. Nur weshalb, so mag man sich fragen, stellt sie einen Dockarbeiter dar und nicht den Kämpfer der ersten Stunde, einen Juden?[367]
Ebenso wie das Tagebuch der Anne Frank den Mythos zementierte von den »guten Niederländern, die jedem halfen unterzutauchen«, – obgleich sie von Niederländern verraten wurde –, so bildet die Skulptur *De dokwerker* eine Fortschreibung des Mythos von den »guten Niederländern, die massenhaft protestierten«. Es ist dieser Mythos, der dem alljährlichen Gedenken des Februarstreiks in Amsterdam einen bitteren Beigeschmack verleiht. Nicht nur, weil es sich nicht um einen nationalen Akt der Niederländer insgesamt handelte, sondern in erster Linie um einen Amsterdamer Protest und obendrein um einen Protest lediglich eines bestimmten Teils der Einwohnerschaft Amsterdams. »Für den Juden bedeutet dieser Februar-

streik ... zugleich das Ende des Widerstandes gegen die Judenverfolgung. Danach ging alles flott voran unter voller Mitwirkung niederländischer und jüdischer Stellen. ... Von Widerstand im eigentlichen Sinn, also einer mehr oder weniger kollektiven Verweigerung der Mitwirkung an antijüdischen Maßnahmen, war keine Rede mehr«, so das bittere Fazit I. Spangenthals 1946 in *De Joodsche Wachter*.[368]
Von einem koordinierten Widerstand war in den Niederlanden erst 1943 allmählich die Rede. Davor setzte sich »der« Widerstand zusammen aus verschiedenen rivalisierenden Grüppchen, die sich obendrein gegenseitig Steine in den Weg legten. Sich an dieser Stelle eingehender mit dem Widerstand zu befassen, erscheint wenig sinnvoll, zumal angesichts der zentralen Frage, die sich das vorliegende Buch stellt, nämlich wie es möglich war, daß so viele Juden aus den Niederlanden den Tod gefunden haben. Denn dazu muß man eher jene zu Rate ziehen, die von Widerstand gerade abgeraten haben. So erscheint es sinnvoller, die Geisteshaltung von Angehörigen des niederländischen Großbürgertums in den ersten Kriegsmonaten einmal näher unter die Lupe zu nehmen.

Bereits lange vor Kriegsausbruch war in den Niederlanden nicht nur von seiten antidemokratischer und faschistischer Gruppierungen, sondern auch in den Kreisen des Großbürgertums sowie in Arbeiterkreisen grundsätzliche Kritik an der parlamentarischen Demokratie laut geworden. Diese Kritik hatte ihren Grund in dem Unmut über die Wirtschaftskrise, die man in den Niederlanden bei allem Reichtum nicht richtig zu bewältigen wußte. Des weiteren herrschte Unzufriedenheit über die Tatsache, daß es keine starke Führung gab, die eine Lösung für die großen Gegensätze zwischen den verschiedenen Gesellschaftsschichten hätte finden können. Nach einer Lösung verlangte ebenso die Begünstigung der Provinzen Nord- und Südholland gegenüber dem Süden des Landes einerseits und dem Norden und Osten anderseits, eine Situation, die zu Unruhe und Rivalität zwischen den Regionen führte. Allem voran wünschte man eine Lösung der Probleme, die die Parteipolitik mit sich brachte. Diese teilte das Land auf in Protestanten, Katholiken und »Neutrale« und gab den religiösen und politischen Führern die Möglichkeit an die Hand, ihre Anhängerschaft bis in die kleinsten Details des täglichen Lebens voneinander getrennt zu halten.

Die Rivalität dieser »Blöcke«, innerhalb derer der protestantische Block wiederum in zahlreiche verschiedene Glaubensgemeinschaften und Faktionen auseinanderfiel, lähmte das Bestreben, dauerhafte Koalitionen zu bilden. Im Jahr 1933 trugen sich nicht weniger als vierundfünfzig Parteien zu den Parlamentswahlen ein, ein unverkennbares Zeichen der politischen Zerrissenheit. Die Menschen lebten nicht miteinander, sondern nebeneinanderher, nur allzu oft gleichgültig und ohne jede Achtung voreinander.

In der Zeit zwischen 1918 und 1940 gab es zwölf Regierungskrisen, die für viele das System der parlamentarischen Demokratie mit einem Fluch belegten und den Wunsch nach Zusammenarbeit zwischen den politischen und weltanschaulichen »Säulen« aufkommen ließen. Die 1937 in der Provinz Nordbrabant gegründete Stiftung Brabantia Nostra stellte sich diese Zusammenarbeit vor innerhalb eines Staatssystems, das sich auf katholische ethische Prinzipien gründen sollte. Andere katholische Gruppierungen wollten die trennenden Mauern einreißen durch die Beseitigung des aus ihrer Sicht überholten parlamentarischen Systems und die Errichtung eines autoritär geführten Staates. Die Groninger Gemeenschap hatte sich zum Ziel gesetzt, nicht nur die konfessionelle, sondern auch die gesellschaftliche Spaltung aufzuheben, um auf diese Weise zu einer breiten Plattform zu finden.

Als Königin und Regierung geflohen waren und die Bevölkerung dadurch in großer Verwirrung zurückgelassen hatten, traten schon bald Persönlichkeiten hervor, die meinten, daß »etwas geschehen sollte«. Zu ihnen zählte auch ein »alter Hase« in der Parteiführung der Anti-Revolutionaire Partij (ARP), Hendrikus Colijn.

Colijn war der Auffassung, daß man nicht untätig abwarten sollte, was geschehen würde, und daß eine nationale Führung geboten war. »Ich sehe keinen anderen Weg als den, daß die Führer der großen politischen Parteien von ehedem zusammen Hand anlegen«, denn »das Kollegium [der Staatssekretäre, d. Verf.] repräsentiert nicht das Volk. Er ist ein rein amtlicher Apparat.«[369]

Ziel dieser Führer sollte »die Erhaltung einer konstitutionellen Monarchie unter Führung des Hauses Oranien mit der daraus erwachsenden Wahrung unserer geistigen Freiheiten« nach dem Ende des Krieges sein. Kurzfristig wollte man eine nationale Front bilden, bestehend aus politischen Führern, die die Interessen des niederländischen Volkes bei den deutschen Autoritäten vertreten sollten.[370] Colijn glaubte nicht an nationale Einheit, solange die historisch gewachsenen konfessionellen und nichtkonfessionellen Trennlinien die Bürger in verschiedene Lager spalteten. Wohl aber vertraute er auf Einigkeit im Hinblick auf ein bestimmtes, präzise umschriebenes Ziel, wobei die Kraft aus dem Schließen der Reihen anstatt aus der Ablehnung des Bestehenden geschöpft werden sollte, weil man dann mit Fug und Recht im Namen der Mehrheit des niederländischen Volkes sprechen könne.[371]

Am 8. Juli 1940 kam es zur Bildung der Nederlandse Unie unter Führung von fünfzehn Mitgliedern, von denen zwölf die sechs großen politischen Parteien vertraten und drei der Nederlandse Gemeenschap angehörten, einer auf »Eintracht« abzielenden landesweiten Organisation, die die politischen Gegensätze aufheben, die Arbeitslosigkeit bekämpfen und die Verteidigung verstärken wollte.[372] Doch am 12. Juli teilte Linthorst Homan, einer der drei Mitglieder der Nederlandse Gemeenschap und zugleich deren Vorsitzender, während einer Sitzung mit, Generalkommissar Schmidt habe untersagt, daß in einem Manifest, das diesem im Entwurf vorgelegt worden war, von »Freiheit« und »Unabhängigkeit in der Treue zum Haus Oranien« gesprochen würde. In erster Linie aus diesem Grund traten die zwölf Herren des »Politiek Convent« am 18. Juli endgültig zurück. Dabei nannte Colijn als Ursachen des Scheiterns unter anderem »die unklaren Ziele der Herren der Nederlandse Gemeenschap, die Ausschaltung der großen politischen Parteien, wie diese von den Mitgliedern der Nederlandse Gemeenschap betrieben wurde« sowie schließlich »den Umstand, daß allerlei Nebenabsichten den Blick für die zu lösenden Probleme verstellen«.[373]

Unterdessen waren die Herren von der Nederlandse Gemeenschap nicht untätig geblieben. Unter der Anführung des Triumvirats J. E. de Quay, J. Linthorst Homan und L. Einthoven wurde am

24. Juli die zweite Nederlandse Unie gegründet. Ihnen hatte Schmidt erlaubt, in der Öffentlichkeit aufzutreten, weil sie die beanstandete Stelle über das Haus Oranien aus ihrem Manifest wegließen und sich damit im Grunde vom Königshaus lossagten. In ihrem Programm hieß es, die Unie hoffe ihre Arbeit »in Anerkennung der Realitäten« zu verrichten – sprich: in Anerkennung der Autorität der deutschen Stellen als Obrigkeit –, und zwar möglichst »in einem loyalen Verhältnis zur Besatzungsmacht«. Letztere Formulierung war praktisch identisch mit den Worten, mit denen sich die Staatssekretäre knapp zwei Monate vorher zur Zusammenarbeit mit dem Besatzer bereit erklärt hatten.

Ebenso wie diese Staatssekretäre, die am unmittelbarsten mit dem Besatzer zu tun hatten, hatte auch De Quay keine Bedenken, sich mit den Deutschen zu verständigen. Er hatte Ende Mai 1940 die Funktion eines Regierungsbeauftragten für die Arbeitsorganisation übernommen und wohnte in dieser Eigenschaft nicht nur sämtlichen Beratungen der Staatssekretäre bei, sondern führte auch die Verhandlungen mit den Deutschen.

Und ebensowenig wie die Staatssekretäre vertrat das Triumvirat das Volk. Vor allem der Vorsitzende des Kollegiums der Staatssekretäre, Snouck Hurgronje, hatte De Quay dazu gedrängt, die Gründung der Unie durchzuziehen, und als dies gelungen war, war seine Beglückwünschung überschwenglich. Doch trotz der Freude über einen »compagnon d'infortune« wurde gleichwohl darauf geachtet, daß der Kontakt des Triumvirats zum Besatzer nicht intensiver würde als der des Kollegiums der Staatssekretäre. Diesen Kontakt behielt das Kollegium eben zuallererst sich selbst vor.[374]

Die Nederlandse Unie strebte nach nationaler Einheit. Sie war die erste nationale Bewegung, die sozial ausgerichtet war. »Hier werden keine nationalen Parolen ausgegeben mit dem Ziel, die Arbeiterklasse durch diese Parolen von der gesellschaftlichen Frage abzulenken«, schrieb voller Hoffnung J. H. Scheps, derselbe, der im Oktober 1940 in einer scharf formulierten Schrift die Gemeinden dazu zu bewegen versuchte, den Ariernachweis nicht zu unterzeichnen. »Die Nederlandse Unie«, schrieb Scheps begeistert, »ist die erste große nationale Bewegung, die den Sozialismus nicht verketzert und abweist und die zahlreiche Sozialisten zu ihren Mitarbeitern zählt.«[375]

Tausende traten Woche für Woche der Bewegung bei. Die drei großen konfessionellen Parteien hatten bis zum Sommer 1939 stets den Kern der mühsam zusammengestellten Regierungskoalitionen gebildet. Hinzu kam, daß einige Parteiführer alle wichtigen Entscheidungen, wie etwa über aussichtsreiche Plätze auf der Wahlliste, trafen, während wiederum das Wählervolk in dieser Sache wenig zu melden hatte.

Trotz der beiden Zugeständnisse, die das Triumvirat hatte machen müssen – die Streichung des Oranien-Paragraphen aus ihrem Manifest und die Zusage, sich nicht illegal zu betätigen –, riß die Beitrittswelle nicht ab. Mitte Oktober 1940 zählte die Unie bereits eine halbe Million Mitglieder, im Februar 1941 mehrere Millionen. Man war bestrebt, die politische Zersplitterung der Vorkriegszeit zu überwinden, man wollte dem NSB Widerpart bieten, und schließlich hoffte man, mit einer Sammelbewegung ein gewisses Maß an Unabhängigkeit bewahren zu können. Daß die Unie, die das Königshaus aus ihrem Grundsatzprogramm gestrichen hatte, binnen so kurzer Zeit Millionen von Mitgliedern gewinnen konnte, zeigt, daß das Haus Oranien nach seiner Flucht bei der Mehrheit der niederländischen Bevölkerung unten durch war.

Die Bestürzung über die Flucht der Königin und die anschließende überstürzte Abreise der Regierung war der Gleichgültigkeit gewichen und bei vielen sogar in ein Gefühl der Erleichterung umgeschlagen: Jetzt würde man zeigen, so hat sich mancher Spitzenbeamter gedacht, wie man es richtig macht. Daß das Königshaus aus dem Blickfeld verschwand, hatte noch einen anderen Grund. Beim Triumvirat, bei den Staatssekretären und bei vielen anderen herrschte, zumal nach dem Fall Frankreichs am 22. Juni 1940, die feste Überzeugung, daß Deutschland nicht mehr zu besiegen war. Colijn meinte drei Tage später in seiner Schrift *Op de grens van twee werelden* (Auf der Grenze zwischen zwei Welten): »Europa und Deutschland, Deutschland und Europa, das ist hinfort eine Verbindung, mit der man für eine für den Menschen absehbare Zukunft zu rechnen hat«, und: »Es ist gesunde und daher statthafte ›Realpolitik‹, die Tatsachen, wie sie sich uns darstellen, zu akzeptieren. Diese Tatsachen sind, daß Deutschland den englischen Einfluß auf dem Kontinent zurückgedrängt hat und daß nach menschlichem Ermessen eine Änderung der Kriegsverhältnisse, die diese Tatsache wieder rückgängig machen würde, auszuschließen ist, wie der Krieg auch weiter verlaufen mag.« Mit anderen Worten: Deutschland ist künftighin der entscheidende Faktor auf dem europäischen Kontinent, beugen Sie sich dieser Tatsache und versuchen Sie, das Beste daraus zu machen. Diesem Fazit war ein Exposé vorausgegangen, in dem Colijn mit viel Verständnis für das vom Versailler Vertrag geknechtete Land die Entwicklung bis hin zum modernen Deutschland skizziert hatte.[376]

Diese Worte, die er später übrigens widerrufen hat, spielten nicht nur den Deutschen in die Hände, sondern waren auch in Nicht-NSB-Mitgliedern noch monatelang nachgehallt.

Der Nederlandse Unie war kein langes Leben beschieden. Am 14. Dezember 1941 wurde sie – nach Aussage des Unie-Vorstandes Einthoven »als Geschenk zum Geburtstag des NSB« – von Seyß-Inquart verboten.[377] Nach dem Vorbild des Obersten Gerichtshofes und der Staatssekretäre hatte auch die Nederlandse Unie – wenngleich unter einem an die Öffentlichkeit getragenen Protest des Triumvirats – der Unterzeichnung des Ariernachweises zugestimmt.

Nachdem zum Sekretariat der Nederlandse Unie mit J. de Brouwer und G. Ruygers zwei junge, stramme Katholiken von der Brabantia Nostra hinzustießen, die sich überaus empfänglich für das Führerprinzip zeigten und laut Einthoven »immer offensichtlicher dazu neigten, auch im Sinne des Besatzers zu denken und sich schriftlich zu äußern« und sich von den Deutschen manipulieren zu lassen, entwickelte sich die Bewegung schon bald in eine falsche Richtung.[378]

Einthoven und De Quay haben im Januar 1941 zwar ernsthaft erwogen zurückzutreten, doch wurde ihnen unter anderem von Colijn, Trip und Snouck Hurgronje, die in der Unie einen mächtigen Verbündeten sahen, um die Stellungen zu verteidigen, dringend geraten, im Amt zu verbleiben. De Quay und Einthoven sind diesem Rat gefolgt, obgleich gerade sie wußten, wie sehr die Unie in deutsches Fahrwasser abgedriftet war, und obgleich sie außerstande waren, den beiden faschistisch denkenden, antisemitischen Brabantern mit ihrem Anhang Zügel anzulegen. Sie verblieben im Amt und trugen damit weiterhin die Verantwortung für die Politik der Unie. »Die Unie ist zu einer Gefahr für das niederländische Volk geworden«, hieß es im Juni 1941 in einer illegalen Broschüre. »Die, die voller Vertrauen dem Triumvirat gefolgt sind, sehen sich völlig getäuscht! Auch für die Juden muß das alles eine gewaltige Enttäuschung bedeuten. Die Unie hat sie verleugnet!«[379]

Dennoch war es nicht in erster Linie die Nederlandse Unie, die die Juden in den Niederlanden ausgeliefert hat. Dies besorgten die Richter des Obersten Gerichtshofes und die Staatssekretäre. Ebenso wie die Richter haben die Staatssekretäre die Tatsache, daß sie im Amt verblieben, damit begründet, daß sie ein allgemeines Chaos beschworen, das im Falle ihres Rücktritts entstehen würde, und mit dem Hinweis auf ihre Pflicht, die niederländischen Interessen wahrzunehmen und zu schützen. Im Hinblick auf die Juden hat man sich dabei von Anfang an auf den Standpunkt gestellt, daß das alles zwar ganz schlimm und widerwärtig sei, man aber weiter nichts daran ändern könne.

In seinen *Herinneringen* erwähnt David Cohen, daß beim Vorsitzenden der Staatssekretäre, Snouck Hurgronje, nichts auszurichten war. »Die Staatssekretäre, an die wir uns verschiedene Male wandten, darunter auch Hirschfeld, konnten nichts für uns tun, mit Ausnahme von Frederiks, der sich später für die nach Mauthausen Deportierten einsetzte [übrigens auf unmißverständliches Drängen von L. E. Visser hin, d. Verf.], und schließlich Prof. Van Dam für die Barnevelder.«[380]

Das Unterzeichnen des Ariernachweises und die Zustimmung durch die Mitglieder des Obersten Gerichtshofes und die Staatssekretäre hat auf die niedrigere Richterschaft wie auf sämtliche untergeordneten Verwaltungsorgane, über die die Staatssekretäre Verfügungsgewalt und Vetorecht hatten, demoralisierend gewirkt.

Es waren hohle, hochmütige und naive Argumente, die nach dem Krieg zur Rechtfertigung dieser Haltung angeführt worden sind, wo sich doch bereits während des Krieges überdeutlich herausgestellt hatte, daß durch ein Verbleiben im Amt äußerst wenig ausgerichtet werden konnte. Das Land war, wie auch immer, 1944 in vielerlei Hinsicht ein Chaos. Dieses Chaos ist behoben worden. Was sich niemals wiedergutmachen läßt, ist, daß die verantwortlichen Eliten die Interessen der Juden in den Niederlanden nicht geschützt haben und daß nicht nur, aber auch aus diesem Grund nahezu die gesamte jüdische Bevölkerung deportiert werden konnte.

Seyß-Inquart ist unter anderem für seine Zivilverwaltung der besetzten Niederlande und wegen seiner Verbrechen am niederländischen Judentum im Anschluß an seinen Prozeß in Nürnberg hingerichtet worden. Die Mitglieder des Obersten Gerichtshofes kamen, nach der »Säuberung« einiger Richter, ungestraft davon. Das gleiche gilt für die Staatssekretäre, obwohl zum Beispiel Hirschfeld unmittelbar mitgewirkt hat an der »Legalisierung« der Regierungsgewalt Seyß-Inquarts und der wirtschaftlichen Auslieferung der Niederlande an Deutschland. Der Spitze der Nederlandse Unie erging es nicht anders. Sie konnten sich allesamt »reinwaschen«, weil in den höheren Kreisen nahezu jeder schmutzige Hände hatte. Sie konnten aufs neue Spitzenfunktionen übernehmen, wie etwa Hirschfeld, der, zum Regierungsbeauftragten ernannt, mit der Koordinierung der finanziellen und wirtschaftlichen Ansprüche der Niederlande an Deutschland betraut und insbesondere an der Vorbereitung eines Friedensvertrages mit Deutschland beteiligt wurde. Van den Dries verblieb im Präsidium des Obersten Gerichtshofes, und De Quay brachte es sogar zum Premierminister. Zutiefst empörend ist auch, daß einer wie Ruygers, der der Sache der Nederlandse Unie so sehr geschadet hatte, es zum Mitglied der Zweiten Kammer und stellvertretenden Vorsitzenden der sozialdemokratischen Partij van de Arbeid brachte, während man nur allzu genau wußte, welche Rolle er während des Krieges gespielt hatte. Wie die Dinge gelaufen wären, wenn die Königin und ihre Minister ihrer Verantwortung nachgekommen und geblieben wären, ist eine akademische Frage, auf die wir hier nicht weiter eingehen wollen.

Nach der Flucht der niederländischen Regierung war man in der ganzen Verwirrung sogleich bereit, die Regierungsgewalt Winkelmans und der Staatssekretäre anzuerkennen. Als auch die Regierungsgewalt des Oberbefehlshabers wegfiel, erkannte man die Autorität Seyß-Inquarts an, wodurch dessen Zivilverwaltung legalisiert wurde. Entscheidend war jedoch, daß Königin Wilhelmina durch ihre eigensinnige Flucht die Regierung zwang, ihr Hals über Kopf nach England zu folgen, und so der Regierungssitz außerhalb des Königreiches verlegt wurde. Natürlich hat Seyß-Inquart mit Artikel 21 des niederländischen Grundgesetzes gewinkt, der eine solche Regierungssitzverlegung verbot und für ungesetzlich erklärte. Und weil er dies tat, wurde das an sich zutreffende Argument für immer kompromittiert. Gleichwohl darf nicht vergessen werden, daß sich durch die Flucht der Königin in ein Land, das nicht zu ihrem Reich gehörte, eine Kette der Einverständniserklärungen zur Machtübertragung ergab, eine Kette aus vier Gliedern, die jedes für sich falsch gewesen sind. Es hat anfangs nicht in der Absicht der Deutschen gelegen, in den Niederlanden neben der Militärverwaltung unter dem deutschen Befehlshaber Christiansen eine Zivilverwaltung unter Seyß-Inquart einzusetzen. Durch die unerwarteten politischen Entwicklungen während der Kriegstage, das heißt durch die Flucht von Regierung und Staatsoberhaupt, sah man neue Möglichkeiten, die Niederlande administrativ, rechtlich, ideologisch und wirtschaftlich fester in den Griff zu bekommen und dem Land seinen Willen aufzuzwingen.[381]

Was die niederländische Exilregierung und das Staatsoberhaupt darüber hinaus für die jüdischen Untertanen bedeutet und konkret geleistet haben, darauf soll in den beiden nachfolgenden Kapiteln eingegangen werden.

VII
Königin Wilhelmina und Radio Oranje

In den fünf Jahren, die Königin Wilhelmina während des Zweiten Weltkrieges in England zubrachte, legte sie ein auffallendes Fluchtverhalten an den Tag. Um ihren Ministern zu entkommen, floh sie immer wieder aus London und wechselte ständig ihre Unterkunft. Nach Zeiten der Spannung wurde sie jedesmal krank, bei Rückschlägen flüchtete sie sich in Apathie und kapselte sich völlig ab. Sie scheute sich nicht einmal, Zuflucht zu Ausreden zu nehmen. So weigerte sie sich zum Beispiel, mit der Regierung nach Niederländisch-Ostindien überzusiedeln, was eine legale, verfassungskonforme Verlegung des Regierungssitzes gewesen wäre. Obgleich sie niemals dort gewesen war, sträubte sie sich mit aller Macht gegen diesen in Niederländisch-Ostindien sehr begrüßten Plan mit dem schlichten Argument, daß es für sie dort »zu warm« sei. Dabei hatte der Minister für die Kolonien, Welter, ihr mehrmals zugesichert, daß überall Klimaanlagen angebracht würden.[382] Sie hatte jedoch keine Probleme damit, mitten im Krieg die Minister der Exilregierung ihrem Schicksal zu überlassen und im Sommer für mehr als zwei Monate nach Kanada zu fliegen. Dort besuchte sie ihre Tochter und reiste anschließend im August 1942 in das heiße New York, um als Gast Präsident Roosevelts den Vereinigten Staaten einen Besuch abzustatten.[383]

Es war ihr wichtig, sich in jenem Land aufzuhalten, das ohne Zweifel den Sieg davontragen würde, im Zentrum der alliierten Macht, und das war England. »Ihr müßt auf das Zeichen des Sieges warten, das selbstverständlich von *hier* kommen wird«, so wandte sie sich am 30. Juli 1941 in einer Rundfunkansprache an das niederländische Volk.[384] Später schrieb sie: »Man denke nur an die Tatsache, daß ich mich jetzt im Zentrum der Weltpolitik befand.«[385]

Außerdem würde sie vielleicht nur allzu sehr auf die Hilfe des alliierten Verbündeten angewiesen sein, um ihr nach dem Krieg wieder auf den Thron zu helfen.

Eines der schwerwiegendsten Argumente Wilhelminas, nicht nach Niederländisch-Ostindien zu gehen – im Unterschied zur Mehrheit ihrer Minister, die zunächst aus triftigen Gründen durchaus dorthin abreisen wollten –, betraf ihre persönliche Sicherheit. Als die Angelegenheit am 24. Juni 1940 zum ersten Mal im Ministerrat in London zur Sprache kam, war von etwaigen Bombenangriffen auf England noch keine Rede: Die Bombardements begannen erst im August. Auf der britischen Insel war alles friedlich. Nicht jedoch auf hoher See, wo es lebensgefährlich war wegen der vielen U-Boote, gegen die sich die kaum bewaffneten Schiffe nicht verteidigen konnten. Vergeblich drängte der Generalgouverneur von Niederländisch-Ostindien, A. W. L. Tjarda van Starkenborgh Stachouwer, die Königin zu kommen – und sei es auch nur, weil, wie Minister van Rhijn später erklärt hat,»das Königreich sich dadurch Japan gegenüber eine stärkere Position verschaffte, da es Hinweise gab, wonach Japan sich auf den Standpunkt stellen könnte, daß Niederländisch-Ostindien zu jenem Zeitpunkt ohne Regierung sei«, wie dies die Deutschen unter Berufung auf Artikel 21 der Verfassung in den besetzten Niederlanden taten.[386] Eine kleine Minderheit des Kabinetts konnte mit dem Hinweis auf die große Gefahr durchsetzen, daß man in England blieb. Die hartnäckige Weigerung Königin Wilhelminas, nach Indonesien zu gehen, trug dazu bei, daß das Thema auf die lange Bank geschoben wurde, und als es 1941 nochmals auf die Tagesordnung kam, hatte sich die Sache erledigt, da der Generalgouverneur von Niederländisch-Ostindien eine Übersiedlung der Minister ohne die Königin nicht für wünschenswert hielt. »Es herrscht wieder der Geist der Königlichen Kabinette der Zeit vor 1848, und die Minister sind dem in keiner Weise gewachsen«, schrieb G. H. C. Hart, Spitzenbeamter im Ministerium für die Kolonien, am 31. Juli 1940 wütend in sein Tagebuch.[387]

Fest steht, daß Wilhelminas Veto entscheidenden Einfluß auf die Diskussion gehabt hat. Sie hatte noch ein zweites, mindestens ebenso wichtiges Argument gegen eine Übersiedlung nach Indonesien parat. Sie wollte um jeden Preis an der Seite der Alliierten bleiben und sich nötigenfalls zusammen mit der britischen Regierung nach Kanada absetzen. »Das niederländische Kabinett soll gegebenenfalls mitgehen«, schrieb Minister Steenberghe im Sommer 1940 in sein Notizbuch. Dagegen hegte die Mehrheit des Kabinetts große Bedenken, denn, wie Steenberghe es formuliert, »es würde einen sehr schlechten Eindruck machen, wenn die niederländische Regierung von einem Land zum anderen fliehen würde. Die Belgier haben vor, in den Kongo zu gehen, so daß lediglich die Polen und die Norweger, die kein freies Gebiet haben, in England beziehungsweise in Kanada bleiben werden«.[388] Mit anderen Worten: Die Regierung hatte auf eigenem Territorium zu bleiben, solange sie noch über eigenes Territorium verfügte, und sie besaß dieses unter anderem in Niederländisch-Ostindien.

Doch Königin Wilhelmina blieb. Nicht von ungefähr hatte sie ihre Tochter, Prinzessin Juliana, bereits am 2. Juni 1940 nach Kanada geschickt. Diesen Schritt beschönigte ihr Außenminister E. N. van Kleffens in seiner bereits 1940 verfaßten propagandistischen Schrift *The Rape of the Netherlands*. Nach seiner Darstellung war Prinzessin Juliana mit ihren beiden Töchterchen ausschließlich auf Einladung der Gräfin Athlone, einer Nichte Königin Wilhelminas und Gattin des frischernannten Generalgouverneurs von Kanada, nach Ottawa in Kanada abgereist.[389]

Königin Wilhelmina selbst jedoch stellte später in ihren Erinnerungen die Sache ein wenig anders dar: »Da der Feind uns im Vereinigten Königreich nach der Besetzung Frankreichs räumlich wohl sehr nahe war und schwere Luftangriffe zu erwarten waren, wurde es notwendig, Juliana mit den Kindern in ein vom Kriegsschauplatz weiter entferntes Land zu bringen. Bei der Wahl ihres Aufenthaltsortes waren übrigens nicht nur Erwägungen ihrer Sicherheit wichtig. Juliana mußte ihre Zelte bei einem unserer Bundesgenossen aufschlagen, denn für den Fall, daß ich fiel, war nur dort die Gewähr gegeben, daß sie als Königin Regierungsgeschäfte vornehmen und die königliche Macht wie in den Niederlanden ausüben konnte. In einem neutralen Land war das nicht vollkommen gewährleistet. Im Blick auf diese Überlegungen fiel unsere Wahl auf Kanada.«[390]

Die Abreise Prinzessin Julianas und deren Ziel hatte also Königin Wilhelmina bestimmt. Zweifellos wurde irgendwann auch Verbindung mit den Athlones aufgenommen, empfangen aber wurden die Prinzessin und ihre Kinder von der kanadischen Regierung, da die Athlones noch unterwegs zu ihrem neuen Posten in Ottawa waren.[391]

Die Abreise »wurde streng geheimgehalten«, so Königin Wilhelmina.[392] Diese »strenge Geheimhaltung« kann ihren Grund nicht in Sicherheitsüberlegungen gehabt haben, denn Königin Wilhelmina ließ ihr eigenes Kind die Fahrt auf einem reparaturbedürftigen Kreuzer antreten, der von einem nicht einmal fertig gebauten Kriegsschiff eskortiert wurde – zwei Schiffe, die auf Weisung von Verteidigungsminister A. H. Q. Dijxhoorn, der konsequenterweise nicht eingeweiht wurde, gar nicht hätten auslaufen dürfen.[393]

Nach einem Aufenthalt von gerade mal zweieinhalb Wochen in England war Prinzessin Juliana bereits wieder unterwegs nach Kanada. In dieser kurzen Zeit war sie von London ferngehalten worden und hatte, von ihrer Mutter getrennt, in Lydney Park gewohnt.[394]

Woher diese Eile und die strenge Geheimhaltung? Weil aus Niederländisch-Indien eine Einladung an Juliana und ihre Kinder ergangen war, dort Gastfreundschaft zu genießen. Bitter schrieb Hart in sein Tagebuch: »Man fühlt sich dort [in Niederländisch-Indien, d. Verf.] allmählich einsam und abgeschnitten, und die Haltung Japans bereitet ernsthafte Sorgen. Man ist tief gekränkt, daß sich die Prinzessin und ihre Kinder nach Kanada begeben und die Einladung Indonesiens ausgeschlagen haben.«[395] Noch am 11. Juni 1940 hofften die Engländer, Königin Wilhelmina dazu bewegen zu können, Prinzessin Juliana von Kanada aus nach Niederländisch-Ostindien reisen zu lassen, wo sie als eine Art Vizekönigin auftreten könnte. »Die Anwesenheit Ihrer Königlichen Hoheit würde ein Zeichen setzen, daß das Haus Oranien nach wie vor die Souveränität über die Inseln ausübt, was in Japan, wo man vor Königshäusern hohe Achtung empfindet, vielleicht nicht ohne Wirkung bleiben würde.«[396] Offensichtlich machten sich auch die Engländer Sorgen über die staatsrechtlichen Folgen der Flucht des niederländischen Staatsoberhauptes.

Königin Wilhelmina ist für die Standhaftigkeit zu loben, mit der sie sich stets hinter die alliierte Sache gestellt hat, und für ihre tiefe Abneigung gegen alles, was Defätismus auch nur nahekam. Die Regelung der Abreise ihrer Tochter jedoch war ein autokratischer Akt, mit dem sie obendrein den englischen König, der Prinzessin Juliana Gastfreiheit gewährt hatte, brüskierte und den Engländern insgesamt nicht gerade schmeichelte, ließ sie doch dadurch erkennen, daß sie kein Vertrauen in die Sicherheit Englands setzte. Schickte etwa König Georg VI. seine Töchter außer Landes? Doch Königin Wilhelmina blieb stur und verfolgte konsequent die Erhaltung der Dynastie durch »Risikostreuung«. Ebenso wie man als Königshaus getrennt geflohen war, wollte man auch getrennt wohnen, wollte man der Dynastie ein Höchstmaß an Sicherheit bieten, »denn wenn dort etwas schiefgeht, werde ich es nicht überleben«, soll Königin Wilhelmina an einem der ersten Kriegstage zu ihrem Schwiegersohn, Bernhard von Lippe-Biesterfeld, gesagt haben.[397] Deshalb mußte es Kanada sein, sicher und weit weg von den Brandherden – schließlich war es ja obendrein ein Dominion Englands, so daß auch Prinzessin Juliana im britischen Königreich verblieb.

Vor allem in ihren späteren Londoner Jahren versuchte Königin Wilhelmina, sich der Verfassung zu entziehen und zum Beispiel in einem verbissenen Federkrieg mit ihren Ministern die Ernennung ihres Schwiegersohnes zum Oberbefehlshaber der inländischen Streitkräfte durchzudrücken. Sie war so sehr auf diese Ernennung erpicht, daß sie J. E. de Quay, den Mann mit der umstrittenen Vergangenheit als Vorsitzendem der Nederlandse Unie, als ersten in London zu sich bestellte, nachdem der Süden der Niederlande 1944 befreit worden war. Sie wollte De Quay, bis dahin in ihren Augen keine sonderlich tatkräftige Figur, um jeden Preis in ein nach dem Krieg neu zu bildendes Kabinett aufnehmen, und zwar aus dem einzigen Grund, weil er offensichtlich »eine klare Vorstellung davon hat, was unser Volk von der neuen Armee erwartet«. Im Klartext hieß das, daß er, im Gegensatz zu den Ministern in London, bereit war, dem Prinzen zum Oberbefehl zu verhelfen.[398]

Es war für das geflohene Haus Oranien lebenswichtig, zumindest als »Befreier« wieder heimzukehren und hoffentlich vom niederländischen Volk angenommen zu werden, etwas, worüber sich Königin Wilhelmina in der ersten Zeit in London große Sorgen gemacht haben muß. Dies war auch der Grund, weshalb jeder »Engelandvaarder« (Englandfahrer) – wie sie die Niederländer taufte, die aus der Heimat flohen und sich in London meldeten, um der alliierten Sache zu dienen – von ihr empfangen und über die Stimmung »daheim« ausgehorcht wurde.

Das Fluchtverhalten dieser eigenwilligen, eigensinnigen Königin, die niemals Widerspruch duldete und obendrein Kritik nur schlecht ertrug, hat zweifellos mit dem, wie sie es selbst nannte, »goldenen Käfig« zu tun, in dem sie von Kindheit an hatte leben müssen. Er machte sie einsam und eigensinnig. Sie wandte sich der Natur zu – sie malte gerne im Freien – und deren Schöpfer, stand aber kaum in Kontakt mit den Geschöpfen, die ihre Untertanen waren. Ihr ganzes Leben lang war sie umringt von Speichelleckern und Jasagern; dies machte sie mißtrauisch, hochmütig und selbstgerecht. »Ich war und blieb immer ein Mensch, der sich nicht gerne etwas sagen läßt, und ein eigensinniger Schüler«, schrieb sie (mit Hilfe ihres Ghostwriters Booy) über sich selbst.[399]

Nicht nur in London sah sie auf ihre inkompetenten Minister herab, schon früh hatte sie, wie vor ihr ihre Mutter, für die Regierung nicht viel übrig. Als kleines Mädchen hatte sie bei einer Feierlichkeit gemeint, daß all die Menschen, die ihr zujubelten, »ihr gehörten«, bis ihre Mutter sie zurechtwies: »Nein, du gehörst all diesen Menschen.«[400] Als sie aber in London dazu die Gelegenheit hatte, umgab sie sich nach Belieben mit Leuten, um diese gnadenlos wieder »abzuservieren«, sobald sich deren Vorstellungen nicht länger mit den ihren deckten. Dies geschah zum Beispiel mit dem Minister für die Kolonien, Welter, und dem Wirtschafts- und Finanzminister Steenberghe.[401] Beide hatten dafür plädiert, daß sich die Königin in Niederländisch-Ostindien niederlassen sollte.

Sie wollte gerne als demokratische Monarchin erscheinen, doch sobald sich ihr die Gelegenheit dazu bot, legte sie derart autokratische Neigungen an den Tag, daß sogar die von ihr verehrte und gehätschelte Widerstandsbewegung Bedenken anmeldete. »Die Gefahr einer persönlichen Herrschaft ist durchaus gegeben«, notierte der beunruhigte Premierminister Gerbrandy in London.[402] »Das Kabinett steht zwischen dem Volk und mir«, schrieb wiederum Wilhelmina am 30. Dezember 1944.[403]

Sie wollte gerne eins sein mit ihrem Volk, doch sie war, abgeschirmt von Hofstaat, Protokoll und ihrem eigenen Naturell, meilenweit von den Menschen entfernt und sprach gegen Ende ihres Lebens von Königen und Staatsoberhäuptern immer noch als »Menschen unseres Schlages«.[404]

Sie meinte, über die höchst einseitigen Informationen der »Engelandvaarders«, denen sie bedingungslos glaubte, zu wissen, was die Menschen beschäftigte. Doch dafür, was das Volk wirklich wollte, ob in den Niederlanden oder in Niederländisch-Ostindien, war sie während der Kriegszeit blind und taub; die unmittelbare Einrichtung eines Nachkriegsparlamentes hielt sie von London aus im Grunde für unnötig. Und die »Engelandvaarders« machten die Sache auch nicht besser. Die meisten von ihnen redeten ihr einfach nach dem Mund, etwas anderes trauten sie sich nicht. »Wenn man die aufschneidet«, bemerkte einmal jemand, »sind sie innen ganz orangefarben.«[405]

Von klein auf hatte sie sich so sehr gewünscht, »etwas, irgend etwas zu leisten«, und schon früh begann sie unter dem Eindruck dessen, was ihr, unter Betonung der ruhmreichen Vergangenheit ihrer Heimat, über die niederländische Geschichte gelehrt wurde, »von großen Taten zu träumen«.[406]

Es spielt keine Rolle, welche Position jemand einnimmt, es kommt darauf an, was jemand tut. Gerade in einer Zeit, in der sie durch Taten ein Zeichen hätte setzen können, verhielt sich Königin Wilhelmina passiv.

Den Auftakt bildete schon ihre Flucht in den Maitagen des Jahres 1940, deren »Schmach« sie zu tilgen versucht hat, indem sie darüber immer wieder neue Varianten verbreitet hat. Die durchsichtigste und am beharrlichsten vertretene Version war die nachträglich konstruierte – und in einer ersten öffentlichen Erklärung vorgebrachte – Darstellung, wonach sie durch ihre Flucht zusammen mit den Ministern eine »Regierungskapitulation« hatte vermeiden wollen.[407] Diese Darstellung war freilich nicht ihre persönliche Erfindung, sondern stammte, wie bereits erwähnt, von den nach Hoek van Holland geflüchteten Ministern, die sie an van Kleffens in London übermittelt hatten. Dieser wiederum arbeitete sie in seine Erklärung vom 13. Mai ein, und als Königin Wilhelmina in London eintraf, brauchte sie diese nur noch zu unterzeichnen und am 14. Mai im Rundfunk zu verlesen. Van Kleffens hatte beherzt seine Hausaufgaben gemacht, und Königin Wilhelmina machte sich unverzüglich an ihre: »Ich nahm in London gleich die Arbeit auf.«[408]

Ihr persönliches Vermögen, ein Koffer mit Wertpapieren, wurde noch am gleichen Tag von einem Korvettenkapitän und einem hohen Beamten des Außenministeriums, die dazu den Auftrag erhalten hatten, nach England gebracht.[409]

Man hat in London Kritik am belgischen König geübt, weil dieser gleichzeitig Oberbefehlshaber war und in dieser Eigenschaft persönlich kapitulieren mußte, als der Kampf verloren wurde. In den Niederlanden hat man jedoch genau das gleiche getan, und zwar mit nachträglicher Billigung von Königin Wilhelmina, die durchaus den springenden Punkt einer Regierungskapitulation erkannte, nämlich die mögliche Einsetzung einer deutschen Zivilgewalt. Im Falle der Niederlande wurde dem Oberbefehlshaber während der Kampfhandlungen die Regierungsgewalt übertragen mit der Folge, daß, als Oberbefehlshaber Winkelman gezwungen war zu kapitulieren, die niederländische Regierung automatisch mitkapitulierte. Dazu sei angemerkt, daß eine Übertragung des Oberbefehls der Streitkräfte auf den König mehr Sinn macht als die Übertragung der gesamten Regierungsgewalt auf einen Oberbefehlshaber der Streitkräfte, der ja große Gefahr läuft, als Kriegsgefangener abgeführt zu werden. Damit spielt man das eigene Land, aus dem man flieht, weil man den Krieg verloren gibt, dem Feind in die Hände. Das ist Landesverrat. Als Landesverrat gilt auch die Demoralisierung der Streitkräfte. In diesem Sinne war die Flucht Königin Wilhelminas ein Akt, der die Sicherheit des Landes gefährdete. Schließlich wurde die Grebbelinie nach wie vor gehalten und wurde bei Ypenburg immer noch ein deutscher Jäger nach dem anderen abgeschossen, so daß die Schlacht um Den Haag von den Deutschen nicht gewonnen wurde. Winkelman gelangte dementsprechend erst, als Königin Wilhelmina bereits sicher im Buckingham-Palast war, und ausschließlich wegen der Bombardierung Rotterdams und angesichts der Drohung angekündigter Bombenangriffe auf andere niederländische Städte zu der Einsicht, daß der ungleiche Kampf verloren gegeben werden mußte.[410]

G. H. C. Hart, einer der höchsten niederländischen Beamten, begleitete Krone und Kabinett nach London, um sich seinem Minister für die Kolonien, Welter, zur Verfügung zu stellen. In seinem Tagebuch schildert Hart seine Fahrt nach IJmuiden an dem Tag, an dem die Königin die Flucht ergriffen hatte. »Etwas weiter ließ die vortreffliche Disziplin, die genaue Kontrolle, die stramme Haltung der Wachen plötzlich nach; die Posten waren jetzt gedrückt, nachlässig, abwesend. Bald erfuhren wir den Grund: die bestürzende, vielleicht unvermeidliche, aber dennoch bestürzende Nachricht von der Abreise der Königin hatte sich verbreitet.«[411]

Mit der Aussicht auf den alliierten Sieg wendete sich das Blatt für das Haus Oranien, zunächst jedoch waren viele über die wenig heldenhafte Haltung des Königshauses dermaßen enttäuscht, daß das Porträt Königin Wilhelminas von manchen im Zorn zerrissen und mancher Ritterorden weggeworfen wurde.

E. Hazelhoff Roelfzema, der ehemalige Adjutant Königin Wilhelminas in Kriegszeiten, behauptet, daß die niederländische Regierung »trotz großer persönlicher Opfer, doch nicht ohne Druck seitens Königin Wilhelminas die Niederlande verlassen« habe.[412]

Ob Königin Wilhelmina sich der staatsrechtlichen Folgen ihrer Flucht schon bald im ganzen Ausmaß bewußt wurde, darüber kann man nur spekulieren. Und ob man ihre Überfahrt nach England nun als »einen plötzlichen Entschluß zur Abreise« oder als eine »vorbereitete Flucht« bezeichnen möchte, so oder so ließ Königin Wilhelmina ihr niederländisches Volk im Stich. So empfand es das Volk, und so hat sie es selbst nachher empfunden. Tatsache ist, daß sie in der ersten Zeit in London einen sehr depressiven und wankelmütigen Eindruck machte. Sie zog sich ständig zurück und wollte keinen

Menschen sehen. Es wurde sogar gemunkelt, sie habe einen Nervenzusammenbruch erlitten. Nur durch wiedergewonnenes Gottvertrauen konnte sie aus diesem tiefen Tal herausfinden.[413]
Ihre Selbstvorwürfe kamen nicht von ungefähr. Sie war das erste niederländische Staatsoberhaupt, das mitten in Kriegszeiten sein Land im Stich ließ, und zwar noch bevor von Kapitulation überhaupt die Rede war. Darüber hinaus hinterließ sie, nachdem sie Druck auf ihre Minister ausgeübt hatte, ihr zu folgen, ein totales Machtvakuum, das die Deutschen nach internationalen Verträgen – wie der 1907 von der Zweiten Haager Friedenskonferenz verabschiedeten Landkriegsordnung – zu füllen verpflichtet waren.

Bereits in der Nacht zum 8. Juli 1940 setzten drei junge Männer von den Niederlanden nach England über. Hart schreibt dazu in seinem Tagebuch: »Die jungen Leute waren zunächst bei Prinz Bernhard und ergingen sich anschließend eine gute Stunde mit der Königin im Park, die sie über alles mögliche ausfragte: unter anderem darüber, was die Holländer über ihre Abreise und die der Regierung dachten. Sie antworteten, daß man für ihre Abreise inzwischen mehr Verständnis aufbrachte, daß aber nahezu jeder sich wunderte, weshalb Ihre Majestät sich nicht nach Niederländisch-Ostindien absetze. Die Königin sagte, dieser Gedanke werde tatsächlich erwogen ...«[414] Ernsthaft erwogen wurde dies von ihr persönlich jedoch nicht. Sie hielt sich in London nicht »vorübergehend« oder »auf Zeit« auf. Nachdem sie eine Verlegung des Regierungssitzes nach Niederländisch-Ostindien verhindert hatte, war klar, daß Königin Wilhelmina nicht die Absicht hatte, den Regierungssitz innerhalb des Königreiches anzusiedeln.

Was Königin Wilhelmina später in ihren Erinnerungen über die Flucht des deutschen Kaisers Wilhelm II. in die Niederlande geschrieben hat, dem zusammen mit seiner Gattin aufgrund des Asylrechts, aber gegen den Wunsch der Alliierten, von Königin und Regierung Gastfreundschaft gewährt wurde, ließe sich als eine Apologie ihrer eigenen Flucht lesen. Diese war ihr nach ihrer Darstellung von anderen nahegelegt und bereits lange im voraus heimlich vorbereitet worden.[415]

Die »tatenlose« Königin Wilhelmina muß sich in London ihrem

eigenen Volk gegenüber zutiefst geschämt haben. Daß sie dieses Gefühl der Scham überwand, war unter anderem ihrem Schwiegersohn, Prinz Bernhard, zu verdanken, der sie durch dick und dünn unterstützte und ihr moralisch wieder auf die Beine half. Und natürlich hatte auch der Bericht der drei jungen »Engelandvaarders« über das gewachsene Verständnis in der Heimat für ihre Flucht eine positive Auswirkung auf ihren erbärmlichen Gemütszustand, war es doch genau das, was sie hören wollte.

Nach der Erklärung vom 14. Mai 1940, in der die Verhinderung einer »Regierungskapitulation« als Grund für ihre Flucht angeführt wurde (was auch immer damit gemeint war, denn eine Regierung kapituliert nicht, das kann nur eine Armee. Eine Regierung tritt zurück oder ergreift die Flucht), folgte als Grund »eine wohlüberlegte Verlegung des Regierungssitzes«.

Ende Mai 1940 hatte man eine neue Ausrede gefunden. »Pläne, die«, so Königin Wilhelmina, »am ersten Tag des unerhörten Überfalls beim Aggressor gefunden und die durch die Bewegungen von Fallschirmtruppen bestätigt wurden, brachten bald ans Licht, daß sein vorrangiges Ziel darin bestand, die königliche Familie und die Regierung festzunehmen und das Land dadurch lahmzulegen, daß er es jeglicher Führung und offizieller Amtsgewalt beraubte.«[416] Als wäre durch ihre persönliche Flucht und den auf die Regierung ausgeübten Druck, ihr zu folgen, nicht schon jede Führung lahmgelegt worden und jede offizielle Amtsgewalt weggefallen, so daß die deutsche Zivilgewalt nur die freigewordenen Stellen einzunehmen brauchte.

Königin Wilhelmina bezog sich in dieser Rede auf die sogenannten Sponeck-Akten, die am 10. Mai 1940 im Wrack eines in Den Haag abgestürzten deutschen Flugzeugs gefunden wurden. Diese Akten enthielten angeblich Pläne zur Internierung der Mitglieder des niederländischen Königshauses und der Regierungsführer. Im Zuge der Ermittlungen des Parlamentarischen Untersuchungsausschusses nach dem Krieg stellte sich heraus, daß die ehemaligen Minister gar nicht oder nur gerüchteweise von diesen »Akten« gehört hatten, da sie gleich ins Außenministerium gebracht und anschließend in die Vereinigten Staaten geschickt worden waren, bis sie schließlich später wieder in London landeten.[417] Angenommen, Königin Wilhelmina sei tatsächlich als eine der wenigen über die Pläne zur Internierung von Staatsoberhaupt und Regierung informiert worden, so ist ihre Abreise um so mehr als Flucht zu bezeichnen, denn sie ließ ihre Minister zurück, ohne diese auch nur davon in Kenntnis zu setzen, welche Gefahr ihnen gegebenenfalls drohte. In der gleichen Rede macht sie noch einmal ausdrücklich klar, daß es ihr »nicht um das eigene Leben oder die persönliche Freiheit« ging.[418] Doch um eben beides ging es.

Am ersten Kriegstag gelang es den Deutschen nicht, Den Haag in die Knie zu zwingen, und an dem Tag, an dem Königin Wilhelmina abreiste, war ihnen dies immer noch nicht gelungen. Minister van Kleffens hatte zu diesem Zeitpunkt zusammen mit Minister Welter den wichtigsten Auftrag ihrer Reise nach England bereits erledigt: Am erstbesten Nachmittag in London, dem 10. Mai, hatte er Lord Halifax um unbeschränkte Gastfreiheit für die niederländische Regierung in London nachgesucht.[419]

Die Engländer konnten schwerlich nein sagen, denn man brachte einiges mit: fast das gesamte Gold, die Schiffe der Admiralität und der Handelsflotte. Auch das Sponeck-Argument war Königin Wilhelmina von Minister van Kleffens zugespielt worden. Festgehalten in seiner Schrift *The Rape of the Netherlands*, sollte dieses Argument – dem zufolge die Königin und ihre Minister, einmal gefangengenommen, im »Transportflugzeug« nach Berlin geflogen werden sollten, wo sie, so die Andeutung, ein weniger angenehmes Schicksal erwarten würde – in der späteren Geschichtsschreibung ein besonders zähes Leben führen, obwohl es durch den Parlamentarischen Untersuchungsausschuß widerlegt war.

Es wurde tatsächlich unter den Sponeck-Akten eine Karte gefunden, auf der detailliert eingezeichnet war, wo sich in Den Haag die Regierungszentrale, die Paläste des Königshauses und das Oberkommando der Streitkräfte befanden. Doch die bewußte »Fahndungsliste«, die sich in dem dicken Aktenbündel fand, wies zwar eine lange Reihe von Namen mitsamt den Adressen zur Internierung vorgesehener Militärs auf, enthielt aber weder den Namen der Königin noch den einer der Minister.[420] Und selbst wenn sie aufgelistet gewesen wären, wäre das für die Regierung ein Grund gewesen zu fliehen? Der ehemalige Oberbefehlshaber Winkelman verneinte dies auch noch, als er im April 1948 dazu gefragt wurde. »Ich hielt es nicht für nötig, weil die Tatsache, daß die Deutschen die Regierung gefangennehmen wollten, für die Regierung kein Grund war, sich abzusetzen. Unter diesem Gesichtspunkt erschienen sie [die Sponeck-Akten; d. Verf.] mir unerheblich. Ich hielt sie für wichtig, weil man aus ihnen ersehen konnte, was die Deutschen vorhatten. Nur das Wissen darum, daß die Deutschen die Regierung gefangennehmen wollten, darf aber für die Regierung noch kein Grund sein zu sagen: Dann setze ich mich ab, denn die Vorkehrungen zum Schutz der Regierung waren bereits getroffen worden. Die Deutschen sind auch nicht nach Den Haag gekommen.«[421]

Jede Armee, die eine andere Armee möglichst schnell zur Kapitulation zwingen will, versucht den Ort, in dem sich Regierungssitz und Oberkommando der Streitkräfte befinden, zuerst in die Knie zu zwingen, weil in der logischen Folge dessen die Armee kapituliert. In den Niederlanden ist dies den Deutschen nicht gelungen, weil das Staatsoberhaupt und die Minister außer Landes flohen und die Armee unverzagt weiterkämpfte.[422]

Die vorletzte Darstellung ihrer Flucht gab Wilhelmina, inzwischen wieder Prinzessin, sechs Jahre vor ihrem Tod. Darin wird die Seeland-Variante von ihr selbst entkräftet und indirekt eingeräumt, daß England das Ziel ihrer Flucht war. An dem Ammenmärchen, wonach sie ausschließlich auf Anraten Winkelmans geflohen war, hielt sie freilich bis zum Schluß fest. Sie hatte ganz offensichtlich weder den Abschlußbericht des Parlamentarischen Untersuchungsausschusses noch die in den Zeitungen veröffentlichten Auszüge daraus gelesen. Dort hieß es nämlich schwarz auf weiß, daß C. Baron de Vos van Steenwijk, seinerzeit Adjutant für Sonderaufgaben, bereits im Februar 1940 und Jonkheer F. Beelaerts von Blokland, stellvertretender Vorsitzender des Staatsrates, bereits im April 1940 gebeten worden waren, der Kronprinzessin mit ihrer Familie beziehungsweise der Königin nach England zu folgen.

»An jenem Montag«, erklärte Königin Wilhelmina im Widerspruch zur ihr bekannten Wahrheit, »wollte ich mich eigentlich zur

Grebbe begeben und dort den Tod suchen, doch es war uns unmöglich, dort hinzugelangen. Lauter Fallschirmjäger blockierten die Straßen. Daraufhin fiel mir das Vorbild Alberts van Belgien aus dem Ersten Weltkrieg ein. Ich dachte: Ich bleibe gleich hinter meinen Truppen. Deswegen wollte ich mich nach Seeländisch-Flandern begeben, wo ich in irgendeinem kleinen Bauernhof Unterkunft hätte finden können. Ich wollte außerdem fort aus Den Haag, wo der Oberbefehlshaber für meine Sicherheit eigens eine ganze Division bereithalten mußte. Dieses Problem hätte der Oberbefehlshaber allerdings auch in Seeländisch-Flandern gehabt. Wir kamen schließlich in De Hoek an Bord eines englischen Zerstörers. Diese Leute waren so mutig inmitten der Gefahr. Sie waren ohne Verbindung zum Land.«[423] Es mag durchaus so gewesen sein, daß die Engländer keine Verbindung zum Land hatten, konnten sie doch bei ihrem klaren Auftrag ohne weiteres darauf verzichten. Laut van Kleffens aber waren zwischen dem 10. und dem 14. Mai telefonische Kontakte zwischen London und den Niederlanden sehr wohl möglich. Er legte dem Parlamentarischen Untersuchungsausschuß einen von ihm am 16. Januar 1949 verfaßten Brief vor, in dem er schreibt:»Lebhaft entsinne ich mich daher, wie ich ständig mit Den Haag in telefonischer Verbindung stand, praktisch bis hin zum Ende des obenerwähnten Zeitraums.«[424]

»An Bord des Schiffes wurde Kriegsrat gehalten«, so Königin Wilhelmina weiter.»Ich habe mich schließlich nach England begeben, nicht in der Absicht, dort zu bleiben, sondern um Hilfe zu holen.«[425] Nun taten dies nicht nur bereits van Kleffens und Welter, sondern es war zudem am 13. Mai, dem Tag ihrer Flucht, um halb sechs Uhr in der Früh eine Nachricht von den Engländern eingegangen, in der unmißverständlich erklärt wurde, daß weiteres Ersuchen um Unterstützung sinnlos sei, weil man schlicht und einfach nicht dazu in der Lage sei, Hilfe zu leisten.[426]

Die kleine Gesellschaft, die sie begleitete, war reisefertig und brauchte nur einzusteigen. Unter dieser kleinen Gruppe vornehmer Personen befand sich auch, ohne daß jemand darüber informiert war, jedoch auf ausdrücklichen Wunsch Königin Wilhelminas, der ehemalige Polizeipräsident François van 't Sant, der 1940 für den

Nachrichtendienst tätig war. Er sollte in London als Wilhelminas Privatsekretär fungieren. Trotz aller Kritik an seiner Person, die insbesondere von seiten ihrer Adjutanten kam, genoß er Königin Wilhelminas vollstes Vertrauen. Sie hatte ihn bereits am 12. Mai 1940 nach Den Haag bestellt und in einem Haus innerhalb der Palastmauern untergebracht, um ihn jederzeit abrufbereit in ihrer Nähe zu haben.[427]

J. Th. Fürstner, in den Kriegstagen Admiral und in London Marineminister, hat im September 1948 nicht nur eingeräumt, daß die Flucht der Königin zur Gänze von der »britischen Kriegsmarine« organisiert worden war, sondern auch, »daß ... englische Schiffe die königliche Familie ›abgeholt‹ haben«.[428]

»Ich landete also in Harwich und wollte eigentlich nicht weiterreisen, doch dann stand dort ein Zug bereit und es wurde mir gesagt, daß König Georg mich in London erwartete. Nun, schon der Anstand gebot, daß ich mich zu ihm begab«, erklärte Wilhelmina später.[429] Es stand also ein »Sonderzug« mit schwerer Bewachung bereit, und am Bahnhof selbst war nicht nur der englische König Georg zugegen, um sie zu begrüßen, sondern auch der niederländische Gesandte mit seinen führenden Beamten. Sie wurde erwartet. Die Königin war zu Gast im Buckingham-Palast, ihre Reisegefährten aber wurden allesamt in einem Hotel untergebracht: Die Gesandtschaft hatte das so vorbereitet.[430]

Die aufrichtigste aller Erklärungen für ihre geplante Flucht gab Königin Wilhelmina indirekt bereits am 12. September 1940. An jenem Tag sagte sie in Radio Oranje: »In einem Land, in dem die Freiheit eingeschränkt ist, ist für das Haus Oranien kein Platz.«[431] Das Sponeck-Argument war damit hinfällig.

Schließlich gab sie in ihrem letzten Interview mit L. de Jong, sechs Jahre vor ihrem Tod, unumwunden zu: »... Ich wußte, daß alles, was ich tat, falsch war. Blieb ich, so war das falsch. Setzte ich mich ab, so war das ebenfalls falsch. Es bedeutete eine große Schmach, die Heimat auf diese Weise verlassen zu müssen«, und: »Was ich auch tat, war falsch. Es war eine große Schmach. Mir war auch klar, daß die Leute es falsch verstehen würden.«[432] (De Jong fragte sie übrigens nicht, weshalb es falsch gewesen wäre zu bleiben.) Entgegen ihrer eigenen Aussage jedoch ist es keineswegs wahrscheinlich, daß Königin Wilhelmina damit gerechnet hat, daß man ihr Handeln womöglich schärfstens verurteilen würde. Daher auch ihre Apathie und Scham in ihrer ersten Zeit in London und ihr späteres übereifriges Bemühen, die Sympathien des niederländischen Volkes über Radio Oranje zurückzugewinnen, ihr Nachsuchen um Unterstützung bei Roosevelt und ihre hartnäckige Weigerung, England zu verlassen.

Der einzige Beweggrund für ihre »Abreise«, den sie im Lauf der Kriegszeit tatsächlich glaubhaft machen konnte, war ihre Rolle als »Symbolfigur«, die sie außerhalb der Heimat zu erfüllen hatte. Ende Mai 1940 sagte sie dazu in einer Ansprache für den englischen und amerikanischen Rundfunk: »Weil die Stimme der Niederlande nicht länger stumm, das Nein in diesen Tagen schwerer Prüfung nicht länger erstickt bleiben darf, habe ich schließlich den Entschluß gefaßt, das Symbol meiner Nation, verkörpert durch meine Person und durch die Regierung, an einen Ort zu bringen, wo es fortwirken kann als eine lebende Kraft, die sich hörbar machen kann.«[433]

Und »hörbar gemacht« hat sie sich. Ihre Ansprachen in Radio Oranje haben, zumal als sich die Aussichten der Alliierten auf den Sieg zunehmend verbesserten, tatsächlich in den Niederlanden als »eine lebende Kraft« fortgewirkt. Und zwar nicht nur für die Juden in den Niederlanden, um die es uns hier geht.

Man könnte sich fragen, weshalb diese bestens informierte Königin mit all ihren deutschen Verwandtschaftsbeziehungen, die dem Medium Rundfunk als Mittel, um ihr Volk zu erreichen, großes Gewicht beimaß, nicht alles getan hat, um ihr Volk im Zusammenhang mit den Juden vor dem Besatzer zu warnen, möglichst Woche für Woche. Sie hatte schließlich die Möglichkeit dazu. Sie war frei, lebte in relativer Sicherheit und verfügte über ein Mittel, mit dem der deutsche Reichsminister für Propaganda, Goebbels, durch unablässige Indoktrination die deutschen Massen gegen die Juden aufzuhetzen wußte. Wäre es nicht selbstverständlich gewesen, wenn sie dem entgegengetreten wäre?

Denn ihre Rundfunkansprachen wurden nicht nur von der Untergrundpresse in den Niederlanden vervielfältigt, sondern man druckte sie auch in London auf Flugblättern, die anschließend von der britischen Luftwaffe über den Niederlanden abgeworfen wurden. Auch nachdem die Deutschen in den Niederlanden Anfang 1943 die Ablieferung aller Radiogeräte verordnet hatten, druckte die Untergrundpresse weiterhin Königin Wilhelminas Ansprachen ab, und im Frühjahr 1944 erschien sogar illegal die Broschüre *De Koningin sprak!* (Die Königin sprach!). Ihre Worte, von so vielen gehört oder gelesen, waren entschieden einflußreich. Der Führer der CPN, Paul de Groot, hielt nach dem Krieg fest, »daß die Meinung am nachhaltigsten und unverwässertsten von den Ansprachen Ihrer Majestät Königin Wilhelmina beeinflußt wurde«.[434]

Weshalb hat Königin Wilhelmina in den Zeiten des Ariernachweises nicht ausdrücklich an das Gewissen der Leute appelliert? Weshalb hat sie die »loyale« Mitarbeit des Obersten Gerichtshofes und der Staatssekretäre nicht schon von den ersten antijüdischen Verordnungen an eindeutig mißbilligt? Weshalb hat sie es in ihren Rundfunkansprachen fast immer, bis auf gezählte drei Male, unterlassen, den wirklich leidenden Teil ihres Volkes zu erwähnen und immer wieder zu erwähnen? Weshalb hat sie es schließlich, als es wirklich geboten war, versäumt, durch Taten ein Zeichen zu setzen?

Sie verfaßte ihre Reden selbst, das heißt, sie war nicht an irgendein allgemeines Prüfungs- oder Mitspracherecht ihrer Minister gebunden, wie dies bei ihren Thronreden vor und nach dem Krieg der Fall war. Lediglich der Premierminister, Gerbrandy, erhielt vorher Einsicht, etwas, das eher der Form halber geschah, als daß es eine Art von Kontrolle darstellte.[435]

Was die Juden angeht, wecken ihre Rundfunkansprachen weniger den Eindruck einer »lebenden Kraft, die sich hörbar machen kann« als vielmehr den, daß es für die Juden wenig zu tun gab; sie werden lediglich en passant, vorzugsweise in einem Nebensatz, erwähnt.[436]

Nur am 17. Oktober 1942 hat Königin Wilhelmina im Rahmen einer aus 27 meist sehr langen Sätzen bestehenden Ansprache eigens einen kleinen Absatz von drei Sätzen den Juden gewidmet. »Ich teile von Herzen Ihre Empörung und Ihren Schmerz ob des Schicksals unserer jüdischen Landsleute; und mit meinem ganzen Volk empfinde ich die unmenschliche Behandlung, ja die systematische Ausrottung dieser Landsleute, die seit Jahrhunderten mit uns zusammen in unserem gesegneten Vaterland gelebt haben, als uns persönlich angetan. Da es Ihnen verwehrt ist, Ihre Gefühle offen auszusprechen, tue ich dies heute für Sie. Wir werden versuchen, so bald dies möglich ist, dieses Leid zumindest teilweise zu lindern.«[437]

Daß die Juden massenweise aus den Niederlanden deportiert wurden, wußte sie nahezu vom ersten Moment an.[438] In diesem Licht ist es noch unverständlicher, daß sie ein gutes Jahr später, in ihrer Sylvesteransprache vom 31. Dezember 1943, das Schicksal der Juden lediglich beiläufig erwähnt. Viele waren damals schon abtransportiert worden, viele andere aber noch nicht.

Auch nach dem Krieg, als schon bald bekannt wurde (man brauchte sich dazu nur die Bevölkerungslisten anzusehen), daß mehr als hunderttausend Juden aus den Niederlanden deportiert worden waren, verlor sie darüber in ihrer ersten, sehr langen Thronrede vom 20. November 1945 lediglich im zweiten Absatz folgende Worte: »Voller Schmerz gedenken wir der Zehntausende von jüdischen Landsleuten, die gefoltert und ermordet worden sind ...«[439] Das ist alles. Und das obwohl Königin Wilhelmina sogar in einer Note des Ministers für Verkehr und Energie, Th. S. G. J. M. van Schaik, wegen des ursprünglichen Textes auf die Finger geklopft worden war. »Im Entwurf der Thronrede«, so Van Schaik, »vermisse ich jede Anteilnahme am Leid des Volkes in der Vergangenheit, im Krieg sowohl in den Niederlanden wie in Niederländisch-Indien.«[440]

Fest steht, daß sie sich in ihren Ansprachen vor allem mit den »Helden« und erst in zweiter Instanz mit den Opfern befaßt hat. Selbst in ständiger Opposition zu ihren Ministern in London, befaßte sich Königin Wilhelmina während des Krieges hauptsächlich mit einer »erneuerten« Staatsordnung, in deren Rahmen sie nach dem Krieg mehr Tatkraft würde entfalten können. Nach außen hin bekundete sie ein starkes Mitgefühl mit ihrem »geknechteten« Volk im Mutterland und in den überseeischen Gebieten. Sie wollte das Symbol der Nation sein, die über alle Parteien erhabene Königin »von Gottes Gnaden«. Doch in Wirklichkeit trug sie ihren persönlichen kleinen Kampf mit den anderen Parteien in London aus; genaugenommen war sie selbst eine Partei. All dies nahm so sehr ihre Aufmerksamkeit in Anspruch und verlangte ihr soviel Energie ab, daß sie die Chance, eine wichtige Rolle für die sich in akuter Not befindenden Juden in den Niederlanden zu spielen, nicht nutzte. Sie hätte eine ungemein wichtige Vorbildfunktion haben können, als sich die Eliten der Niederlande praktisch zurückzogen. Doch außer daß sie summarisch an ihr Schicksal erinnerte, hat sie für ihre Untertanen jüdischer Herkunft nichts getan – und das, obwohl während ihrer Rundfunkansprachen mehr als eine Million Radios auf London eingestellt waren und sie gerade mittels des gesprochenen Wortes, das von Millionen gehört wurde, mit ihrer wunderbaren, beeindruckenden Stimme soviel hätte tun können.[441]

In ihrer Sylvesteransprache des Jahres 1943 sagte sie über das grauenvollste Geschehen, das sich in der Neuzeit in den Niederlanden vollzogen hat, lediglich folgendes: »Immer nervenaufreibender ist für Sie die Gewaltherrschaft des rücksichtslosen Feindes geworden; immer greuelhafter sind die Methoden, denen viele von Ihnen und insbesondere unsere jüdischen Landsleute, deren Vernichtung nun leider praktisch eine Tatsache ist, zum Opfer gefallen sind.«[442]

»Leider«, mehr nicht. Sie hatte sie bereits abgeschrieben – auch die Juden in den Niederlanden, die damals noch am Leben waren, wie etwa zwei kleine Mädchen, die, nachher abtransportiert und getötet, durch ihre Kriegstagebücher und -briefe später internationale Bekanntheit erlangten: Anne Frank und Etty Hillesum.

»Praktisch eine Tatsache«. Aber noch nicht ganz. Auch 1944 fuhren noch Züge nach Westerbork und sogar geradewegs nach Auschwitz, wie etwa der mit 184 untergetauchten, aber verratenen Juden aus Den Haag. Am gleichen Tag trafen in Auschwitz zudem 599 Juden aus Westerbork ein.[443] Weshalb hat Königin Wilhelmina nicht klipp und klar und wiederholt in Radio Oranje erklärt: »Ein jeder, der einen untergetauchten Juden verrät, wird nach dem Krieg wegen Beihilfe zum Mord bestraft«?

Denn keiner wußte besser als Königin Wilhelmina, welch mächtige Waffe sie mit Radio Oranje in Händen hielt. »Rundfunk und Presse«, sagte sie in einer Rundfunkansprache am 7. August 1942, »kommt eine äußerst verantwortungsvolle Aufgabe zu – heute mehr denn je, da die Zukunft der Menschheit und der Zivilisation auf dem Spiel steht. Diese Aufgabe läßt sich nicht erfüllen ohne Freiheit des gesprochenen und geschriebenen Wortes.«[444]

Gerade sie aber verfügte über die Freiheit des gesprochenen und geschriebenen Wortes. Und sie hätte zumindest warnen können, wie die BBC dies von London aus mehrfach getan hat, auch 1944 noch. Am 16. Juni 1944 verbreitete die BBC auf deutsch folgende Nachricht: »Die deutschen Behörden in der Tschechoslowakei und die ihnen unterstellten Träger der Amtsgewalt werden darauf aufmerksam gemacht, daß über die Massenmorde in Birkenau in London genauestens Bericht erstattet worden ist. Alle Verantwortlichen für diese Massenmorde, von den Trägern der Amtsgewalt bis zu den ausführenden Organen, werden zur Rechenschaft gezogen werden.«[445]

Als die Juden bereits weitgehend ausgegrenzt waren, verlor sich auch Königin Wilhelminas Osterbotschaft für Radio Oranje, verlesen am 19. April 1941, in Allgemeinheiten wie folgender: »Möge allen, die unter tränenreicher Trauer gebückt gehen, zum Trost gereichen, daß die Opfer, die gebracht wurden, für das Vaterland gebracht worden sind.«[446]

Vaterland? Feindesland! Dazu waren die Niederlande für die Juden, die dort noch lebten, geworden. Doch Königin Wilhelmina lebte ihr eigenes Leben voller Hirngespinste und wollte die Randexistenz, die die Juden in den Niederlanden damals bereits zu führen gezwungen waren, entweder nicht wahrhaben oder nicht mit Nachdruck daran erinnern, geschweige denn sie anprangern. Daher unterließ sie es, auch nur irgend etwas zu unternehmen, und sei es nur durch das gesprochene Wort oder mittels einer Flugschriftaktion. Noch nach dem Januar 1944 sind dem *Kalendarium* Danuta Czechs zufolge mehr als 5600 Juden aus den Niederlanden nach Auschwitz, 2271 nach Theresienstadt und 3724 nach Bergen-Belsen deportiert worden.[447] Das waren insgesamt mehr als elftausend Personen –

mehr als die Gesamtzahl der im ganzen Weltkrieg gefallenen niederländischen Soldaten und Seeleute.
Wilhelmina verfügte nur über beschränkte Sendezeit. Außerdem hatte sie so oder so ihr Volk im Stich gelassen, und beharrliches Kritisieren hätte womöglich wie ein Schuß nach hinten losgehen können. Ihre Ansprachen bestehen überwiegend aus vager Rhetorik und sind salbungsvoll unter Hervorhebung der Zukunft, *ihrer* Zukunft, in der eine »erneuerte« Gesellschaft, befreit von jeglichem Parteienstreit, jeden unter dem Haus Oranien vereinen und glücklich machen würde. Für viele jedoch war ihre Sehnsucht nach einer »neuen« niederländischen Gesellschaft, während man noch mitten in der alten steckte und nicht die Zukunft, sondern die tagtägliche Not die Köpfe beherrschte, nicht richtig nachvollziehbar. Als wirklich wichtig empfand man dies im übrigen nicht. Man hörte Königin Wilhelminas Ansprachen im allgemeinen nicht mit dem Verstand, sondern emotional zu, und »was das Volk heraushörte, war, daß sie standhaft an eine Zukunft in Freiheit glaubte«, so der Schriftsteller und ehemalige Mitarbeiter von Radio Oranje, Aart den Doolaard.[448] Königin Wilhelmina hielt diesen verschworenen Freiheitsdrang für politische Einmütigkeit. »Ebenso gewiß jedoch«, so meinte prophetisch ihr späterer Minister in London, J. Burger, in seinem *Oorlogsdagboek* (Kriegstagebuch), »ist meines Erachtens, daß der Kampf der Gesinnungen nach dem Krieg schärfer sein wird als je zuvor und nur durch das Wissen, schließlich doch zusammenzugehören, gemildert werden wird.«[449]

Daß der Kontakt zwischen »London« und den besetzten Niederlanden anfangs so furchtbar schlecht gewesen sei, daß man in völliger Unkenntnis voneinander lebte, ist ein Märchen. Bis Dezember 1941, als Deutschland und die Vereinigten Staaten von Amerika sich den Krieg erklärten, konnte man über Amerika mit den Menschen in den besetzten Niederlanden in Kontakt bleiben. Später liefen die Verbindungen unter anderem über die neutrale Schweiz, Portugal und Schweden, über das Rote Kreuz und nicht zuletzt über die World Jewish Agency.
Nachrichten konnten zwei, drei Wochen unterwegs sein, manch-

mal auch einen Monat, dann aber war man informiert. Die Ansprachen Königin Wilhelminas in Radio Oranje jedoch zeigen, daß man aus der verfügbaren Information nicht die nötigen Konsequenzen zog. Am 12. September 1940 zum Beispiel meinte sie: »Der Wappenspruch meiner geliebten Mutter: ›Die Palme wächst gegen den Druck‹, findet sich heute bewahrheitet: Der Puls unserer Nation schlägt heute stärker, zielgerichteter als zuvor. Als einträchtig zusammengeschlossenes Volk überstehen wir die Heimsuchung.« Dieser Aussage lag keineswegs die Auskunft von seiten der »Engelandvaarders« zugrunde, die damals erst spärlich eintrafen, es war auch nicht Unwissenheit über die tatsächlichen Verhältnisse im Mutterland, aus dem sie erst vier Monate zuvor geflohen war, sondern reines Wunschdenken.[450] Das gleiche gilt für ihren Wunsch, das Reich zusammenzuhalten, während sie sehr wohl wußte, daß es in Niederländisch-Ostiniden bereits gehörig gärte; vermutlich war dies einer der Hauptgründe, weshalb sie nicht dorthin ziehen wollte und über die Minister, die einen solchen Umzug befürworteten, höhnte: »Die Herren wollten sich aus dem Staub machen«.[451] Oder am 25. Dezember 1940: »Wenn etwas das Band der Zusammengehörigkeit zwischen den Teilen des Königreiches zusammengeschmiedet hat, dann dieses Leid, das wir zusammen erdulden und das uns alle so unsäglich erschüttert.«[452] Die niederländischen Kolonien in Westindien und Ostindien waren zu diesem Zeitpunkt als freies Gebiet noch von »Leid« verschont. Selbstverständlich hatten die niederländischen Behörden dort ihre Anteilnahme bekundet, für die einheimische Bevölkerung jedoch war das »Mutterland« ebenso unwirklich, fern und unbekannt wie Niederländisch-West-und-Ost-Indien für Wilhelmina. Diese Gebiete kannte sie nur aus Erzählungen und Bildern, da sie sich nie die Mühe gemacht hat, ihre Untertanen in Übersee zu besuchen.

Ist es ein Wunder, daß sie, zutiefst frustriert und desillusioniert, drei Jahre nach Kriegsende abdankte? Indonesien hatte sich gewaltsam von den Niederlanden losgerissen, und nach der Rückkehr in ihr befreites Land hatte sie keinen ihrer eigensinnigen Pläne verwirklichen können, weil sich auf politischem Gebiet nur wenig geändert hatte. Eine ihrer letzten Regierungshandlungen war ihr Drängen darauf, gegen Jokja anzurücken, womit sie die zweite als »politionele actie« bezeichnete militärische Kampagne in Niederländisch-Ostindien anregte. Sie wünschte sich diese Kampagne zum Erhalt ihres Königreiches ausdrücklich und wollte die Entscheidung des Sicherheitsrates nicht abwarten.[453] Noch mehr als zehn Jahre nach dem Krieg behauptete sie in einem Gespräch mit L. de Jong, seinerzeit Direktor des Rijksinstituut voor Oorlogsdocumentatie, daß sie in London zu wenig Information erhalten habe. Dabei hatte sie mit dem ihr sehr nahestehenden François van 't Sant, Direktor des Nachrichtendienstes von 1940 bis 1941, mit ihrem Schwiegersohn Bernhard und durch die Berichte, die ihr zugesandt wurden, ihre eigenen Informationsquellen. Es stimmt auch nicht, wenn L. de Jong schreibt: »Sie war empfänglich für nichtoffizielle Informationen, weil sie so wenig offizielle erhielt.«[454] Nein, die Dinge lagen anders. Ein offenes Ohr hatte sie nahezu ausschließlich für die Schmeicheleien der »Engelandvaarders« und nicht für die offizielle Information, wie etwa die Protokolle der Ministerratssitzungen oder der ministeriellen Ausschüsse, über die sie später sagte: »Die Protokolle wurden selbstverständlich an den Kabinettsdirektor weitergeleitet. Ich hatte keine Zeit, all das zu lesen. Wenn etwas Wichtiges drin stand, würde er das schon unterstreichen ..., es ist aber eine zu langweilige Lektüre.«[455] Wenn sie in den entscheidenden Augenblicken einen klareren Blick für die Realität gehabt hätte, hätte sich die Zeit nach dem Krieg, die sie sich in London so innigst herbeigesehnt hat, nicht in die »furchtbare Illusion« gewendet, die sie nach eigenem Eingeständnis war[456], was wiederum auch in ihrem ersten Thronredenentwurf nach dem Krieg eklatant zum Ausdruck kam. In der bereits erwähnten Reaktion auf diesen Entwurf, der Note van Schaiks, heißt es, die Königin ließe kaum noch Interesse für die Alltagsrealität erkennen. »Das Interesse für die Gegenwart beschränkt sich fast ausschließlich auf deren psychologische Aspekte: Ordnungslosigkeit und Zerrüttung, die obendrein lediglich von den Vorkriegswurzeln hergeleitet werden.« »Und«, so fügt van Schaik hinzu, »ich vermisse auch jedes Interesse für das, was bereits geschehen ist: die Notversorgung, das Wiederaufleben der in Mitleidenschaft gezogenen Gebiete, die Rettung des Wieringermeer und Walcherens, der Aufbau des Verwaltungsapparates, der Eisenbahn, der Bergwerke und so weiter.«[457] Sie beschäftigte sich in London nicht aktiv mit den Untertanen, die am meisten zu leiden hatten – und sei es nur mit der Frage, wie diese nach dem Krieg aufgefangen werden könnten, um so zumindest halbwegs das Versprechen einzulösen, »so bald dies möglich ist, dieses Leid zumindest teilweise zu lindern« –, sondern sie war vor allem befaßt mit ihrer eigenen Stellung in der Nachkriegszeit, in der sie zu größerer persönlicher Machtentfaltung zu gelangen hoffte. »Ich interessierte mich gar nicht für die Nachkriegspläne der Regierung. Ich dachte mir, laß die Herren nur weitermurksen«, bekannte sie gegenüber de Jong. »Ich hatte ganz andere Pläne. Ich habe einmal Gerbrandy zu mir bestellt und ihm gesagt: Noch bevor es zur Befreiung kommt, will ich andere Minister haben. Es müssen Leute aus dem besetzten Gebiet herüberkommen. Aus denen bilde ich ein neues Ministerium. Mit dem werde ich heimkehren. Ich hatte die Vorstellung, daß ich gleichsam in einem Boot zusammen mit den neuen Ministern am Strand eintreffen würde. Und die neuen Minister würden mir genau sagen können, was die Niederlande brauchten. Davon hatten die Herren in London keine Ahnung. Die Engländer sollten mir dabei behilflich sein.«[458]

Auch nach fünf Jahren »Engelandvaarders« war Wilhelmina sich ihrer Sache unsicher, trotz aller entgegengesetzter Behauptungen, wie etwa am 1. September 1941 in Radio Oranje: »Ich habe Sie verstanden und weiß, was Sie zur Zeit denken und fühlen. Deshalb werde ich, wenn die Zeit dafür einmal reif ist, voll und ganz in der Lage sein, in Ihrem Sinne zu handeln.«[459] Sie hatte so wenig Ahnung davon, was ihr Volk wirklich beschäftigte, daß nicht ihre eigenen Leute ihr bei der Wiedereinsetzung behilflich sein sollten, sondern die Engländer. Ihre romantische Vorstellung von einer aufsehenerregenden Landung im Boot am niederländischen Strand, um einem »erneuerten« niederländischen Volk ihre Aufwartung zu machen, erinnert an die Geschichte ihres Urgroßvaters Wilhelm I.: Sohn des Erbstatthalters Wilhelm V., war er 1795 ebenfalls nach England geflohen. Am 30. November 1813 setzte er von England über und ging in Scheveningen an Land, um die Regierung anzutreten – nicht als Erbstatthalter, sondern als souveräner Fürst, um anschließend als aufgeklärter Despot manche Erneuerung in den Niederlanden durchzusetzen.

Zu Königin Wilhelminas Unglück ging ihr unparlamentarischer und undemokratischer Wunschtraum, sieht man einmal von ihrer Wiedereinsetzung als Monarchin ab, nicht in Erfüllung.

Während des Krieges hat Königin Wilhelmina nichts Wesentliches für die Juden in den Niederlanden getan, genausowenig übrigens nach dem Krieg. Das einzige, womit sie ihren Namen verband, war der Kring van Nederlandse Joden (Kreis niederländischer Juden) in England, der im August 1944 mit der Bitte an sie herangetreten war, sich als »Schutzherrin« zur Verfügung zu stellen.[460] Dabei hatte Kronprinzessin Juliana, die in Kanada das Amt der Vorsitzenden des von ihr selbst gegründeten Niederländischen Roten Kreuzes außerhalb der Niederlande erfüllte, ihre Mutter immer wieder ermahnt und gewarnt. »Ich erhielt immerfort Briefe von meiner Tochter«, erzählte Königin Wilhelmina später, »die mir schrieb: Es geht schief in den Lagern, und erhalten die Leute ausreichend Hilfe?«[461]

Mehr als zehn Jahre nach ihrer Abdankung sagte sie über das große Drama während ihrer Regierungszeit lediglich: »All die braven Leute aus Amsterdam, die immer zur Audienz zu mir kamen und die jetzt verschwunden sind.«[462] Als ob lediglich Juden in Amsterdam gelebt hätten. Und »brave Leute«? Waren ein Präsident des Obersten Gerichtshofes wie L.E. Visser oder Stadträte wie Boekman oder de Miranda, um nur einige Namen zu nennen, »brave Leute«? Was wußte sie eigentlich überhaupt von ihren jüdischen Untertanen, die man nach einer vielleicht gutgemeinten, in jener Zeit aber naiven sprachlichen Gepflogenheit nicht von den nichtjüdischen Niederländern unterscheiden wollte?

»Mutter Ihres Volkes« – so wurde Königin Wilhelmina noch 1936 vom *NIW* tituliert. Namentlich in diesem jüdischen Wochenblatt wurde das »innige Band« zwischen den Juden und dem Haus Oranien immer nachdrücklich hervorgehoben. Auf jüdischer Seite war dieses Band nicht nur aus Dankbarkeit für die verhältnismäßig tolerante Haltung entstanden, auf die die Juden in den Niederlanden trafen, sondern es spielte zudem ein religiöser Aspekt hinein. Nach dem Talmud ist das irdische Königtum eine Widerspiegelung des himmlischen Königtums. Deshalb schrieb das *NIW*, als Königin Wilhelmina im Mai 1936 Amsterdam einen Besuch abstattete: »Gesegnet seid Ihr, die kommt ..., im Namen des Herren! In Eurer Nähe kann das Böse nicht gedeihen – so huldigt der Psalmist der Göttlichen Majestät. Und wenn jemals irgendwo offenkundig ist, daß nach jüdischer Erkenntnis die menschliche Majestät auf Erden ein Widerschein der Göttlichen Majestät im Himmel und auf Erden ist, so in unserem Land, wo sich die menschliche Majestät verkörpert findet in der durchlauchten Trägerin der Krone der Oranier; jener Krone, der sie, unsere Königin, immer größeren Glanz verleiht. In ihrer Nähe kann das Böse nicht gedeihen.«[463] Jede Woche wurde darüber hinaus in der Synagoge für die königliche Familie gebeten.

In seinem Buch über die Geschichte des *NIW* hat I. Lipschits dem Band zwischen dem Hause Oranien und den Juden in den Niederlanden ein eigenes Kapitel gewidmet. Lipschits bemerkt darin: »Das Band zwischen den Juden und dem Hause Oranien war tatsächlich wunderlich im Sinne von abnormal. Man bekundete übereifrig seine Ergebenheit und Loyalität. Man fühlte sich – um das Wort ›plus royaliste que le roi‹ abzuwandeln – stärker als Niederländer als der (nichtjüdische) Niederländer.« Lipschits erklärt dies aus der »dennoch vorhandenen Angst, als Staatsbürger nicht für ›voll‹ genommen, sondern als ›Gast‹ angesehen zu werden«.[464]

Als Königin Wilhelmina 1933 ihr 35jähriges Thronjubiläum beging, wußte das *NIW* gar nicht genug zu bejubeln, daß sie den Juden besondere Aufmerksamkeit gewidmet hatte. »Und auch wir, der jüdische Bevölkerungsteil, haben die königliche Aufmerksamkeit Ihrer Majestät genossen. Der Besuch, den Ihre Majestät der Großen Synagoge und jüdischen Wohltätigkeitseinrichtungen abgestattet hat, die Ehrenbezeigung – die sie auch gerne wiederum von jüdischen Körperschaften entgegengenommen hat –, sie werden unvergessen bleiben und in die Annalen Niederländisch-Israels eingehen.«[465]

Jeden »Separationsgeist« hielt das *NIW* für verwerflich, und sozialistische, proletarische Juden, die dem Haus Oranien ablehnend gegenüberstanden, wurden verketzert, gleichwohl aber bekam man in der Alltagswirklichkeit durchaus seine Außenseiterstellung zu spüren.

Als Kronprinzessin Juliana 1938 wegen eines Verwandtenbesuchs nach Deutschland reisen wollte, realisierte man in letzter Minute, daß dies zumal der jüdischen Gemeinde gegenüber unpassend war. Deshalb wurde unvermittelt vor der Abreise der Kronprinzessin ein offizieller Besuch der Joodsche Invalide, des Pflegeheims für Juden in Amsterdam, eingeschoben. Diese berechnende Geste wurde im *Centraal Blad voor Israëliten in Nederland* als »ein spontaner Akt« aufgefaßt und begrüßt. Gewöhnlich war es so, daß der Vorstand eines jüdischen Vereins um eine Audienz nachsuchte oder einen königlichen Besuch vorschlug. Weil die Initiative in diesem Fall von königlicher Seite kam, konnte dies gar nicht genug gewürdigt werden. Das *Centraal Blad* interpretierte es als »einen Akt der Sympathie gegenüber der gesamten jüdischen Gemeinschaft« und bezeichnete den Besuch sogar als »einen wahrhaft königlichen Besuch, einen Beweis fürstlicher Anteilnahme an einem jüdischen Werk«.[466]

Es war jedoch nicht nur der Assimilierungsdrang, der die Loyalität der meisten Juden gegenüber dem Königshaus begründete. Seit Hitlers Machtübernahme in Deutschland kam noch etwas anderes hinzu: Angst! In die unverminderte, nachgerade aufdringliche Ehrenbezeigung gegenüber Königin Wilhelmina spielte auch eine gehörige Portion Wunschdenken hinein. Anläßlich des Besuchs der Joodsche Invalide schrieb das *Centraal Blad*: »Ihre spontane Tat dürfte jeden davon überzeugt haben, daß die Juden hier sicher sind unter den Schutz bietenden Fittichen unseres Königshauses.« Und: »Möge diese noble Tat uns ein Trost sein in diesen schwierigen und unsicheren Zeiten. Möge diese Königliche Geste uns eine Vergewisserung sein, daß wir uns hierzulande glücklich schätzen dürfen unter der schützenden Hand eines Fürstenhauses, das seiner Devise ›Je maintiendrai‹ mit allen damit verbundenen Konsequenzen niemals untreu wird.«[467]

Tatsächlich machte man sich schon seit 1933 große Sorgen über die Zukunft, auch über die Zukunft in den Niederlanden. Insbesondere das *NIW* versuchte, diesen Sorgen mit allen möglichen pathetischen Beschwörungen entgegenzutreten. So war am 8. September 1933 im *NIW* zu lesen: »Was felsenfest erschien, erwies sich als auf Sand gebaut. Heilige Grundsätze, verankert in den uralten Lehrbüchern der Menschheit und scheinbar der menschlichen Natur eingeschrieben, werden aus ihrem Granitfundament losgewühlt, um neuen Lehren Platz zu machen, die erschütternde Perspektiven eröffnen. Wohin rennt die Menschheit? Werden Haß und Eifersucht, Zwang und Gewalt die kommende Phase in der Menschheitsgeschichte prägen? Furcht und Sorge bedrücken das Herz eines jeden, der die heutige Welt betrachtet.«

Woraufhin es in einer von Schmeichelei und Illusion durchtränkten Sprache hieß: »Die Niederlande huldigen ihrer Königin und in ihrer Person den alterprobten niederländischen Staatseinrichtungen. Denn die Königin, das Königtum ist die schönste Perle unserer niederländischen Staatseinrichtungen. Und indem wir Ihrer Majestät huldigen und Ihrer Majestät an diesem Tag wieder unsere ewige Treue schwören, indem wir aufs neue unser unerschütterliches Vertrauen in ihre Führung bezeugen, sprechen wir erneut dem niederländischen Staatswesen unser Vertrauen aus. Mit dem Hause Oranien und mit den Grundsätzen, die das Haus Oranien seit jeher leiten, wird unser geliebtes Vaterland seinen Platz unter der Sonne behaupten, wird es die Not unserer Tage überwinden und einer glücklichen Zukunft entgegengehen. Ein niederländischer Staat, der diese Grundsätze leugnet, ist nicht denkbar.«[468]

Schmeichelei und Illusion! Nicht nur angesichts der Gewitterwolke, die die Juden in den Niederlanden voller Angst aus dem Osten herannahen sahen, seitdem Hitler dort die Macht übernommen hatte, sondern auch angesichts der Ängste um die Entwicklungen im eigenen Land. Durch die hereinströmenden deutschen Juden, die sich in den dreißiger Jahren in den großen Städten konzentrierten und sich durch Sprache und Bräuche unterschieden – nicht als Juden, sondern als Deutsche –, fühlten sich die assimilierten Juden, die nichts lieber wollten, als im Ganzen aufzugehen, sich in ihrer Stellung bedroht. Als diese Flüchtlinge 1939 im Lager Westerbork untergebracht wurden, war die jüdische Gemeinschaft durchaus nicht unwillig, die Kosten für das Lager auf sich zu nehmen. Das Mitgefühl mit den Flüchtlingen und ihrem Schicksal war hierfür ein Grund. Ein anderer war die Angst vor antisemitischen Reaktionen, falls die niederländische Gesellschaft als ganze die Kosten hätte tragen sollen. Daß die Flucht Königin Wilhelminas gerade von diesen Menschen als ein unerhörter Verrat empfunden worden sein muß, läßt sich denken.

Die übertriebene Liebe zu Oranien brach 1940 jäh ab. Nach dem Krieg stand man dem Königshaus wesentlich reservierter gegenüber. »Nicht daß sich das *NIW* gegen das Haus Oranien wandte«, schreibt Lipschits, »doch bei Treue- und Ergebenheitsbekundungen wurde man nüchterner und ehrlicher.«

Am 30. August 1946 wurde in den Glückwunschbotschaften des *NIW* anläßlich des Geburtstages Königin Wilhelminas zwar dem niederländischen Volk Hochachtung ausgesprochen. Königin Wilhelmina aber kommt eher schlecht weg und wird nach einigen Allgemeinheiten unumwunden auf ihre Tatenlosigkeit hingewiesen. »Dies darf und kann ihre Augen für die Not des gesamten jüdischen Volkes ebensowenig verschließen wie für die Symptome eines eher offenen Antisemitismus, auch in diesem Land.«[469]

Im Jahr 1965 heiratete Prinzessin Beatrix, die heutige Königin der Niederlande, einen Deutschen, ein Ereignis, das durchaus für Mißfallen sorgte.

An sich hätte ihre Wahl nicht verwundern dürfen, denn sie entsprach eher einem vertrauten Muster: Das niederländische Königshaus hat in den vergangenen zweieinhalb Jahrhunderten, das heißt seit 1734, bis auf eine Ausnahme Deutsche geheiratet.[470] Königin Beatrix, die älteste Enkelin Königin Wilhelminas, ist dementsprechend zu 93,75 % buchstäblich von »deutschem Blut«.[471] Im Jahr 1734 heiratete Statthalter Wilhelm IV. die Tochter des englischen Königs, Anna von Hannover. Sein Sohn Wilhelm V. heiratete Wilhelmina von Preußen, und dessen Sohn König Wilhelm I. vermählte sich ebenfalls mit einer Wilhelmina von Preußen. Wilhelm II. heiratete anschließend die Schwester des russischen Zars, Anna Pawlowna, und ihr Sohn Wilhelm III. ging zweimal eine Ehe mit einer Deutschen ein, wobei ihm Emma von Waldeck-Pyrmont eine Tochter schenkte, wieder mit Namen Wilhelmina, nun von Oranien-Nassau. Diese verheiratete sich ihrerseits mit Heinrich von Mecklenburg-Schwerin. Die aus dieser Ehe hervorgegangene Tochter Juliana ging eine Ehe mit dem Deutschen Bernhard von Lippe-Biesterfeld ein, und ihre älteste Tochter, die jetzige Königin Beatrix, schloß den Bund fürs Leben mit Claus von Amsberg.

Ob diese Tatsache dem Chefredakteur des *NIW* entgangen war? Jedenfalls war seine Reaktion auf die Vermählung Prinzessin Beatrix' überaus gemessen: »Sprechen hat seine Zeit«, wie vor dem Krieg, »und Schweigen hat seine Zeit«, wie nach dem Krieg. Gans wünschte denn auch »größte Zurückhaltung« zu üben.[472]

VIII
Die niederländische Exilregierung und Radio Oranje

Einer der Gründe, die Königin Wilhelmina für ihre Flucht angeführt hatte, war der, daß die Regierung als Verbündete der Alliierten einen wesentlichen Beitrag zu den Kriegsanstrengungen würde leisten können. Tatsächlich aber konnte weder von einer gleichwertigen Stellung als Verbündeter die Rede sein, noch kam es zu einer gemeinsamen Kriegführung, da die englische Regierung der Zusammenarbeit mit den Vereinigten Staaten Vorrang einräumte und nichts unversucht ließ, um Amerika in den Krieg hineinzuziehen.

Das Ansehen der niederländischen Exilregierung in London war – zerrüttet, zerstritten, der englischen Sprache kaum mächtig und bis Herbst 1940 abwartend, defätistisch und apathisch, wie sie war – nicht besonders groß, zumal nicht in der Zeit vor dem 3. September 1940, als Premierminister de Geer durch Gerbrandy abgelöst wurde. Die niederländische Exilregierung, die sich selbst entgegen allem Realitätssinn weiterhin – nicht zuletzt aufgrund des Besitzes Niederländisch-Ostindiens und der siebzig Millionen Einwohner – eine »middle power« wähnte, verärgerte dies sehr.

Für die Engländer jedoch hatte die Befreiung Europas oberste Priorität, an zweiter Stelle kam die Befreiung des Mittleren Ostens und erst an letzter Stelle die des Fernen Ostens, während das ohnehin antikolonialistische Amerika die niederländische Regierung wegen der Kolonialherrschaft über Niederländisch-Ostindien und im Lichte der Krise in Fernost im Herbst 1941 nicht gerade kritiklos als Verbündete betrachtete.[473]

Man wurde aus den wirklich wichtigen politischen Entscheidungen völlig herausgehalten. »Mein Leben in London stand letztlich nicht im Zeichen wirklichen Handelns, sondern vielmehr in dem des endlosen Abwartens«, so bekannte Königin Wilhelmina später.[474]

»Van Kleffens, der Außenminister, hielt in den letzten Kriegsjahren seinen Amtskollegen immer wieder die harte Realität dieser Ohnmacht vor. Nach außen hin ergab dies eine Haltung, die eher als wehleidig denn als selbstbewußt bezeichnet werden kann«, schreibt A. F. Manning. In seiner Studie über die Außenpolitik der niederländischen Exilregierung gelangte er außerdem zu folgendem Fazit: »Bereits vor dem Verlust Ostindiens [am 8. März 1942; d. Verf.] konnten die Niederlande ihren Anspruch, ein selbständiger Verbündeter und eine ›middle power‹ zu sein, nicht mit Inhalt füllen, weil sie keinen Zugang zu dem Kreis hatten, in dem die Entscheidungen fielen, und weil ihr Kriegsbeitrag in Wirklichkeit weniger wichtig war, als man sich vorgestellt hatte. Während des Krieges waren die Niederlande keine ›middle‹, sondern eine ›small power‹.«[475]

Aus Sicht der Engländer kam der niederländischen Exilregierung lediglich ein Stellenwert vergleichbar dem der zur Selbstverwaltung eingesetzten Regierung eines ihrer Dominions zu. Sie war den Engländern und Amerikanern völlig untergeordnet und für die Befreiung des niederländischen Staatsgebietes auf diese beiden tatsächlichen Verbündeten angewiesen.

Es ist dies allerdings ein ganz anderes Bild als die Darstellung, die der maßgebliche Parlamentarische Untersuchungsausschuß auftischte. Dieser sprach Königin Wilhelmina von vornherein von jeder Verantwortung für die in London betriebene Politik frei und hat Wilhelminas Flucht beschönigt. Damit setzte eine Geschichtsklitterung über die Rolle der Niederlande während des Zweiten Weltkrieges ein, die sich hartnäckig halten sollte. Das Fazit des Untersuchungsausschusses lautete: »Doch bei aller Kritik, die sicherlich angebracht ist, sollte man gleichwohl stets bedenken, daß schließlich an jenem denkwürdigen Vormittag des 13. Mai ein gemeinsamer Beschluß bezüglich der Verlegung des Regierungssitzes gefaßt und in die Tat umgesetzt worden ist. Für den Ausschuß steht fest, daß dies eine der wichtigsten Entscheidungen der gesamten Kriegszeit gewesen ist.«[476] Dabei hatte der Ausschuß unmittelbar von den vorgeladenen Zeugen erfahren, daß die Verlegung des Regierungssitzes keine wohlüberlegte, sondern vielmehr eine durch die Flucht der Königin erzwungene Entscheidung gewesen war und daß dieser Beschluß keineswegs gemeinsam und einmütig zustande gekommen war; zwei Minister blieben sogar zunächst aus Protest gegen das Vorgehen in Den Haag zurück.

Gleichwohl schmeichelte der Ausschuß weiter: »Diese Tatsache hat der gesamten weiteren Kriegsführung der Niederlande ihren Stempel aufgedrückt; sie hat die Organisation der Aktivitäten der Kriegs- und Handelsflotte im auf See geführten Kampf ermöglicht, sie hat das internationale Ansehen der Niederlande hochgehalten, sie hat dem Widerstand im besetzten Gebiet unentbehrliche moralische und aktive Unterstützung verliehen, und sie hat schließlich die Möglichkeit zu einer effektiven Vorbereitung der Befreiung und des Wiederaufbaus der Niederlande geschaffen.«[477]

Die Flucht der Königin und der Regierung hat jedoch weder für die Interessen des Königreichs der Niederlande noch für die unmittelbare Kriegsführung gegen Deutschland irgendeinen Unterschied gemacht. Die Kriegsflotte war bereits losgeschickt worden, ehe die Regierung überhaupt ans Fliehen dachte, und auch die Schiffe der Handelsflotte fuhren deswegen nicht häufiger oder weniger häufig aus. Die auf eigene Faust geleistete Hilfe der niederländischen Exilregierung für Niederländisch-Ostindien hielt sich ebenfalls sehr in Grenzen.

Was an der Flucht noch am positivsten war, war die Tatsache, daß in London ein unabhängiger Rundfunksender außerhalb der Niederlande ins Leben gerufen wurde, der unter dem Namen Radio Oranje in die Geschichte eingegangen ist.

Die Engländer sträubten sich zunächst dagegen, der Regierung de Geer Sendezeit zur Verfügung zu stellen, mißtrauten sie dieser doch wegen der Vorschläge de Geers, über Stockholm und hinter dem Rücken der Engländer mit den Deutschen Frieden zu schließen.

Zu verdanken war es insbesondere den Bemühungen Pieter Sjoerds Gerbrandys, der damals Justizminister war und vor dem Krieg als Vorsitzender des Rundfunkrates sowie als Aufsichtsratsvorsitzender der Zendermaatschappij amtiert hatte, daß Radio Oranje am 28. Juli 1940 als Regierungssender auf Sendung ging.[478] Anfangs wurde dem Sender eine Viertelstunde Sendezeit täglich eingeräumt.

»Wir haben diese Sendung ›Radio Oranje‹ genannt«, so hieß es in der ersten Übertragung, »und unter diesem Namen wird hinfort unsere niederländische Viertelstunde, von Niederländern für Niederländer, angekündigt werden.« Auf die Namengebung hatte man sich einstimmig geeinigt. »Unter Oranje ist bisher jeder Kampf für den Feind unseres Vaterlandes gekämpft worden, unter Oranje werden wir auch aus dem gegenwärtigen Kampf für unsere Freiheit als Sieger hervorgehen. Deshalb haben wir diesen Namen gewählt, bei dem sich für jeden vaterlandsliebenden Niederländer eine nähere Beschreibung der Ziele erübrigt.«[479]

Deutlicher geht es nicht. Radio Oranje kam vom Hause Oranien, sprach ständig vom Hause Oranien und fungierte als Sprachrohr und Propagandamittel par excellence im Dienste des Hauses Oranien, von Anbeginn an und bis zuletzt. Königin Wilhelmina leitete die Sendungen dementsprechend mit einer Ansprache ein, und in den darauffolgenden Jahren sprach sie regelmäßig im Rundfunk, nicht nur um ihrem Volk Mut zu machen, sondern auch um ihr verlorenes Ansehen wiederzugewinnen. Die Aufgabenstellung für Radio Oranje wurde umschrieben als »teils aufklärend, teils die feindliche Propaganda bekämpfend«.[480]

Am 10. August 1946 wurden in *Elseviers Weekblad* die Ergebnisse einer von der Nederlandse Stichting voor Statistiek durchgeführten Meinungsumfrage veröffentlicht, die darüber Aufschluß geben sollte, wann und wie häufig ausländische Sender während der Besatzungszeit gehört worden waren. Auf die Frage, ob man Radio Oranje gehört habe, antworteten 78 Prozent mit Ja, wobei dazu viele zählten, die nur gelegentlich eingeschaltet oder vielleicht ein, zwei Mal bei anderen eine Übertragung mitgehört hatten. Man sah darin einen Akt des Widerstandes oder »betrachtet es als eine nationale Ehre, illegal eingeschaltet zu haben«, wie es einer der Befrager ausdrückte.[481]

Das Medium Rundfunk war während des Zweiten Weltkrieges von immenser, grenzüberschreitender Bedeutung. Die Bewohner der von Deutschland besetzten Gebiete konnten dadurch mit der freien Welt in Kontakt bleiben. Über dieses Medium konnten sich zudem die Exilregierungen in London am »Ätherkrieg« beteiligen, für die alliierte Sache eintreten und die »psychologische Kriegsführung« entwickeln.[482]

Die BBC in London machte es sich zur Aufgabe, für Übertragungen in allen möglichen Sprachen in alle möglichen besetzten Länder zu sorgen. Radio Oranje, »unter den Auspizien der niederländischen Regierung«, erhielt als erstes Sendezeit.

Sowohl unter qualitativen wie unter quantitativen Gesichtspunkten ist in den Übertragungen von Radio Oranje, die vom 28. Juni 1940 bis zum 2. Juni 1945 in den Äther hinausgegangen sind, eine Zäsur anzusetzen, und zwar am 1. November 1942, einem Datum, welches das »alte« Radio Oranje vom »erneuerten« Radio Oranje trennt. Waren vor diesem Datum die Sendungen matt, steif, offiziell und dilettantisch im Ton, so nahm nach dem November 1942, als Hendrik J. van den Broek Leitung übernahm, die Qualität der Sendungen stetig zu.

Van den Broek, der sich von 1933 bis 1940 als Korrespondent der Tageszeitung *De Telegraaf* in Paris aufgehalten und von dort in Eigeninitiative 23 Tage lang den Sender Vrij Nederland (Freie Niederlande) in den Äther geschickt hatte, traf im September 1940 in London ein. Dort war er eine Zeitlang als freier Mitarbeiter für Radio Oranje tätig. Scharfe Kritik übte er an der Tatsache, daß der Inhalt der Sendungen oft lange vorher feststand, und vor allem an der Zensur von insgesamt vier niederländischen Ministern sowie der obligatorischen Zustimmung seitens der Engländer, wodurch die Nachrichten zu veralten drohten. Es waren dies die beiden wichtigsten Ursachen für die träge Berichterstattung des »alten« Radio Oranje. Die nachträglich konstruierte Geschichte, wonach man in London über das, was sich in den besetzten Niederlanden abspielte, sehr spärlich und sehr spät informiert worden sei, ist mithin unzutreffend.[483]

Van de Broek zog sich mit seiner Kritik für immer die Antipathie der Leitung des »alten« Radio Oranje zu. Im Mai 1941 erhielt er vom European Service der BBC und vom Niederländischen Schifffahrts- und Handelsausschuß den Auftrag, einen Sender für die niederländischen Seefahrer ins Leben zu rufen. Das Ergebnis war De Brandaris, ein Sender, für den als Hauptredakteure und -sprecher das Duo des kurzlebigen Pariser Senders Vrij Nederland verantwortlich zeichnete: der heftige, dramatische, provozierende Aart den Doolaard und der erfahrene, sachliche H.J. van den Broek selbst. Zusammen mit dem BBC European Service, der bereits vor dem Krieg in die Niederlande ausstrahlte, gab es im Juli 1941 – abgesehen von Radio Hilversum, das von den Deutschen kontrolliert wurde – drei auf die Niederlande gerichtete Rundfunksender. Von dem zurückhaltenden, paternalistischen »alten« Radio Oranje hob sich De Brandaris schon gleich ab durch den scharfen, engagierten Ton und seine Devise, die lautete: »Es gibt nur eine einzige neue Ordnung, die Ordnung des Widerstandes«, ein Ton, der bei den Leuten offensichtlich gut ankam. Letzteres ging hervor aus einer Anfang 1942 von der in London ansässigen niederländischen Zeitung Vrij Nederland abgehaltenen Umfrage.[484] Beim alten Radio Oranje betrachtete man all dies mit scheelen Augen, und einer der leitenden Mitarbeiter, Lou de Jong, regte an, daß die beiden Konkurrenten fusionieren sollten. Dies geschah am 1. November 1942, woraufhin van den Broek die Leitung übernahm. Ihm gelang es nicht nur, den gesamten alten Mitarbeiterstab von Radio Oranje bis auf den guten Ratgeber de Jong und Hauptmann Kruls zu ersetzen (letzterer behielt als Verbindungsoffizier weiterhin die Dinge im Auge und zeichnete für die nahezu täglich ausgestrahlte »Militärische Übersicht« verantwortlich), sondern van den Broek schaffte es zudem, daß die Sendungen von der einengenden Zensur befreit wurden. Er verlegte die Redaktionsräume von Radio Oranje von Stratton House, wo die niederländische Exilregierung ihr Domizil hatte, nach Clun House, ein Hochhaus zwischen The Strand und Themse. Schließlich erreichte er, daß das verzögernde System der ministeriellen Zustimmung abgeschafft und durch allgemeine Regeln ersetzt wurde, die für die Mitarbeiter verbindlich waren. Das Gebot der Rücksprache mit dem unmittelbaren Vorgesetzten A. van Pelt blieb bestehen, und die allgemeine Verantwortung trug der Premierminister und gleichzeitiger Kriegsminister Gerbrandy.

Darüber hinaus erhielt Radio Oranje mehr Sendezeit, so daß es neben den Abendsendungen nun auch eine Mittagssendung zu hören gab, was der Aktualität der Nachrichten zugute kam. Diesen späteren Sendungen kann man entnehmen, daß, seitdem das erneuerte Radio Oranje unmittelbar unter Regierungsaufsicht gekommen war, den Informationen aus den besetzten Niederlanden tatsächlich Gehör geschenkt wurde und daß die betreffenden Berichte zudem genau geprüft und geglaubt wurden, insbesondere die Berichte von van den Broeks.

Hatte die Regierung zuvor Widerstand eher entmutigt, so wurden die Sendungen jetzt immer streitbarer, realistischer und unverblümter. Die allwöchentlichen, wenig gehaltvollen Ansprachen der Minister verschwanden ebenso aus dem Programm wie der Großteil der albernen Sketche und faden Liedchen, die das alte Radio Oranje ausgestrahlt hatte. Schwerpunkte bildeten nun die Berichterstattung über den Kriegsverlauf, die »psychologische Kriegsführung« etwa durch Bloßstellung »hoher« NSB-Mitglieder in den Niederlanden als Antipropaganda, die Weiterleitung verschlüsselter geheimer Nachrichten an die Widerstandsbewegung in den Niederlanden und die moralische Unterstützung der niederländischen Bevölkerung in einer den aktuellen Verhältnissen entsprechenden Art und Weise.

Was hat Radio Oranje für die Juden bedeutet? Bevor wir die Sendungen von Kriegsjahr zu Kriegsjahr unter die Lupe nehmen, sei zunächst auf etwas anderes hingewiesen.

Lou de Jong war der einzige Mitarbeiter von Radio Oranje, der sowohl beim alten wie auch beim erneuerten Sender dem Redakteursteam angehörte. Er blieb bis zur letzten Sendung. In vielerlei Hinsicht war er ein typischer Exponent des alten Radio Oranje. Mit dem Antritt van den Broeks trat er als Sprecher und Redakteur in den Hintergrund. Von 1943 bis zum Frühjahr 1944 ist selten etwas von ihm zu hören; erst mit der Befreiung des Südens der Niederlande, als die tonangebenden Mitarbeiter – darunter van den Broek – in befreites Gebiet zurückkehrten, trat de Jong wieder in den Vordergrund. De Jong und den Doolaard waren diejenigen, die für die letzte Übertragung am 2. Juni 1945 als Redakteure und Sprecher verantwortlich zeichneten. So etwas prägt sich dem Gedächtnis ein, und die beiden sind dementsprechend als die »Stimmen« von Radio

251

Oranje in die Geschichte eingegangen – im Falle den Doolaards sicherlich mit Recht, doch anstelle de Jongs gebührt diese Rolle eher dem »Rotterdamer«, dem Decknamen Hendrik J. van den Broeks.

Während de Jong für Radio Oranje – mit einer Ausnahme gegen Ende 1942 – über das Schicksal der Juden in den Niederlanden nicht nennenswert berichtete, hat gerade er während der Jahre in London mehr als irgendein anderer über dieses Thema geschrieben. Bereits im Juni 1941 hatte er das Buch *Je Maintiendrai I* abgeschlossen, das im November 1941 in einer ersten Auflage von 7000 Exemplaren erschien.[485] Es war dies seine zweite Veröffentlichung in London. Bereits zuvor, Anfang 1941, war in der Reihe *Europe under the Nazis* von ihm der Band *Holland fights the Nazis* erschienen, der die erste Hälfte des ersten Kriegsjahres behandelt. Schon daraus geht hervor, wie außergewöhnlich gründlich er über alle möglichen Details unterrichtet war.[486] Im Vorwort zu *Je Maintiendrai I* spricht de Jong interessanterweise die Frage an, die nach seiner Erwartung bei Kriegsende jedem gestellt werden würde, der nach London geflohen war: »Und was haben Sie getan?« Was de Jong selbst getan hat, war, praktisch jedes Kriegsjahr in England ein Buch über die besetzten Niederlande zu veröffentlichen und in jedem Band des vier Teile umfassenden Werkes *Je Maintiendrai* ein eigenes Kapitel bis ins Detail der Judenverfolgung zu widmen.

Weshalb de Jong es aber unterlassen hat, dieses Wissen für Radio Oranje nutzbar zu machen, bleibt eine offene Frage. Angst vor Racheakten gegen Verwandte in den Niederlanden kann nicht der Grund gewesen sein, denn während die meisten wichtigen Sprecher von Radio Oranje unter einem Pseudonym arbeiteten, behielt de Jong seinen eigenen Namen bei. In *Holland fights the Nazis* und in *Je Maintiendrai I* steht der Deutlichkeit halber unter seinem Namen sogar angegeben, daß er als Redakteur für die Zeitung *De Groene Amsterdammer* gearbeitet hatte, so daß jede Verwechslung ausgeschlossen war.

Aus dem oben erwähnten Vorwort geht hervor, daß nicht nur de Jong, sondern auch die Beamten der Londoner Ministerien für Wirtschaft, Verteidigung, Äußeres und nicht zuletzt das Presseamt der

Regierung nahezu von Anfang über die Entrechtung der Juden in der Heimat informiert gewesen sind. De Jong bedankt sich bei diesen Beamten ausdrücklich dafür, daß sie ihm »mit Rat und Tat zur Seite gestanden« hätten.[487] Gleichwohl hat er viel später, er war inzwischen zum »Geschichtsschreiber des Königreiches« avanciert, versucht, sowohl Königin Wilhelmina wie auch die damalige Regierung in London von jedem Wissen freizusprechen – zumindest für die Zeit bis 1943, als der weitaus größte Teil der Juden bereits abtransportiert worden war.[488] »Als London über die nötigen Informationen verfügte, um sich ein vollständiges Bild machen zu können, war es zu spät«, so de Jong.[489] Dabei hatte ebendieselbe Regierung ein Jahr zuvor, am 17. Dezember 1942, zusammen mit den Alliierten ein Kommuniqué in die Welt hinausgeschickt, das gerade in Radio Oranje wiederholt wurde und in dem man zu verstehen gab, darüber informiert zu sein, daß in Osteuropa den Juden der Tod erwartete.

Königin Wilhelmina, der dies bereits am 17. Oktober 1942 bewußt war – in ihrer Rundfunkansprache an jenem Tag spricht sie ausdrücklich von der »systematischen Ausrottung« der Juden –, ist von de Jong niemals kritisiert worden. Im Gegenteil: Ihr wurde sogar Lob gezollt, weil sie die Dinge ein einziges Mal beim Namen nannte. »Diese ›systematische Ausrottung‹«, so schreibt de Jong, »war bezogen auf die Juden aus den Niederlanden ein neues Element – man könnte sich fragen, was geschehen wäre, wenn Radio Oranje es übernommen und zugespitzt hätte. Doch es war, als hätte die Königin es gar nicht verwendet: Kaum jemand maß ihm Bedeutung bei, in den besetzten Niederlanden ebensowenig wie in London.«[490]

Unhistorischer läßt sich kaum argumentieren.

Man mag den Berichten in London keine Beachtung geschenkt haben, de Jong jedenfalls hat die Informationen in seine Bücher über den Krieg eingearbeitet, und in den besetzten Niederlanden maß namentlich die Untergrundpresse den betreffenden Informationen sehr wohl Bedeutung bei. Die Zeitung *Het Parool*, die in einer Auflage von bis zu vierzigtausend Exemplaren erschien, ging bereits am 26. Juli 1941 unter der Schlagzeile »Morde in den deutschen Nazi-

Lagern« auf die 300 jungen jüdischen Männer ein, die am 11. Juni 1941 über Schoorl nach Mauthausen deportiert worden waren. »Wie man weiß, waren bei der Razzia am 11. Juni im Gegensatz zu der Menschenjagd im Amsterdamer Judenviertel vom Februar diesen Jahres nahezu ausschließlich sportliche junge Leute, überwiegend aus bessergestellten Kreisen, ausgesucht worden, die sich einer guten Gesundheit und einer starken Konstitution erfreuten. Die ersten Todesfälle müssen sich noch vor, höchstens aber ein, zwei Tage nach Ankunft im deutschen Lager ereignet haben. Von Krankheitsfällen, Erschöpfung oder von den giftigen Einflüssen bestimmter Fabriken, in denen manchen Gerüchten zufolge die festgenommenen jüdischen Opfer beschäftigt werden sollten, kann also keine Rede sein. Dies läßt keinen anderen Schluß zu als den, daß diese Jungen – überwiegend im Alter zwischen 18 und 22 Jahren – schlicht und einfach von den deutschen Barbaren ermordet worden sind!«[491]

Die Untergrundzeitung *Het Parool* berichtet am 11. September 1941 unter der Schlagzeile »Das Todeslager in Mauthausen«, daß von den 670 jungen jüdischen Männern, die bei zwei Razzien in der ersten Hälfte von 1941 nach Mauthausen abtransportiert worden waren, »am 10. September diesen Jahres 232, als mehr als ein Drittel, ›aus unbekannter Ursache‹ den Tod gefunden haben«.[492] Und am 10. Oktober 1941 heißt es in dem gleichen Blatt: »Es gab leider eine Zeit, in der man auch hierzulande zu sagen pflegte (die Rede ist hier von 1933!): ›Sicherlich sind sie ein wenig übertrieben, die Greuelgeschichten aus Deutschland‹. Heute wissen wir's besser. Wir wissen, daß die Wahrheit noch viel grauenvoller ist.«[493]

Im Zusammenhang mit einem antisemitischen Flugblatt schreibt das im Untergrund erscheinende Blatt *Vrij Nederland* im Januar 1942: »Denen, die es vielleicht noch nicht wissen, erklärt das Flugblatt, daß der Antisemitismus ein wesentlicher Bestandteil des Nationalsozialismus ist und daß die Grausamkeiten, die allmählich überall in unserer Heimat den Juden angetan werden – Verhaftung, Abtransport, Todesnachricht –, eine tägliche Illustration des grausamen nationalsozialistischen Flugblattes abgeben: Man möchte das Judentum ausrotten!«[494]

Von der illegal erschienenen Broschüre *Bijna te laat* (Fast zu spät) an, die im Oktober 1940 anläßlich der Einführung des Ariernachweises herausgebracht und von der fünfzigtausend Exemplare verteilt worden waren, hat die Untergrundpresse praktisch Monat für Monat, gestützt auf harte Fakten, gewarnt. *Bijna te laat* erkannte bereits nach fünf Monaten Naziregime in den Niederlanden, daß das Schicksal der Juden besiegelt war: »Sie gehen weg und gehen drauf«, schrieb der Verfasser, der junge Theologe Dr. J. Koopman.[495] Es trifft ebenfalls nicht zu, daß, wie de Jong behauptet, Radio Oranje bezogen auf die Juden »nicht viel tat«.[496] Dies gilt zwar für de Jong selbst, nicht aber für das erneuerte Radio Oranje unter dem gegenüber der Regierung stets um weitestgehende Autonomie bemühten van den Broek. Das unter de Geer defätistische, krampfhaft neutrale Kabinett, das die Deutschen nicht reizen wollte – schon gar nicht im Zusammenhang mit den Juden –, wurde von dem neuen, streitbaren Premierminister Gerbrandy nach und nach ersetzt, wodurch auch die Umbesetzung bei Radio Oranje in den Bereich der Möglichkeiten rückte.

Besonders auffallend, oder vielleicht gerade bezeichnend ist die Bestimmtheit, mit der de Jong später im Zusammenhang mit den von Gerhard Riegner, dem Vertreter des World Jewish Congress in Genf, vorgelegten Berichten über die Vernichtungslager schreibt, daß er, de Jong, »in London zu den ganz wenigen zählte, die überzeugt waren von der Wahrheit dessen, was Riegner berichtet hatte«. »Unser Premierminister, Professor Gerbrandy«, so de Jong weiter, »war das nicht. Im Dezember '43 bat er mich, ihn für ein paar Tage in sein Wochenendhaus außerhalb Londons zu begleiten. Ich steckte die Berichte über Auschwitz in meine Mappe. Am ersten Abend sagte ich zu ihm: ›Dies hier sollten Sie lesen.‹ Er las es. Er blickte mich mit staunenden Augen an: ›De Jong‹, sagte er, ›hältst du dies für die Wahrheit?‹ Ich sagte zu ihm: ›Ja.‹ Habe ich ihn überzeugt? Ich bin mir nicht ganz sicher.«[497]

Wir schon, das heißt insofern, als Gerbrandy möglicherweise nicht an die industrielle Ermordung von Menschen in Gaskammern geglaubt hat, wohl aber sich darüber im klaren gewesen sein dürfte, daß die Deportierten einem sicheren Tod entgegengingen. Bereits

1935 war Gerbrandy, damals noch Professor an der Freien Universität Amsterdam, mit einem Artikel in *Stemmen van Nederlanders over de behandeling der Joden in Duitsland* (Stimmen von Niederländern über die Behandlung der Juden in Deutschland) der Entrechtung der Juden in Deutschland scharf entgegengetreten.[498] Zehn Tage nach der ersten Massendeportation – und nicht erst einen Monat danach, wie de Jong schreibt[499] – hielt Gerbrandy am 25. Juli 1942 eine Rede in Radio Oranje, in der er, ohne das Wort »untertauchen« ausdrücklich in den Mund zu nehmen, für Unterstützung der Juden eintrat. Sollte dem Premierminister von allen Informationen, die die Regierung erhielt und auf die de Jong seine fünf während der Kriegszeit verfaßten Bücher über den Krieg stützte, ausgerechnet diejenigen entgangen sein, die die Eliminierung des Judentums betrafen?

Im Jahr 1958 hielt de Jong eine Rede auf der Ersten Internationalen Konferenz über die Geschichte des Europäischen Widerstandes in Lüttich. Darin behauptete er unter anderem: »Es dauerte sechs Monate, bis die ersten Exemplare normal erscheinender niederländischer Zeitungen die Regierung in London erreichten, zwei Jahre, bis die ersten Exemplare niederländischer Untergrundzeitungen den Weg nach London fanden.«[500] Mit anderen Worten: Sendungen der Untergrundpresse hätten London erst nach April 1942 erreicht.

Je Maintiendrai I zeichnete eine primitives Bild des ersten Kriegsjahres mit starker Betonung auf den »Heroismus« des niederländischen Volkes, das nicht realistisch und wahrheitsgetreu war. Daß dieses Bild so einfach ausfiel, lag nicht an der Quantität, sondern allenfalls an der Einseitigkeit der Informationen, denn insbesondere im Kapitel über die Juden zeigt sich de Jong über die bestehende Lage ganz und gar im Bilde. Auf dem laufenden war er übrigens bereits ab Ende 1940, als er den Auftrag erhielt, das Buch *Holland fights the Nazis* zu schreiben. De Jong hatte damals bereits soviel Information über den Zeitraum vom Mai 1940 bis Dezember 1940 gesammelt, daß er das Buch nach eigenen Angaben »binnen einigen Wochen abgeschlossen hatte«.[501] Für *Je Maintiendrai I* gilt das gleiche. »Von sämtlichen Informationen, die ich verwerten wollte, ließ ich von einer der Tippfräulein von Radio Oranje eine Karteikarte anfertigen. Die Zahl der betreffenden Karteikarten ging schließlich in die Tausende.«[502]

Im November 1942 erschien der Band *Je Maintiendrai II*, der das zweite und den Beginn des dritten Kriegsjahres behandelt; der Zeitraum, den das Buch abdeckt, reicht bis Mitte Juli 1942, als die Deportationen anfingen. Im April 1944 sollte das Buch eine zweite Auflage erleben.

In dem acht Seiten langen Kapitel über die Judenverfolgung kommt nicht nur unmißverständlich zum Ausdruck, daß man in London über die Verbrechen an den Juden in den Niederlanden detailliert informiert war, sondern auch, daß man damals bereits wußte, daß die Juden umkommen würden. Dies geht zum Beispiel aus den nachfolgend zitierten Stellen hervor: »Gewiß, man kannte die vielen Geschichten über die Dinge, die sich vor 1940 in Deutschland und Österreich ereignet hatten, und schenkte ihnen Glauben. Doch im eigenen Land, vor der eigenen Haustür das unsäglich feige, grausame Unrecht geschehen zu sehen, dem gegenüber machtlos zu sein ...«[503]

»Denn die antijüdischen Verordnungen, die bereits im März, nach zehn Monaten Besatzung, erlassen worden waren, ließen wenig Raum für Zweifel, wohin der Weg ging.«[504]

»Zwei Monate später, im Juni [1942], sollte Realität werden, was so viele bereits befürchteten: die Massendeportation von Juden in den Osten, das gewaltsame Fortreißen eines Teils der niederländischen Bevölkerung aus der Gemeinschaft, in der sie verwurzelt war... Sehen Sie hier, werter Leser, die sachliche Aufzählung der im zweiten Besatzungsjahr gegen die Juden erlassenen Verordnungen – Kleinigkeiten im Vergleich zu dem Leid, das noch bevorstand.«[505]

Im Zusammenhang mit den im Februar 1941 nach Mauthausen abtransportierten jüdischen Männern berichtet de Jong: »Auch wurden Versuche mit neuen Giftgasen an ihnen durchgeführt.«[506] Und schließlich sagt er über die noch nicht Deportierten: »Sie bestanden inzwischen nur noch aus Angst. Angst, weil sie wußten, spürten, daß der Besatzer es auf ihre Vernichtung abgesehen hatte, und zwar mit allen Mitteln, die sein perverses Hirn würde erdenken können.

Und das Leid des dritten Besatzungsjahres sollte«, so fügt er hinzu, »so grausam, so unmenschlich groß und schrecklich sein, daß das zweite Jahr der Besatzung im Rückblick wie der Himmel auf Erden erscheinen würde.«[507] All dies war im Sommer 1942 bekannt. Und de Jong blieb weiterhin im Bilde: »Als im Herbst 1943 Teil III erschien, suchte mich ein ›Engelandvaarder‹ auf. Er war von dem Band zutiefst beeindruckt, so tief sogar, daß er davon überzeugt war, ich sei in besetztem Gebiet gewesen.«[508]

Sollten Gerbrandy und die Seinen den Band *Je Maintiendrai III*, der die Geschichte der besetzten Niederlande ab Mai 1942 beschreibt und der wiederum detailliert auf die Juden eingeht, nicht zu Gesicht bekommen haben? Darin stellt de Jong nämlich den Zusammenhang her zwischen »Deportation und Massenmord« und ergänzt, »oder, wie der Jüdische Rat es zu nennen gezwungen war, ›dem Arbeitseinsatz in Deutschland‹«.[509] Darüber hinaus spricht er von »einem schwachen Trost für die zum Tode Verurteilten«[510], und er umschreibt – um ein letztes Beispiel zu geben – das Schicksal der Deportierten mit den Worten »in einen sinnlosen Tod geschickt«.[511]

De Jong avancierte zum »Geschichtsschreiber des Königreiches«, allerdings im Hinblick auf die Judenverfolgung mit einem – euphemistisch ausgedrückt – ganz eigenen Geschichtsbild. Denn gerade die vier Bände seines Werkes *Je Maintiendrai* liefern den Beweis dafür, daß man in London von der Einführung des Ariernachweises an praktisch bis in alle Einzelheiten über das Wie und Wann der Maßnahmen gegen die Juden informiert war.

Gerbrandys Wissen und seine politische Haltung waren freilich zwei verschiedene Paar Schuhe. Die friesische Miniatur Churchills hatte sich, zumindest darin durchaus von Königin Wilhelmina unterstützt, ganz hinter die alliierte Sache gestellt.

In seinen *Herinneringen* geht David Cohen, einer der beiden Vorsitzenden des Jüdischen Rates, wegen der Haltung gegenüber den Juden mit dem Premierminister und dessen Kabinetten scharf ins Gericht. »Als die Verfolgungen in den Niederlanden ihren Anfang nahmen, suchte einer der angesehensten Niederländer in London

Premierminister Gerbrandy auf und richtete an ihn die Frage: ›Was gedenken Ihre Exzellenz zu tun, falls es um Friesen ginge?‹ In dieser Frage liegt eine gewisse Ungerechtigkeit«, so Cohen weiter,»Minister Gerbrandy war sicherlich kein Antisemit, doch die Judenfrage stellte für ihn ebensowenig wie für andere Politiker ein brennendes Problem jener Tage dar. Sie war eben von ›secondary importance‹, wie die ans Licht gekommene Einschätzung der englischen Regierung lautete. Ich habe allerdings Herrn Meyer Sluizer [Mitarbeiter von Radio Oranje; d. Verf.] gefragt, weshalb nicht die Gebäude in Auschwitz, wo die Endlösung vollzogen wurde, von der Royal Air Force beschossen worden seien. Er sagte mir, die Engländer stünden kurz davor, die militärische Ziele hätten jedoch Vorrang, und daneben verfüge man nicht über genügend Material, um den Juden zu helfen. Als ich den von mir erwähnten Niederländer um nähere Auskunft bat über die Frage, was unsere Regierung für die Juden in den Niederlanden getan habe, antwortete er: ›Da kann ich mich kurz fassen: Nichts!‹«[512]

Am Donnerstag, den 20. November 1941, sprach Gerbrandy in Radio Oranje aus, wofür er sich in erster Linie einsetzen wollte: für die Freiheit der Niederlande und nicht für den Protest gegen die Freiheitsberaubung der Juden.»Die Nachrichten, die die Regierung in den letzten Wochen über den Zustand der Internierten erreichen, ich denke dabei insbesondere an das spezielle Judenlager Mauthausen, sind herzzerreißend. ... Doch selbst wenn die Nationalsozialisten all die Greueltaten, die während der letzten Monate bekannt geworden sind, nicht begangen hätten, ihr ärgstes und alles in den Schatten stellendes Verbrechen bleibt der Überfall auf ein freies, friedliebendes Volk. Dieses Unrecht muß zuallererst gesühnt und wiedergutgemacht werden, dafür wird gelitten und gekämpft.«[513]

Am 2. Mai 1992 erschien im Wochenblatt *Vrij Nederland* eine Quellenstudie von J. van der Hoeven mit dem Titel»De Nederlandse regering wist al heel vroeg van de ›Endlösung‹« (Die Niederländische Regierung wußte bereits sehr früh von der ›Endlösung‹). Van der Hoeven weist darin überzeugend nach, daß der niederländische Kriegsminister Gerbrandy und sein für Äußeres zuständiger Kollege van Kleffens zwischen Juni 1942 und Ende September 1943 alle möglichen Dokumente über die sogenannte »Lösung der Frage des europäischen Judentums«, über die Massenhinrichtungen und die Gaskammern erhalten haben.[514]

Bei Radio Oranje sind den mit de Jong befreundeten Kollegen von damals zweifellos die detaillierten Schilderungen in *Je Maintiendrai* über die Juden in den besetzten Niederlanden zu Gesicht gekommen. Diese dürften manchen, sofern man nicht schon im Bilde war, deshalb um so härter getroffen haben, weil verhältnismäßig viele Juden für Radio Oranje tätig waren.

Über die Sendungen im Zusammenhang mit der Registrierung der Juden, ihrer Ausgrenzung und den ersten dreieinhalb Monaten der Deportationen, die sich gerade zu Zeiten des alten – damals noch der strikten Zensur der Regierung unterstellten – Radio Oranje ereigneten, braucht man nicht viel Worte zu verlieren: Außer zum Ariernachweis und zum Februarstreik wurde dazu herzlich wenig gesagt. Und wenn schon etwas dazu gesagt wurde, dann – mit Ausnahme von Gerbrandy – nicht von der Regierung, sondern von den jüdischen Mitarbeitern von Radio Oranje.

Der Grund dafür war nicht Unwissenheit. Insbesondere im ersten Kriegsjahr berichtete Radio Oranje detailliert über die wirtschaftliche Lage in den Niederlanden. Kann man allen Ernstes behaupten, vom gesellschaftlichen Geschehen in den Niederlanden kaum Kenntnis gehabt zu haben, wenn man gleichzeitig über die wirtschaftlichen Umstände, über die ausgerechnet de Jong in einem eigenen Magazin schrieb, offensichtlich bis in die kleinsten Einzelheiten informiert war?

Nach zehn Monaten Krieg hieß es in Radio Oranje: »... Auch wenn wir die Informationen nicht direkt überprüfen können, sind wir doch im großen und ganzen in mancher Hinsicht recht gut unterrichtet über das, was sich zur Zeit in den besetzten Niederlanden abspielt.«[515] Im Sommer 1941 weiß man bei Radio Oranje offenbar bereits, was sich in bestimmten Konzentrationslagern in Deutschland abspielt: »...Wir wissen, was in einem dieser Konzentrationslager geschehen ist, in dem einer der Verbannten tagtäglich ein Gebet spricht und Gottes Segen herabfleht auf ein unabhängiges

Königreich der Niederlande unter dem wiedereingesetzten Hause Oranien.«[516] Im gleichen Sommer geht Radio Oranje – für den betreffenden Text zeichnete ausgerechnet de Jong verantwortlich – unter Nennung von Namen darauf ein, was man in London über die besetzten Niederlande weiß.»Vor allem über örtliche Vorkommnisse dürften Sie häufig mehr wissen, als wir von unserer Seite berichten können. Andererseits verfügen wir hier über Informationsquellen, die es uns vielfach ermöglichen werden, Sachen zu berichten, von denen Sie tatsächlich noch nicht wissen oder die zumindest vielen von Ihnen noch unbekannt sind. Was wir im Magazin ›Nachrichten aus den Niederlanden‹ berichten und erörtern werden, ist folglich nur ein Bruchteil dessen, was wir in Wirklichkeit wissen.«[517] Nach den ersten zwei, drei Monaten der Besatzung stand demjenigen, der auf dem laufenden sein wollte, eine Flut von Informationen nicht nur aus niederländischen, sondern auch aus ausländischen Quellen zur Verfügung.

Leider gab es viele, die sich nicht nach der tatsächlichen Lage erkundigten und die nicht wissen wollten, was sie ungern hörten. Diese Haltung war mitverantwortlich für die Verbreitung des Märchens, wonach man in London sehr schlecht unterrichtet gewesen sei. Hinzu kam, daß man, insbesondere im ersten Kriegsjahr, allzu sehr mit sich selbst beschäftigt war: Sowohl Königin Wilhelmina wie auch die Regierung waren bemüht, ihr angekratztes Image wieder aufzupolieren. A. van Pelt, der Leiter des Regeringsvoorlichtingsdienst (Presseamt der Regierung), schrieb dazu nach dem Krieg in einer Note an Gerbrandy:»Die Nachricht über die Abreise Herrn de Geers in die Niederlande hat in der Weltpresse, insbesondere in der englischen Presse, Aufsehen erregt, ein Aufsehen, das für unser Land alles andere als schmeichelhafte Formen annahm. In diesem Zusammenhang darf nicht vergessen werden, daß wir einen Großteil des Jahres 1940 brauchten, um die Tatsache unserer Übergabe vor der alliierten, öffentlichen Meinung glaubwürdig zu rechtfertigen und zu kompensieren durch einen neuen Eindruck, nämlich daß die Niederlande unter Aufgebot all ihrer Kräfte den Kampf fortsetzten.«[518] Interessant ist, wie van Pelt hier von »unserer Übergabe« statt von »unserer Flucht« spricht; diese Flucht hatte schließlich stattgefunden, ehe von einer Kapitulation durch General Winkelman überhaupt die Rede war.

Radio Oranje erwies sich als das ideale Medium, um Propaganda für das Haus Oranien und dessen Wiedereinsetzung zu machen. Auch heute noch mutet diese Propaganda dem Leser der Texte der Sendungen wie eine Gehirnwäsche an. Diese Propaganda war, wie sich herausstellte, notwendig. Anläßlich des Briefes eines Zuhörers aus den Niederlanden, der sich nicht mehr dazu gehalten fühlte, der Königin treu zu sein, nachdem sie ihm untreu geworden war, berichtet Radio Oranje: »Auch die Königin steht dem niederländischen Volk gegenüber unter Eid. Sie hat bei ihrer Thronbesteigung einen Eid auf die Verfassung abgelegt.«[519] Dabei hatte sie geschworen, »daß ich die Verfassung stets beachten werde«, was sie unterließ dadurch, daß sie nicht an einen Ort innerhalb des Königreiches floh und nicht »vorübergehend«, sondern auf Dauer in England blieb; »daß ich die Unabhängigkeit und das Hoheitsgebiet des Staates mit aller Macht verteidigen und wahren werde«, und tat das Gegenteil, indem sie floh; »daß ich die allgemeine und persönliche Freiheit und die Rechte aller meine Untertanen schützen werde«, während sie in London kaum Protest angemeldet hat gegen das Unrecht, das ihren Untertanen jüdischer Herkunft angetan wurde.

Es ist nicht so, daß das »alte« Radio Oranje die Juden mit keinem Wort erwähnt hätte. Nur beschränkte es sich, wie Königin Wilhelmina in ihren Ansprachen, stets auf einen Nebensatz. Einige jüdische Mitarbeiter wie etwa Meyer Sluizer haben am Vorabend jüdischer Feste, Jom Kippur und Passah, den Juden in den Niederlanden durchaus Aufmerksamkeit gewidmet. Doch bis auf eine ausführlichere Erörterung des Ariernachweises und des Februarstreiks sowie einige scharfe Reaktionen auf die Zwangssterilisation bei Mischehen und die Entlassung jüdischer Lehrer war das, was das »alte« Radio Oranje für die jüdischen Landsleute getan hatte, nicht viel mehr als ein nüchternes Feststellen, Erwähnen und »Bedauern«.

Am 29. Oktober 1940 gelangte M. van Blankenstein, der selbst jüdischer Herkunft war und für gewöhnlich die »politische Wochenschau« in Radio Oranje redaktionell betreute, zu folgendem schmerzlichen, aber realistischen Fazit:»Wir stehen jedoch erst an einem Anfang«, und:»es wird, wie zu befürchten ist, immer schlimmer werden.«Was in dieser Sendung erneut auffällt, ist nicht nur, wie genau man offensichtlich über den Ariernachweis informiert war, sondern auch, daß man alles durchaus erwartet hatte. Dafür gibt es nur eine Erklärung: das Beispiel, daß Deutschland in den dreißiger Jahren geboten hatte.[520]

Redakteur P. Kasteel kommt knapp drei Monate später in Radio Oranje noch einmal in zwei Sätzen verwundert darauf zurück.»Hat diese Besatzung etwas zu tun mit der Organisation niederländischer Beamten? Mit der Frage, ob sie jüdisch oder nichtjüdisch sind?«[521] Damit hat es sich schon, sieht man einmal davon ab, daß Radio Oranje im Herbst 1942 indirekt an den Ariernachweis erinnerte, indem es ungekürzt die Petition brachte, die die Kirchen am 24. Oktober 1940 anläßlich der Einführung des Ariernachweises an Seyß-Inquart gerichtet hatten.[522]

Am 29. März 1941 widmete Radio Oranje eine Sendung dem Februarstreik, der mehr als ein Monat zuvor in den Niederlanden stattgefunden hatte. In London wurde dieser Streik zunächst einmal gar nicht als eine allgemeine Arbeitsniederlegung wegen des Unrechts gegenüber den Juden angesehen. Radio Oranje kam zu dem Schluß:»Die Streiks waren, da es kein konkretes politisches Ziel zu verwirklichen gab, zum Scheitern verurteilt.«[523] Im Grunde war der Streik für die niederländische Exilregierung ohne großen Nachrichtenwert. Nachrichtenwert hatte die Schließung der Universitäten von Delft und Leiden, die aufgrund des dort erhobenen Protestes gegen den Ariernachweis erfolgte. Es ist de Jong, der in der Rundfunksendung jenes Tages weniger durch die Maßnahme selbst berührt erscheint als vielmehr durch die Schließung der Universitäten, Oranje-Symbole par excellence.

Ein Jahr später gedachte Radio Oranje des Februarstreiks. Drei Tage zuvor war bereits angekündigt worden, daß man diesem Ereignis eine Sondersendung widmen würde. Es wurde dies ein Sketch, das Steckenpferd des»alten« Radio Oranje. Darin wurde erklärt, daß man sich in erster Linie aufgelehnt habe,»um den Juden zu helfen«, daß aber danach, oder besser: daneben noch eine ganze Litanei anderer Gründe eine Rolle gespielt habe.»Weil unsere Kinder hungrig wurden, weil unsere Männer nicht genug zu essen hatten, weil die Lebensmittel immer teurer wurden. Weil die Nazis alles zerschlugen, was wir in unserem Land an freien Einrichtungen hatten, weil sie unsere Gewerkschaften gleichschalteten, weil sie unsere Arbeitgeberverbände auflösten. Weil sie anfingen, mit ihren Nazi-Klauen nach unseren Kindern zu greifen, weil sie unser Bildungswesen vergiften wollten, weil sie anfingen, unsere Universitäten zu schließen. Weil sie unser Geistesleben schändeten, weil sie uns die Schmach eines Ministeriums für Propaganda antaten, weil sie wußten, daß sie unseren Glauben würden zersetzen können, daß sie die Axt an unsere Kirchen legen würden. Und weil wir unsere Landesverräter, unsere NSB-Anhänger hervortreten sahen, weil wir den Märschen des schwarzbehelmten Gesindels zusehen mußten, weil wir die Verordnungen eines Goedewagen, eines van Dam, eines van Genechten, eines Rost van Tonningen über uns ergehen lassen mußten, weil im Januar und Februar 1941 wahrhaftig Gerüchte kursierten, wonach die Stelle unserer Königin von einem Anton Mussert eingenommen werden würde. Deshalb haben wir uns aufgelehnt.«[524] In einer Sendung einige Tage später hieß es dazu ergänzend:»Am Mittwoch, den 26. Februar, streikten Rotterdam, Utrecht, Zaandam, Hilversum und Haarlem. Der Rest des Landes wußte von nichts.«[525]

Damit wurde das Märchen, dem zufolge der Februarstreik eine landesweite Aktion gewesen und obendrein organisiert worden sei, »um den Juden zu helfen«, bereits ein Jahr später von Radio Oranje widerlegt. Das Vorgehen der NSB-Anhänger gegen die Juden im Amsterdamer Judenviertel bot zwar, wie bereits erwähnt, den unmittelbaren Anlaß, bildete aber lediglich ein Element eines wesentlich breiteren, allgemeineren Protestes.

Nach dem 1. November 1942 wurde der Ton bei Radio Oranje gleich wesentlich direkter.»Liebe Hörer«, so hieß es am 3. November,»aus all dem geht hervor, welche Unruhe die Maßnahmen gegen die Juden in der niederländischen Bevölkerung hervorgerufen haben, eine derartige Unruhe sogar, daß die Landesverräter im

Rundfunk immer wieder darüber sprechen oder in der Presse darüber schreiben. Sie geben sich offenbar der Hoffnung hin, daß, wenn die Juden einmal allesamt deportiert worden sind und das niederländische Volk nicht länger tagtäglich Augenzeuge der Schande des Abtransportes sein wird, auch die Empörung der Niederländer nachlassen wird.«[526]

Am 11. Dezember 1942 wurde im Magazin »Nachrichtenüberblick« folgende Nachricht gebracht. »POLEN: Die polnische Regierung in London lenkt in einer Note die Aufmerksamkeit der Welt auf das deutsche Streben, sämtliche polnischen Juden auszurotten. Von den mehr als drei Millionen Juden, die vor der deutschen Invasion in Polen lebten, ist den Angaben in dieser Note zufolge bereits eine Million umgekommen. ... Einer deutschen Forderung, hundert nach Finnland geflohene Juden auszuliefern, ist man bislang nicht nachgekommen.«[527] Fünf Monate zuvor hatten man in den Niederlanden die deutschen Juden widerstandslos als erste deportieren lassen.

Am nächsten Tag sind Redakteur und Sprecher vereint in einer Person: Lou de Jong. Es war dies nicht nur eines der wenigen Male, daß de Jong in Radio Oranje über die Juden sprach, sondern auch eine der unverblümtesten Sendungen über den Mord an den Juden. »Morgen, Sonntag, wird für die Engländer jüdischer Herkunft ein Tag der Trauer und des Fastens sein. Der britische Oberrabbiner, Dr. Hertz, richtete heute eine Rundfunkbotschaft an die Juden in Polen, in der er erklärte, aller polnischer Opfer der deutschen Tyrannei in seinen Gebeten gedenken zu wollen. Über Hitlers Plan, das gesamte Judentum auszurotten, schrieb heute die *Times*: ›Es hat auch in der Vergangenheit Pogrome gegeben. Doch ein Pogrom von dieser Größenordnung und dieser kalten, berechnenden Grausamkeit ist in der Geschichte der Verfolgungen ohne Beispiel. Das maßlose Unrecht, das Hitler den Juden und anderen zugefügt hat, offenbart das Wesen seiner Neuen Ordnung.‹«[528]

Zum gleichen Zeitpunkt waren die Deportationen von Juden aus den Niederlanden nach Deutschland und Polen bereits seit fünf Monaten in vollem Gang. In der Mittagssendung des 17. Dezember 1942 bringt Radio Oranje die »Erklärung der Alliierten Regierun-

gen zur Ausrottung der Juden«. Diese Erklärung lautet wie folgt:
»Die Regierungen Belgiens, der Tschechoslowakei, Luxemburgs, der Niederlande, Norwegens, Polens, des Vereinigten Königreiches Großbritannien und Nordirland, der Vereinigten Staaten von Nordamerika, der Union Sozialistischer Sowjetrepubliken und Jugoslawiens sowie das Französische Nationalkomitee erklären, daß ihre Aufmerksamkeit auf zahlreiche aus Europa stammende Berichte über die Behandlung von Personen jüdischer Herkunft durch die deutschen Behörden gelenkt ist. Diese Berichte besagen, daß die deutschen Behörden, sich nicht damit begnügend, Personen jüdischer Herkunft in allen Gebieten, auf die sie ihre barbarische Herrschaft ausgedehnt haben, die elementarsten Rechte abzusprechen, nunmehr das des öfteren von Hitler ausgesprochene Vorhaben in die Tat umsetzen, das jüdische Volk in Europa auszurotten. Aus allen besetzten Ländern werden Juden unter Umständen, die durch ihre entsetzliche Grausamkeit empören, nach Osteuropa gebracht. In Polen, das die Deutschen zu ihrem wichtigsten Schlachthaus gemacht haben, werden die Juden bis auf einzelne, für die Kriegsindustrie benötigte geschulte Arbeiter systematisch aus den Gettos abtransportiert, die von den deutschen Eindringlingen eingerichtet worden waren. Von denen, die abgeführt werden, wird später kein Lebenszeichen mehr vernommen. Die Kräftigsten unter ihnen werden in Arbeitslagern allmählich zu Tode geschunden. Die Schwachen läßt man den Kälte- oder Hungertod sterben oder sie werden gezielt in Massenhinrichtungen abgeschlachtet. Die Zahl der Opfer dieser blutigen Grausamkeit wird auf viele Hunderttausende vollkommen unschuldiger Männer, Frauen und Kinder geschätzt.«

Die Erklärung der Alliierten schließt wie folgt: »Die besagten Regierungen verurteilen schärfstens diese bestialische Politik kaltblütiger Ausrottung ... Sie bekräftigen aufs neue ihren festen Entschluß, gemeinsam mit den Regierungen der Verbündeten Völker zu garantieren, daß die, die für diese Verbrechen verantwortlich sind, ihrer Strafe nicht entgehen werden. Sie bekräftigen zugleich ihren Entschluß, die praktischen Maßnahmen, die zum Erreichen dieses Ziels erforderlich sind, voranzutreiben.«[529] Diese Erklärung wurde am 17. Dezember 1942 gleichzeitig in London, Washington und Moskau veröffentlicht. Im britischen Unterhaus wurde sie von Minister Eden verlesen. Doch Königin Wilhelmina hatte keinen Kommentar zu diesem schockierenden Bericht, und auch die niederländische Regierung schwieg in sieben Sprachen. Nicht so van den Broek. Er ging noch am gleichen Tag in der Abendsendung mit einem von ihm selbst verfaßten Text – »Es ist da eine Stimme des Blutes« – ausführlich darauf ein. Er hielt den Niederländern vor, die Entrechtung der Juden gewissermaßen von ihrem Wohnzimmer aus erlebt zu haben. »Doch was auch Sie nicht gesehen haben«, sagt er, »wovon auch Sie sich vielleicht nur eine vage Vorstellung machen können, das ist der Mord großen Stils, den die Träger des Nationalsozialismus in Osteuropa organisiert haben, wo Hunderttausende durch deren Zutun bereits ums Leben gekommen sind. Das hat Hitler im Wissen um die Gefühle unseres Landes bei uns nicht anzuordnen gewagt; deshalb hat er sich für die Schlachthöfe entschieden, die irgendwo in den entlegenen Winkeln der Naziwelt versteckt liegen.«[530]

Drei Tage später sorgte sich Königin Wilhelmina in einer salbungsvollen Weihnachtsansprache nicht wegen der Juden, sondern wegen der »Erhaltung des christlichen Glaubens«; Radio Oranje wiederholte diese Ansprache drei Tage später ein weiteres Mal, nicht aber die Erklärung der Alliierten.[531] Am 30. September 1942 hatte Hitler im Berliner Sportpalast eine vielsagende Rede gehalten. »Heute glauben die Juden noch, Grund zum Lachen zu haben, doch bald werden sie nicht mehr lachen.« Van den Broek zitierte diesen Satz, weil er als Betroffener Hitlers Worten Glauben schenkte.

Gab die niederländische Exilregierung, die die Erklärung der Alliierten mitunterzeichnet hatte, daraufhin gleich Richtlinien aus, wie sie dies später tat, als es um nichtjüdische niederländische Arbeiter ging, die zum Arbeitseinsatz nach Deutschland abtransportiert werden sollten? Jedenfalls nicht für Radio Oranje.

In der letzten Sendung des Jahres 1942 ist es erneut van den Broek, der in seinem Magazin »Nachrichten aus den Niederlanden« als einziger auf die Juden zurückkommt. »Sie wissen, daß Moffen [niederländischer Schimpfname für Deutsche] und NSB-Anhänger die niederländischen Juden deportieren.« Das Ammenmärchen, wonach Juden zum »Arbeitseinsatz« kommen und deshalb auch auf

267

ihre Gesundheit hin geprüft würden, tat er ab durch den Hinweis darauf, »daß im Laufe der vergangenen paar Wochen im Konzentrationslager für Juden ›Westerbork‹ in der Provinz Drente ein Mann von 76, ein Mann von 82 und ein Mann von 95 sowie eine Frau im Alter von 81 Jahren gestorben sind«. »Sogar Menschen«, so schließt van den Broek, »die bereits am Grabesrand standen, hat man offensichtlich aus ihren Häusern gezerrt, um sie in jenes Lager zu bringen.«[532]

Im ersten Monat des Jahres 1943 wird der Geburt von Prinzessin Margriet Francisca in Ottawa am 19. Januar nicht enden wollende Aufmerksamkeit geschenkt. In der Schmeichelei Königin Wilhelminas und der Propagierung des Hauses Oranien sich selbst übertreffend, verbreitet man sich in den sentimentalsten Worten über die Geburt.[533] Nicht erwähnt wird, daß zu gleicher Zeit unzählige jüdische Kinder starben, auch Babys. Wohl gab es warnende Sendungen über den »Sittenverfall der niederländischen Jugend«, eigens den todgeweihten jüdischen Kindern gewidmete Sendungen jedoch hat es nicht gegeben. Eher schon fand das Schicksal von zehn hingerichteten niederländischen Geiseln in Haarlem Beachtung. Die Zehn werden in Radio Oranje namentlich genannt und geehrt, um die Erinnerung an sie wachzuhalten.[534]

Doch am 12. Februar 1943 spricht van den Broek erneut: »Wovon ich fest überzeugt bin, ist, daß die Todesfälle in den Konzentrationslagern, die langsamen Ermordungen durch die Gestapo und andere die Fälle öffentlicher Hinrichtung noch bei weitem übertreffen.«[535]

Am 27. März 1943 wurde eine Sendung dem Attentat auf das Einwohnermeldeamt in Amsterdam gewidmet. Bei diesem Attentat war es nicht darum gegangen, den Judendeportationen Einhalt zu gebieten, sondern zu verhindern, daß der Feind Listen von niederländischen Männern für den Arbeitseinsatz in Deutschland würde zusammenstellen können; in der betreffenden Sendung in Radio Oranje kommt dies sehr deutlich zum Ausdruck.[536]

Am 9. April 1943 geht van den Broek erneut auf die Juden ein. »Was dagegen fest steht, ist, daß die Moffen ihre menschenunwürdigen Judenverfolgungen ebenfalls fortsetzen.«[537]

In einer Sendung mit dem Titel »Der Vorabend des jüdischen Passahfestes«, am 19. April 1943, zeigen sich Meyer Sluizer und Aart den Doolaard ganz davon überzeugt, daß auf die Verfolgung der Mord durch die »Mörder aus der Mitte Europas« gefolgt ist.[538] Van den Broek brachte anschließend am 24. April 1943 in seinem Magazin »Nachrichten aus den Niederlanden« eine ausführliche Berichterstattung über neue Maßnahmen gegen die Juden, die sich nun in Vught konzentrieren sollen. Des weiteren berichtet er über die Räumung der psychiatrischen Klinik Apeldoornse Bos, mit allen damit verbundenen Greueln. »Beim Erreichen der Grenze war bereits eine Reihe dieser Unglücklichen den Erstickungstod gestorben. Die übrigen wurden, wie die niederländischen Untergrundblätter melden, in Deutschland selbst durch Vergasung ums Leben gebracht.«[539]

Am 26. Mai 1943 traf Königin Wilhelmina in erster Linie zwecks geselligem Beisammensein mit der Familie in Ottawa ein. Radio Oranje ergeht sich in kniefälliger Hofberichterstattung.

Doch van den Broek blieb aufmerksam. Anläßlich der von General Christiansen den niederländischen Streitkräften verordneten Meldepflicht für demobilisierte Offiziere, Unteroffiziere und Mannschaften, die darauf abzielte, diese nachträglich in Kriegsgefangenschaft zu bringen und in Deutschland für die Kriegsindustrie arbeiten zu lassen, sagt van den Broek: »Nicht melden, alle Aufrufe mißachten, notfalls untertauchen«, und: »Königin und Vaterland erwarten, daß ein jeder seine Pflicht tut.« Nicht melden also.[540]

Am 1. Mai 1943 setzte Aart den Doolaard noch eins drauf. »Niemand meldete sich freiwillig«, schrieb und sprach er in Radio Oranje. Dabei ging es nicht um die damals noch in Massen abtransportierten Juden, sondern um die nichtjüdischen Mannschaften, die, so war man überzeugt, tatsächlich zum »Arbeitseinsatz« abgeführt werden würden. »Durch diese Arbeit«, so hieß es, »würdet ihr gezwungenermaßen die Befreiung aufschieben.«[541]

Weshalb, so könnte man sich fragen, hat man nicht die gleichzeitig abtransportierten Juden vor dem Arbeitseinsatz in Deutschland gewarnt, ihnen davon abgeraten, sich zu melden, ihnen zum Untertauchen geraten und schließlich die niederländische Bevölkerung dazu ermutigt, Gastfreiheit zu gewähren? Man wußte schließlich genau, daß die Juden in Deutschland nicht für die Kriegsindustrie arbeiten, sondern »draufgehen« würden.

Bereits im April 1943 kam es zu den ersten Razzien, bei denen niederländische Männer aufgegriffen wurden, und im Herbst 1944 sollte der Abtransport in großem Stil einsetzen. Anläßlich des Aufrufs bestimmter Rekrutenjahrgänge von Mannschaften zum Arbeitseinsatz in Deutschland brach gegen Ende des Frühlings in den besetzten Niederlanden ein Streik, der April/Maistreik, aus. Die Bevölkerung reagierte wütend, da es um die eigenen Ehemänner, Söhne, Brüder, Onkel und Großväter ging. In Hengelo und Enschede wurde die Arbeit niedergelegt.

Am 1. Juni 1943 bringt de Jong als Autor und Sprecher in Radio Oranje einen detaillierten Bericht über die Zerstörung des jüdischen Gettos in Warschau. Er beschließt seine Ausführungen voller Mitgefühl: »Anfang Mai tauchte die Luftwaffe über Warschau auf – sie kannte ihr Ziel. Spreng- und Brandbomben gingen auf das Getto nieder. Straßen gingen in Flammen auf. Die Deutschen hatten die Wasserzufuhr abgeschnitten, so daß die Flammen einen Häuserblock nach dem anderen zerstörten. Und als es still wurde, vor einigen Wochen, waren die Juden, kämpfend bis zum letzten Mann, zugrunde gegangen. Die letzte Botschaft, die sie, über die polnische Untergrundorganisation, der freien Welt hatten zukommen lassen, schloß mit folgenden Worten: ›Möge dieser heroische, verzweifelte Kampf der desperaten Kämpfer des Gettos von Warschau die gesamte freie Welt befeuern und sich erheben lassen zu den Taten der Gerechtigkeit, die diese historische Stunde gebietet.‹«[542]

Doch die Welt schwieg.

In seinem Magazin »Nachrichten aus den Niederlanden« bringt van den Broek am 11. Juni 1943 eine besonders dramatische, von ihm selbst verfaßte Meldung: »Vor einigen Wochen ist eine Verfügung ergangen, wonach sämtlichen Juden offiziell mitgeteilt wurde, daß sie die Stadt Amsterdam zu verlassen hätten, es sei denn, sie seien im Besitz eines von den Deutschen ausgestellten Freistellungsbescheides. Diese neue Verfügung scheint die Endphase der Judenverfolgungen in den Niederlanden zu signalisieren. Sie wissen, daß Amsterdam der einzige Ort war, wo sich noch Juden aufhalten durften und wo tatsächlich noch mehrere Zehntausend weilten. Alle übrigen, vermutlich knapp hunderttausend, waren bereits nach Deutschland oder Polen abtransportiert oder in Konzentrationslagern in den Niederlanden eingesperrt worden, die allerdings meist nichts anderes als eine Durchgangsstation für die Deportation nach Osteuropa waren. Nun müssen auch die Juden aus Amsterdam, bis auf die genannten Ausnahmen, fort. Sie sollten sich am 20. Mai in der Militärpolizeikaserne am Polderweg melden. Wohin sie gebracht wurden, ist hier noch nicht bekannt. So scheint allmählich der Vorhang über das tieftraurige und abscheuliche Judendrama in den Niederlanden zu fallen. Man erinnert sich wahrscheinlich noch, daß, als vor ungefähr einem Jahr die Judendeportationen in großem Stil anfingen, die Besatzer und ihre Handlanger laut jauchzend ankündigten, die Niederlande würden bis zum 1. Juni 1943 ›judenfrei‹ sein. Sie haben ihre Drohung wahrgemacht. Bis auf die einzelnen Freigestellten in Amsterdam und die übrigen, die bei menschenfreundlichen Niederländern heimlich Unterschlupf gefunden haben, befinden sich in unserem Land außer in Konzentrationslagern keine Juden mehr.«[543]

Zwei Tage danach meldet Radio Oranje:»Königin Wilhelmina lebt in Kanada in der gleichen friedlichen Atmosphäre, die Prinzessin Juliana dort vorgefunden hat. Von Zeit zu Zeit finden sich ... prominente Niederländer aus aller Welt ein. Sie sind auf der Durchreise wegen Staatsgeschäfte und besuchen die Prinzessin, um sie auf dem laufenden zu halten. Für sie bedeutet es eine große Genugtuung, nun Ihre Majestät die Königin dort anzutreffen, die sie durch ihr Interesse in ihrer Arbeit inspiriert. Daneben bleibt für die Königin genug Zeit, um sich, im Garten oder im Kinderzimmer, ihren Enkelinnen zu widmen. Die Behörden, die Bevölkerung, ja sogar die Nachbarn tragen alle dazu bei, den Aufenthalt Ihrer Majestät der Königin so ruhig und ungezwungen wie möglich zu gestalten.«[544]

In der gleichen Sendung wurde anschließend ein Protestschreiben der Kirchen an Seyß-Inquart verlesen, das sich insbesondere auf die Zwangssterilisation bei sogenannten Mischehen bezog.

Am 15. Juni 1943 besorgte van den Broek wieder einen Textbeitrag:»Warnung vor Razzien«. Auf den Tag genau kann er ankündigen, wann im Auftrag des berüchtigten Chefs der deutschen Polizei Rauter die Treibjagd auf niederländische Männer anfangen werde.⁵⁴⁵ Am nächsten Abend werden seine Warnungen wiederholt, ergänzt durch eine vom »Rotterdamer« selbst verfaßte und verlesene Ansprache: »Seid einander Führer und Hüter«. Anläßlich des Aufrufs an ganze Jahrgänge junger niederländischer Männer im Alter zwischen 18 und 20, sich zum Arbeitseinsatz zu melden, stellt er die Frage: »Ist es tatsächlich die Absicht der Deutschen, sich dieser jungen Männer als Arbeitskräfte zu bedienen? Im allgemeinen können sie aufgrund ihres Alters noch keine geschulten Arbeiter sein. Nun kann Deutschland zwar auch ungeschulte Arbeiter gebrauchen, viel mehr aber noch ... Soldaten. Kanonenfutter, das ist, woran Deutschland am meisten Bedarf hat. ... Wer freiwillig geht, weiß, was ihm widerfahren wird. Er macht die Sache zudem schwieriger für andere, die nicht gehen. Jede Durchkreuzung der Absichten des Feindes dient dem Staatsinteresse, verhindert die Schwächung unserer Volkskraft und bringt den Sieg näher. Wir sind davon überzeugt, daß kein Mittel unversucht gelassen wird, um diese Jungen den Klauen der deutschen Bestie zu entziehen.« Die Ansprache schließt mit einem Aufruf an das niederländische Volk: »Alle Niederländer, die über ausreichend Geldmittel verfügen, mehr noch, alle Niederländer, die in der Lage sind, anderen Nahrung zu verschaffen oder Unterkunft zu bieten, und alle übrigen, die etwas tun können, sie müssen die Stimme des Vaterlandes hören, die Stimme, die ihnen zuruft: ›Helft und unterstützt einander, seid einander Führer und Hüter, das Vaterland ist auf Opfer angewiesen, auch auf Ihr Opfer.‹«⁵⁴⁶

Am 17. Juni 1943 bringt »Der Rotterdamer« im Namen der Regierung eine von ihm aufgesetzte Rede mit dem Titel »Entziehen Sie sich dem deutschen Griff«. Van den Broek führt darin aus, daß man sich in London durchaus darüber im klaren sei, daß es keine leichte Aufgabe sei, sich der deutschen Kontrolle zu entziehen, und daß die Gefahr von Repressalien und Zwangsmaßnahmen groß sei.»Trotz alledem liegt es nach Dafürhalten der niederländischen Regierung im Staatsinteresse, daß das deutsche Vorhaben möglichst mißlingt. Die Abführung dieser jungen Männer stellt schließlich nicht nur

einen eklatanten Rechtsbruch dar: Sie ist viel mehr. Sie ist zugleich ein gezielter Anschlag auf unsere Volkskraft: ein neuer deutscher Versuch, unser Volk auf Jahrzehnte zu schwächen. Deshalb hat mich die Regierung ermächtigt, allen Betroffenen folgenden Rat zu geben: Entziehen Sie sich, wenn irgend möglich, dem deutschen Griff. Melden Sie sich nicht freiwillig!«[547]
Das waren klare Worte, und obendrein von der niederländischen Exilregierung sanktioniert. Im gleichen Sinn hatte sich Gerbrandy am 3. Mai 1943 geäußert: »Niemand darf mithelfen bei der Identifizierung, Fahndung, Verhaftung und Abführung jener Niederländer, auf die die Deutschen Hand zu legen versuchen.«[548]
Es ging um »Vaderlanders«, Patrioten; über die Juden ist im Juni 1943 nichts mehr zu hören. Kurze Zeit später wird lediglich in einem einzigen Satz gemeldet: »Dem Personal des Lagers Westerbork ist zum 1. Juli diesen Jahres gekündigt worden.«[549] Eingeschoben wird dafür am Tag darauf ein Nachruf auf zwölf Niederländer, die am 2. Juli wegen ihrer Beteiligung am Attentat auf das Einwohnermeldeamt in Amsterdam im März 1943 hingerichtet worden waren.[550]
Van den Broek war neben Gerbrandy der einzige, der die Deportation der ungeheuerlich hohen Zahl von Menschen erwähnt hat, die im Mai beim Jüdischen Rat aufgegriffen und fortgeschleift worden waren. »Unsere jüdischen Landsleute werden hingemordet wie Tiere. Maschinengewehre und Spitzhacken benötigten die 400 Männer der Grünen Polizei aus Den Haag, um ihre Henkersarbeit zu verrichten und ihren Auftrag, 7000 Juden zu holen, auszuführen.« Van den Broek war auch der einzige, der zumindest erwähnt hat, daß sich auch Kinder in den Konzentrationslagern befanden. »Täglich finden dort mehrere Landsleute, darunter auch Kinder, wie in Vught, unter den grausamen Peinigungen und Mißhandlungen ihrer Henker den Tod.«[551]
Die sehr hohe Sterbeziffer jüdischer Kinder im Lager Vught war damals bereits bekannt, auch in London. Trotzdem stehen die Sendungen von Radio Oranje im August und September 1943 bezogen auf die Situation in den Niederlanden selbst ganz im Zeichen des »Arbeitseinsatzes« niederländischer Männer in Deutschland.

Ab Mai 1943 machte man sich in London große Sorgen über die von Staatsbeamten geleistete Mitwirkung an deutschen Verordnungen, die »allmählich erschreckende Ausmaße annahm«. Über Radio Oranje wurde mithin bekanntgegeben, daß »unsere Regierung das gesamte Personal im Staatsdienst anweist – ich wiederhole, anweist –, diese Mitwirkung zu verweigern. Die Regierung hat sogar Weisung erteilt – ich wiederhole, Weisung erteilt –, solche Maßnahmen wo nur möglich zu verhindern oder zu hintertreiben«.[552]
Im Namen der Regierung sagte Gerbrandy am 19. Mai 1943 über die nichtjüdischen niederländischen Offiziere und Mannschaften folgendes: »Unsere Regierung ist, gestützt auf die Auffassung der besten Kenner des internationalen Rechts, der Meinung, daß die demobilisierten Angehörigen der niederländischen Streitkräfte nunmehr Zivilisten sind und als solche den Schutz genießen, den das Völkerrecht allen Bürgern vorübergehend besetzter Länder bedingungslos zuerkennt.«[553] Auch aus einer Sendung vom 29. August des gleichen Jahres geht hervor, wie es um das niederländische Bewußtsein bestellt war. »Das niederländische Volk wurde sich der ungeheuren Perversion dieses Systems erst voll und ganz bewußt, als am 15. August 1942 zum ersten Mal fünf niederländische Geiseln hingerichtet wurden als Vergeltungsmaßnahme für das Eisenbahnattentat in Rotterdam. Sie wurden kaltblütig von den Deutschen ermordet, nur weil sie Niederländer waren. Eine Welle des Entsetzens ging durch unser Volk; die Nazibestie hatte sich ihm nun in seiner ganzen Grausamkeit offenbart.«[554] Die Deportationszüge fuhren zu diesem Zeitpunkt bereits seit einem Monat in Richtung Polen.

Daß mehrfach ausgesprochene Direktiven wie etwa die Ermunterung, den deutschen Verwaltungsapparat wo nur möglich zu boykottieren, durchaus Wirkung zeitigten, wird im Sommer und Herbst 1943 deutlich. Anfang September zitiert Radio Oranje folgendes Fazit einer Untergrundzeitung: »Es ist eine sinnvolle, ja eine unentbehrliche Tat, Melderegister verschwinden zu lassen oder fachgerecht zu verstümmeln oder zu vernichten. Denn im Moment sterben wir an unserer eigenen Ordnungsliebe.«[555] Am nächsten Tag kommt man noch einmal ausführlich darauf zurück: »Ein in den Niederlanden illegal erscheinendes Blatt ging unlängst sogar so weit, von einer ›Guerilla‹ in den Niederlanden zu sprechen. Das Blatt bezog sich dabei insbesondere auf die Aktionen, die darauf abzielen, die Deportation niederländischer Arbeiter nach Deutschland zu erschweren. ... Zerstört wurden unter anderem die Kreisarbeitsämter in Den Helder, Zaandam und Hengelo; verschwunden sind die Melderegister in Soest, Apeldoorn, Sprang-Capelle, 's-Gravenmeer, Exloo, Wormerveer, Leeuwarden en Achtkarspelen. Entwendet wurden durch Einbruch die Daten der örtlichen Amtsträger in Heeze, Sleen, Zweeloo, Oosterhesselen, Naaldwijk, Zuidwolde, Hoogeveen und Westerbork. Ein Raub der Flammen wurden das Auktionsgebäude in Honselersdijk und die Lager für Rundfunkgeräte in Huizen und Lamswaarde, Zuidwolde und Wanneperveen sowie das Lebensmittellager in Zwolle. Geraubt wurden unter Waffenandrohung große Mengen Lebensmittelkarten unter anderem in Arnheim, Langweer und Doniawerstal.«[556]

Im Oktober 1943, am Jom Kippur, kommt man bei Radio Oranje auf die Lage der Juden zurück. Auch Gerbrandy erinnert in einer Rundfunkansprache am 21. Oktober an das Schicksal der Juden und insbesondere an das der Mitglieder des Jüdischen Rates.»Der jüdische Teil unseres Volkes im besonderen hat die Hand des Tyrannen mit voller Wucht auf sich herabsinken fühlen. Wieviel unser Volk als Ganzes auch zu leiden gehabt hat und weiterhin zu Leiden hat, die Schläge, die die Juden getroffen haben, waren allumfassender und vielfach grausamer. Hitlers schreckliche Prophezeiung, daß eine deutsche Niederlage zuerst die Juden treffen würde, ist dabei, sich zu bewahrheiten. ... Als es keine Deportation mehr zu organisieren gab, weil keine Opfer mehr zur Verfügung standen, traf die Mitglieder des Jüdischen Rates mitsamt aller Mitarbeiter das gleiche Schicksal. Sie befanden sich unter den letzten Fünftausend, die in der Nacht zum 29. September die traurige Reise nach Westerbork antraten.«[557]

Laut Gerbrandy war damit für die Juden der Vorhang gefallen. Doch der Vorhang war nicht gefallen, er ging im Gegenteil auf für den zweiten Akt: die Deportation von Juden, die verraten wurden.

Am 3. November 1943 wurde ausführlich über den Besuch berichtet, den Prinzessin Juliana von Ottawa aus Niederländisch-Westindien abstattete. Anschließend brachte van den Broek einen Auszug aus einer Ende September erschienenen Ausgabe der Untergrundzeitung *Het Parool* unter dem Titel »Konzentrationslager: die Nazi-Ideologie in der Praxis«, gefolgt von einem detaillierten Bericht über das Leben in einem KZ.[558]

Was bei einer näheren Betrachtung der Sendungen von Radio Oranje am meisten frappiert, ist die Erkenntnis, daß die Regierung sich im Grunde von Anfang an mit dem Lauf der Dinge, soweit es die Juden betraf, abgefunden hat. Sie ging erst auf die Barrikaden, als der Arbeitseinsatz nichtjüdischer Niederländer in den Bereich der Möglichkeiten rückte.

Die Besuche, die Prinzessin Juliana und Prinz Bernhard den Inseln über und unter dem Winde abstatteten, Flüge des Prinzen über Kriegsgebiet, die Geburtstage der Prinzessinnen in Ottawa und die ihrer Mutter und Großmutter, ja sogar der Geburtstag Wilhelms von Oranien (1533-1584) und das Jubiläum der Universität, die ebendieser Wilhelm der Stadt Leiden geschenkt hatte, waren Gegenstand gerührten Gedenkens und ausführlicher Erörterung, als handelte es sich um brisante Nachrichten. Weniger wichtig war das Schicksal der Juden, das ist der Schluß, den man aus den Sendungen von fünf Jahren täglichen Regierungsrundfunks ziehen muß. Endlos wurden von Radio Oranje die Namen getöteter Widerstandsleute aufgezählt; über die jüdischen Anonymi wird 1944 kaum mehr gesprochen. Ausgestrahlt wurden in Radio Oranje dagegen immer häufiger Gottesdienste, die durch das sogenannte »Gebet für Königin und Vaterland« eingeleitet wurden. Dessen erste Zeilen lauteten wie folgt: »Aus der Tiefe unseres Herzens rufen wir zu Dir/Allmächtiger Gott und Vater:/Segne unsere Königin/Beschütze ihr Haus/Erleuchte mit Deinem Geist unsere legitime Obrigkeit.« Ein Gebet als Propagandamittel, besser hätte man es sich nicht ausdenken können.[559]

Die Gebete für die Königin und ihr Haus wurden intensiver, je mehr 1944 die Befreiung in den Bereich der Möglichkeiten rückte.

Am 24. Februar wird Königin Wilhelmina im Gottesdienst jenes Tages sogar indirekt mit der Muttergottes verglichen, und stets eindringlicher betont Radio Oranje die Trias »Gott, Königin und Vaterland«.

Im Frühjahr und Sommer 1944 sickert hin und wieder noch eine winzige Nachricht über die Juden durch. Über die Gaskammern wußte man damals bereits Bescheid, wie aus einer Sendung vom 23. Juli 1944 hervorgeht. »Und wir denken an die jüdischen Männer, an die Frauen und Kinder, die die Nazis auf der Straße aufgegriffen und aus ihren Häusern gezerrt und zusammengepfercht und verschmutzt in Viehwaggons zu den Massengräbern in Osteuropa verschleppt haben, nachdem sie sie zuvor bestohlen hatten; wir denken an die polnischen Gettos, die sie niedergebrannt haben, an die Gaskammern und andere teuflische Erfindungen, die den Massenmord an Millionen zum Bilde Gottes geschaffener Geschöpfe ermöglichen sollten.«[560]

Ab August 1944, als die alliierten Truppen sich allmählich den Niederlanden näherten, richtete sich das Augenmerk der Sendungen nunmehr ganz auf die Nachkriegssituation. »*Vrij Nederland* und *Het Parool*«, so heißt es in Radio Oranje, »erkennen Königin Wilhelmina als das Staatsoberhaupt der Niederlande an und bitten jeden Niederländer um bedingungslose Unterwerfung unter die gesetzliche Gewalt der heimkehrenden Regierung Ihrer Majestät.«[561]

Doch am 13. August 1944 bringt Aart den Doolard in Radio Oranje einen seiner erschütterndsten Texte, eine Bearbeitung eines Artikels aus der Feder des russischen Schriftstellers Ilja Ehrenburg. »Ich besuchte einen kleinen Ort namens Bolschoi Trostjanez. In Bolschoi Trostjanez bei Minsk hatten die Deutschen eine ihrer Leichenfabriken. Dort töteten sie sowjetische Kriegsgefangene und weißrussische Zivilisten, Juden aus Wien, aus Paris, aus den Niederlanden, aus Belgien. Zur Tötung wurden Gaswagen verwendet. In letzter Zeit hatten die Deutschen das Modell verbessert. Sie hatten einen Kipplader daraus gemacht: ein Knopfdruck und die Leichen der Erstickten rollten heraus. In anderen Leichenfabriken wurden die Opfer in Badehäuser geführt, um gewaschen und desinfiziert zu werden, ehe sie, wie es hieß, an die Arbeit gehen würden. Die Frauen wurden kahlgeschoren; das Frauenhaar wurde sorgfältig gesammelt für die deutschen Textilfabrikanten. Dann kam das Gas, und durch Luken im Fußboden rutschen die Leichen gleich hinunter in einen Verbrennungsofen. Die Deutschen erklärten voller Stolz, daß dieses Badehaus mit Krematorium eine Tageskapazität von 2000 Menschen hatte. Ich weiß. Die Deutschen werden sagen, daß es sich hier lediglich um einzelne Verbrecher handle. Doch vor mir liegt ein Bericht eines gewissen Hauptmann Sauer. Er erteilt seinen Untergebenen den Befehl, in Minsk fünfzehntausend Menschen mit Hilfe von Dienstpickeln und Diensthunden zu töten. Und wenn wir einmal in Berlin sind, werden wir uns an sie erinnern, an die, die die Befehle gaben, und an die, die sie ausführten.«[562]

Unmittelbar vor und nach der Befreiung des Südens der Niederlande machte man sich über alles mögliche Gedanken: über die Razzien zur Aufspürung arbeitseinsatzfähiger Männer im noch nicht befreiten Teil der Niederlande, über den Anteil, den die Vertreter des Widerstands an der neuen Regierung der befreiten Niederlande haben sollten, und über die Säuberung von NSB-Anhängern und anderen Kollaborateuren.

Im Winter und Frühjahr 1945 kamen über Radio Oranje auch knappe Meldungen über die Lager Auschwitz, Dachau, Celle und Bergen-Belsen durch. In der Sendung vom 15. April 1945 wird die Lage in Westerbork kurz angetippt.»Schließlich noch eine weitere Meldung aus dem Osten unseres Landes. Als die Kanadier das Lager bei Westerbork befreiten, wurden dort mehr als tausend niederländische und deutsche Juden angetroffen. Ihr Zustand ist befriedigend.«[563]

IX
Polizei, Eisenbahn und das Lager Westerbork

»Alle Wege führen über Westerbork«, soll Aus der Fünten einmal zu einer Reihe jüdischer Männer gesagt haben, die gerade in den Überfallwagen geschubst wurden.[564] In der Tat: Der Weg führte »über Westerbork«, nicht »nach Westerbork«. Das Polizeiliche Durchgangslager Westerbork, wie das Lager offiziell genannt wurde, war nicht Endstation, sondern ein vorübergehender Aufenthaltsort, wo für hunderttausend Juden aus den Niederlanden das Ende seinen Anfang nehmen sollte.

Obgleich im Lager gearbeitet wurde, war es im wesentlichen ein Auffangbecken, das je nach der Kapazität der Konzentrations- und Vernichtungslager in Deutschland und Polen mal weniger, mal mehr Menschen enthielt. Folgende Zahlen vermitteln ein genaueres Bild: Am 10. Mai 1940 hielten sich siebenhundertfünfzig Personen im Lager auf, am 15. Juli 1942, dem Tag, an dem die Deportationen begannen, befanden sich fünfzehnhundert Juden in Westerbork, am 3. Oktober 1942 waren es vierzehntausend, und es gab sogar einen Zeitpunkt, zu dem sich siebzehntausend Juden dort aufhielten.

Nach dem September 1943, als die Großrazzien aufgehört hatten, wurde Westerbork vor allem ein Auffanglager für untergetauchte Juden, die verraten worden waren. Die auf ein Minimum reduzierte Lagerverwaltung sorgte dafür, daß sie in den Osten weitergeschickt wurden.

Zum 1. Januar 1944 war die Zahl der Transporte auf einen Transport im Monat reduziert worden, und nach dem 1. April 1944 verringerte sie sich weiter auf einen Transport im Vierteljahr. Es kam immer seltener zu Fällen von Verrat, zum Teil weil die Exilregierung weiterhin strenge Sanktionen verhängte – auch wenn sich diese auf den Verrat niederländischer Männer bezogen, die sich dem Arbeitseinsatz entzogen – und zum Teil weil die Befreiung und damit auch die Abrechnung näher rückte. Im September 1944 fand der letzte Transport statt, unter anderem mit der von einem Niederländer verratenen Anne Frank und ihrer Familie. Das Potential war ausgeschöpft. Die Deutschen hielten es aus wirtschaftlicher Sicht offensichtlich für nicht vertretbar, eine Lokomotive für lediglich einige Waggons von Westerbork nach Auschwitz fahren zu lassen, eine Fahrt, die im allgemeinen zwei, mitunter drei Tage dauerte. In Westerbork blieben rund tausend Juden zurück. Sie sollten im Frühjahr 1945 befreit werden.

Wie kamen die Juden – die meisten von ihnen aus Amsterdam – in diesen entlegenen Winkel der Niederlande? Dies kann unmöglich ausschließlich das Werk der Deutschen gewesen sein. Es brauchte schon etwas mehr, um viele Tausende von Menschen aus ihren Wohnungen zu holen, zusammenzutreiben, in Eisenbahnwaggons zu pferchen und in den Nordosten des Landes abzutransportieren. Dies erforderte aktive Mitwirkung von niederländischer Seite. Nachdem die passive Mitwirkung der höheren Beamten den Weg bereitet hatte, bedurfte es der aktiven Mitwirkung der niederländischen Polizei, um die Leute aufzugreifen, und der niederländischen Bahn, um die Leute nach Westerbork zu transportieren. Sowohl ein Teil der niederländischen Polizei wie auch die Niederländischen Eisenbahnen haben ohne großen Protest diese Mitwirkung geleistet.

In seiner Rundfunkansprache vom 20. Mai 1940 hatte der damalige Premierminister D.J. de Geer von London aus dem niederländischen Volk folgendes vorgehalten: »Während die Regierung beabsichtigt, ihre Pflicht zu tun, ... hofft sie, daß andere Verwaltungsinstanzen in den Niederlanden ihre Pflicht nicht vernachlässigen werden. Ihre Pflicht besteht derzeit darin, nach Möglichkeit mit den deutschen Autoritäten zusammenzuarbeiten und dadurch der Bevölkerung so viel wie möglich zu helfen. Auf der anderen Seite hat die Bevölkerung die Pflicht, den Behörden dadurch zu helfen, daß sie sich ruhig und geordnet verhält und jede Handlung unterläßt, durch die die normalen Verhältnisse gestört werden.«[565]

Anläßlich der Einführung des Ariernachweises wurde diese Richtlinie de Geers am 6. November 1940 von einem Redakteur des Senders Radio Oranje, J. H. Boas, im Zuge einer Ausführung über die »Rechte und Pflichten des Besatzers nach dem international geltenden Recht«, der die Aufforderung »Unterlassen Sie jede Annäherung an den Besatzer« vorangestellt war, wesentlich relativiert. Mit Blick auf diesen Besatzer schreibt Boas: »Es gibt zahlreiche Dinge, die er nicht von der Bevölkerung verlangen darf. ... Er darf keine Bürger bestrafen wegen der Gesinnung, die sie, vor der Besatzung, seinem Land gegenüber an den Tag gelegt haben. Er darf sie nicht verfolgen aufgrund ihrer Zugehörigkeit zu einer bestimmten politischen Partei, einer bestimmten Rasse, einer bestimmten Glaubensgemeinschaft, auch dann nicht, wenn eine solche Rasse, eine solche Partei oder eine solche Gemeinschaft in seinem eigenen Land nicht geduldet wird.« Boas macht die besiegte Bevölkerung auf folgendes aufmerksam: »Ihre Mitwirkung und ihr Gehorsam dürfen folglich, soweit sie freiwillig an den Tag gelegt werden, zu keinem Zeitpunkt weiter gehen als unbedingt notwendig und müssen auf das Interesse der eigenen Gemeinschaft, nicht auf das des Feindes gerichtet sein.« Falls der Besatzer zu Handlungen anstiftet, die als solche unzulässig sind, tut laut Boas »der Niederländer, der bewußt, und sei es nur passiv, daran mitwirkt, ... etwas, das er nicht mit seinem nationalen Gewissen vereinbaren kann und das tatsächlich Landesverrat nahekommt«.[566]

Zwei Jahre später bekräftigte der Leiter des Presseamtes der Regierung, A. van Pelt, in Radio Oranje noch einmal: »Was nicht zulässig ist, was ein Verbrechen an Fürstin und Vaterland darstellt, ist, wenn ein Beamter oder ein Bürgermeister aus Angst vor Repressalien oder mit der Entschuldigung ›Um Schlimmeres zu verhindern‹ an der Umsetzung von Maßnahmen mitwirkt, von denen er und wir alle wissen, daß sie dem Interesse von Heimat und Volk unmittelbar zuwiderlaufen. Den Beamten ist nicht gestattet, mitzuwirken an Maßnahmen zur Nazifizierung der Schulen, zur Mißhandlung der Juden, zum zwangsweisen Arbeitseinsatz von Arbeitern in Deutschland und so vielen anderen Maßnahmen, bei denen kein Zweifel daran bestehen kann, daß sie lediglich dem Feind dienen und unserer Sache schaden.«[567] Van Pelt spricht nach vier Monaten Deportationen von »Mißhandlung der Juden«. Weshalb wählte er keine schärfere Formulierung, wie etwa folgende: »Wer in welcher Form auch immer an der Deportation von jüdischen Landsleuten mitwirkt, ist ein Landesverräter"? Weil in London die Judenverfolgung etwas war, »was noch hinzukam«, und das sollte so bleiben.

Van Pelt, nach drei Monaten Krieg offenbar bestens informiert – »wenn man sich so umhört, was in den Niederlanden im Augenblick vor sich geht« –, stellte am 24. August 1940 fest, daß sich innerhalb der niederländischen Bevölkerung drei unterschiedliche Haltungen gegenüber dem Besatzer beobachten ließen. Da waren die »Anpasser«, die »Opportunisten« und die »Kollaborateure«. Die größte Gruppe bildeten die »Anpasser«, die große Masse, die sich notgedrungen fügte und sich, so gut es ging, der neuen Situation anpaßte. Die »Opportunisten«, eine wesentlich kleinere Gruppe, waren der Ansicht, daß man zum eigenen Besten oder unter dem Motto »Um Schlimmeres zu verhindern« zu retten versuchen sollte, was es zu retten gab. Es war dies die Politik des »schwankenden Bodens«, beispielhaft vertreten etwa durch die Vorsitzenden des Jüdischen Rates, zahlreiche Richter des Obersten Gerichtshofes, eine Reihe von Staatssekretären, Polizeibeamte und Beamte der Niederländischen Eisenbahnen. Die dritte und weitaus kleinste Gruppe bestand aus Kollaborateuren. Einerseits waren dies Anhänger des Naziregimes, die überzeugten NSB-Anhänger, andererseits Leute, die, ob Mitglied der NSB oder nicht, aus purer Berechnung nicht nur mit dem Besatzer zusammenarbeiteten, sondern auch aktiv dazu beitrugen, die »Neue Ordnung« der Deutschen zu festigen und alle möglichen Bereiche des öffentlichen Lebens in den Niederlanden in die Hand der Deutschen zu geben.

Nahm die erste Gruppe eine passive Haltung ein, so hat die zweite in naivem Vertrauen auf die Richtigkeit der eigenen Politik, die zu widerrufen immer schwieriger wurde, Bereitschaft zur Zusammenarbeit erkennen lassen, sei es auch häufig unter Protest. Die letzte Gruppe war bereit, jeder Anordnung blindlings Folge zu leisten.[568] Dennoch war es nicht nur diese kleine Gruppe von Kollaborateuren, die sich an der Vernichtung des niederländischen Judentums beteiligt hat. Auch die Opportunisten haben dazu ihren Anteil beigetragen, denn die höheren Beamten waren es, die die Maßnahmen mitunterschrieben oder gebilligt und deren Umsetzung zugelassen haben. Dies erkannte man durchaus auch in London. »Sie, Beamte«, so hieß es in Radio Oranje, »in welcher behördlichen Stellung auch immer, Sie wurden zurückgelassen, um Ihrem Volk ein Schild zu sein.« Diese Worte aus dem Munde einer Regierung, die nicht »zurückgelassen«, sondern im Stich gelassen hatte, dürften zumal im November 1940 keinen allzu starken Eindruck gemacht haben. Das, was später folgte, vielleicht schon: »Nein, es geht nicht darum, ob Sie Ihr Verhalten noch nicht rechtfertigen können. Es geht darum, ob Sie wirklich alles, aber auch alles in Ihrer Macht Stehende getan haben, um Ihre Landsleute zu schützen, zu schützen vor Hunger, vor der Verschleppung in Rüstungsfabriken, vor der Deportation, vor der Beraubung von Hab und Gut und vor der Beraubung des Lebens. ... Mit Sichfügen unter Protest ist dem Ihnen anvertrauten Volk oder Teil der Gemeinschaft nicht immer gedient; es ist die Frage, ob Sichfügen tatsächlich unumgänglich war. Falls nicht, so war der Protest lediglich Bemäntelung tatsächlicher Unterstützung des Feindes.«[569]

Harte Worte von einem soeben »erneuerten« Radio Oranje, die ebensosehr den höheren Beamten der niederländischen Polizei und denen der Niederländischen Eisenbahnen galten.

In seiner Verordnung vom 29. Mai 1940, Absatz 5, legte Seyß-Inquart fest, welche Stellung die Polizei einnehmen und welche Rolle ihr unter der Besatzung zugewiesen werden würde. »Mit der Wahrung der öffentlichen Ruhe, Ordnung und Sicherheit wird, sofern sich der Reichskommissar zur Umsetzung seiner Verordnungen nicht deutscher SS- und Polizeitruppen bedient, die niederländische Polizei beauftragt. Die niederländische Polizei steht unter Aufsicht der deutschen Polizei und ist an deren Anweisungen gebunden.«[570]

So formuliert, schien es alles halb so schlimm, doch nach einigen Monaten Besatzung stellte sich allmählich heraus, daß die »loyale« Zusammenarbeit mit dem Besatzer auch bedeutete, gegen das eigene

Volk vorgehen zu müssen. Dies geschah zum Beispiel am 31. August 1940, dem »Koninginnedag«, und ebenso, als man im gleichen Monat gezwungen wurde, abgestürzte alliierte Piloten zu verhaften und an die Deutschen auszuliefern, was sogar gegen das Völkerrecht verstieß. Durch die Ablösung von leitenden Beamten, die nach dem Geschmack des Besatzers nicht willfährig genug waren, und durch eine umfassende Umstrukturierung des Polizeiapparates im Jahre 1943 wurde die niederländische Polizei zu einem Werkzeug in deutschen Händen. Zum Abschluß der oben zitierten Verordnung hieß es, die Ermittlung und Bekämpfung jeglicher »reichs- und deutschfeindlicher« Handlungen sei Sache der deutschen Polizei. Die tatsächliche Praxis jedoch war die, daß die niederländische Polizei nach und nach auch dazu hinzugezogen wurde.

Nicht rechtfertigen läßt sich, daß es dabei sogar so weit kam, daß man die Familien untergetauchter Kollegen verhaftete, um sie als Geiseln ins Lager Vught, das einzige Konzentrationslager in den Niederlanden, zu bringen. Nicht rechtfertigen läßt sich, daß ein Teil der Polizei bei Verhaftungen, beim Abholen von Juden aus ihren Häusern sowie bei Razzien Hand- und Spanndienste geleistet hat.

Das Gehalt eines Polizisten war karg. Doch es waren nicht nur jene Polizisten, die auf eine Gehaltserhöhung oder Beförderung schielten, die sich der üblen Praktiken gegenüber den Juden schuldig gemacht haben. Es waren dies auch die jungen Polizisten, die ab Ende 1942 unter deutscher Führung in der berüchtigten Kaserne von Schalkhaar sowie in der Tulp-Kaserne in Amsterdam eine rein militärische Ausbildung erhalten hatten.

Selbstverständlich gab es bei der Polizei auch zahlreiche Fälle von individuellem Widerstand. Dieser Widerstand war um so couragierter, als man seinen Kollegen niemals vertrauen konnte, und um so schwieriger, weil er gegen die erste Berufspflicht eines Polizisten – auch gegen seinen Willen zu gehorchen und Befehlen ohne Ausnahme Folge zu leisten – verstieß.

Am Anfang beschränkte sich der Widerstand im wesentlichen auf Sabotageakte. In dem Maße jedoch, wie sich der Widerstand in den Niederlanden nach dem April/Maistreik verstärkte, kam es immer häufiger zu Fällen von Zusammenarbeit zwischen Polizei und Widerstand. Gleichwohl zogen die Autoren des Buches *De zwarte politie: 1940-1945* (Die schwarze Polizei: 1940-1945) das Fazit, daß »der Arm des Gesetzes von 1940-1945 eine schmutzige Hand zurückbehalten« habe.[571]

Diese Hand zählte allerdings bereits vor dem Krieg einige »schmutzige« Finger. Auch bei der Polizei war man Deutschland gegenüber keineswegs so neutral, wie man dies vielleicht vorgab. Bereits in den dreißiger Jahren hatte der Grenzschutz mit 1600 Mann die Grenze bewacht, um die verzweifelten deutschen Flüchtlinge an der Einreise zu hindern. Die Fremdenpolizei tat das gleiche, und die Militärpolizei war in diesem Zusammenhang dabei behilflich, die aus Deutschland kommenden Züge streng zu kontrollieren – dies alles um der »Neutralität« gegenüber Deutschland willen.

Als ab März 1943 für niederländische Männer der Arbeitseinsatz in den Bereich des Möglichen rückte, konnte die Exilregierung gar nicht genug betonen, daß die aufgerufenen Truppenteile lediglich als Kanonenfutter dienen und daß die Arbeiter, wenn sie dem Aufruf zur Arbeit in Deutschland Folge leisteten, der Kriegsindustrie helfen würden. Dabei übersah ebendiese Regierung, daß, wer dem Aufruf nicht Folge leistete, untertauchen mußte und obendrein im Falle seiner Entdeckung schwer bestraft werden würde. Die Exilregierung hatte offenbar ebenfalls vergessen, daß bereits vor dem Krieg Zehntausende von arbeitslosen niederländischen Arbeitern nach Deutschland gezogen waren und dort beim Aufbau der Kriegsindustrie geholfen hatten, zunächst aus freien Stücken, später von der Regierung verpflichtet. Männern ohne Familie oder Ehefrau, die dem nicht nachkommen wollten, wurde die Arbeitslosenunterstützung gestrichen. Sie waren »eine Art Zwangsarbeiter der eigenen Regierung«, wie die Autoren von *De zwarte politie: 1940-1945* die Situation darstellten.

Bereits vor dem Krieg war in den höheren Rängen der Polizeibeamtenschaft von einer geheimen Mitgliedschaft der NSB, der für Beamte verbotenen Partei, die Rede.[572] Der Durchschnittspolizist jedoch war politisch gesehen vor allem naiv, höchst obrigkeitstreu und in seinem Denken eher rechts als neutral einzustufen.

Der einfache Polizist hatte es unter der Besatzung nicht leicht. Als »Kollege« bekam er es mit der WA, der »Wehrabteilung« der NSB, mit der deutschen Wehrmacht, mit der SS, mit der Sicherheitspolizei und mit der sogenannten »Grünen Polizei« zu tun.

Von seinen Vorgesetzten kam keinerlei Ermutigung, bestimmte Verordnungen zu sabotieren, geschweige denn, sich dagegen aufzulehnen. Die Leitung der Polizei gab die Befehle weiter, und damit basta. Sie erhielt diese Befehle von Seyß-Inquart über die Staatssekretäre K.J. Frederiks vom Innen- und J.C. Tenkink vom Justizministerium.

Tenkink trat, nicht aus grundsätzlichen Erwägungen, sondern wegen eines internen Konfliktes nach dem Februarstreik, im März 1941 von seinem Posten zurück. In dem knappen Jahr seiner Amtszeit hatte er eine Reihe von Schritten unternommen, wodurch Widerstand der Polizisten entmutigt oder erschwert wurde. Er verpflichtete die Polizeibeamten bereits im Mai 1940 dazu, die deutschen Offiziere, auch die, die der SS angehörten, zu grüßen. Im Juni 1940 verpflichtete er die Polizei ferner dazu, der Sicherheitspolizei, dem deutschen polizeilichen Nachrichtendienst, Einsicht in die internen Polizeiakten zu gewähren. Er verpflichtete die Polizei, Aufträge, die ohne niederländische Mittelsperson von der deutschen Polizei oder vom Militär stammten, bedingungslos auszuführen. Er ließ die Polizei abgestürzte alliierte Piloten verhaften, und als dies nicht zu befriedigenden Ergebnissen führte, stiftete er das niederländische Volk mittels »het tientje van Tenkink« [Tenkinks Zehnguldenschein: zehn Gulden je Pilot] an, die Unglücklichen anzuzeigen.

K.J. Frederiks blieb bis zuletzt, bis September 1944, als Staatssekretär im Amt. Als der Süden der Niederlande befreit wurde, tauchte er sofort unter. Bereits im September 1940 hatten Frederiks und Tenkink vereinbart, daß jeder Niederländer über fünfzehn Jahre im Besitz eines Personalausweises sein sollte – dies zur Vorbereitung auf die bevorstehende Einführung des Ariernachweises. Die niederländische Polizei erhielt die Aufgabe, gefälschte Personalausweise ausfindig zu machen und deren Inhaber anzuzeigen.

Sich der Willfährigkeit der Staatssekretäre und der eigenen Polizeispitze entgegenzustellen war äußerst schwer. Es bildete sich jedoch ein Gegengewicht heraus: die Kirche. Daniel Goldhagen vertritt in seinem Buch *Hitlers willige Vollstrecker* die Auffassung, daß der tief eingewurzelte Antisemitismus in Deutschland – übrigens ohne den tief eingewurzelten Antisemitismus etwa in Rußland, Polen oder Frankreich davon abzuheben – für die ungezählten gegen die Juden gerichteten Gewalttaten des deutschen Volkes verantwortlich gewesen sei. Das mag stimmen, ein wichtiger Faktor jedoch war sicherlich auch der Wegfall etablierter Institutionen wie der Kirchen, die eine gesellschaftliche Kontrollfunktion ausüben und Normen und Werte hochhalten. Nachdem die Stimme der unabhängigen Kirchen in Deutschland allmählich verstummte, war der Weg frei für das Heidentum des Nationalsozialismus und den moralischen Verfall der deutschen Gesellschaft insgesamt.

In den Niederlanden war die Kirche eine gesellschaftliche Instanz, die mit gutem Beispiel voranging. Die Kirche warnte, protestierte, war aufmerksam und blieb aufmerksam. In den Gotteshäusern wurden die Leute nicht ermutigt, moralische Grenzen zu ignorieren, um angeblich »Schlimmeres zu verhindern«, sie wurden angespornt, gar nicht mitzuwirken und »sich an das Gute zu halten«.

Daß dieses gute Beispiel durchaus Früchte trug, beweisen jene Angehörigen des Polizeikorps, die sich weigerten, weiterhin die inhumane Arbeit zu verrichten, und sich dem Widerstand anschlossen. Unter ihnen waren viele Gläubige. Die Kirchen, insbesondere die reformierten, die Rassendiskriminierung und Antisemitismus grundsätzlich ablehnten, waren für das Gewissen des gläubigen Polizisten gerade deshalb so wichtig, weil vor dem April/Maistreik 1943 die Wahrheit über die Judenverfolgungen, die in der Untergrundpresse zu lesen war, bei Polizisten kaum Gehör fand. Die Leute von der Untergrundpresse, die wenigen wirklichen Helden des Widerstands, galten manch einem Gesetzeshüter als »dreckige Kommunisten«, denen man sich zu verschließen hatte.

Doch auch die Realitäten des Alltags waren durchaus eine Warnung. Berüchtigt wurden im Zusammenhang mit den Judenverfolgungen die Truppen des aus rund vierhundert Mann bestehenden Polizeibataillons Amsterdam (PBA). Bereits im November 1941 lei-

stete dieses Bataillon Mithilfe bei der Schließung von Geschäften, die Juden gehörten, und ab September 1942 half es beim Aufgreifen von Juden. Der deutsche Polizeichef Rauter berichtete Himmler über das PBA: »Sie machen sich in der Judenfrage ausgezeichnet und verhaften Tag und Nacht zu Hunderten die Juden.«[573]
Die durch ihre brutale Ausbildung abgestumpften jungen Polizisten haben Tausende von Juden abgeführt, darunter zahlreiche Kinder. Im Juni 1943 wurde ihre Aufgabe von der freiwilligen Hilfspolizei übernommen, und eine Reihe von Angehörigen des PBA wurde im Juni 1944 nach Westerbork versetzt, um dort als Lagerwachen zu dienen. Sie waren auch beim niederländischen Volk während des Krieges derart schlecht angeschrieben, daß an eine weitere Präsenz im öffentlichen Leben nicht mehr zu denken war.[574]

A.J.C. Rüter beginnt das »Vorwort« seines Buches *Rijden en staken* (Fahren und streiken) über die Niederländischen Eisenbahnen während des Krieges mit folgenden Sätzen: »Der Auftrag, den ich im September 1946 vom Rijksinstituut voor Oorlogsdocumentatie annahm, deckt sich nicht mit der Konzeption des vorliegenden Bandes: Das Direktorium hatte mich ja gebeten, die Geschichte des Eisenbahnerstreiks 1944-1945 zu schreiben. Anfangs peilte ich tatsächlich dieses Ziel an in der Erwartung, das Epos eines großen Aktes des Widerstandes seitens der Niederländischen Eisenbahnen schreiben zu werden. Im Zuge des Materialsammelns und -studiums wurde mir jedoch klar, daß das wahre Epos des Streiks nur geschrieben werden konnte, wenn ich mit einem Mythos aufräumte.«[575]

Daß man am Mythos von der mutigen Haltung der Eisenbahner während der Kriegszeit auch nach dem Krieg kategorisch festhalten wollte, zeigt die Reaktion des Vorstandsvorsitzenden der Niederländischen Eisenbahnen, F.Q. den Hollander, als er das endgültige Manuskript von Rüter zur Einsichtnahme erhielt. In einer Reihe von Noten äußerte er Bedenken, so daß das Direktorium des Rijksinstituut voor Oorlogsdocumentatie in seinem Jahresbericht 1958 schrieb: »Unserem Kollegium und dem Leidener Professor für Niederländische Geschichte wurde genau vorgeschrieben, wie die Schlußfolgerungen zu lauten hatten.«[576] Obgleich Rüter sein Buch bereits 1955 abgeschlossen hatte, konnte es erst 1960 erscheinen, da der Staatssekretär im Ministerium für Unterricht, Kunst und Wissenschaften zunächst nicht bereit war, seine Zustimmung zu erteilen.

Selbstverständlich erklärte sich die Führung der Niederländischen Eisenbahnen zu jeder Mitwirkung bereit, als Rüter den Auftrag erhielt, ein Buch über den nach dem Krieg wie kein anderes Ereignis als Akt des Widerstandes gefeierten Eisenbahnerstreik zu schreiben, der vom 17. September 1944 bis zur Befreiung der gesamten Niederlande dauerte. Als Rüters Buch schließlich jedoch nicht nur die Bedeutung des Streiks relativierte, sondern zudem, wie sich herausstellte, auch eine Vorgeschichte präsentierte, die alles andere als heldenhaft und sogar äußerst beschämend war, wurden die Änderungswünsche laut.

Der Eisenbahnerstreik darf nicht ablenken von der mehr als loyalen Mitwirkung der Bahn nicht nur beim Abtransport niederländischer Arbeiter nach Deutschland, sondern auch bei der Überführung nahezu des gesamten Judentums in den Niederlanden ins Lager Westerbork.

Am 1. Januar 1940 waren bei den Niederländischen Eisenbahnen 32722 Menschen angestellt. Der Bahnbetrieb war in den Jahren 1931 bis 1942 bezuschußt worden, 1942 konnte zum ersten Mal seit elf Jahren ohne Verlust abgeschlossen werden.[577] Obgleich die Gehälter nicht hoch waren, waren die Mitarbeiter der Niederländischen Eisenbahnen gleichwohl motiviert. Im Räderwerk der Bahn funktionierte jeder einzelne als unentbehrliches Rädchen. Was eine feste Anstellung bei der Bahn zudem reizvoll machte, waren die guten Arbeitsbedingungen und die Sozialleistungen. Bei der Bahn konnte man sich geborgen fühlen, auch wenn das Gehalt tatsächlich nicht großzügig bemessen war.

Nach der Kapitulation vom 15. Mai 1940 einigte sich die Führung der Niederländischen Eisenbahnen mit dem deutschen Transportkommandanten, Major Badendieck, darauf, die Arbeit wieder aufzunehmen. Am 20. Mai wurde dem Bahnpersonal mitgeteilt: »Wir bieten in loyaler Zusammenarbeit mit den deutschen Autoritäten unsere ganze Kraft auf, um den Betrieb auf dem gesamten Netz der Niederländischen Eisenbahnen möglichst bald wieder zum Funktionieren zu bringen.«[578]

Als Ergebnis der Verhandlungen mit den Deutschen über die Fortsetzung des Betriebes unter den neuen Umständen wurde vereinbart, daß die Niederländischen Eisenbahnen ein niederländisches Unternehmen blieben mit einer niederländischen Direktion, die für die Gesamtleitung verantwortlich war. Dafür sollten die Deutschen die Aufsicht führen, während die Niederländischen Eisenbahnen wiederum auch den Transport für die Deutschen organisieren sollten. Im Grunde bedeutete dies, daß den Deutschen Verfügungsgewalt eingeräumt wurde, ohne daß sie Arbeitskräfte zur Verfügung stellen mußten.

Die Niederländischen Eisenbahnen fielen in den Zuständigkeitsbereich des Verkehrsministeriums, wo Staatssekretär Spitsen das Sagen hatte. Bis zum 13. August 1943, als Spitsen seinen Hut nahm, bestand zwischen der Direktion der Niederländischen Eisenbahnen und den Staatssekretären jederzeit Einvernehmen über die zu verfolgende Politik. Die Staatssekretäre, vor allem Hirschfeld, der für die gesamte Wirtschaft der Niederlände zuständig war, machten sich mehr Sorgen über den reibungslosen Ablauf des Transports von Lebensmitteln und Steinkohle als über die Forderungen, die die Deutschen im Zusammenhang mit ihren Transportbedürfnissen stellten. Diese Forderungen beinhalteten ab Mitte Juli 1942 unter anderem, daß die Niederländischen Eisenbahnen die Juden in großer Zahl nach Westerbork transportieren sollten.

Die Niederländischen Eisenbahnen kamen im Grunde unter die Vormundschaft dreier deutschen Instanzen, einer bahntechnischen, einer militärischen und einer politischen Instanz. So wie Premierminister Gerbrandy der Befreiung des Vaterlandes Vorrang einräumte vor Widerstand gegen die Judenverfolgungen in den Niederlanden, so räumte Generaldirektor Hupkes dem Erhalt des niederländischen Personals und der »Reinheit« des Betriebs allerhöchste Priorität ein. Das hieß: keine NSB-Mitglieder bei der Bahn, wohl aber die Menschen, die unter anderem von diesen NSB-Anhängern gehetzt und aufgegriffen worden waren, in Lager wie Westerbork, Vught, Amersfoort oder Ommen zu bringen.

Rüter, der, wie aus seinen Schlußworten hervorgeht, viel Respekt vor Hupkes hat, bezeichnet dessen Einstellung als »Kompromißpolitik«. Man könnte sie mit gleichem Recht als die Politik eines Opportunisten bezeichnen, der aus Unternehmenserwägungen in erheblichem Maße kollaboriert hat, mit allen daraus sich ergebenden Folgen.»Damit lag die Politik der Niederländischen Eisenbahnen fest: Sie war Unternehmenstaktik im engeren Sinn, doch eine Unternehmenspolitik eines lebenswichtigen niederländischen Unternehmens. Es war nicht gerade herzerhebend, zuzusehen, wie die Niederländischen Eisenbahnen die Transporte deutscher Truppen, Geschütze und Panzer versorgten, wie sie niederländische Arbeiter, Juden, politische Gefangene und Kriegsgefangene abtransportierten, wie sie ein Werkzeug bei der Ausplünderung des eigenen Landes und bei der Eingliederung dieses Landes in die deutsche Kriegswirtschaft waren.«[579] Was für die Staatssekretäre galt, und zwar vor allem für Frederiks und Hirschfeld, traf ebenso auf die Direktion der Bahn zu: mitwirken im Interesse des niederländischen Volkes, bei gleichzeitiger Aufopferung der Juden und um des eigenen Kollegiums oder Unternehmens willen. Die Direktion handelte aus rein pragmatischen Überlegungen heraus: Die Lebensmittel- und Treibstoffversorgung war um jeden Preis zu sichern, das Personal war zu beschäftigen, damit es nicht für den Arbeitseinsatz in Deutschland in Betracht kam, das Unternehmen – damals das größte in den Niederlanden – war möglichst unbeschädigt durch den Krieg zu lavieren, und schließlich galt es, Einnahmen zu erzielen. Auch deshalb hatte sich die Direktion verpflichtet, auf Verlangen sämtliche Transporte für die Deutschen zu fahren.

Als die Niederländischen Eisenbahnen, von der Untergrundpresse immer wieder dazu angespornt, am 17. September 1944 endlich den Streik ausriefen, standen die alliierten Truppen bereits auf niederländischem Boden und hatte die Exilregierung in Radio Oranje angekündigt, daß »Weiterfahren« mit harten Sanktionen bestraft werden würde.[580]

Nach dem Krieg erklärte der Parlamentarische Untersuchungsausschuß, der sich mit der Politik der Niederländischen Eisenbahnen während der Kriegszeit befaßte, daß ihn »die Gelassenheit, mit der die Führung der Bahn und die Vertreter der Belegschaftsorganisationen auf den Transport dieser unzähligen [jüdischen] Landsleute reagiert haben, in hohem Maße bedrückt«.[581]

Ein »großer Akt des Widerstandes« war der Eisenbahnerstreik nie. Er war auch kein Streik, der aus einem spontanen Protest heraus ausgerufen worden wäre. Im Interesse der nahenden Befreiung der Niederlande hatte die Exilregierung auf Drängen General Eisenhowers dringend dazu aufgerufen, die Arbeit niederzulegen. Generaldirektor Hupkes hatte bereits vorher Kontakt zu »London« gesucht, um im Falle einer immer näher rückenden Invasion die Frage zu erörtern, ob ein Streik wünschenswert sei. Hupkes war davon überzeugt, daß der Streik nicht länger als ein Monat dauern würde, und legte daher »Invasionsgeld« zurück.

Der Eisenbahnerstreik war auch kein »großer Akt des Widerstandes« im Sinne eines großen Opfers. Bereits vor dem 17. September wurde nur noch unregelmäßig gearbeitet, weil eine immer größere Zahl von Bahnangestellten zu Hause blieb und sich krank meldete. Selbstverständlich gab es viele, die sich nicht mehr imstande fühlten zu arbeiten, man hatte aber auch Angst bekommen vor der Arbeit. Ab Anfang September 1944 nahmen die Sabotageakte des Untergrundes zu. Als die alliierten Angriffe auf Eisenbahnzüge anfingen, war man nur allzu froh, daß am Abend des 17. September von London der Befehl zur Arbeitsniederlegung kam. In Groningen und Drente gab es ein gewisses Zaudern, doch im allgemeinen reagierte das Bahnpersonal spontan und mit einem Gefühl der Erleichterung.

Der Invasionsversuch der Alliierten bei Arnheim – die Operation *Market Garden* – schlug fehl, was den Westen, Norden und Osten der Niederlande anging, die bis Mai 1945 besetztes Gebiet bleiben sollten. Die Folge des Streiks war, daß die Deutschen vom Nordosten des Landes aus ein Embargo über die Binnenschiffahrt verhängten. In den Niederlanden bildeten die großen Flüsse, die das Land in der Mitte teilen, die Frontlinie und waren folglich überhaupt nicht befahrbar. Dadurch mußte der Westen der Niederlande zwei lebenswichtige Güter entbehren, nämlich Lebensmittel aus dem

Norden und Osten und Treibstoff aus dem befreiten Süden. In den
großen Städten des Westens kam es dadurch im Winter 1944/45
zu Hungersnot. Elektrizitäts- und Gaswerke sowie lebenswichtige
Unternehmen beanspruchten im Monat schon allein rund 400 000
Tonnen Kohle.[582]

Acht Monate dauerte der Streik, und obgleich Tausende von
Menschen den Hungertod starben, ließ Churchill sich nicht erweichen, der Bevölkerung der westlichen Niederlande entgegenzukommen. »Ich fahre die Deutschen nicht«, war sein Motto. Die Deutschen saßen in der Falle, doch ein Teil des niederländischen Volkes
mußte die Zeche bezahlen; nicht ausschließlich, wie während des
Ersten Weltkrieges, infolge der englischen Blockade, sondern auch
wegen des eher sinnlosen Durchhaltens des Eisenbahnerstreiks. Denn
die Exilregierung zog die Streikparole nicht zurück, auch nicht, als
sich dessen Folgen für die Deutschen als gering, für einen Großteil
der Bevölkerung im Westen des Landes aber als schwerwiegend erwiesen. Man war in London viel zu glücklich, sein Ansehen bei den
Alliierten aufpolieren zu können. Radio Oranje nahm es auf sich,
das streikende Personal zu ermutigen, es zur Fortsetzung des Streiks
anzuspornen und für den Streik Propaganda zu machen. »Die gewaltigste Manifestation organisierten Widerstandes«, hieß es im Sender
bereits, als der Streik einen Monat alt war.[583]

»Im weitaus größten Teil des Landes«, so heißt es am 27. Oktober 1944 in Radio Oranje, »sind die Streikenden und die Bevölkerung, die sie beschützt und unterstützt, in ihrer Haltung hart geblieben, auch weil sie begreifen, daß mit einer Auflösung des Streiks
lediglich dem deutschen Interesse gedient wäre.«[584]

Es muß für viele bitter gewesen sein, daß Radio Oranje, während
zu gleicher Zeit Tausende von Juden zum sogenannten Arbeitseinsatz in Deutschland geräuschlos verschwunden, sehr wohl die Niederländer vor ebendiesem Arbeitseinsatz zu warnen wußte. Es muß
bitter gewesen sein, daß, als es um die streikenden Eisenbahner ging,
Radio Oranje sehr wohl erschöpfend auf die Notwendigkeit des Untertauchens hinweisen konnte und sie ermutigte, einander soviel wie
möglich zu helfen. »Es erübrigt sich diesmal, an unsere Landsleute
zu appellieren, den streikenden Eisenbahnern und ihren Familien

soviel wie möglich zu helfen und sie bei sich unterzubringen. Alle Niederländer stehen einander in dieser Stunde bitterer Not ohnehin selbstverständlich bei.«[585] Tausende tauchten unter, konnten untertauchen. Untertauchen ist nicht etwas, wofür man auf – in den Niederlanden bekanntlich dünngesäte – Wälder oder Berge angewiesen wäre, da ein Wald oder ein Berg einen Untergetauchten nicht ernähren kann. Das Untertauchen ist in erster Linie ein bürokratischer Akt, oder genauer: eine bürokratische Nachlässigkeit. Jemand, der als Wohnsitz eine bestimmte Adresse hat, wohnt dort irgendwann nicht mehr und meldet dies bei keiner Stelle. Natürlich ist, wer untertauchen will, auf die Bereitschaft und die Möglichkeiten anderer angewiesen, ihn aufzunehmen. Als es um nichtjüdische niederländische Männer ging, erwiesen sich die Aufnahmebereitschaft und die Unterbringungsmöglichkeiten als sehr groß.

Übrigens waren die dramatisch pointierten Ermutigungen für die Streikenden von seiten der Mitarbeiter von Radio Oranje eher überflüssig. Insbesondere der von den Brüdern Gijs und Walraven van Hall eingerichtete Nationaal Steunfonds (Nationaler Unterstützungsfonds, NSF), die »Bank der niederländischen Bewegung«, hat im Zuge seiner Mitfinanzierung des Eisenbahnerstreiks die Bahnangestellten bestens versorgt. Insgesamt beliefen sich die Kosten für das Projekt auf 67,5 Millionen Gulden, wovon der NSF mehr als die Hälfte, 37 Millionen, übernahm.

Die Deutschen ließen der Streik und die Streikenden schon bald eher kalt. 4500 Angestellte der Reichsbahn wurden in die Niederlande geschickt, und Autos, Fahrräder und Binnenschiffe wurden konfisziert, während die Niederländischen Eisenbahnen selbst ausgeplündert wurden. In Frankreich hatte man zum Zeitpunkt der Invasion wichtige Verkehrsknotenpunkte demoliert. Die Direktion der Niederländischen Eisenbahnen, die das Unternehmen so gut wie möglich durch den Krieg bringen wollte, hatte dies versäumt. Die Folge dessen war, daß die Deutschen nahezu das gesamte rollende Material nach Deutschland abtransportieren konnten. Von den dreißigtausend Güterwagen zum Beispiel waren nach dem Krieg nur noch fünfhundert übrig, und die waren defekt; von den zweitausend

Personenwagen wiederum befand sich im Mai 1945 nicht einer mehr in den Niederlanden.[586] Des weiteren wurden die militärischen Operationen von deutscher Seite durch den Streik nicht behindert, weil die Reichsbahn schon bald einen eingeschränkten Betrieb für die Wehrmacht einrichtete, und auch was ihre Lebensmittelversorgung anging, wußten die Deutschen gebührend zum Zuge zu kommen.[587] Gerade in jenem strengen Hungerwinter hätte die Bahn den Transport des noch vorhandenen Treibstoffs und der Lebensmittel von der Binnenschiffahrt übernehmen können. In die Front sollte für die Niederlande erst wieder im Frühling 1945 Bewegung kommen. Der Zeitpunkt des Streiks hätte schlechter nicht gewählt werden können. Allerdings fanden die Transporte verratener Juden nach Westerbork nun endgültig ein Ende.

Was hat das niederländische Volk für die Juden getan? Im allgemeinen nichts. Dies hatte seinen Grund nicht in Unwissenheit. Bereits am 20. Oktober 1942 hatte in Radio Oranje »ein Mitarbeiter im besetzten Gebiet« den die Wirklichkeit verzerrenden Lobesworten Einhalt geboten, mit denen sich Königin Wilhelmina bei verschiedener Gelegenheit über »unsere selbstbewußte Haltung« geäußert hatte, die sie mit Stolz erfüllte. »Doch wir«, so heißt es in dem Rundfunkbeitrag weiter, »die wir inmitten des niederländischen Volkes leben und arbeiten, verspüren keineswegs die Neigung, über unser Volks als Ganzes große Töne zu reden. ... Wir haben durchaus einen Blick für die einzelnen von Mut und Ausdauer zeugenden Taten, durch die sich mal dieser, mal jener Landsmann hervortut. Und wir vergessen zu keinem Zeitpunkt die einfachen Leute im Lande, die in aller Stille, ohne jedes Aufheben, durch ständige Sabotage und stures Sichentgegenstellen weiterhin großartigen Widerstand bieten. ... Dennoch gibt es trotz alledem auch vieles, was über unser Volk enttäuscht. Da gibt es Tausende, die nicht wachgerüttelt sind durch die Todesglocken unserer Zeit. Sie fühlen sich kaum betroffen durch das, was um sie herum geschieht. ... Das einzige, was ihnen Kummer macht, sind die Rationierungsschwierigkeiten, die Verkehrsbehinderungen und die Verdunklungsvorschriften. Diese Menschen, und es sind ihrer nur allzu viele in unserem Land, haben lediglich einen Wunsch: Diese ›unangenehme‹ Zeit, wie es heißt, so gut und unbeschadet wie möglich zu überstehen.«[588]

Letztere war vor allem bei den Eliten die vorherrschende Mentalität. Beim gemeinen Mann spielten andere Faktoren eine Rolle. Sein Standardsatz lautete nicht so sehr: »Wir haben es nicht gewußt«, als vielmehr: »Wir konnten so wenig tun.« Wenn man sich vor Augen führt, welch schreckliche Strafen bis hin zum Abtransport in ein KZ beispielsweise bei der Unterstützung von Juden drohten, so grenzt es im Grunde an ein Wunder, daß überhaupt Widerstand geleistet worden ist und daß immerhin rund 25 000 Juden Unterschlupf gefunden haben. Ganze Schiffsladungen jüdischer Kinder sind nach Friesland gebracht worden, wo gläubige Bauernfamilien sich ihrer angenommen haben. Es hat individuelle Beispiele der Mitmenschlichkeit und Uneigennützigkeit um der verfolgten Juden willen gegeben, die ebenso kaum zu glauben sind wie die Unmenschlichkeit und der Eigennutz so vieler anderer, die vor nichts und niemandem Halt machten.

Dem niederländischen Volk insgesamt kann man nicht viel vorwerfen. Man konnte nicht nur wegen der harten Strafen und Vergeltungsmaßnahmen der Deutschen so wenig tun, sondern auch, weil die eigenen Führer Widerstand untersagt hatten. Anfang 1941 richteten die Staatssekretäre, und zwar insbesondere Hirschfeld, Frederiks und Schrieke, einen Aufruf an das niederländische Volk, in dem unzweideutig vor Sabotageakten gewarnt wurde: »Die Kriegsumstände stellen uns vor zahlreiche harte Tatsachen, mit denen wir uns abfinden müssen. Fehlendes Verständnis für das, was diese Zeiten auch uns abverlangen, führt nur ins Verderben.«[589] Da Sabotage der Anfang von Widerstand ist, versuchten die hohen Herren mit diesem Sabotageverbot – aus den inzwischen bekannten Gründen – den Widerstand frühzeitig im Keim zu ersticken.

Es ist hier nicht der richtige Ort für eine Darstellung der verschiedenen Widerstandsbewegungen in den Niederlanden, die im übrigen untereinander gespalten waren und erst nach dem April/Maistreik allmählich ihre Kräfte besser vereinten. Dennoch darf die heldenhafte Rolle, die die Untergrundpresse in den Niederlanden gespielt hat, nicht unerwähnt bleiben.

Walter Laqueur hat in seinem Buch *The Terrible Secret* (*Was niemand wissen wollte. Die Unterdrückung der Nachrichten über Hitlers »Endlösung«*) nachgewiesen, daß man überall schon sehr früh über die Ausrottung des europäischen Judentums im Bilde war. Daß dennoch die freie Welt kaum etwas unternommen hat, lag nicht daran, daß man nichts wußte, sondern daran, daß man nicht wissen wollte.

Zur Illustration führt Laqueur das Ende eines Gesprächs an, das 1943 zwischen dem Polen Karski und dem englischen Richter Frankfurter stattfand. Karski hatte gerade alles erzählt, was er über den Mord an den polnischen Juden wußte. »Als er fertig war, gab der Richter ein paar höfliche Redensarten von sich und sagte dann: ›Ich kann Ihnen nicht glauben.‹ Jan Ciechanowski, der dabei war, machte Frankfurter klar, daß Karski von der polnischen Regierung zu seinen Äußerungen autorisiert sei; es gebe absolut keinen Zweifel, daß Karski die ungeschminkte Wahrheit sage. Frankfurter meinte: ›Ich sage nicht, daß der junge Mann lügt. Ich sage, daß ich ihm nicht glauben kann. Das ist ein Unterschied.‹ Ein Unterschied besteht hier tatsächlich«, so das anschließende Fazit Laqueurs, »und er ist der Schlüssel zum Verständnis, warum die Nachrichten aus Osteuropa so lange Zeit nicht geglaubt wurden.«[590] Wer zugab zu wissen, war einem so schrecklichen Geschehen gegenüber moralisch verpflichtet, tätig zu werden. Doch allenthalben hatte man andere Prioritäten als die Rettung von sechs Millionen Juden.

Die Untergrundpresse bildete hier eine Ausnahme. Nicht, daß sie die Juden in den Niederlanden hat retten können, aber sie hat ständig die Augen offengehalten für das, was vor sich ging. Neben illegalen Flugschriften erschienen folgende Blätter: *BC-Nieuws, De Geus, Nieuwsbrief van Pieter 't Hoen, De Oranjekrant, Het Parool, Verzet, De Vonk, Vrij Nederland, De Vrije Katheder, De Vrije Kunstenaar, Vrijheid* und *De Waarheid*.

Nach dem im Oktober 1940 anläßlich der Einführung des Ariernachweises herausgebrachten Schrift *Bijna te laat* (Fast zu spät) von Koopman wurde ab dem 3. Februar 1941 während des gesamten

Krieges immer wieder auf der Grundlage von Fakten auf die Registrierung, Ausgrenzung und Deportation von Juden reagiert, protestiert und vor dem Schicksal gewarnt, das die Juden in Osteuropa erwartete. Auch unter Gefahr des eigenen Lebens hörten die Verfasser der Untergrundblätter nicht auf, das Volk zu warnen – auch und immer eindringlicher vor dem Jüdischen Rat und vor den »loyal« mitwirkenden Beamten.

Het Parool rief bereits am 24. Januar 1942 zu Hilfe für die Juden auf, noch bevor von Deportationen die Rede war und nachdem *Vrij Nederland* im gleichen Monat bereits verkündet hatte: »Man will das Judentum ausrotten, daher ist es an uns, den nichtjüdischen Landsleuten, durch aktives Eintreten dem am schwersten betroffenen Teil unserer Bevölkerung Hilfe und Schutz zu gewähren und durch Taten die jüdischen Niederländer zu unterstützen, in der einzig richtigen Auffassung, daß nicht das Vorgehen eines gesonderten Jüdischen Rates, sondern die unteilbare Solidarität des niederländischen Volkes sie auf den Beinen halten wird bis zu dem Zeitpunkt, da die Stunde der Befreiung schlägt.«[591]

Doch es gab keine »unteilbare Solidarität« mit den Juden in den Niederlanden. Der Beamtenapparat machte ein Zugeständnis nach dem andern, Polizisten erfüllten den Auftrag, Leute abzuholen, die Züge fuhren einer nach dem anderen in der Anonymität der Nacht gen Nordosten, und der gemeine Mann steckte, ohne ein Vorbild, dem er folgen konnte, gegenüber einer solchen Übermacht von Ohnmacht befallen, den Kopf in den Sand und richtete sein ganzes Sinnen auf die Sicherung des eigenen Hab und Gut.

Im Zusammenhang mit der Judenverfolgung in den Niederlanden ist über das Lager Westerbork vielleicht die umfangreichste Literatur erschienen. Bücher wie das Lagertagebuch von Philip Mechanicus, *In dépôt* (*Im Depot*), die berühmten Briefe und Tagebücher Etty Hillesums (*Das denkende Herz*), die erste Nachkriegsstudie über das Lager, *Boulevard des Misères* von Jacob Boas, und die Novelle *De nacht der Girondijnen* (Die Nacht der Girondisten) des niederländischen Historikers Jacques Presser bringen den Alptraum, der das Lager für jeden dort Internierten war, bedrückend nahe.

»Man jagte uns, daß wir auf unsern Gassen nicht gehen konnten. Da kam unser Ende; unsere Tage sind aus, unser Ende ist gekommen«, so lautet der Text aus den Klageliedern 4,18 auf dem Gedenkstein in Westerbork.

Westerbork war für viele das unmittelbare Eingangsportal zum Ende. Es war ein Durchgangslager wie Drancy in Frankreich, Mechelen in Belgien, Berg in Norwegen und Fossoli di Carpi in Italien. Ebenso wie in diesen anderen Durchgangslagern in Europa haben sich in Westerbork die entsetzlichsten Szenen abgespielt. Im Herbst 1939 kamen die ersten Juden – deutsche Flüchtlinge – nach Westerbork. Am 1. Juli 1942 wurde das »Centraal Vluchtelingenkamp Westerbork« (Zentrales Flüchtlingslager Westerbork), wie es bis dahin genannt worden war, offiziell den Deutschen übergeben. Fortan sprach man vom Polizeilichen Durchgangslager Westerbork.

Das Lager war umgeben mit einem zwei Meter hohen Zaun, und es gab auf einer Fläche von mehr als einem halben Kilometer sieben Wachtürme. Mit einer Aufnahmekapazität von rund 1800 Menschen, das heißt 1150 »legalen« und 650 »illegalen« Flüchtlingen verteilt über fünfzig Wohnbaracken, nahm das Lager Westerbork am 9. Oktober 1939 mit der Ankunft von 22 deutschen Juden den grausamen Betrieb auf. Diese Zahl war bei Kriegsausbruch auf 750 und am 2. Oktober 1942 auf 2000 Menschen angewachsen. Durch den Bau von 24 zusätzlichen Baracken, in denen jeweils 300 Menschen untergebracht werden konnten, bot das Lager Mitte Juli 1943 Platz für 9000 Menschen. Bereits am 3. Oktober 1942 jedoch sah man sich mit der Anwesenheit von 14 000 Menschen konfrontiert, und zwar weil sämtliche Juden aus den verschiedenen Arbeitslagern mit ihren Familienangehörigen nach Westerbork geschickt worden waren. Über das Chaos, das sich dadurch ergab, hat ein Lagerinsasse, Bob Cahen, damals einen Brief geschrieben und aus dem Lager geschleust, um die Leute zu warnen und ihnen dringend zum Untertauchen zu raten.

Über jenen 3. Oktober schrieb er: »Was wir damals erlebten, spottet jeder Beschreibung. Die Menschen trafen hier ein, angetrieben wie Vieh, manche mit Sack und Pack, andere mit leeren Händen, ja nicht einmal anständig gekleidet. Frauen, die, aus dem Krankenbett geholt, nichts als ein dünnes Nachthemd trugen; Kinder in Hemdhosen und barfuß, Alte, Kranke, Krüppel, unablässig trafen neue Leute im Lager ein. Die Baracken platzten bald aus allen Nähten. Es gab nur Platz für zehntausend Insassen, und es kamen immer mehr. Den Leuten blieb nichts anderes, als sich einfach aufs Eisen zu legen. Die Baracken füllten sich noch weiter. Leute lagen oder saßen im Freien, schliefen nachts in oder unter Schubkarren unter freiem Himmel. Zu Essen gab es nicht genug. Warmes Essen gab es mitunter einmal alle drei Tage und dazu noch unzureichend. Die Säuglinge erhielten keine Milch mehr, es gab keine. Die Pumpanlage für die Wasserversorgung arbeitete unter Hochdruck, war eben überfordert und reinigte das Wasser unzureichend, mit der Folge, daß die Leute gezwungen waren, ungereinigtes Wasser zu trinken – mit den entsprechenden Konsequenzen. Baracken, die normalerweise 400 Leute faßten, wurden nun mit tausend Leuten vollgestopft, die auf dem Boden und überall herumlagen. Toiletten gab es nicht genug, und die es gab, waren verstopft. Männer und Frauen lagen in einem Saal: es war das reinste Chaos!«

Bob Cahen, Krankenpfleger in Westerbork, wies auch auf die menschenunwürdigen Umstände hin, mit denen Kranke und Pflegepersonal sich abfinden mußten. »Inmitten dessen hatten wir unserer Arbeit nachzugehen. Die Patienten abholen und pflegen. Unser Krankenhaus war überfüllt, wurde um eine neue Baracke erweitert: 5 Säle dazu. Neues Personal wurde eingestellt. Hurry up! Ein Tag danach wieder überfüllt. Eine große Baracke wurde als Behelfskrankenhaus eingerichtet. Man legte jeweils drei Leute übereinander. Die Ärzte allein arbeiteten Tag und Nacht, unterstützt von Pflegepersonal. Unablässig kamen neue Patienten hinzu. Rund 300 weitere fanden Unterkunft, und auch diese Baracke war wieder voll. Die übrigen mußten bleiben, wo sie waren. Die Krankenpflege selbst: kein Material, Nachttöpfe und Uringläser fehlten, Teller zum Essen gab es keine, kein Warmwasser, keine Bettücher oder Decken. Der erste Todesfall war da, es folgten weitere, und regelmäßig wurden zwei, drei von ihrem Leiden erlöst. Das Zeitalter der Zivilisation! Ein Mann, der lieber Schluß machte, als in die Hölle zu kommen, ›die Hölle in Polen‹. Wir fanden ihn liegend auf einem Tisch mit durchgeschnittener Kehle. Er lebte noch und sagte: ›Laßt mich nur einfach hier liegen, Jungs, so ist der Tod nicht so schlimm.‹ Wir starteten einen Wettlauf, brachten ihn ins Krankenhaus. Dort war alles vorbereitet. Wir gewannen den Wettlauf. Er ist noch am Leben! Wird gesund, und muß dann doch fort.«[592]

Doch das Leben im Lager ging nach der Verringerung der Zahl der Insassen durch die Deportationen einfach weiter. Es wurde nicht vergast, nicht gefoltert, die Bewachung hielt sich in Grenzen, die Leute trugen Kleider und wurden ernährt, die Kinder gingen »zur Schule«, und es wurde gearbeitet. Man arbeitete in einem metallverarbeitenden Betrieb, in der Gesundheitspflege, man arbeitete als Landarbeiter außerhalb des Lagers, in der Werkstatt, im Putz- oder Reinigungsdienst, in der technischen Abteilung, in Unterricht und Sozialarbeit und für die jüdische Lagerpolizei, den sogenannten Ordnungsdienst. Man arbeitete in der zentralen Küche, für die Verwaltung oder sorgte für Unterhaltung nach der Arbeit durch die Organisation von Kabarettvorstellungen, »bunten Abenden«, Konzerten und die Aufführung von Revuen, jeweils dargeboten von der Crème de la crème der Künstlerschaft im Lager.

Insbesondere in der Gesundheitspflege fanden viele Arbeit. Für den Betrieb des 1800 Betten zählenden Lagerkrankenhauses sorgten 120 Ärzte und rund tausend Mitarbeiter, zu denen neben Krankenpflegern auch Laboranten, Anästhesisten, Zahnärzte usw. zählten. Außerdem gab es einen bautechnischen Dienst und zahlreiche kleine Reparaturbetriebe. Das Sozialamt bot denen, für die der Abtransport bevorstand, eine hilfreiche Hand.

An der Spitze der Lagerleitung stand der Lagerkommandant. Nach Erich Deppner und Joseph Hugo Dischner übernahm am 12. Oktober 1942 Albert Konrad Gemmeker diesen Posten, den er für den Rest des Krieges bekleiden sollte, bis er am 12. April 1945, als die Kanadier sich dem Lager näherten, die Lagerverwaltung offiziell Kurt Schlesinger, dem wichtigsten Abteilungsleiter und Gemmekers rechter Hand, übergab.

A. E. Cohen, damals »Transport-Arzt«, das heißt ein Arzt, der bestimmte, wer zum Abtransport zu krank war und wer nicht, erzählt in seinem Buch *De afgrond* (Der Abgrund): »Die Deutschen hatten ein raffiniertes System, und daß es tatsächlich ein System war, ist mir klar geworden, je mehr ich darüber gelesen habe. Sie wendeten es überall an, wo sie die Macht hatten, in Gettos, in Polen, in Amsterdam, überall. Sie sagten zu einigen Leuten: ›Nein, Sie werden nicht abtransportiert, Sie bekommen eine Sperre, aber die anderen schon, die müssen abtransportiert werden, und dazu ist allerdings Ihre Mitwirkung erforderlich.‹«[593]

Mitwirken war im »Kamp« Westerbork lebensnotwendig. Die Zeitpläne für die Deportationen und die Zahl der Menschen, die für einen Transport vorgesehen waren, sowie das Ziel des Zuges wurden in Adolf Eichmanns Amt festgelegt. Gemmeker tat wenig mehr, als die Befehle weiterzugeben, alles übrige erledigten die Juden selbst, das heißt die jüdischen Lagerleiter, und das waren die deutschen Juden, die sogenannten »alten Kampeinsassen«. Die wichtigste Abteilung war die, die die Kartei verwaltete, in der die Gefangenen registriert waren. Aus dieser Kartei stellte eine kleine Gruppe von Leuten die Listen der zu deportierenden Personen zusammen. Es gab also einen mehr oder weniger konstanten Teil der Lagerinsassen, der vom Abtransport befreit war, solange man nur die erforderlichen Massen ins Lager kommender Juden in die Züge bekam. Die Deutschen hatten das schlau arrangiert. Sie spielten nicht nur die Leute gegeneinander aus – wenn man überleben wollte, mußte man über einflußreiche Beziehungen verfügen –, sondern weckten durch die Zulassung des Sperresystems auch falsche Hoffnungen auf Aufschub des Abtransports. Die Leute, die auf einer bestimmten Liste standen oder im Besitz eines Stempels waren, galten als »gesperrt«; sie durften »bis auf weiteres« bleiben. Zu Tausenden gleichzeitig wurden auch diese »Freigestellten« auf den Transport geschickt, wenn das Soll nicht erfüllt wurde.

Hundertunddrei Züge sind aus Westerbork abgefahren, achtundsechzig nach Auschwitz und neunzehn nach Sobibor, beide in Polen, sieben nach Theresienstadt in der Tschechoslowakei und neun nach Bergen-Belsen in Deutschland. Wußte man, was einen erwartete? Sogar wenn man in Westerbork einsaß, von wo es keinen Weg zurück gab, wollte man aus einer Art Überlebensstrategie heraus nicht

»wissen«. Das bedeutet aber nicht, daß nicht ein jeder ahnte, daß nach Westerbork ein sicheres Ende wartete; man hat sich in Westerbork schließlich »verkauft«, um ja nicht deportiert zu werden. Die Untergrundpresse schrieb bereits darüber, noch bevor ein einziger Zug gen Osten gefahren war, und rief energisch zum Widerstand auf. In dem Blatt *De Vonk* hieß es Anfang Juli 1942: »In Vorbereitung ist die Evakuierung sämtlicher Juden nach Polen oder Schlesien, um dort das Schicksal ihrer 700 000 ›Rassengeschwister‹ zu teilen, die wie Tiere abgeschlachtet worden sind. So erweist es sich als Fehleinschätzung, daß Sympathiebekundungen mit den Juden Terror provozieren. Dieser kommt ohnehin, denn die Nazis haben erklärt, daß sie nicht ruhen werden, ehe der letzte Jude physisch vernichtet ist.«[594]

Am 4. Juli 1942 hieß es in der Untergrundzeitung *Het Parool*: »Durch unzureichenden Widerstand und Sabotage dieser Form von Deportation haben wir Niederländer ermöglicht, daß die Nazibarbaren nunmehr mit der Ausführung ihres neuesten Plans begonnen haben: der Deportation all unserer jüdischen Landsleute in Arbeits- und Konzentrationslager in Polen, wo sie unter Aufsicht der deutschen Polizei stehen werden, so daß leider an dem Schicksal, das sie dort erwartet, kein Zweifel bestehen kann. Nun kann keiner es sich mehr erlauben, sich der Verantwortung zu entziehen, die uns als niederländischen Staatsbürgern auferlegt ist. Wer jetzt nicht alles tut, um seinen Mitbürgern ohne Ansehen von gesellschaftlicher Stellung oder Glauben jede Unterstützung zu gewähren, wird sich selbst später verachten.«[595]

Ende Juli veröffentlichte die Untergrundpresse einen »Aufruf« an das niederländische Volk, in dem es hieß: »Das Schicksal der nichtjüdischen Arbeiter in Deutschland ist hart, doch dort, wo es die Juden betrifft, geht es um das Wahrmachen der Drohungen, welche die Nazis immer wieder gegen die Juden ausgestoßen haben, dort geht es um ihre Vernichtung und Ausrottung.«[596]

Man war bei der Untergrundpresse so sehr davon überzeugt, daß die Deportation den Tod bedeutete, daß speziell der Polizei ins Gewissen geredet wurde: »Niederländische Polizisten vom alten Schlag, besinnen Sie sich auf Ihre menschliche und wahre berufliche Pflicht:

Nehmen Sie keine Juden fest oder führen sie die erteilten Befehle lediglich zum Schein aus. Lassen Sie sie fliehen und sich verstecken. Seien Sie sich bewußt, daß Sie, wann immer Sie einen Mann, eine Frau oder ein Kind anzeigen, damit auch deren Mörder wären.« Und dem Bahnpersonal wiederum wurde eingeschärft: »Bahnpersonal, Lokführer, bedenkt, daß jeder mit Sklaven beladener Zug, dem Sie die Fahrt ermöglichen, der Schlachtbank entgegenfährt!«[597]

Doch nicht nur über die Untergrundpresse wurde man auf dem laufenden gehalten. Truus Wijsmuller-Meijer, die Frau, die soviel für jüdische Flüchtlingskinder getan hat, hörte auf der Straße, daß ihre Schützlinge vergast würden. »Und damals wußte ich bereits, daß die Juden vergast wurden, ich hatte bereits 1942 in Roosendaal einen deutschen Militärfahrer im Bahnhof schreien hören: ›Ich will nicht mehr, ich will nicht zurück, ich will nicht immer Kinder ins Gaszimmer treiben, lassen Sie mich hier und machen Sie das selbst‹; der Junge wurde außerhalb des Bahnhofs erschossen.«[598] Bei näherer Erkundigung erfuhr Truus Wijsmuller-Meijer, daß es um Vergasungen von Kindern in LKWs ging.

Und das war nur der Anfang. 1943, als die Deportationen ihren Höhepunkt erreichten, geschahen derart entsetzliche Dinge, daß die Untergrundpresse immer eindringlicher den tatenlos zusehenden Beamtenapparat ins Gebet nahm und zu Taten anspornte. Unter der Überschrift »Das Schicksal der Juden« hieß es am 21. März 1943 in *Vrij Nederland*: »Am letzten Dienstag, dem 3. März, fuhr aus dem Lager in Westerbork wieder ein Zug mit 1200 jüdischen Opfern nach Deutschland ab. Dieser Transport unterschied sich von den vorherigen dadurch, daß zu den Deportierten 100 Waisenkinder aus Amsterdam im Alter zwischen 2 und 14 Jahren gehörten. Eines der jüngsten Opfer war ein ›Straffall‹ und trug eine Armbinde mit einem ›S‹. ›Untertauchen‹ war diesem Kind zur Last gelegt worden.«[599]

Sollte man beim Eintreffen dieses elternlosen Knirpses in Westerbork dort immer noch geglaubt haben, daß »Arbeitseinsatz« das Ziel war? Als »Straffall« wurde man nach Ankunft in Westerbork ohnehin praktisch geradewegs auf Transport und anschließend in die Gaskammer geschickt; die eigene Abteilung für die »Straffälle« in Westerbork war ein Lager innerhalb des Lagers.

Jeden Dienstag fuhr der Zug, und an jedem Abend davor kam es unter den Lagerinsassen zu menschenunwürdigen Situationen.[600] Deshalb gab es meist gerade an Dienstagen einen kulturellen Abend, um die Gedanken abzulenken und die allgemeine Verzweiflung durch Lachen zu verscheuchen.

Aufgrund der äußerst strengen Strafen, die auf Flucht standen – wenn schon jemandem die Flucht gelang, drohten als Vergeltungsmaßnahme zahlreiche andere dafür auf Transport geschickt zu werden –, sind trotz der geringen Bewachung nur wenig Insassen aus Westerbork geflohen. Ihre Zahl beträgt insgesamt 210.[601] Zustande kam dieser Widerstand durch einige außergewöhnlich mutige Gefangene im Lager Westerbork selbst, die über einen Mittelsmann, Ger van Reemst, die Gefangenen aus dem Lager zu schleusen wußten. Der organisatorischen Arbeit, die dem voranging, sollten später ganze Bücher gewidmet werden.

Während ein Zug nach dem anderen abfuhr, stellten insbesondere die höheren Beamten sich dumm; sie, und mit ihnen die Masse der Niederländer, sahen geflissentlich weg. Wer nicht wissen wollte, wußte schließlich von nichts, oder?

»Wird man der Außenwelt jemals beschreiben können, was sich hier alles abgespielt hat?« fragte die junge Etty Hillesum in einem Brief aus Westerbork vom 24. August 1943. Auf die Frage hat sie selbst nie eine Antwort geben können, denn am 7. September 1943 wurde sie zusammen mit 989 anderen Juden nach Auschwitz in Polen gebracht, wo sie am 30. November vergast wurde.[602]

In einem anderen Brief schrieb sie: »Die Außenwelt stellt sich uns vielleicht wie eine einzige graue, leidende Masse von Juden vor, sie ahnt nichts von den Klüften und Abgründen und den verschiedenen Schattierungen, die zwischen den einzelnen und den Gruppen bestehen, sie wird dies vielleicht nicht einmal verstehen können. ... Gütiger Himmel, gehen diese Türen wirklich alle zu? Ja, sie gehen alle zu. Die Türen schließen sich über die zusammengepferchten, zurückgedrängten Menschenmassen in den Güterwagens. Durch die schmalen Öffnungen am oberen Rand sieht man Köpfe und Hände, die später winken, wenn der Zug losfährt. ... Die Pfeife stößt einen gellenden Schrei aus, ein Zug mit tausendzwanzig Juden verläßt Holland. Das Soll war dieses Mal nicht einmal so groß: nur tausend Juden, die zwanzig sind Reserve für unterwegs, denn es kann schließlich immer passieren, daß einige sterben oder erdrückt werden, dieses Mal ganz bestimmt, da so viele Kranke ohne eine einzige Krankenschwester mitfahren. ... Die Helfer am Zug ziehen sich allmählich zurück, suchen ihre Schlafplätze auf. Man sieht zahlreiche erschöpfte, blasse und leidende Gesichter. Wieder ist ein Stück unseres Lagers amputiert worden. Nächste Woche geht das nächste Stück ab. Das erleben wir hier nun seit mehr als einem Jahr, Woche für Woche.«[603]

Epilog

Die absoluten Maßstäbe »richtig« und »falsch«, mit denen man während des Krieges innerhalb der nationalen Untergrundbewegungen hantierte, erwiesen sich nach dem Krieg bei der Aburteilung von Niederländern als untauglich. Der Umfang des Verrats an den Juden allein war so groß, daß das Land unregierbar geworden wäre, wenn man all diese Leute verfolgt hätte. Denn es ging, wie bereits van den Broek in Radio Oranje gesagt hatte, nicht an, das niederländische Volk einzuteilen in »Verräter auf der einen Seite und lauter inbrünstige, aufopfernde Niederländer auf der anderen. Die Vollblutverräter sind, wie die sehr geringe Mitgliederzahl der NSB zeigt, nicht sehr zahlreich. Sie bilden kaum eine richtige Gruppe, lediglich ein Grüppchen. Die wirkliche Trennlinie verläuft zwischen den Glühenden und den Lauen, zwischen den Mutigen und den Halbherzigen, zwischen den Prinzipienfesten und den Opportunisten«.[604]

Gerade in der Spitze der Beamtenhierarchie fanden sich zahlreiche Opportunisten, und gerade diese Spitze wurde im großen und ganzen geschont. Auch der Parlamentarische Untersuchungsausschuß hielt später die Hand über sie, während schon die Mitgliedschaft in der NSB genügte, um in Westerbork interniert zu werden.

Nicht nur während des Krieges regierte der Kompromiß, sondern auch nach dem Krieg. Schon allein im Hinblick auf die Juden hatten die niederländischen Spitzenbeamten, die Richter und die Politiker in London Schuld auf sich geladen. Die geschlossen formierten Eliten schützten sich gegenseitig.

Man hat schnell bestraft. Man wollte einen Schlußstrich ziehen, so schnell wie möglich vergessen und das Land wiederaufbauen. 1951 wurde die Sondergerichtsbarkeit, nach sechs Amnestiewellen, beendet. Ob die Bestrafung, oder Nichtbestrafung, immer gleichermaßen gerecht war, ist eine Frage des Standpunktes. Dem erstbesten Mädchen, das sich in den SS-Oberen Viehbahn verliebt hatte, wurde öffentlich der Kopf kahl geschoren und der Prozeß gemacht, während Staatssekretär Hirschfeld ungestraft davonkam und es sogar zu Schlüsselposten im Nachkriegssystem gebracht hat.

Die niederländische Exilregierung, die mit Blick auf die Juden zwischen »Niederländern und Niederländern« keinen Unterschied hatte machen wollen, dies aber dann doch tat, als es um den Abtransport nach Deutschland ging, kehrte aus London zurück. Wie hat man anschließend die Haltung der Regierung und der niederländischen Instanzen gegenüber der Judenverfolgung in den Niederlanden beurteilt?

Der Parlamentarische Untersuchungsausschuß legte eine bestürzende Gleichgültigkeit an den Tag. Dieser Ausschuß wurde auf Vorschlag des damaligen Fraktionsvorsitzenden der Partei der Arbeit, M. van der Goes van Naters, Ende 1947 eingesetzt. Der Ausschuß bestand aus neun Mitgliedern. Mehr als achthundert Zeugen wurden gehört. Seit sechzig Jahren hatte es keine Parlamentarische Untersuchung mehr gegeben, und beim Erscheinen jedes einzelnen der neunzehn dicken Bände, die zwischen 1949 und 1956 erschienen, waren die Erwartungen hoch gespannt. Insgesamt füllen die Berichte des Ausschusses Zehntausende von Seiten, verteilt über siebzehn Schwerpunkte der Untersuchung.

Der Parlamentarische Untersuchungsausschuß hatte es sich zur Aufgabe gemacht, die Regierungspolitik während der kriegsbedingten Lücke in der parlamentarischen Kontrolle vom 10. Mai 1940 bis zum 20. November 1945 einer Untersuchung und Bewertung zu unterziehen und politische Verantwortung zuzuweisen. Beabsichtigt war, den drei Regierungen – de Geer, Gerbrandy und Schermerhorn-Drees – Gelegenheit zu geben, gegenüber der Volksvertretung über ihre Politik Rechenschaft abzulegen. Man war nämlich in einer Reihe von Punkten mit der Politik nicht einverstanden gewesen und bat deshalb um Erläuterung.

Die Beilagen, Zeugenvernehmungen und Berichte des Parlamentarischen Untersuchungsausschusses bilden in vielerlei Hinsicht eine reiche Quelle für den Historiker, aber es gibt auch Mängel. An erster Stelle steht dabei die Tatsache, daß man gestützt auf Artikel 55 der Verfassung – der König genießt Immunität, verantwortlich sind die Minister – Königin Wilhelminas Anteil an der Politik nicht einer Prüfung unterzogen hat. In London war eine Beratung zwischen Kabinett und Parlament nicht möglich gewesen, so daß den Beratungen zwischen dem Staatsoberhaupt und den Ministern wesentlich größeres Gewicht zukam und das Staatsoberhaupt der Politik in weitaus stärkerem Maße seinen Stempel aufdrückte, als dies in normalen Zeiten überhaupt möglich war. Um der historischen Wahrheit willen wäre es daher von entscheidender Wichtigkeit gewesen, Königin Wilhelmina persönlich in die Untersuchung einzubeziehen. Doch im Gegenteil: Keiner der Befragten durfte über sie sprechen oder dem Ausschuß überhaupt berichten, was er mit Königin Wilhelmina in London erörtert hatte. Hätte es nicht auch als politisch wichtig angesehen werden müssen, die Rolle eines Staatsoberhauptes zu kennen, das zuvor, sogar mit parlamentarischer Kontrolle, Kabinettsbeschlüsse von großer Tragweite höchstpersönlich gekippt hatte, zumal da jetzt ein Zeitraum untersucht wurde, in dem diese parlamentarische Kontrolle gefehlt hatte?

Kraft seines offiziellen Status und des damit verbundenen Ansehens prägte der Untersuchungsausschuß maßgeblich die Einschätzung durch spätere Generationen. Dadurch aber, daß er die bereits erwähnten Verhaltensvorgaben machte, wurden die Zeugen im Grunde zur Geschichtsfälschung gezwungen. Übrigens erkannte der Ausschuß den Mangel durchaus selbst. »Der persönliche Anteil Ihrer Majestät an der verfolgten Politik«, so meinte der Ausschuß, »wird erst viel später von Historikern ermittelt werden können, sofern dann die dafür notwendigen Informationen noch erhältlich sind.«

Zudem war dem Ausschuß eine weitere Einschränkung auferlegt: Aufgrund eines Beschlusses der Ersten Kammer war ihm untersagt, sich nach Diskussionen innerhalb des Kabinetts zu erkundigen. Ferner ist der Ausschuß von Einseitigkeit in seinem Urteil nicht ganz freizusprechen. Dies war die Folge der dominierenden Rolle, die der Vorsitzende des wichtigsten Unterausschusses, Donker, spielte. Seine Sicht der Dinge ist es, die sich dem Leser der Akten des Untersuchungsausschusses aufdrängt. Oft legt er den Zeugen eine Antwort in den Mund durch die Art und Weise, wie er seine – obendrein meist viel zu langen – Fragen einleitet. Außerdem hat der Ausschuß manches Mal gerade dann, wenn die Vernehmungen richtig interessant wurden, statt weiterzufragen, abrupt das Thema gewechselt.

Der wichtigste Grund aber, weshalb dem monumentalen Werk kein autoritatives Gewicht zugebilligt werden kann, sind die angesprochenen einschränkenden Bedingungen. Während seiner Vernehmung äußerte Minister Bolkestein bereits die Befürchtung, daß der Ausschuß infolge dieser Einschränkungen vielleicht die »formelle«, nicht aber die historische Wahrheit zu hören bekommen würde. Wie kann man Leute aufgrund ihrer politischen Handlungen zur Verantwortung ziehen, wenn es einem nicht gestattet ist, zuerst die tatsächlichen Vorgänge zu untersuchen? Was ist »formelle Wahrheit« anderes als eine Wahrheit, bei der die Form gewahrt wurde? Eine solche Wahrheit bietet reichlich Spielraum, um zu schonen, zu vertuschen und wegzulassen.

Selbstverständlich kam der Ausschuß auch aufgrund der schriftlichen Dokumente dazu, seine Fragen zu formulieren, in seinen Schlußfolgerungen aber hat er sich überwiegend auf die Zeugenvernehmungen konzentriert und die vorgelegten Archivakten eher zur Illustration verwendet. Dabei ist zu bedenken, daß zum Zeitpunkt der Vernehmung für die befragten Zeugen der Krieg mitunter bereits viele Jahre zurücklag, so daß den Älteren unter ihnen die Geschehnisse oft nicht mehr in aller Deutlichkeit gegenwärtig waren und andere sich darauf berufen konnten, daß ihr Gedächtnis sie im Stich lasse. Letzteres geschah mehrfach, als man auf den Zahn gefühlt wurde in bezug auf die Hilfe, die man den jüdischen Landsleuten hätte oder auch nicht hätte leisten können. Obgleich der Untersuchungsausschuß an keiner Stelle klipp und klar zu sagen vermag, was die niederländische Regierung und die anderen niederländischen Instanzen in London nun eigentlich getan haben, spricht er die Exilregierung dennoch frei, weil sie, wenn auch spät, immerhin »versucht« habe, etwas zu unternehmen.[605]

»Es ist nicht die Aufgabe des Ausschusses«, so erklärte man, »die Geschichte der Niederlande während des Krieges zu schreiben oder die des Elends der europäischen Juden während dieser Zeit.« Selbstverständlich war das nicht seine Aufgabe, aber die Frage der Hilfe für die niederländischen Juden hätte man durchaus etwas deutlicher ansprechen dürfen, das heißt insbesondere die Tatsache, daß es eine solche Hilfe von London aus so gut wie gar nicht gegeben hat. Schon allein die Erkenntnisse, die der Ausschuß selbst verschafft, lassen einen anderen Schluß nicht zu.

Das Gesetz der Gleichgültigkeit – vor dem Krieg gegenüber denen, die vor den Nazis flohen, während des Krieges gegenüber dem Schicksal des Judentums in den Niederlanden und nach dem Krieg gegenüber den Juden in Westerbork, gegenüber den wieder auftauchenden Juden und gegenüber den Juden, die aus den Lagern heimkehrten – hatte weiterhin Bestand.

Als am 8. März 1945 dem niederländischen Regierungsausschuß für die Repatriierung der Vorschlag unterbreitet wurde, den Juden, die im Lager Bergen-Belsen einsaßen, Hilfe zu leisten, klang die Antwort so: »Es bedarf gleichwohl zuerst der Prüfung, ob die Sache von hinreichender Dringlichkeit und Wichtigkeit ist.«[606]

Gerbrandy, nach dem Krieg Vorsitzender des Rates für die Wiederherstellung des Rechts, hatte bereits zwei Jahre vor Kriegsende versprochen: »... Eines Tages wird der jüdische Teil unserer Bevölkerung, verstümmelt, doch nicht entseelt, seinen Platz an den heimischen niederländischen Herden wieder einnehmen. Auch wenn viel Leid ungeschehen zu machen leider nicht möglich sein wird, wird das niederländische Volk seinerseits bestrebt sein, die den Juden zugefügten Wunden nach besten Kräften zu heilen, so, wie es sich bemühen wird, das Kriegsleid all seiner Kinder zu mildern und zu heilen.«[607]

Wunderbare, hoffnungsvoll stimmende, aber auch leere Worte. Im Gegenteil: Das Kriegsleid der Juden in den Niederlanden wurde in den unmittelbaren Nachkriegsjahren nur noch vergrößert, und die Wunden wurden eher offen gehalten als geheilt.

Selbstverständlich war ein jeder »im Widerstand« gewesen, hatte ein jeder den »Hungerwinter« erlebt und den Eisenbahnerstreik unterstützt. Das war zumindest das Bild, das sich der zuhörenden jüngeren Generation aufdrängte, wenn die ältere um den Tag der Befreiung herum Erinnerungen an den Krieg auskramte. Denn über alles weitere wurde kaum mehr gesprochen, und die Amputation des jüdischen Teils der Bevölkerung war mit einem Tabu belegt.

In diese verkniffene, schweigsame Welt kehrten 4700 Juden aus den Lagern zurück. Von den 25 000 untergetauchten Juden waren 8000 verraten worden; 16 000 tauchten wieder auf. Sie hatten überlebt. Sie kehrten zurück, um wieder in ihre Häuser zu gehen, um die Sachen, die sie in Verwahrung gegeben hatten, und ihre Kinder, die untergetaucht waren, wieder in Empfang zu nehmen, sie kehrten zurück, um wieder »Niederländer unter Niederländern« zu sein und, so gut es eben ging, wieder an das Leben von einst anzuknüpfen.

Eine schreckliche Enttäuschung erwartete sie. Es ist den Nazis nicht gelungen, das niederländische Volk für die nationalsozialistische Ideologie zu gewinnen, wohl aber, eine antisemitische Stimmung herbeizuführen. Dieser Nachkriegsantisemitismus war in keiner Weise vergleichbar mit dem Wiederaufleben des Antisemitismus in Nachkriegspolen oder mit den antijüdischen Bestimmungen in der Sowjetunion. Hatte vor dem Krieg in den Niederlanden ein milder Antisemitismus geherrscht, so wurde während des Krieges durch den Besatzer ein »Judenproblem« geschaffen, indem mittels zahlreicher Maßnahmen die Entfremdung zwischen dem jüdischen und dem nichtjüdischen Teil der Bevölkerung gefördert wurde. Dies hat nicht so sehr dazu geführt, daß man gegen die Juden war, sondern daß man sich überaus bewußt war, ob jemand Jude oder nicht war. Die Juden bildeten in den Niederlanden erneut eine Gruppe für sich.

Als die grausame Wirklichkeit der Lager über Bildmaterial aller Art in die niederländischen Wohnzimmer drang, ebbte der Antisemitismus der unmittelbaren Nachkriegszeit allmählich wieder ab und gingen die Juden in der multikulturellen, pluralistischen Gesellschaft auf, in die sich die Niederlande gewandelt hatten.[608] Die Regierung in London hatte, wie gesagt, zwischen »Niederländern und Niederländern« keinen Unterschied machen wollen. Im Hinblick auf die

Juden bedeutete dies nicht nur ein naives Festhalten an einem Recht, das nicht zuließ, die einen über die anderen zu stellen, war dies doch ein Recht, das bereits seit Herbst 1940 verletzt wurde; diese Haltung verschleierte auch die Tatsache, daß man nicht gewillt war, einen Finger krumm zu machen. Genauso wie vor dem Krieg im Hinblick auf die jüdischen Flüchtlinge, überließ die Regierung es den Juden, selbst die Karre aus dem Dreck zu ziehen. Nach dem Krieg war dies nicht anders. Es war vor allem die Joodse Coördinatie Commissie, die, mit finanzieller Unterstützung seitens internationaler jüdischer Organisationen, den Überlebenden eine erste Hilfe hat zukommen lassen. Im Juni 1946 stellte *De Joodsche Wachter* verbittert fest, daß Leuten, die durch Bomben alles verloren hatten, durchaus Hilfe gewährt würde, daß die niederländische Gesellschaft als Ganzes zu Opfern zugunsten der Juden aber nicht bereit sei.

Dieser Antisemitismus der Zeit unmittelbar nach der Befreiung war außerdem noch in etwas anderem begründet: Man wollte nicht nur keine Opfer bringen, man wollte auch nicht zurückgeben, woran man inzwischen hing: das untergetauchte jüdische Kind, Wertsachen, die man in Verwahrung gehalten hatte, das Haus, in dem man nach der Verhaftung der jüdischen Bewohner gelebt hatte. Und da war Scham, über die man sich kategorisch ausschwieg.

Die Beweggründe, die zur Verhaftung der Vorsitzenden des Jüdischen Rates und zur »Weinreb-Affäre« führten, dürften von sehr vielen Juden als richtig anerkannt worden sein. Die Tatsache aber, daß sie von Leuten gerichtlich verfolgt wurden, die selbst Dreck am Stecken hatten, wurde als ein Messen mit zweierlei Maß und als ein Vorführen jüdischer Sündenböcke zwecks Vertuschung der eigenen Schuld empfunden.

Die Juden hatten nicht nur die zahlreichen menschlichen Verluste zu verarbeiten, sondern auch die Traumata, die sie im Krieg erlitten hatten. Sie mußten ihre Existenz völlig neu aufbauen, mit wenig Hilfe und noch weniger Anteilnahme. Ihre Geschichte konnten sie vor allem beim Psychiater loswerden, das heißt sofern man überhaupt dazu imstande und willens war zu reden. In der Tabuatmosphäre, die die fünfziger Jahre prägte, blieb sie verdrängt, und die dadurch unverarbeitete Vergangenheit trennte Juden und Nichtjuden. Der Nichtjude wurde seine Schuldgefühle gegenüber dem Juden los durch hartes Arbeiten und weitgehende Verdrängung von allem anderen, die Juden fühlten sich schuldig gegenüber den Juden, die nicht überlebt hatten. Es waren dies die Jahre des großen Schweigens, und wenn man schon von Krieg sprach, dann vom kalten Krieg.

Sprach man bei seltener Gelegenheit doch vom Krieg von 1940-1945, so nahezu immer in dem Sinn, daß jeder sich im Grunde vorbildlich verhalten und die Schuld ausschließlich bei den verworfenen Nazis gelegen habe. Man hat dabei in den Niederlanden sehr lange Zeit übersehen, daß kein anderes Land sich so peinlich auf seine Kriegsvergangenheit besonnen hat, und nach wie vor besinnt, wie Deutschland. Die Nazis haben die Juden ausgerottet. Doch in den Niederlanden hat man die Juden bereits während des Krieges abgeschrieben. Und daran änderte sich auch nach dem Krieg nichts. Man hatte sich nicht einmal auf ihre Rückkehr vorbereitet.

Das eitle nationale Selbstverständnis des tolerantesten Volkes auf Erden, das den jüdischen Mitbürgern so »barmherzig« zur Seite gestanden hatte, wurde erst in den sechziger Jahren angekratzt, als eine neue, nach dem Krieg geborene Generation anfing, Fragen zu stellen. In den fünfziger Jahren erschienen Bücher wie *Het bittere kruid* (*Das bittere Kraut*) von Marga Minco, die zahlreiche Neuauflagen erlebten. Es dauerte jedoch zwanzig Jahre, ehe 1965 ein historisches Werk erschien, das die Leute ansprach und kein Blatt vor den Mund nahm, nicht zuletzt, weil eine neue, gegen die Obrigkeit rebellierende Generation dafür aufgeschlossen war: *Ondergang: De vervolging en verdelging van het Nederlandse Jodendom 1940-1945* (Untergang: Die Verfolgung und Vernichtung des niederländischen Judentums 1940-1945) von Jacques Presser.

Presser benötigte keine vergleichenden Modelle, Strukturanalysen und andere methodologischen Kunststückchen, um das Verständnis des Geschehenen zu erhellen und Ursache und Wirkung zu erklären. Geschichtsschreibung ist die subjektiv geschriebene Erzählung über Menschen in der Zeit. Im vollen Bewußtsein des eigenen, jüdischen Betroffenseins nahm Presser die »Wirkung« als Ausgangspunkt: die jüdischen Opfer, die ihn wie von selbst zu der

»Ursache« führten; denn wo Opfer sind, sind nun einmal auch Schuldige. Mit einem emphatischen »mea culpa« durchbrach er die Mythenbildung um die »heroische« Haltung der niederländischen Eliten gegenüber den Juden während des Zweiten Weltkrieges.

Eines der Ziele der Geschichtsschreibung ist es, die Erinnerung wachzuhalten. Damit man nicht vergißt. »Nicht Rachsucht treibt uns an, sondern der Drang nach Gerechtigkeit«[609], schrieb der russisch-jüdische Schriftsteller Ilja Ehrenburg am Ende des Zweiten Weltkrieges. »Die Schatten derer, die zu Tode gefoltert worden sind, begleiten uns auf unserem Weg. Sie erheben sich aus Gräbern, Gruben, Wassergräben, aus Öfen, aus Brennesseln, aus ungelöschtem Kalk. Sie alle liebten das Leben, diese Juden aus ganz Europa. Sie liebten das Sonnenlicht und die Blumen. Und ihre Schatten flüstern uns zu: ›Vergeßt es nicht‹.«

Anmerkungen

1 Louis de Jong, *Het Koninkrijk der Nederlanden in de Tweede Wereldoorlog: Voorspel*, S. 428.
2 F. T. Birchall, Vorwort zu Bella Fromm, *Blood and Banquets*, der englischen Originalausgabe von *Als Hitler mir die Hand küßte*.
3 A. F. Manning, *Buitenlandse reacties op de »Machtsübernahme«*, S. 14f.
4 E. A. Mowrer, *Germany puts the clock back*, S. 245.
5 Ebenda, S. 246.
6 Ebenda, S. 247.
7 Ebenda, S. 248.
8 Ebenda, S. 254.
9 Ebenda, S. 21.
10 Ebenda, S. 257.
11 Ebenda, S. 258.
12 Philip Metcalfe, *Berlin 1933: das Jahr der Machtergreifung*, S. 140f.
13 Bella Fromm, S. 196-199.
14 B. Blau, *Das Aufnahmerecht für die Juden in Deutschland 1933-1945*.
15 H. Wielek, *»30 jaar geleden«*, S. 5.
16 Johan Huizinga, *Holländische Kultur im 17. Jahrhundert*, S. 75, 74.
17 *Handelingen van de Staten-Generaal 1918-1919*. Den Haag, Ter Algemeene Landsdrukkerij 1919. Suppl., Bl. 6, S. 13. *De Telegraaf*, 10. 12. 1918. 26. Jg., Nr. 10.321, S. 2. *De Telegraaf*, 16. 10. 1918. 26. Jg., Nr. 10.327, S. 1.
18 *Handelingen van de Staten-Generaal 1918-1919*. Suppl., Bl. 9, S. 19.
19 Ebenda, Bl. 8, S. 17.
20 Ebenda.
21 *Index of War Cabinet Minutes: September to December 1939-81 (39)*, Nr. 7, S. 106. Londen, Public Record Office CAB 65/2.
22 Bob Moore, *Refugees from Nazi Germany in the Netherlands 1933-1940*, S. 3.
23 H. Wielek, S. 5. S. a. C. K. Berghuis, *Joodse vluchtelingen in Nederland 1938-1940*, S. 153. Note van Lier, 14. 2. 1940.
24 *Inventaris van de archieven van organen ressorterende onder het Ministerie van Binnenlandse Zaken*, S. 9.
25 C. K. Berghuis, *Joodse vluchtelingen in Nederland*. Anhang C: Rundschreiben vom 7. 5. 1938, S. 223 f.

26 Berghuis. Die Akten im Bündel sind immer wieder mit dem Vermerk »Geheim« oder »Vertraulich« versehen.
27 Bis August 1939 war ein Einfluß der linksgerichteten Parteien, die nicht in der Regierung vertreten waren, kaum vorhanden.
28 L. C. Vrooland, *Geen tijd voor tranen*, S. 43.
29 *Inventaris van de archieven ...*, S. 9f.
30 Berghuis, S. 97f.
31 D. Mulder und B. Prinsen (Hg.), *Uitgeweken*, S. 59f.
32 Berghuis, S. 99.
33 Berghuis weist dies sowohl im bereits angeführten Buch wie auch in ihrem Aufsatz »Tot de verkeerde plek gedwongen«, in Mulder und Prinsen (Hg.), sehr überzeugend nach.
34 Gordon Thomas und Max Morgan-Witts, *Das Schiff der Verdammten. Die Irrfahrt der St. Louis*. S. a. Gustav Schröder, *Heimatlos auf hoher See*.
35 Berghuis, S. 28.
36 Vrooland, S. 121-126.
37 Berghuis, S. 150.
38 Ebenda.
39 Berghuis, »Tot de verkeerde plek gedwongen«, S. 69.
40 Johan de Vries, *Geschiedenis van de Nederlandsche Bank v. 1914-1948*. Amsterdam, Nederlands Instituut voor het Bank- en Effectenbedrijf, 1989, S. 110.
41 Berghuis, *Joodse vluchtelingen in Nederland*, S. 170.
42 Ebenda, S. 171.
43 Ebenda.
44 Ebenda, S. 172.
45 H. van Galen Last, »Een Erasmiaanse geest tegenover het Derde Rijk«, S. 31-41.
46 Entlehnt sind diese Auflagenzahlen H. van Galen Last, *De grens is als een traliehek voor een dierenkooi: Berichtgeving over Joodse vluchtelingen in de Nederlandse dagbladpers 1933-1939*. S. a. 1989, S. 3.
47 Frank van Vree, *De Nederlandse pers en Duitsland 1930-1939*.
48 R. Hagoort, »Dr. Colijn als journalist en volksredenaar«, in *Een groot Vaderlander*, S. 91.
49 Van Vree, S. 310-319 und 351f.
50 Für *Het Volk* schrieben meinungsbildende Parteimitglieder wie Henri Polak, J. F. Ankersmid und A. B. Kleerekoper.
51 Van Vree, S. 346.
52 Van Galen Last, S. 31-41.
53 Van Vree. *De Standaard*: S. 285, 318-322 und 325; *NRC*: S. 298 und 316; *Het Volk*: S. 321 und 326; *De Maasbode*: S. 330.
54 Wilhelmina, *Einsam und doch nicht allein*, S. 237f.
55 Van Vree, S. 332 f.

56 Ebenda, S. 232.
57 A. F. Manning, *Buitenlandse reacties op de »Machtübernahme«*, S. 14f.
58 L. Fuks et al., *Joodse pers in de Nederlanden en in Duitsland 1674-1940*, S. 20-47.
59 Ebenda, S. 6 und 8.
60 *De Joodsche Wachter.*
61 *Nieuw Israëlitisch Weekblad.* Bis 1939 antizionistisch. Auflage 1938: 15 000. S. a. C. Wiering, *Gids voor adverterend Nederland 1938*. Amsterdam, Advertentie Bureau, 1939.
62 *Centraal Blad voor Israëliten in Nederland.* Orthodox, mit dem Zionismus sympathisierend. Die Auflage im Jahr 1938 läßt sich nicht mehr ermitteln.
63 Fritz Bernstein unterschrieb mit den Initialen F.B., vielleicht weil er Immigrant war. Er war in den Jahren 1930-1934 Vorsitzender des Nederlandse Zionistenbond.
64 *De Joodsche Wachter*, 3. 2. 1933. 29. Jg., Nr. 5, S. 17.
65 Ebenda.
66 Ebenda.
67 Ebenda.
68 Ebenda, S. 18.
69 *NIW*, 3. 2. 1933. 68. Jg., Nr. 39, S. 5.
70 *NIW*, 17. 2. 1933. 68. Jg., Nr. 41, S. 5.
71 Ebenda.
72 *NIW*, 3. 3.1 933. 68. Jg., Nr. 43, S. 5.
73 *NIW*, 10-3-1933. 68. Jg., Nr. 44, S. 5.
74 *Centraal Blad*, 3. 2. 1933. 49. Jg., Nr. 49, S. 1.
75 *Centraal Blad*, 10. 2. 1933. 49. Jg,. Nr. 50, S. 10.
76 *De Joodsche Wachter*, 3. 3. 1933. 29. Jg., Nr. 9, S. 35.
77 Ebenda.
78 *De Joodsche Wachter*, 17. 2. 1933. 29. Jg., Nr. 7, S. 27.
79 Zu den vielen, die nicht an die Schuld Marinus van der Lubbes im Zusammenhang mit dem Reichstagsbrand glaubten, zählte der Großindustrielle Thyssen. Dieser hatte nicht nur die Verbindung zwischen Hitler und nordrheinwestfälischen Großindustriellen hergestellt, sondern auch der NSDAP persönlich eine Million Mark geschenkt. Er kannte die NSDAP-Spitze, auch in seiner Eigenschaft als Reichstagsabgeordneter. Mit Göring war er sogar eine Zeitlang eng befreundet; er wurde von diesem zum Mitglied auf Lebenszeit des preußischen Staatsrates ernannt. Thyssen behauptet zu wissen, daß der Reichstagsbrand von Hitler und Göring organisiert worden war als Vorwand, um sich ihre politischen Gegner vom Hals zu schaffen. S. Fritz Thyssen, *I paid Hitler*, S. 66, 132-134 und 158.
80 *De Joodsche Wachter*, 10. 3. 1933. 29. Jg., Nr. 10, S. 39.
81 *De Joodsche Wachter*, 17. 3. 1933. 29. Jg., Nr. 11, S. 43.
82 Ebenda, S. 44.

83 *De Joodsche Wachter*, 24. 3. 1933. 29. Jg,. Nr. 12.
84 *NIW*, 3. 3. 1933. 68. Jg., Nr. 43, S. 5.
85 *NIW*, 17. 3. 1933. 68. Jg., Nr. 45, S. 1.
86 Ebenda.
87 *NIW*, 24. 3. 1933. 68. Jg., Nr. 46, S. 5: zweites Blatt.
88 *NIW*, 31. 3. 1933. 68. Jg., Nr. 47, S. 1.
89 *Centraal Blad*, 10. 3. 1933. 49. Jg., Nr. 2, S. 1.
90 *Centraal Blad*, 17. 3. 1933. 49. Jg., Nr. 3, S. 1.
91 *Centraal Blad*, 31. 3. 1933. 49. Jg., Nr. 5, S. 1.
92 Ebenda.
93 Auf 60 Millionen Deutsche kamen 600000 Juden in Deutschland: ein Prozent.
94 *De Joodsche Wachter*, 7. 4. 1933. 29. Jg., Nr. 14, S. 59f.
95 *NIW*, 7. 4. 1933. 68. Jg., Nr. 48, S. 5.
96 Ebenda.
97 *Centraal Blad*, 7. 4. 1933. 49. Jg., Nr. 6, S. 3.
98 *Centraal Blad*, 5. 5. 1933. 49. Jg., Nr. 10, S. 1.
99 *Centraal Blad*, 21. 4. 1933. 49. Jg., Nr. 8, S. 1.
100 *Centraal Blad*, 28. 4. 1933. 49. Jg., Nr. 9, S. 1.
101 De Jong, *Het Koninkrijk der Nederlanden in de Tweede Wereldoorlog: Voorspel*, S. 414f.
102 *De Joodsche Wachter*, 20. 9. 1935. 31. Jg., Nr. 38, S. 293 f.
103 *De Joodsche Wachter*, 27. 9. 1935. 31. Jg., Nr. 39, S. 309.
104 Ebenda.
105 *NIW*, 2. 8. 1935. 71. Jg., Nr. 13, S. 3.
106 *NIW*, 22. 11. 1935. 70. Jg., Nr. 29, S. 17.
107 Ebenda.
108 *Centraal Blad*, 19. 9. 1935. 51. Jg., Nr. 30, S. 1f.
109 Ebenda, S. 5.
110 Ebenda.
111 *Centraal Blad*, 26. 9. 1935. 51. Jg., Nr. 31, S. 19.
112 Ebenda, S. 6.
113 Ebenda, S. 21.
114 *De Joodsche Wachter*, 11. 11. 1938. 34. Jg., Nr. 45, S. 268.
115 Ebenda, S. 273.
116 *De Joodsche Wachter*, 25. 11. 1938. 34. Jg., Nr. 47, S. 293.
117 Die zionistische Sicht ist: »Der Zionismus strebt einen eigenen, durch internationales Recht garantierten Staat für das jüdische Volk in Palästina an.«
118 Im Mai 1939 lebten noch mehr als 300000 Juden in Deutschland: die Hälfte der ursprünglichen jüdischen Bevölkerung.
119 *De Joodsche Wachter*, 25. 11. 1938. 34. Jg., Nr. 47, S. 292f.
120 *NIW*, 11. 11. 1938. 74. Jg., Nr. 28, S. 5.
121 *NIW*, 18. 11. 1938. 74. Jg., Nr. 29, S. 1.

122 Ebenda, S. 9.
123 Ebenda, S. 12.
124 Ebenda.
125 Ebenda, S. 10.
126 Ebenda, S. 9.
127 *NIW*, 25. 11. 1938. 74. Jg., Nr. 30, S. 12.
128 Ebenda, S. 16.
129 Lediglich 7000 deutsche und österreichische Juden.
130 *NIW*, 2. 12. 1938. 74. Jg., Nr. 31, S. 1.
131 *Centraal Blad*, Sonderausgabe 15 .9. 1938, S. 2.
132 Ebenda, S. 3.
133 *Centraal Blad*, 17. 9. 1938. 54. Jg., Nr. 38, S. 1 und 8.
134 *Centraal Blad*, 24. 11. 1938. 54. Jg., Nr. 39, S. 2.
135 *Centraal Blad*, 1. 12. 1938. 54. Jg., Nr. 40, S. 1.
136 *Centraal Blad*, 8. 12. 1938. 54. Jg., Nr. 41, S. 1.
137 Ebenda. 2.
138 G. W. B. Borrie, *Monne de Miranda*.
139 M. H. Gans, *Memorboek*, S. 837.
140 Ebenda, S. 768.
141 Berghuis, *Vluchtelingen in Nederland*, S. 24f. Brief einer Privatperson an Königin Wilhelmina, 14. 11. 1938. Den Haag, Archief Raad van Ministers Nr. 399, Kabinetstuk 503, ARA II.
142 *centraal Blad*, 7. 4. 1933. 49. Jg., Nr. 6, S. 10.
143 *NIW*, 25. 8. 1933. 69. Jg., Nr. 16, S. 5.
144 Ebenda. 9.
145 A. den Doolaard, *Wapen tegen wapen*. S. a. A. den Doolaard, *Het Hakenkruis over Europa*.
146 *Stemmen van Nederlanders over de behandeling der Joden in Duitsland*.
147 David Cohen, *De Duitsche Jodenhaat in woord en beeld*.
148 Van Galen Last, »Een Erasmiaanse geest tegenover het Derde Rijk«, S. 34. S. a. W. Klinkenberg, *Prins Bernhard*, S. 73-99.
149 *NIW*, 9. 12. 1938. 74. Jg., Nr. 32, S. 5.
150 »Hoe heeft de Commissie gewerkt en van waar zijn de haar verstrekte inlichtingen afkomstig?« (Wie hat die Kommission gearbeitet und woher stammen ihre Informationen?) Aus dem Inhalt geht hervor, daß dieser Bericht von einem höheren Beamten des Grenzschutzes verfaßt worden ist. Den Haag, Archief Ministerie van Justitie 1915-1955. ARA Inv. Nr. 16752 (Aktennr. 113-118).
151 Ebenda, S. 1.
152 Ebenda.
153 Ebenda, S. 2.
154 Ebenda.
155 Ebenda, S. 3.
156 Ebenda.

157 Ebenda, S. 4.
158 J. P. Kruyt, »Het Jodendom in de Nederlandse samenleving«, S. 190-228.
159 M. H. Gans, S. 793.
160 A. Helman, *Millioenenleed*.
161 Die Abendausgabe der Haager sozialistischen Tageszeitung *Vooruit* druckte Teile aus Telders' Aufsatz in *De Gids* ab, darunter die angeführten Schlußsätze. Den Haag, Archief Ministerie van Justitie 1915-1955. ARA Inv. Nr. 16752 (Aktennr. 119).
162 *NIW*, 7. 4. 1933. 68. Jg., Nr. 48, S. 13 f.
163 David Cohen, *Zwervend en Dolend*, S. 25.
164 *De Joodsche Wachter*, 27. 9. 1935. 31. Jg., Nr. 39, S. 309.
165 Cohen, S. XIV, XV.
166 Ebenda, S. 9.
167 Ebenda, S. 12.
168 Cohen, S. 14-19.
169 Gans, S. 762.
170 Cohen, *De Duitsche Jodenhaat in woord en beeld*, S. 65.
171 Ebenda, S. 66.
172 Ebenda.
173 Gans, S. 764.
174 Cohen, S. 68.
175 A .J. Herzberg, »Kroniek der Jodenvervolging«.
176 Ebenda, S. 14.
177 *De Vrijdagavond*, 26. 9. 1924. 1. Jg., Nr. 27. S. a. M. H. Groothand, »In memoriam prof. dr. D. Cohen«, in Folia Civitatis, 4. 11. 1967, S. 5.
178 Lindwer, *Het fatale dilemma*, S. 37.
179 Ebenda, S. 37.
180 Ebenda, S. 40.
181 Ebenda, S. 39.
182 Ebenda, S. 65.
183 Interview Nanda van der Zee mit M. Bolle am 12. 10. 1995 in Jerusalem. M. Bolle arbeitete damals als Sekretärin von Henri Eitje für den Joodse Raad.
184 Jacques Presser, *Ondergang* Teil I, S. 512.
185 Mitglieder waren Henri Eitje und Gertrude van Thijn-Cohn.
186 Cohen, *Zwervend en Dolend*.
187 Lindwer, S. 172.
188 Ebenda, S. 150. Dr. A. van der Laan war wohlgemerkt ehemaliger Abteilungsleiter für das Marktwesen der Stadt Amsterdam. Innerhalb des Joodse Raad fungierte er als Leiter der Abteilung Lebensmittelversorgung.
189 I. Kisch, Buchbesprechung von *Zwervend en Dolend*, in *Studia Rosenthaliana*, Bd. III, Nr. 2 (Juli 1969), S. 258 ff.

190 Ebenda, S. 260.
191 Das Typoskript dieser Erinnerungen wird im Rijksinstituut voor Oorlogsdocumentatie (RIOD) aufbewahrt. In einer Sonderausgabe des *NIW* vom Mai 1982 wurden die »Herinneringen« nahezu vollständig veröffentlicht.
192 *Centraal Blad*, 7. 4. 1933. 49. Jg., Nr. 6, S. 10.
193 I. Lipschits, *100 jaar NIW*. Amsterdam 1966, S. 272f.
194 Im Original wird der Ausdruck »risjes maken« verwendet, was in etwa bedeutet: »durch sein Tun antijüdische Gefühle erregen«, vgl. H. Beem, *Resten van een taal*. Amsterdam 1992^3, S. 102.
195 Gans, S. 765.
196 Cohen, *Zwervend en Dolend*, S. 253.
197 Lindwer, S. 111, 149, 169 und 181.
198 Melkman, »David Cohen«, in *Studia Rosenthaliana* Bd. IV, Nr. 1 (Januar 1970), S. 222-225.
199 »Durch die Vermittlung von Truus Wijsmuller und Gertrude van Thijn konnten allerdings 75 Flüchtlingskinder aus dem Burgerweeshuis mit Zustimmung der Fremdenpolizei zum Schiff gebracht werden. Dort fiel auf, wieviel mehr Menschen als zugelassen Platz gehabt hätten.« G. van Thijn-Cohn, *Bijdrage tot de geschiedenis der Joden in Nederland van 10 mei 1940 tot juni 1944*, S. 4. Van Thijn-Cohn verfaßte diesen unveröffentlichten Bericht im Auftrag des Direktors der Europa-Abteilung des American Jewish Joint Distribution Committee.
200 S. J. R. de Monchy, *Twee ambtsketens*, S. 251 f.
201 Herzberg, S. 11 f.
202 Bereits 1915, im Alter von 44 Jahren, war Visser Richter am Obersten Gerichtshof. 1939 wurde er zum Vorsitzenden des Obersten Gerichtshofes der Niederlande ernannt.
203 Van Thijn-Cohn, *Bijdrage*, S. 12.
204 »Anordnungen« waren Bekanntmachungen, während Beschlüsse Seyss-Inquarts »Verordnungen« genannt wurden.
205 Jozeph Michman, »De briefwisseling tussen mr. L. E. Visser en prof. dr. D. Cohen«, in *Studia Rosenthaliana*, Bd. VIII, Nr. 1 (Januar 1974), S. 107-131.
206 Ebenda, S. 110-119.
207 Mit »Permanente Commissie« meint L.E. Visser die »Ständige Kommission« des »Nederlands Israëlitisch Kerkgenootschap«, des Dachverbandes der niederländischen aschkenasischen Gemeinden.
208 Michman, S. 127f.
209 Ebenda, S. 129.
210 Ebenda, S. 129f.
211 Weitere Mitglieder waren, wie am 11. April 1941 in *Het Joodsche Weekblad* in dieser Form genannt: J. Arons (Arzt), N. de Beneditty (Richter), A. van den Bergh (Notar), A. B. Gomperts (Anwalt), I. de Haan, A. de Hoop (Direktor Nederlandse Bioscoopbond, Mitbegründer des Bio-Vakantieoord), M. L.

Kan (Vorsitzender NZB), I. Kisch (Universitätsdozent), A. Krouwer (Direktor Handelsmaatschappij Europa-Azië), S. J. van Lier (Stadtsekretär Amsterdam), A.J. Mendes da Costa (ehemaliger Sekretär der Portugiesisch-Israelitischen Gemeinde), Prof. Dr. J. L. Palache (Universitätsprofessor und Vorsitzender der Portugiesisch-Israelitischen Gemeinde), Dr. M. I. Prins, L. H. Sarlouis (Oberrabbiner der Niederländisch-Israelitischen Hauptsynagoge), Dr. D. M. Sluijs (Sekretär der Niederländisch-Israelitischen Hauptsynagoge Amsterdam), A. Soep Bzn. (Diamanthändler), Is. Voet (ehemaliger Vorsitzender ANDB), Dr. I. H. J. Vos (Arzt, Mitglied der Zweiten Kammer, ehemaliger Fraktionsvorsitzender der Liberale Staatspartij und Stadtrat in Amsterdam).

212 Jozeph Michman, »Historiography of the Jews in the Netherlands«, in *Dutch Jewish History*, Jerusalem 1984, S. 27, Anm. 35.

213 Presser, *Ondergang* Teil I, S. 81.

214 Ebenda, S. 82.

215 Lindwer, *Het fatale dilemma*, S. 225.

216 Wachter, »Dwaas tegen dom«, in *De Joodsche Wachter*, 10. 10. 1945. 37. Jg., Nr. 1, S. 8.

217 K. P .L. Berkley, *Overzicht van het ontstaan, de werkzaamheden en het streven van den Joodsche Raad voor Amsterdam.*

218 Ebenda, S. 13.

219 Ebenda, S. 14.

220 Ebenda, S. 49.

221 Michman, »Historiography of the Jews in the Netherlands«, S. 26f., Anm. 34.

222 K. P. L. Berkley (S. 9) erwähnt einen Betrag in Höhe von Hfl. 1 200 000,–.

223 Berghuis, *Joodse vluchtelingen in Nederland 1938-1940*, S. 171.

224 Berkley, S. 9 f.

225 Sam de Wolff, *Voor het land van belofte*, S. 96-103. Meyer de Hond war eine solche Ausnahme.

226 De Wolff, S. 255-294.

227 Van Thijn-Cohn, S. 9.

228 Ebenda, S. 6. Michman spricht von einem Betrag in Höhe von zwei Millionen Gulden, vermutlich gesammelt um die Zeit der Errichtung des Joodse Raad am 13. Februar 1941. S. Jozeph Michman, »Supplements and Corrigenda«, in *Yad Vashem Bulletin* 17 (April-Mai 1962), S. 32, Punkt 7.

229 Van Thijn-Cohn, S. 6. S. a. Presser, *Ondergang*, Teil I, S. 472. Nachträglich sind Gertrude van Thijn-Cohn Unstimmigkeiten in ihrem Bericht vorgeworfen worden, insbesondere dort, wo es um bestimmte Personen geht. Selbstverständlich wollte auch sie noch vor dem Ende des Krieges Rechenschaft ablegen beziehungsweise ihre enge Verbindung zum Joodse Raad »reinwaschen«, wie in ihrem »heldenhaften« Bericht nachzulesen. Gleichwohl hielt ich es für gerechtfertigt, sie hier als Quelle zu zitieren, da es um Fakten finanzieller Art und nicht um persönliche Angelegenheiten geht.

230 Presser, S. 454 ff.
231 Lindwer, S. 29. S. a. Michman, »The Controversial Stand of the Joodse Raad in the Netherlands«, in *Yad Vashem Studies*, Bd. X, Jerusalem 1974, S. 111-114.
232 M. Kopuit (Hg.), *De herinneringen van prof. dr. David Cohen*, S. 24.
233 Ebenda, S 26.
234 Ebenda, S. 27.
235 Ebenda, S. 26.
236 J. Th. M. Houwink ten Cate, »Het jongere deel«, S. 9.
237 Eine »Sperre« war eine Erklärung, aus der hervorging, daß man für Deportation nicht in Betracht kam.
238 Lindwer, S. 60, 61 und 73.
239 Ebenda, S. 86.
240 Houwink ten Cate, S. 39.
241 Van Thijn-Cohn, S. 44 f.
242 Van Thijn-Cohn, S. 45 f. Übrigens sei an dieser Stelle darauf hingewiesen, daß »das« Proletariat ein durchaus vielschichtiges, heterogenes Gebilde war; s. Ph. Bregstein und S. Bloemgarten, *Herinneringen aan Joods Amsterdam*, Amsterdam 1978, S. 121-185. S. a. Sam de Wolff, *Voor het land van belofte*, S. 90-117.
243 *The Eichmann Trial*, Bd. 2, Sitzung Nr. 34, S. 609-621: Zeugenaussage von Joop Melkman, heute Jozeph Michman, S. 611.
244 Ebenda, S. 612.
245 Ebenda.
246 De Wolff, *Geschiedenis der Joden in Nederland, laatste bedrijf*, Amsterdam 1946, S. 35.
247 Kopuit (Hg.), S. 14.
248 Presser, »Een feit en een paar documenten«, in *Maatstaf*, April 1959. 7. Jg., Nr. 1, S. 70.
249 *NIW*, 5. 8. 1938. 74. Jg., Nr. 14, S. 5.
250 De Wolff, S. 64.
251 Van Thijn-Cohn, S. 22.
252 Lindwer, S. 58 und 171.
253 Anne Frank, *Tagebuch*, S. 64.
254 Houwink ten Cate, S. 34.
255 Diese Abteilung, die Expositur, unterhielt die täglichen Kontakte zu den Deutschen. »Expositur« ist der österreichische Begriff für »Außenstelle« oder »Vermittlungsstelle«.
256 Lindwer, S. 103 f.
257 Nanda van der Zee, *Jacques Presser*, S. 107.
258 Viktor Klemperer, *Ich will Zeugnis ablegen bis zum letzten*, S. 47.
259 Ebenda, S. 259.
260 Ebenda, S. 335.

261 S. Muller-Madej, *Door de ogen van een kind*, S. 155.
262 Jenny Gans-Premsela, *Vluchtweg*, S. 29.
263 Ebenda, S. 58.
264 Ebenda, S. 21 f. Bestätigt fand sich dies in einem Interview mit Nanda van der Zee am 5. 11. 1995.
265 Van Thijn-Cohn, S. 19.
266 W. Warmbrunn, *Nederlanders onder Duitse bezetting 1940-1945*, S. 175.
267 Kopuit (Hg.), *De herinneringen van prof. dr. David Cohen*, S. 14.
268 Ebenda, S. 15.
269 Ebenda, S. 16.
270 Ebenda, S. 17.
271 Ebenda, S. 22.
272 Ebenda, S. 21.
273 Kopuit, »Redding uit Crèche was geheim van velen«, in *NIW*, 17.12.1982, S. 9.
274 Kopuit (Hg.) (wie Anm. 267), S. 3.
275 *NIW*, 22.7.1938. 74. Jg., Nr. 12, S. 9.
276 Kopuit (Hg.), S. 10.
277 A. Krouwer war zugeordnetes Mitglied des Joodse Raad und gehörte der Kommission für die Kassenverwaltung an. S. a. Lindwer, *Het fatale dilemma*, S. 183 und 203.
278 Lindwer, S. 41.
279 Kopuit (Hg.), S. 1.
280 J. Robinson, *And the Crooked shall be made straight*, S. 151 f. S. a. D. Michmann, »The uniqueness of the Joodse Raad in the Western European context«, in *Dutch Jewish History*, Bd. III, Jerusalem 1993, S. 371.
281 J. Melkman, »David Cohen«, in *Studia Rosenthaliana*, Bd. IV (1970), S. 224.
282 De Wolff, *Voor het land van belofte*, S. 282.
283 Presser, *Ondergang*, Teil II, S. 101-110.
284 Zit. nach de Wolff, S. 279.
285 Lindwer, S. 16.
286 Geheimbericht des deutschen Wirtschaftsbevollmächtigten: *Wirtschaftsbericht über die besetzten Gebiete der Niederlande, Belgien und Luxemburg*, 21. 5. 1940, S. 3. Amsterdam, RIOD, Nürnberger Sammlung N. 83/1.
287 *Nieuws van de Dag*, 9.5.1940. »Oranje en regering in Ballingschap« in *Nederland en de Tweede Wereldoorlog*, Teil 10 (Dokumentation). Amsterdam, Waanders in Zusammenarbeit mit dem RIOD.
288 Parlementaire Enquête Commissie (PEC) 2C, S. 327, Nr. 12728.
289 Ebenda, S. 326, Nr. 12708 und Nr. 12709.
290 Ebenda, S. 326, Nr. 12710.
291 Ebenda, S. 327, Nr. 12712.
292 *Rotterdamsch Nieuwsblad*, 15. 5. 1940. 63. Jg., Nr. 11 000, S. 1.

293 Wilhelmina, *Einsam und doch nicht allein*, S. 247.
294 Ebenda, S. 245.
295 Ebenda.
296 Johan de Vries, *Geschiedenis van de Nederlandsche Bank*, Teil V, S. 260f. (siehe Anm. 52).
297 Political Central Netherlands. London, Public Record Office FO 371/2445, S. 96f. und 105-110.
298 »Dutch honours awarded to British Naval Personnel following operational in and evacuation of Holland«, 8. 7. 1941. London, Public Record Office Adm. 1/11446, S. 717.
299 PEC 2C, S. 359, Nr. 14294.
300 Ebenda, S. 170, Nr. 8659 und S. 171, Nr. 8662.
301 Ebenda, S. 82, Nr. 7412.
302 Ebenda, S. 89, Nr. 7405.
303 Ebenda, S. 90, Nr. 7405.
304 Ebenda, S. 510, Nr. 25613 und Nr. 25614.
305 Ebenda, S. 310, Nr. 12214 und Nr. 12215.
306 Ebenda, S. 311, Nr. 12224.
307 Ebenda, S. 120, Nr. 7940.
308 Ebenda, S. 312, Nr. 12235.
309 A. L. Scholtens, *Overzicht van de wijzigingen in ons staatsrecht 1940-1941*, S. 7.
310 PEC 2C, S. 117, Nr. 7904.
311 *Rotterdamsch Nieuwsblad*, 15.5.1940. Bulletinausgabe, S. 1.
312 Artikel 21 des Grundgesetzes besagt: »Unter keinen Umständen darf der Sitz der Regierung außerhalb des Reichsgebietes verlegt werden«, in J. A. Fruin, *De Nederlandsche Wetboeken*. Den Haag 1940, S. 4.
313 G. Hirschfeld, *Bezetting en collaboratie*. Haarlem 1991, S. 231.
314 Brief Arthur Seyß-Inquarts an H.H. Lammers, 4. 6. 1940. Koblenz, Bundesarchiv R 43 II/739.
315 Zwei Gespräche mit Gertrud Seyß-Inquart, Salzburg, 30. 9. 1952. Louis de Jong, *Jaarboek Rijksinstituut voor Oorlogsdocumentatie*, 1989, S. 129.
316 *De Volkskrant*, 30. 5. 1940. 21. Jg., Nr. 5812, S. 1.
317 *Een groot Vaderlander*, S. 91 f.
318 Arthur Seyß-Inquart, *Vier Jahre in den Niederlanden*. Amsterdam o. J., S. 22.
319 Amsterdam, RIOD, Nürnberger Sammlung Mappe 2/1: *Duits bestuur in Nederland*, S. 2.
320 G.A. van Poelje, »De secretarissen-generaal«.
321 Jacob Harari, *Die Ausrottung der Juden im besetzten Holland*, S. 44.
322 *Verordnungsblatt für die besetzten niederländischen Gebiete*, 5. 6. 1940, S. 5: »Erlaß des Führers über Ausübung der Regierungsbefugnisse in den Niederlanden vom 18. Mai 1940.«

323 Ebenda, S. 7.
324 Seyß-Inquart, S. 57.
325 Ebenda, S. 67-80.
326 *The trial of German major war criminals* Teil 6: 2. 2. 1946 bis 13. 2. 1946. London 1946, S. 16.
327 Wimmer, Generalkommissar für Verwaltung und Justiz, »Anordnung betreffend Einstellungs- und Beförderungsverbot für Personen jüdischen Blutes«, 28. 8. 1940, in E. Althaus, *Die Behandlung der Personalangelegenheiten in den besetzten niederländischen Gebieten.* Den Haag, November 1943[2], S. 172.
328 »Anordnung betreffend Ausdehnung der Anordnung vom 28. August 1940 auf die jüdisch versippten Beamten«, in E. Althaus, S. 173.
329 »Anordnung betreffend Ausscheidung der Juden aus dem öffentlichen Dienst«, 4. 11. 1940, in E. Althaus, S. 173.
330 »Anordnung betreffend die wirtschaftliche Versorgung der aus dem öffentlichen Dienst ausgeschiedenen Personen jüdischen Blutes«, 21. 2. 1941, in E. Althaus, S. 174.
331 A. L. Scholtens, S. 30.
332 K. P. L. Berkley, »Overzicht van de verordeningen en belangrijkste maatregelen in chronologische volgorde«, in *De Joodsche Raad voor Amsterdam*, S. 97-102.
333 *Het Parool*, 23. 8. 1941. Nr. 20, S. 6.
334 *Biografisch Woordenboek van Nederland*, Teil 1, S. 575.
335 Nederlandsche Jurisprudentie 1942, Nr. 271, S. 364.
336 *Handelingen der Tweede Kamer 1946-1947*, S. 331.
337 K .J. Frederiks, *Op de bres 1940-1944*; H.M. Hirschfeld, *Herinneringen uit de bezettingstijd*; N.C.M.A. van den Dries, *De Hooge Raad der Nederlanden tijdens de bezetting*; L. Einthoven, *Heeft de afwezige ongelijk?*
338 »Aanwijzingen«, in J. J. van Bolhuis et al. (Hg.), *Onderdrukking en Verzet*, Nijmegen o. J., S. 394.
339 »Commentaar op de ›Aanwijzingen‹ in geval van een vijandelijke inval, vastgesteld door de Raad van Ministers in mei 1937«, Mai 1943 (Punkt 8). Amsterdam, RIOD, Catalogus van illegale brochures, Nr. 34, S. 6.
340 Ebenda, S. 9.
341 J. J. van Bolhuis et al. (Hg.), S. 386.
342 Ebenda, S. 514.
343 P E. Mazel, *In naam van het recht*, S. 5.
344 D. J. de Geer, *De Synthese in den Oorlog*, S. 15.
345 J. van Soest et al. (Hg.), *De Hoge Raad der Nederlanden 1938-1988*, S. 61.
346 P. E. Mazel, S. 165.
347 J .J. van Bolhuis et al. (Hg.), S. 387.
348 H. C. Posthumus Meijjes, *De Enquêtecommissie is van oordeel ...*, S. 209.

349 G. Hirschfeld, S. 122.
350 Presser, *Ondergang*, Teil II, S. 21.
351 Ebenda, S. 26.
352 R. P. Cleveringa, »Telders' geschriften over Volkenrecht«, in *De Gids*. 112. Jg., Nr. 1, S. 36-65.
353 B. M. Telders, *Verzamelde Geschriften*, Teil 4, S. 364.
354 Brief J. C. Roelofsens an den Generalschatzmeister. PEC 7C, S. 471.
355 PEC 7C, S. 589 Nr. 96364.
356 »Tenzij ... Een ernstig beroep op het geweten van het Nederlandse volk«, Februar 1942. Amsterdam, RIOD, Catalogus van illegale brochures, Nr. 238, S. 4.
357 *Het Parool*, 4.9.1941. Nr. 21, S. 5.
358 Brief von J. Kosters vom 26.6.1940 an den Rektor der Universität Leiden, F. Muller. Archief Senaat en Faculteiten, Documenta Actorum. Leiden, U. B. ASF AB 2, 78. Brief, Nr. 449.
359 PEC 7C, S. 589, Nr. 96363.
360 *Het Parool*, 3. 10. 1941. Nr 24, S. 4.
361 Ebenda.
362 Hirschfeld, S. 152-162.
363 P. T. Lakeman, *Honderd jaar Philips*. S. a. Lakeman, »De oorlog van Frits«, in *De Groene Amsterdammer*, 17.1.1996, S. 4f.
364 L .E. Winkel, *De ondergrondse pers 1940-1945*.
365 B. A. Sijes, *Studies over Jodenvervolging*, S. 136. S. a. Sijes, *De Februaristaking 25-26 februari 1941*.
366 »Het verzet van Joden in Nederland 1940-1945«, in M. C. Brands, J. Haak und Ph. de Vries (Hg.), *Uit het werk van dr. J. Presser*, S. 159.
367 Ebenda, S. 162.
368 *De Joodsche Wachter*, 8. 3. 1946. 37. Jg., Nr. 3, S. 6.
369 H. Colijn, *Op de grens van twee werelden*, S. 52f.
370 Ebenda, S. 53.
371 *Geestelijke vrijheid*, S. 13.
372 Ebenda, S. 11. Zur Nederlandse Gemeenschap, s. Louis de Jong, *Je Maintiendrai IV*, zweite Hälfte, S. 468f.
373 Brief der Vorstandsmitglieder der A. R. Kiesverenigingen in Rotterdam, 22. 7. 1940. Amsterdam, RIOD, Catalogus van illegale brochures, Nr. 297, S. 56.
374 Louis de Jong, *De Nederlandse Unie. Fragmenten uit Het Koninkrijk der Nederlanden in de Tweede Wereldoorlog*. Den Haag 1978, S. 69.
375 J. H. Scheps, *Krachten die onsterfelijk zijn*, S. 17.
376 Colijn, S. 43-44.
377 Einthoven, *Heeft de afwezige ongelijk?*, S. 49.
378 Ebenda, S. 34.
379 Ein Niederländer, »De koerswijziging van de Nederlandsche Unie«,

21.6.1941. Amsterdam, RIOD, Catalogus van illegale brochures, Nr. 114, S. 22.

380 Kopuit (Hg.), *Herinneringen van prof. dr. David Cohen*, S. 5.

381 K. Kwiet, *Rijkscommissariaat Nederland*, S. 36-60. S. a. Kwiet, »Vorbereitung und Auflösung der deutschen Militärverwaltung in den Niederlanden«.

382 G. H. C. Hart, *Het Dagboek van G. H. C. Hart*, S. 30.

383 Vom 17. Juni bis zum 26. August 1942 besuchte Königin Wilhelmina Kanada und die Vereinigten Staaten von Amerika.

384 M. G. Schenk und J. B. Th. Spaan, *De Koningin sprak*, S. 48.

385 Wilhelmina, *Einsam und doch nicht allein*, S. 257.

386 PEC 2AB, S. 195, Nr. 7984.

387 Hart, S. 65 f.

388 PEC 2AB, S. 227, Beilage 126.

389 E. N. van Kleffens, *The Rape of the Netherlands*, S. 73. Erstauflage 7500 Exemplare.

390 Wilhelmina, S. 250 f.

391 Ebenda.

392 Ebenda, S. 251.

393 H. J. Neuman, *Impasse te Londen*, S. 44.

394 Wilhelmina, S. 250. S. a. PEC 2C, S. 267, Nr. 11567.

395 Hart, S. 54 f.

396 *Political Central Netherlands*. London, Public Record Office FO 371/24461, S. 413, 414 und 416.

397 De Jong, *Herinneringen II*, S. 107.

398 H. van Wijnen, *De Prins-gemaal*, S. 86. S. a. Louis de Jong, »Koningin Wilhelmina in Londen 1940-1945«, in *Mededelingen der Koninklijke Nederlandse Academie voor Wetenschappen*, Philologische Abteilung. Neue Folge, Teil 29, Nr. 2, S. 55.

399 Wilhelmina, S. 54.

400 J. G. Kikkert, *Wilhelmina*, S. 9.

401 Files Prime Minister. London, Public Record Office PREMIER 3/221/43A, S. 717 f.

402 G. van der Ham, *Wilhelmina in Londen 1940-1945: Documenten van een regering in ballingschap*, Einführung Aart den Doolaard. Haarlem 1980, S. 7.

403 Ebenda, S. 7.

404 Ebenda.

405 Ein anonymer Geheimdienstler gegenüber Greet Hofmans, laut Interview mit Greet Hofmans in *Het Parool*, 19. 11. 1966.

406 Wilhelmina, S. 71.

407 Erklärung vom 13. Mai 1940. Verlesen wurde diese Erklärung am 14. Mai 1940. In Schenk und Spaan, *De Koningin sprak*.

408 De Jong, S. 108.

409 Van der Ham, S. 8.
410 PEC 2C, S. 488, Nr. 25434.
411 Hart, S. 12.
412 E. Hazelhoff Roelfzema, *Soldaat van Oranje*, S. 117.
413 Hart, S. 30f. und 44.
414 Ebenda, S. 43 f.
415 Wilhelmina, S. 161 f.
416 Schenk und Spaan, S. 22.
417 PEC 2C. In zahlreichen Verhören wird auf die »Sponeck-Akten« verwiesen.
418 Schenk und Spaan, S. 22.
419 Neuman, S. 37. S. a. PEC 2AB, S. 182, Beilage 97.
420 PEC 2AB, S. 158, Beilage 78.
421 PEC 2C, S. 100, Nr. 7702.
422 *De Nederlandsche verliescijfers in den Oorlog*: »Eine offizielle Veröffentlichung gab die niederländischen Verlustzahlen wie folgt an: 2890 Gefallene, 6889 Verwundete, 29 Vermißte und 617 Tote beim Bombenangriff auf Rotterdam.« G. Ballintijn, *Data, feiten, documenten*, S. 78.
423 De Jong, S. 108.
424 PEC 2AB, S. 150, Beilage 73.
425 De Jong, S. 108.
426 PEC 2C, S. 101, Nr. 7708.
427 Ebenda, S. 161, Nr. 14345.
428 Ebenda, S. 533, Nr. 25797 und S. 209, Nr. 9099.
429 De Jong, S. 108.
430 PEC 2C, S. 267, Nr. 11547.
431 Schenk und Spaan, S. 28. Vgl. auch Radio Oranje, Übertragung vom 12. 9. 1940. Amsterdam, RIOD.
432 De Jong, S. 133.
433 Schenk und Spaan, S. 21.
434 »Oranje en regering in ballingschap«, S. 234 und 238 (s. Anm. 299).
435 M. H. Brave-Maks, *De Koningin in Londen*. Brave-Maks schrieb damals die königlichen Ansprachen unter Aufsicht Königin Wilhelminas ins Reine.
436 Schenk und Spaan, S. 56, 88 und 117.
437 Ebenda, S. 88.
438 Während der beiden ersten Monaten, in denen die Deportationen anfingen, Juli und August 1942, hielt sie sich noch in Kanada und Amerika auf.
439 *Troonredes, openingsredes, inhuldigingsredes 1814-1963*, Einführung E. van Raalte. Den Haag 1964, S. 262.
440 Ebenda, S. XXXVI-XL.
441 Laut Radio Oranje betrug die »offizielle Zahl« der auf London eingestellten Rundfunkgeräte im Frühjahr 1942 »eine Million 143 Tausend«; Radio Oranje, Übertragung vom 29. 3. 1942.

442 Schenk und Spaan, S. 117. Vgl. auch Radio Oranje, Übertragung vom 31. 12. 1943.
443 Danuta Czech, *Kalendarium der Ereignisse im Konzentrationslager Auschwitz-Birkenau 1939-1945*, S. 744.
444 Kurze Erklärung Königin Wilhelminas während einer Pressekonferenz von Präsident Roosevelt in Washington, zitiert in Radio Oranje in der Übertragung vom 7. 8. 1942.
445 Czech, S. 801.
446 Schenk und Spaan, S. 36. Vgl. auch Radio Oranje, Übertragung vom 10. 4. 1941.
447 J. Schelvis, *Lijst van weggevoerde Joden uit Nederland*. Hooghalen, Herinneringscentrum Kamp Westerbork o. J.
448 Van der Ham, S. 11.
449 Jaap Burger, *Oorlogsdagboek*, S. 178.
450 Radio Oranje, Übertragung vom 12. 9. 1940.
451 De Jong, S. 109.
452 Schenk und Spaan, S. 29.
453 R. J. J. Stevens, L. J. Giebels und P .F. Maas (Hg.), *De formatiedagboeken van Beel 1945-1973*, S. 38-41.
454 De Jong, S. 120f.
455 Ebenda, S. 119.
456 Ebenda, S. 118.
457 *Troonredes ...*, S. XXXVII.
458 De Jong, S. 123.
459 Schenk und Spaan, S. 51.
460 Das Sekretariat des Kring van Nederlandse Joden in Engeland befand sich in der Park Lane Nr. 7. Zu den Vorstandsmitgliedern zählte unter anderem der Autor Siegfried van Praag.
461 De Jong, S. 135.
462 Ebenda, S. 127.
463 NIW, 22. 5. 1936. 72. Jg., Nr. 3, S. 1.
464 I. Lipschits, *100 jaar NIW*, S. 147 (s. Anm. 205).
465 NIW, 8. 9. 1933. 67. Jg., Nr. 15, S. 1.
466 M. H. Gans, *Memorboek*, S. 784.
467 Ebenda.
468 NIW, 8. 9. 1933. 67. Jg., Nr. 15, S. 1.
469 I. Lipschits, S. 153.
470 Die Ausnahme betraf Anna Pawlowna, die Schwester des russischen Zars, die mit Willem II. verheiratet war.
471 Vers aus der niederländischen Nationalhymne »Het Wilhelmus«, aller Wahrscheinlichkeit nach komponiert von Marnix van Sint-Aldegonde für Willem van Oranje, der von »duitschen bloet« war (1533-1584).
472 Lipschits, S. 161.

473 A. F. Manning, »De buitenlandse politiek van de Nederlandse regering in Londen tot 1942«, in *Tijdschrift voor Geschiedkunde* 91 (1978), S. 49-65.
474 Wilhelmina, *Einsam und doch nicht allein*, S. 258.
475 Manning, S. 64f.
476 H. C. Posthumus Meijjes, *De Enquêtecommissie is van oordeel* ..., S. 80.
477 PEC 2A, S. 262: Schlußbetrachtung.
478 R. D. Haslich, *Netherlands World Broadcasting*, S. 48. S. a. *Vrij Nederland*, 9. 8. 1941. 2. Jg., Nr. 2, S. 57.
479 Radio Oranje, Übertragung vom 28. 7. 1940.
480 A. van Pelt in einer Rundfunkrede; Radio Oranje, Übertragung vom 28. 7. 1941.
481 Ergebnisse einer Meinungsumfrage der Nederlandse Stichting voor Statistiek, in *Elseviers Weekblad*, 10. 8. 1946.
482 B. Witek, *Der britische Ätherkrieg gegen das Dritte Reich*.
483 H. J. van den Broek, *Hier Radio Oranje*.
484 Haslich, *Netherlands World Broadcasting*, S. 53 f.
485 Louis de Jong, *Je Maintiendrai I*. Erstausgabe November 1941.
486 De Jong, *Holland fights the Nazis*.
487 De Jong, *Je Maintiendrai I*, S. 6.
488 De Jong, *Herinneringen II*, S. 125.
489 De Jong, *Je Maintiendrai IV*, S. 160. Erstausgabe November 1945.
490 De Jong, *Herinneringen II*, S. 128.
491 *Het Parool*, 26. 7. 1941. Nr. 18, S. 5.
492 *Het Parool*, 11. 9. 1941. Nr. 22, S. 4.
493 *Het Parool*, 10. 10. 1941. Nr. 25, S. 3 f.
494 *Vrij Nederland*, Januar 1942. 3. Jg., Nr. 8, S. 6.
495 J. Koopman, »Bijna te laat«, in Th. Delleman, *Opdat wij niet vergeten*. Kampen 1950, S. 675-682.
496 De Jong, *Je Maintiendrai II*, S. 124.
497 De Jong, *Drie voordrachten aan de Harvard Universiteit*, S. 13 f.
498 P. S. Gerbrandy, »De jongste maatregelen tegen de Joden in Duitsland gezien als regelen van recht«, in *Stemmen van Nederlanders over de behandeling der Joden in Duitsland*, S. 10.
499 De Jong, *Herinneringen II*, S. 127.
500 De Jong, »Anti-nazi resistance in the Netherlands«, in *Notities voor het geschiedwerk* Nr. 93. Amsterdam, RIOD, 1958, S. 9.
501 De Jong, *Herinneringen I*, S. 138.
502 Ebenda, S. 138.
503 De Jong, *Je Maintiendrai II*, S. 284.
504 Ebenda, S. 285.
505 Ebenda, S. 289.
506 Ebenda, S. 290.
507 Ebenda.

508 De Jong, *Herinneringen I*, S. 141.
509 De Jong, *Je Maintiendrai III*, S. 150.
510 Ebenda, S. 152.
511 Ebenda, S. 153.
512 Schenk und Spaan, S. 26.
513 *Vrij Nederland*, 2. 11. 1941. 2. Jg., Nr. 17, S. 516.
514 J. van der Hoeven, »Bronnenstudie met nieuwe bewijzen: de Nederlandse regering in ballingschap wist al heel vroeg van de ›Endlösung‹«, in *Vrij Nederland*, 2. 5. 1992, S. 30-37.
515 Radio Oranje, Übertragung vom 10. 3. 1941. Amsterdam, RIOD.
516 Ebenda, 26. 7. 1941.
517 De Jong, »Nieuws uit Nederland«. Radio Oranje, Übertragung vom 19. 8. 1941.
518 Note vom 22.12.1945 von A. Pelt an P. S. Gerbrandy. PEC 2AB, S. 178, Beilage 95.
519 Radio Oranje, Übertragung vom 5.10.1940.
520 Ebenda, 29. 10. 1940.
521 Ebenda, 15. 1. 1941.
522 Ebenda, 19. 9. 1942.
523 Ebenda, 29. 3. 1941.
524 Ebenda, 25. 2. 1942.
525 Ebenda, 28. 2. 1942.
526 Ebenda, 3. 11. 1942.
527 Ebenda, 11. 12. 1942.
528 Ebenda, 12. 12. 1942. Text und Sprecher: Louis de Jong.
529 Ebenda, 17. 12. 1942.
530 Ebenda.
531 Ebenda, 20. 12. 1942.
532 Ebenda, 30. 12. 1942.
533 Ebenda, 20. 1. 1943.
534 Ebenda, 6. 2. 1943.
535 Ebenda, 12. 2. 1943.
536 Ebenda, 27. 3. 1943.
537 Ebenda, 9. 4. 1943.
538 Ebenda, 19. 4. 1943.
539 Ebenda, 24. 4. 1943.
540 Ebenda, 30. 4. 1943.
541 Ebenda, 1. 5. 1943.
542 Ebenda, 1. 6. 1943.
543 Ebenda, 11. 6. 1943.
544 Ebenda, 13. 1. 1943.
545 Ebenda, 15. 6. 1943.
546 Ebenda, 16. 6. 1943.

547 Ebenda, 17. 6. 1943.
548 Ebenda, 18. 7. 1943.
549 Ebenda, 9. 7. 1943.
550 Ebenda, 10. 7. 1943.
551 Ebenda, 30. 7. 1943.
552 Ebenda, 4. 8. 1943.
553 Ebenda, 5. 8. 1943.
554 Ebenda, 29. 8. 1943.
555 Ebenda, 2. 9. 1943.
556 Ebenda, 3. 9. 1943.
557 Ebenda, 21. 10. 1943.
558 Ebenda, 17. 11. 1943.
559 Ebenda, 25. 12. 1943.
560 Ebenda, 23. 7. 1944.
561 Ebenda, 8. 8. 1944.
562 Ebenda, 13. 8. 1944.
563 Ebenda, 15. 4. 1945.
564 Presser, *Ondergang*, Teil II, S. 287.
565 Rundfunkrede D. J. de Geer am 20. 5. 1940. PEC 2AB, S. 181, Beilage 96.
566 Radio Oranje, Übertragung vom 6. 11. 1940. Amsterdam, RIOD.
567 Ebenda, 10. 11. 1940.
568 Ebenda, 24. 8. 1940.
569 Ebenda, 17. 11. 1942.
570 *Verordnungsblatt für die besetzten niederländischen Gebiete*, Jahr 1940, Stück I, 5.6.1940, S. 10, Paragraph 5.
571 B. Huizing und K. Aartsma, *De zwarte politie: 1940-1945*.
572 Ebenda, S. 13 f.
573 Ebenda, S. 120.
574 Ebenda, S. 122.
575 A. J. C. Rüter, *Rijden en staken*.
576 Ebenda.
577 Ebenda, S. 2.
578 Ebenda, S. 20. Dienstbefehl Nr. 323, 20.5.1940.
579 Rüter, S. 51.
580 B. A. Sijes, *Studies over Jodenvervolging*, S. 144 f.
581 *Enquêtecommissie Regeringsbeleid 1940-1945*, Teil 7AB, S. 390.
582 H. M. Hirschfeld, *Herinneringen uit de bezettingstijd*, S. 146.
583 Radio Oranje, Übertragung vom 15. 10. 1944.
584 Ebenda, 27. 10. 1944.
585 Ebenda, 2. 10. 1944.
586 Hirschfeld, S. 147.
587 Ebenda, S. 144.

588 Radio Oranje, Übertragung vom 20. 10. 1942.
589 Enquêtecommissie Regeringsbeleid 1940-1945, Teil 7C, S. 507, Nr. 95479 bis einschl. Nr. 95484.
590 Walter Laqueur, *Was niemand wissen wollte. Die Unterdrückung der Nachrichten über Hitlers ›Endlösung‹*, S. 294f.
591 *Vrij Nederland*, Januar 1942. 3. Jg., Nr. 8, S. 6. *Het Parool*, 24. 1. 1942. Nr. 33, S. 5
592 B. Cahen, *Ergens in Nederland*.
593 A. E. Cohen, *De afgrond*, S. 41f.
594 *De Vonk*, Nr. 8 (Juli 1942), S. 1f.
595 *Het Parool*, 4.7.1942. Nr. 40, S. 1-4.
596 »Oproep«, Ende Juli 1942, in L. E. Winkel (Hg.), *Notities voor het geschiedwerk*, Nr. 81, S. 29. Amsterdam, RIOD, o.J.
597 *De Waarheid*, 3. 8. 1942. Nr. 51, S. 1f.
598 L. C. Vrooland, *Geen tijd voor tranen*, S. 181.
599 *Vrij Nederland*, 21. 3. 1943. 4. Jg., Nr. 8, S. 3-8.
600 W. Lindwer, *Kamp van hoop en wanhoop*.
601 B. Braber, *Passage naar vrijheid*. Amsterdam 1987.
602 Etty Hillesum, »Twee brieven uit Westerbork«, in *Maatstaf*, April 1959. 7. Jg., Nr. 1, S. 3-42.
603 Ebenda, S. 40f.
604 Radio Oranje, Übertragung vom 24. 5. 1944. Amsterdam, RIOD.
605 M. H. Gans, »Ellende niet de alles beheersende factor«, in *NIW*, 24. 10. 1952; Gans, »Belangrijk werk met ernstige fouten«, in *NIW*, 10. 10. 1952; Gans, »De oorlog der verzuimde kansen«, in *NIW*, 17. 10. 1952.
606 Presser, *Ondergang*, Teil II, S. 144. Presser zitiert hier A. Herzberg.
607 Radio Oranje, Übertragung vom 21. 10. 1943.
608 Bernard Wasserstein, *Vanishing Diaspora*.
609 Zitiert nach dem von Aart den Doolaard bearbeiteten und am 13. 8. 1944 in Radio Oranje verlesenen Text eines ursprünglich in der Zeitschrift *Krasnaja Swesda* erschienenen Artikels von Ilja Ehrenburg.

Literatur

Ballintijn, G., *Data, feiten, documenten: Kroniek van de Tweede Wereldoorlog*, Enschede 1945
Bank, J., *Oorlogsverleden in Nederland*, Baarn 1983
Barends, S., *Querulant in fascistisch letterland*: G. Groeneveld, Hilversum 1988
Belinfante, A. D., *In plaats van Bijltjesdag: De geschiedenis van de Bijzondere Rechtspleging na de Tweede Wereldoorlog*, Assen 1978
Berghe, G. van den, *De uitbuiting van de Holocaust*, Antwerpen und Baarn 1990
Berghuis, C. K., *Joodse vluchtelingen in Nederland 1938-1940: Documenten betreffende toelating, uitleiding en kampopname*, Kampen 1990
Berkley, K. P. L., *Overzicht van het ontstaan, de werkzaamheden en het streven van den Joodsche Raad voor Amsterdam*, Amsterdam 1945
Bernstein, F., *Der Antisemitismus als Gruppenerscheinung: Versuch einer Soziologie des Judenhasses*, Amsterdam 1926
Bettelheim, Bruno, *Erziehung zum Überleben: Zur Psychologie der Extremsituation*, München 1982
Blau, B., *Das Aufnahmerecht für die Juden in Deutschland 1933-1945*, Düsseldorf 1954
Blom, J. C. H., *Crisis, bezetting en herstel: Tien studies over Nederland 1930-1950*, Den Haag 1989
Boas, H., »The persecution and destruction of Dutch Jewry 1940 -1945«, in *Yad Vashem Studies*, Bd. VII, Jerusalem 1967, S. 359 -375
Boas, Jacob, *Boulevard des Misères: The story of transit camp Westerbork*, Hamden 1985
Borrie, G. W. B., *Monne de Miranda: Een biografie*, Den Haag 1993
Braber, Ben, *Passage naar vrijheid*, Amsterdam 1987
Brands, M. C., J. Haak und Ph. de Vries (Hg.), *Uit het werk van dr. J. Presser*, Amsterdam 1969
Brave-Maks, M. H., *De Koningin in Londen*, Zutphen 1980
Broek, H. J. van den, *Hier Radio Oranje: Vijf jaar radio in oorlogstijd*, Amsterdam 1947
Bullock, Allan, *Hitler. Eine Studie über Tyrannei*, Düsseldorf 1969
Burger, Jaap, *Oorlogsdagboek*, Amsterdam 1995

Cahen, B., *Ergens in Nederland*, Hooghalen 1988

Centraal Blad voor Israëliten in Nederland, Jahrgänge 1-56, Amsterdam 1885-1940 (Fortsetzung von *Israëlitisch Vliegend Blad voor Nederland*), mit »De Joodsche Illustratie: Bijvoegsel van het Centraal Blad voor Israëliten, 1929-1930«

Cohen, A. E., *De afgrond: Amersfoort Westerbork Auschwitz: Een ego-document*, Amsterdam und Brüssel 1971

Cohen, David, *De Duitsche Jodenhaat in woord en beeld*, Amsterdam 1935

Cohen, David, *Zwervend en Dolend: De Joodse vluchtelingen in Nederland in de jaren 1933-1940*, Haarlem 1955

Colijn, Hendrik, *Op de grens van twee werelden*, Amsterdam 1940

Czech, Danuta, *Kalendarium der Ereignisse im Konzentrationslager Auschwitz-Birkenau 1939-1945*, Reinbek 1989

Diner, Dan, *Ist der Nationalsozialismus Geschichte? Zu Historisierung und Historikerstreit*, Frankfurt am Main 1987

Doolaard, Aart den, *Europa tegen de Moffen: Een keuze auit de radio-redevoeringen van A. den Doolaard*, Amsterdam 1946

Doolaard, Aart den, *Het Hakenkruis over Europa*, Amsterdam 1938

Doolaard, Aart den, *Oostenrijk 1935*, Amsterdam 1935

Doolaard, Aart den, *Wapen tegen wapen*, Amsterdam 1935

Drees, Willem, *Van mei tot mei: Persoonlijke herinneringen aan bezetting en verzet*, Assen 1958

Dresden, Samuel, *Holocaust und Literatur*, Frankfurt am Main 1997

Dries, N. C .M. A. van den, *De Hooge Raad der Nederlanden tijdens de bezetting*, Leiden 1945

Dunk, H. W. von der, »Conservatisme in vooroorlogs Nederland« in *Bijdragen en Mededelingen betreffende de geschiedenis der Nederlanden*, Teil 90, 1. Lieferung (1975), S. 15-38

Dunk, H. W. von der, »Die Verfolgung und Vernichtung des holländischen Judentums«, in *N.P.L.*, Nr. 3 (1966), S. 259-256

Dunk, H.W. von der, *Voorbij de verboden drempel*, Amsterdam 1995

Een groot Vaderlander: Dr. H. Colijn herdacht door tijdgenoten, Einführung von B. Offringa, o. O. 1947

The Eichmann Trial, Jerusalem 1992

L. Einthoven, *Heeft de afwezige ongelijk? Getuigenis van mr. L. van Einthoven over de Nederlandse Unie*, Apeldoorn 1973

Enquêtecommissie Regeringsbeleid 1940-1945 verslag houdende van de uitkomsten van het onderzoek, 19 Teile, Den Haag o .J.

Frank, Anne, *Tagebuch*, Fassung von Otto H. Frank und Mirjam Pressler, Frankfurt am Main 1991

K. J. Frederiks, *Op de bres 1940-1944*, Den Haag 1945

Friedhoff, H., *Requiem for the Resistance: The civilian struggle against Nazism in Holland and Germany*, London 1988

Bella Fromm, *Als Hitler mir die Hand küßte*, Berlin 1993
Fuks, L., et al., *Joodse pers in de Nederlanden en in Duitsland 1674-1940*, mit »Katalogus van in Nederland en Duitsland verschenen Joodse periodieken van 1674 tot 1940«, Amsterdam 1969
Galen Last, H. van, »Een Erasmiaanse geest tegenover het Derde Rijk: Het beeld van Duitsland in de Nederlandse pers« in *Berlijn - Amsterdam 1920-1940: Wisselwerkingen*, Amsterdam 1982
Gans, M. H., *Memorboek: Platenatlas van het leven der Joden in Nederland van de Middeleeuwen tot 1940*, Baarn 1988
Gans-Premsela, Jenny, *Vluchtweg*, Baarn 1990
Geer, D. J. de, *De Synthese in den Oorlog*, Rotterdam 1942
Geestelijke vrijheid: Redevoeringen gehouden in de Apollohal te Amsterdam op 10-8-1940, Amsterdam 1940
Geuljans, R.M.A.A., *De rechtspositie van den vreemdeling in Nederland*, Maastricht 1938
Gilbert, Martin, *Auschwitz und die Alliierten*, München 1982
Goldhagen, Daniel J., *Hitlers willige Vollstrecker*, Berlin 1996
Haffner, Sebastian, *Anmerkungen zu Hitler*, München 1978
Harari, Jacob, *Die Ausrottung der Juden im besetzten Holland*, Tel Aviv 1944
Hart, G. H. C., *Het Dagboek van G H. C. Hart: Londen mei 1940-1941*, Den Haag 1976
Haslich, R. D., *Netherlands World Broadcasting*, o.O. 1983
Hazelhoff Roelfzema, E., *Soldaat van Oranje*, Den Haag o.J.
Helman, A., *Millioenenleed*, Arnheim 1940
Herzberg, A .J., »Kroniek der Jodenvervolging«, in J.J. van Bolhuis et al. (Hg.), *Onderdrukking en verzet*, Teil III, Arnheim und Amsterdam 1950, S. 5-255
Herzstein, R. E., *The War that Hitler won: Nazi-propaganda*, London 1979
Hilberg, Raul, *Die Vernichtung der europäischen Juden*, Frankfurt am Main 1990, 3 Bde.
Hilberg, Raul, *Täter, Opfer, Zuschauer. Die Vernichtung der Juden 1933-1945*, Frankfurt am Main 1992
Hillesum, Etty, »Twee brieven uit Westerbork«, in *Maatstaf*, Nr. 7/1 (April 1959), S. 3-42
Hirschfeld, G., *Bezetting en collaboratie*, Haarlem 1991
Hirschfeld, H. M., *Herinneringen uit de bezettingstijd*, Amsterdam und Brüssel 1960
Adolf Hitler, *Mein Kampf*, München 1941; niederländische Ausg. *Mijn Strijd*, Amsterdam 1939
Hoeksma, J. A., *Tussen vrees en vervolging: Een inleiding in het vluchtelingenrecht*, Assen 1982
Hofman, J., *De collaborateur: Een sociaal-psychologisch onderzoek naar misdadig gedrag in dienst van de Duitse bezetter*, Meppel 1981

Houwaart, D., *Het Joodsche Weekblad: Uitgave van den Joodsche Raad voor Amsterdam*, Den Haag o.J.

Houwaart, D., *Westerbork: Het begon in 1933*, Den Haag 1983

Houwink ten Cate, J. Th. M., »Het jongere deel: Demografische en sociale kenmerken van het Jodendom in Nederland tijdens de vervolging«, in *Jaarboek RIOD*, Amsterdam 1989

Huizing, B., und K. Aartsma, *De zwarte politie: 1940-1945*, Weesp 1986

Huizinga, Johan, *Holländische Kultur im 17. Jahrhundert*, Basel und Stuttgart 1961

Inventaris van de archieven van organen ressorterende onder het Ministerie van Binnenlandse Zaken en belast met de zorg voor de vluchtelingen uit Duitsland 1938-1942, Winschoten 1986

Jong, Louis de, *Drie voordrachten aan de Harvard Universiteit*, Den Haag 1989

Jong, Louis de, *Herinneringen I*, Den Haag 1993

Jong, Louis de, *Herinneringen II*, Den Haag 1995

Jong, Louis de, *Holland fights the Nazis*, London 1941

Jong, Louis de, *Je Maintiendrai I: Een jaar Nazi-terreur*, London 1941

Jong, Louis de, *Je Maintiendrai II: Het tweede jaar der Nazi-tyrannie in Nederland*, London 1942

Jong, Louis de, *Je Maintiendrai III: Het derde jaar der Nazi-tyrannie in Nederland*, London 1943

Jong, Louis de, *Je Maintiendrai IV: Het vierde jaar der Nazi-tyrannie in Nederland*, London 1945

Jong, Louis de, *Het Koninkrijk der Nederlanden in de Tweede Wereldoorlog: Voorspel*, Den Haag 1969

De Joodsche Wachter: Half-maandelijks orgaan voor Groot-Nederlands Jodendom, Jahrgang 1-..., Amsterdam 1905 bis heute. Ab 1909 Untertitel: »Veertiendaagsch Orgaan van den Nederlandschen Zionistenbond«. Nicht erschienen in der Zeit vom September 1940 bis Oktober 1945. Ab 1967 aufgegangen in das *Nieuw Israëlitisch Weekblad*.

Joosten, L. M. H., *Katholieken en Fascisme in Nederland 1920-1940*, Hilversum und Antwerpen 1964

Keizer, M. de, *Het Parool: Verzetsblad in oorlogstijd 1940-1945*, Amsterdam 1991

Kikkert, J.G., *Wilhelmina: Vorstin tussen verleden en toekomst*, Houten 1987

Kleerekoper, S., *Het antisemitisme en zijn randverschijnselen*, Deventer 1970

Kleffens, E. N. van, *The Rape of the Netherlands*, London 1941

Klemperer, Viktor, *Ich will Zeugnis ablegen bis zum letzten*, Berlin 1995

Klinkenberg, W., *Prins Bernhard: Een politieke biografie*, Amsterdam 1986

Knepplé, G. A., *In naam der menschheid: De wereld spreekt vonnis over Nazi-Duitsland: Neurenberg 1945-1946*, Amsterdam 1947

Knoop, Hans, *De Joodsche Raad: Het drama van Abraham Asscher en David Cohen*, Amsterdam und Brüssel 1983

Kopuit, M.(Hg.), *De herinneringen van prof. dr. David Cohen, voorzitter van de Joodsche Raad*, Sonderausgabe des NIW, Mai 1982

Kortenhorst, L. G., *Was samenwerking met de vijand geoorloofd?* Den Haag 1945

Kruyt, J. P., »Het Jodendom in de Nederlandse samenleving«, in H. J. Pos (Hg.), *Antisemitisme en Jodendom*, Arnheim 1939, S. 190-228

Kwiet, K., *Rijkscommissariaat Nederland*, Baarn 1969

Kwiet, K., »Vorbereitung und Auflösung der deutschen Militärverwaltung in den Niederlanden«, in W. Groote und A. Hilgruber (Hg.), *Militärgeschichtliche Mitteilungen*, Freiburg 1969, S. 121-153

Lakemaker, H., »Het zelfmoordschip: Negenhonderd Joodse vluchtelingen zwerven tevergeefs«, in *Comeback*, 1989

Lakeman, P. T., *Honderd jaar Philips: De officieuze biografie*, Amsterdam 1991

Laqueur, W., *Was niemand wissen wollte. Die Unterdrückung der Nachrichten über Hitlers ›Endlösung‹*, Frankfurt a. M., Berlin und Wien 1982

Laqueur, W., und R. Breitman, *Breaking the Silence: The secret mission of Eduard Schulte who brought the world the news of the Final Solution*, London 1986

Lessing, Theodor, *Geschichte als Sinngebung des Sinnlosen*, München 1919

Lindwer, W., *Het fatale dilemma: De Joodsche Raad vor Amsterdam 1941-1943*, Den Haag 1995

Lindwer, W., *Kamp van hoop en wanhoop*, Amsterdam 1990

Manning, A. F., *Buitenlandse reacties op de »Machtübernahme«*, Nijmegen und Utrecht 1962

Matthijsen, J. W., *Het antisemitisme in na-oorlogstijd: Ervaringen en beschouwingen*, Barendrecht o. J.

Mazel, P. E., *In naam van het recht: De Hoge Raad en de Tweede Wereldoorlog*, Arnheim 1984

Mechanicus, Ph., *Im Depot. Tagebuch aus Westerbork*, Berlin 1993

Melkman, J., »David Cohen«, in *Studia Rosenthaliana*, Bd. IV, Nr. 1 (Januar 1970)

Melkman, J., *Geliefde vijand: Het beeld van de Jood in na-oorlogse Nederlandse literatuur*, Amsterdam 1964

Metcalfe, Philip, *Berlin 1933: das Jahr der Machtergreifung*, Stuttgart 1993

Michman, Jozeph, *Met voorbedachten rade: Ideologie en uitvoering van de Endlösung der Judenfrage*, Amsterdam 1987

Michman, Jozeph, »De briefwisseling tussen mr. L.E. Visser en prof. dr. D. Cohen«, in *Studia Rosenthaliana*, Bd. VIII, Nr. 1 (Januar 1974)

Michman, Jozeph, »Historiography of the Jews in the Netherlands«, in *Dutch Jewish History*, Jerusalem 1984

Michman, Jozeph, »The Controversial Stand of the Joodse Raad in the Netherlands«, in *Yad Vashem Studies*, Bd. X, Jerusalem 1974

Mok, I., *Collaboratie personen: De bezetting als overgangstijd*, Muiderberg 1990

Monchy, S. J. R. de, *Twee ambtsketens: Herinneringen uit mijn burgemeesterstijd*, Arnheim 1946

Moore, Bob, *Refugees from Nazi Germany in the Netherlands 1933-1940*, Dordrecht 1986

Morse, Arthur D., *Die Wasser teilten sich nicht*, Bern und München 1968

Mowrer, E. A., *Germany puts the clock back*, London 1933

Mulder, D., und B. Prinsen (Hg.), *Uitgeweken: De voorgeschiedenis van Kamp Westerbork*, Hooghalen 1989

Muller-Madej, S., *Door de ogen van een kind: Een meisje van Schindler´s lijst*, o. O. 1994

Neuman, H. J., *Impasse te Londen: Nederlands veiligheidsbeleid 1940-1945*, Utrecht und Antwerpen 1990

Nieuw Israëlitisch Weekblad, Jahrgang 1-..., Amsterdam 1865 – heute. Nicht erschienen von 1940 bis 1945. Mit der Beilage »Joodsch-letterkundige bijdragen«, Jahrgang 1-2, 1867-1869, und »Letterkundig Bijblad«, 1925

Nolte, Ernst, *Der Faschismus in seiner Epoche*, München 1963

Pam, M., *De onderzoekers van de oorlog: het Rijksinstituut voor Oorlogsdocumentatie en het werk van dr. L. de Jong*, Den Haag 1989

Poelje, G. A. van, »De secretarissen-generaal«, in *Bestuurswetenschappen*, Juli 1949

Polak, J. A., *Leven en werk van mr. L.E. Visser*, Amsterdam 1974

Pos, H. J. (Hg.), *Anti-semitisme en Jodendom: Een bundel studies over een actueel vraagstuk*, Arnheim 1939

Posthumus Meijjes, H. C., *De Enquêtecommissie is van oordeel...: Een samenvatting van het parlementaire onderzoek naar het regeringsbeleid in de oorlogsjaren*, Arnheim und Amsterdam 1958

Presser, Jacques, *Ondergang: De vervolging en verdelging van het Nederlandse Jodendom 1940-1945*, zwei Teile, Den Haag 1965

Randwijk, H. M. van, *In de schaduw van gisteren: Kroniek van het verzet 1940-1945*, Den Haag 1967

Rings, Werner, *Leben mit dem Feind: Anpassung und Widerstand in Hitlers Europa 1939-1945*, München 1979

Robinson, J., *And the Crooked shall be made straight*, New York 1965

Rodriques Lopes, L. A., *Het heilige huisje: Analyse van het Londens beleid*, Amsterdam o. J.

Romijn, P., *Snel, streng en rechtvaardig: Politiek beleid inzake de bestraffing en reclassering van »foute« Nederlanders 1945-1955*, o. O. 1989

Roon, G. van, *Protestants Nederland en Duitsland 1933-1941*, Utrecht und Antwerpen 1973

Rosenfeld, A. H., *A double dying: Reflections on Holocaust literature*, Bloomington 1980

Rosenfeld, A. H., *Imaging Hitler*, Bloomington 1985

Rüter, A. J. C., *Rijden en staken: De Nederlandse Spoorwegen in Oorlogstijd*, Den Haag 1960

Schenk, M. G., und J. B. Th. Spaan, *De Koningin sprak. Proclamaties en radiotoespraken van H.M. Koningin Wilhelmina 1940-1945*, Franeker 1945[2]

Scheps, J. H., *Krachten die onsterfelijk zijn*, Den Dolder 1940

Scholtens, A. L., *Overzicht van de wijzigingen in ons staatsrecht 1940-1941*, Alphen aan de Rijn 1941[2] (fortgeführt bis zum 1. November 1941)

Schröder, Gustav, *Heimatlos auf hoher See*, Berlin 1949

Sijes, B. A., *De Arbeidsinzet: De gedwongen arbeid van de Nederlanders in Duitsland 1940-1945*, Den Haag 1990

Sijes, B. A., *De Februaristaking 25-26 februari 1941*, Den Haag 1954

Sijes, B. A., *Studies over Jodenvervolging*, Assen 1974

Sington, D., und A. Weidenfeld, *The Goebbels experiment: A study of the Nazi propaganda machine*, London 1942

Sluizer, M., *Daar zaten wij dan: Impressies over Londen 1940-1945*

Snoek, J. M., *De Nederlandse kerken en de Joden 1940-1945: De protesten bij Seyss-Inquart; Hulp aan Joodse onderduikers; De motieven voor hulpverlening*, Kampen 1990

Soest J., van, et al. (Hg.), *De Hoge Raad der Nederlanden 1938-1988: Een portret*, Zwolle 1988

Somer, J. M., *Zij sprongen in de nacht: De Nederlandse inlichtingendienst te Londen in de jaren 1943-1945*, Assen 1950

Stemmen van Nederlanders over de behandeling der Joden in Duitsland, Amsterdam 1935

Stevens, R .J. J., L. J. Giebels und P. F. Maas (Hg.), *De formatiedagboeken van Beel 1945-1973*, Den Haag 1994

Telders, B. M., *Verzamelde Geschriften*, Den Haag 1947

Tempel, J. van den, *Nederland in Londen: Ervaringen en beschouwingen*, Haarlem 1946

Thijn-Cohn, G. van, *Bijdrage tot de geschiedenis der Joden in Nederland van 10 mei 1940 tot juni 1944*, Naharia 1944, unveröff.

Thomas, Gordon, und Max Morgan-Witts, *Das Schiff der Verdammten. Die Irrfahrt der St. Louis*, Zug 1976

Tjepkema, A., und J. Walvis, *Ondergedoken: Het ondergrondse leven in Nederland tijdens de Tweede Wereldoorlog*, Weesp 1985

Visser, Frank, *De bezetter bespied: De Nederlandse Geheime Inlichtingendienst in de Tweede Wereldoorlog*, Zutphen 1983

Vree, Frank van, *De Nederlandse pers en Duitsland 1930-1939: Een studie over de vorming van de publieke opinie*, Groningen 1989

Vrooland, L. C., *Geen tijd voor tranen: Truus Wijsmuller-Meijer*, Amsterdam 1961

Warmbrunn, W., *Nederlanders onder Duitse bezetting 1940-1945*, Amsterdam 1964

Wasserstein, Bernard, *Vanishing Diaspora: the Jews in Europe since 1945*, Cambridge (Mass.) 1996
Werkman, E., M. de Keizer und G.J. van Setten, *Het dagelijks leven in de Tweede Wereldoorlog*, Amsterdam 1980
Wielek, H., »30 jaar geleden: Duitse emigranten in Nederland«, in *Vrij Nederland*, 31.8.1963, S. 5
Wijnen, H. van, *De Prins-gemaal: vogelvrij en gekooid*, Amsterdam 1992
Wilhelmina, *Einsam und doch nicht allein*, Stuttgart 1961
Winkel, L. E., *De ondergrondse pers 1940-1945*, Den Haag 1954; von H. de Vries vollständig überarbeitete Ausgabe, Amsterdam 1989
Witek, B., *Der britische Ätherkrieg gegen das Dritte Reich: die deutschsprachigen Kriegssendungen der British Broadcasting Corporation*, Münster 1962
Wolff, Sam de, *Voor het land van belofte: Een terugblik op mijn leven*, Bussum 1954
Zee, Nanda van der, *Jacques Presser: Het gelijk van de twijfel*, Amsterdam 1988